अस्मितामूलक विमर्श और हिन्दी साहित्य

[पाठ एवं आलोचना]

*दिल्ली विश्वविद्यालय द्वारा स्वीकृत **FYUP** के सेमेस्टर **VI***

*हिन्दी (विशेष) एवं **CBCS** के पाठ्यक्रमानुसार*

आलोचना एवं सम्पादन

डॉ. रजत रानी 'मीनू'

(हिन्दी विभाग, कमला नेहरू कॉलेज, दिल्ली विश्वविद्यालय)

वन्दना

वाणी प्रकाशन

वाणी प्रकाशन

4695, 21-ए, दरियागंज, नयी दिल्ली 110 002

फ़ोन : +91 11 23273167 फ़ैक्स : +91 11 23275710

शाखाएँ

अशोक राजपथ, पटना 800 004, बिहार

कॉफ़ी हाउस कैम्पस, महात्मा गांधी मार्ग, इलाहाबाद 211 001, उत्तर प्रदेश

महात्मा गांधी अन्तरराष्ट्रीय हिन्दी विश्वविद्यालय, वर्धा 442 001, महाराष्ट्र

www.vaniprakashan.com
marketing@vaniprakashan.in
sales@vaniprakashan.in

Asmitamoolak Vimarsh Aur Hindi Sahitya
[Path Evam Alochana]
Criticism & Edited by Dr. Rajat Rani 'Meenu'

Vandana

ISBN : 978-93-5229-466-4
Criticism

पेपरबैक प्रथम संस्करण 2016
पेपरबैक द्वितीय संस्करण 2022

मूल्य : ₹ 225

शिव शक्ति प्रिंटर्स, दिल्ली-110 095 में मुद्रित

वाणी प्रकाशन का लोगो मक़बूल फ़िदा हुसेन की कूची से

भूमिका

भारत के लोकतांत्रिक संविधान ने उन उपेक्षित, शोषित, दलित, आदिवासी जिसमें स्त्रियाँ भी शामिल हैं को अभिव्यक्ति की स्वतन्त्रता उपलब्ध कराई है। इन विभिन्न सामाजिक अस्मिताओं में अभूतपूर्व रचनात्मक चेतना आयी है, परन्तु वह पाठ्यक्रम का हिस्सा विलम्ब से बनीं।

अस्मिता विमर्श का दलित साहित्य हिन्दी, अंग्रेजी, गुजराती, मराठी और पंजाबी इत्यादि सभी भाषाओं में स्त्री विमर्श और दलित साहित्य उन सभी विश्वविद्यालयों के पाठ्यक्रम में पढ़ाया जा रहा है जिन्होंने पाठ्यक्रम आधुनिक लोकतान्त्रिक विविधतापूर्ण और उन्नत बना लिए हैं। दलित आत्मकथाएँ, कहानियाँ, कविताएँ पाठ्यक्रमों में हैं। आज यह अकादमिक प्रसन्नता की बात है कि हमारे दिल्ली विश्वविद्यालय में स्नातक (हिन्दी विशेष) के लिए 'अस्मितामूलक विमर्श और हिन्दी साहित्य' के नाम से यह प्रश्नपत्र पाठ्यक्रम का एक जीवन्त हिस्सा बना है।

इस मानवतावादी समतामूलक साहित्य की वैचारिक पृष्ठभूमि में सन्त रैदास, कबीर, महात्मा ज्योतिबा फुले, स्वामी अछूतानन्द का योगदान अन्तरनिहित है। यह प्रकारान्तर से सामाजिक न्याय का भी द्योतक है। आधुनिक युग में संविधान के जनक बाबा साहब डॉ. बी.आर. अम्बेडकर इस भारतीय विचार के प्रमुख चैंगियन हैं। खुशी की बात है कि यह पुस्तक बाबा साहब की एक सौ पच्चीसवीं जयन्ती वर्ष पर प्रकाशित हो रही है। इसलिए हम इसे उन्हीं की स्मृति को समर्पित करते हैं।

प्रस्तुत पुस्तक की सम्पादक होने के नाते इस विषय के अध्यापक साथियों और विद्यार्थियों के लिए यह बताना आवश्यक समझ रही हूँ कि पुस्तक दिल्ली विश्वविद्यालय के नवीन पाठ्यक्रम को ध्यान में रख कर तैयार की गयी है। इसमें अपनी ओर से कोई परिवर्तन नहीं किया गया है। हाँ, प्रो. कालीचरण स्नेही जी की कविता 'दलित विमर्श' में कुछ सुधार कवि ने स्वयं अपनी कलम से अवश्य किए हैं। बाकी छात्रों की सुविधा के लिए प्रत्येक पाठ की दो व्याख्याएँ और एक आलोचनात्मक टिप्पणी नमूने के लिए जोड़ी गयी है। परिशिष्ट में दूसरे विश्वविद्यालयों में पढ़ाए जा रहे इस विषय की आंशिक जानकारी दी गयी है और सन्दर्भ के लिए पुस्तकों की सूची संलग्न कर दी गयी है जिससे कि स्नातक के उपरान्त, एम.ए. और एम.फिल., पीएच.डी. के लिए भी छात्र चाहें तो इस अध्ययन से मदद ले सकते हैं।

मैं आशा करती हूँ कि प्रस्तुत पुस्तक एफ.वाई.यू.पी. के पाठ्यक्रमानुसार छठे सत्र में (हिन्दी ऑनर्स) के विद्यार्थियों के लिए उपयोगी होगी। साथ ही सी.बी.सी.एस.

पाठ्यक्रमानुसार में भी उपयोगी होगी।

इस पुस्तक के प्रकाशन के लिए मैं वाणी प्रकाशन के प्रकाशक श्री अरुण माहेश्वरी जी और सह-सम्पादन के लिए वन्दना की भी आभारी हूँ।

डॉ. रजत रानी 'मीनू'
प्रभारी, हिन्दी विभाग,
कमला नेहरू कॉलेज
(दिल्ली विश्वविद्यालय)
ई-मेल—rajatranimeenu@gmail.com

निवास—1/122, वसुन्धरा, गाजियाबाद-201012
दूरभाष—09911043588, 09718371808

अनुक्रम

1. विमर्शों की सैद्धान्तिकी

(क) दलित विमर्श : अवधारणा और आन्दोलन, फुले और अम्बेडकर

वर्तमान समय में 'दलित' शब्द चर्चा का विषय बना हुआ है। 'दलित' शब्द सुनते ही मस्तिष्क में अनेक प्रश्न कौंधने लगते हैं जैसे—दलित कौन है? दलित की पहचान क्या है? क्या कथित निम्न जातियाँ ही दलित हैं? या उन्हीं की भाँति आर्थिक, सांस्कृतिक, शैक्षिक रूप से पिछड़े अन्य सभी मनुष्य जिनमें महिलाएँ भी सम्मिलित हैं, दलित हैं? गैर-दलितों द्वारा बनाये गये हिन्दी शब्दकोशों में 'दलित' शब्द का अर्थ इस प्रकार मिलता है—"दलित शब्द मसला हुआ, मर्दित, दबाया हुआ, रौंदा या कुचला हुआ, विनष्ट किया हुआ आदि हैं।" किन्तु यह शब्द पर्याय का मामला नहीं है, बल्कि 'दलित' शब्द एक सजीव श्रमरत बड़ी संख्या में मौजूद मानव-समूह है। इसे उसकी जीवन-स्थितियों में देखा जाये न कि शब्दाडम्बरों में।

सामाजिक परिवेश में अनेक वर्ण शब्द हैं और विभिन्न जातियों का अस्तित्व जन्म पर आधारित तथा परम्परागत व्यवसायों में संलग्नता के आधार पर माना जाता है। गैर-दलित जातियों को जन्म पर आधारित श्रेष्ठता मनु के सामाजिक विधान पर टिकी वर्ण-व्यवस्था से प्राप्त हुई, और हीन माने गये कार्य करने वालों को पीढ़ी-दर-पीढ़ी निम्न जातियों के साँचे में ढाल दिया गया। दुखद और अमानवीय बात यह है कि इन हीन समझे गये कार्यों को करने वालों के ज्ञानोपार्जन तथा धन अर्जित करने पर प्रतिबन्ध लगा दिया गया। निम्न दर्जे का शारीरिक श्रम करने वाला यह वर्ग ही दबा, पिसा व मर्दित वर्ग रहा है। इसे ही शास्त्रसिद्ध सिद्धान्तों के आधार पर मानवीय अधिकारों से वंचित, सामाजिक रूप से बहिष्कृत और अस्पृश्य भी कहा गया। मूलतः यही वर्ग दलित है। बाबा साहब डॉ. भीमराव अम्बेडकर ने अपने ग्रन्थों में अस्पृश्य के लिए डिप्रेस्ड, अनटचेबल, बहिष्कृत आदि शब्दों को पर्याय के रूप में प्रयुक्त किया है अतः स्पष्ट है कि अस्पृश्य व्यक्ति ही दलित है। डॉ. अम्बेडकर के अनुसार, "दलित वर्ग स्वयं में ऐसे लोगों का समूह है, जो मुसलमानों से भिन्न एवं अलग है। यद्यपि उन्हें अछूत कहा जाता है, किन्तु वे हिन्दू जाति के किसी भी अर्थ में अविभाज्य अंग नहीं हैं। वे न केवल उनसे अलग रहते हैं, अपितु उन्हें जो दर्जा प्राप्त है, वह भी भारत में अनेक, अन्य जातियों के दर्जे से बिल्कुल भिन्न है। भारत में अनेक, अन्य जातियाँ अत्यन्त दयनीय एवं गुलामी की स्थिति में रह रही हैं, किन्तु दलित वर्गों की स्थिति बिलकुल भिन्न है। अन्तर केवल इतना है कि कृषि-कर्मियों और नौकरों के साथ अस्पृश्यता का बरताव नहीं किया

जाता, जबकि दलित वर्ग अस्पृश्यता के अभिशाप का शिकार हैं। उन्हें मानवीय जीवन के लिए आवश्यक नागरिक अधिकारों से भी वंचित रखा जाता है।'' इस सन्दर्भ में श्री हर्ष मन्दर की मान्यता भी उल्लेखनीय है, ''दलित शब्द का शाब्दिक अर्थ गरीब और उत्पीड़ित व्यक्ति से है। लेकिन यह नयी संस्कृति पैदा करने के सन्दर्भ में ध्वनित होता है। दलित व्यक्ति अपने नीचे की जमीन तोड़ते हैं और वे ऊपर उठने के लिए सचेतन रूप से सक्रिय प्रयास करते हैं। निश्चित अवधि में मुख्यतः यह शब्द पूर्व के अस्पृश्यों के लिए प्रयोग होता है। यद्यपि अधिकांश स्थिति में कभी-कभी विस्तृत क्षेत्र में उत्पीड़ित वर्ग भी शामिल होता है। जैसे—आदिवासी महिलाएँ, बँधुआ मजदूर और अल्पसंख्यक आदि।'' डॉ. अम्बेडकर और हर्ष मन्दर की मान्यताएँ समानार्थी न होकर भी समीपार्थी हैं, क्योंकि इनसे निकली साहित्यिक व्यंजनाएँ स्पष्ट संकेत करती हैं। दलित शब्द दबे हुए और अस्पृश्य मनुष्यों के लिए प्रयोग में आता है। दबे या दलित होने का अर्थ अश्रेष्ठ, संकुचित, प्रतिगामी, समाज-तोड़क नहीं है। कतिपय लोग अपने अज्ञानवश या सचेतन रूप से दलित को एक व्यक्ति के रूप में विवेकहीन, अक्षम, मानवीय गुणों से रहित सोचते हैं। इस प्रकार वह मनोवैज्ञानिक रूप से एक भ्रामक स्थिति उत्पन्न करना चाहते हैं जो असहनीय और गलत है। दलित अपनी मुक्ति के लिए प्रयत्न करता है। मेहनत करके खाने वालों की लुप्त हुई अस्मिता की पहचान वापस दिलाता है। दलित होने के कारण व्यक्ति साहित्य, कला, ज्ञान-विज्ञान, आर्थिक व राजनीतिक किसी भी क्षेत्र के निम्न से उच्चतम स्तर को प्राप्त करने के अधिकार से वंचित नहीं किया जा सकता। उसके व्यक्तित्त्व में हर क्षेत्र में अपेक्षाकृत अधिक योगदान करने की क्षमता निहित होती है।

डॉ. अम्बेडकर व उनके बाद के विचारक 'हरिजन' शब्द को दलित का पर्याय नहीं मानते क्योंकि गाँधी जी के मत से मानव-जाति जिनका त्याग कर देती है, वह ईश्वर के प्रिय बन जाते हैं। 'हरिजन' का शब्दशः यही अर्थ है। डॉ. अम्बेडकर के अनुसार, ''गाँधी जी 'हरिजन' से यह आशय लेते थे कि वह ईश्वर के बच्चे हैं। वे चाहते हैं कि अस्पृश्यों को शिव के अनुयायी 'हरिजन' कहा जाये। श्री गाँधी जी का जवाब है कि इसमें प्रयुक्त टर्म का अर्थ ईश्वर और विष्णु नहीं है। सीधे अर्थ में 'हरिजन' ईश्वर के बच्चे हैं।''

'हरिजन' अछूतों के लिए कहा गया है। इस मायने से हरिजन दलित ही हैं। भले ही इस शब्द की पृष्ठभूमि दलितों के लिए बहुत ही असहनीय एवं आपत्तिजनक है।

दलित वर्ग में संवैधानिक रूप से अनुसूचित जाति, अनुसूचित जनजाति दलित हैं। आर्थिक दृष्टि से और कुछ अति पिछड़ा वर्ग भी शामिल है। पिछड़ा वर्ग सामाजिक रूप से अछूत नहीं है, अतः उसे दलित कहना उपयुक्त नहीं है। वामपन्थी वर्ग की दृष्टि से आर्थिक रूप से दरिद्र भी इस वर्ग में आ जाते हैं, किन्तु वे सांस्कृतिक अलगाव को जीते हैं और अम्बेडकर की विचारधारा से कटते हैं। वे न तो ब्राह्मण बन पाते हैं न दलित। अतः अस्पृश्यता की ऐतिहासिक पृष्ठभूमि से सम्बद्ध व्यक्ति ही दलित हैं।

गाँधी, मार्क्स और अम्बेडकर क्रमशः हरिजन, सर्वहारा और अस्पृश्यों की मुक्ति और

शोषण-विहीन समाज बनाने का सपना देखते थे। ये सभी व्यक्ति दबे, पिछड़े, अछूत और मजदूर वर्ग के हैं। इस दृष्टि से ये दलित हैं। भारत के मार्क्सवादी सामाजिक पृष्ठभूमि में जाति की वास्तविकता को नकार कर वर्ग-विहीन समाज बनाने की बात करते हैं, जबकि डॉ. अम्बेडकर के लिए दलितों की प्रथम लड़ाई वर्ण एवं जाति भेद के मूल को ही समाप्त करना है। उसके बिना सर्वहारा की मुक्ति सम्भव नहीं है। इससे उलट गाँधी जी वर्ण-जाति में ही हरिजनोद्धार की बात सोचते थे। इस प्रकार हरिजन और सर्वहारा की सामाजिक, आर्थिक और शैक्षिक स्थिति एक जैसी होने पर भी ये दोनों मानव-समूह दलित की अवधारणा से अलग हो जाते हैं। निष्कर्ष यह है कि भारत के अस्पृश्य कहे जाने वाले दबाये-दबे, सताए गये और मानवाधिकारों से वंचित रखे गये लोग ही दलित कहलाने के अधिकारी हैं।

हिन्दी में दलित साहित्य को लेकर दलित और गैर-दलित दोनों वर्ग के बुद्धिजीवियों में विचारोत्तेजक मंथन चल रहा है। दलित बुद्धिजीवियों का तर्क है कि दलित ही वास्तविक दलित साहित्य का सृजन कर सकते हैं और गैर-दलित रचनाकारों का मानना है कि दलित साहित्य की रचना के लिए आवश्यक नहीं कि व्यक्ति जन्म से दलित ही हो। दलितों के पति सम्वेदना रखने वाले गैर-दलित भी दलित साहित्य लिख सकते हैं। हम इन प्रश्नों को प्रस्तुत अध्ययन के दौरान समझने का प्रयत्न करेंगे, कि दलित साहित्य क्या है? दलित साहित्य की विभिन्न विधाओं—कविता, कहानी, उपन्यास, संस्मरण, आत्मकथा—और अन्य लेखन के अतिरिक्त अस्पृश्य वर्ग के हजारों वर्षों के भेदभाव, अमानवीय यन्त्रणाएँ, अपमान, सामाजिक बहिष्कार और जीविका के साधनों से वंचित रखने की पीड़ा किस साहित्य में देखने को मिलती है? यह साहित्य दलितों की मुक्ति की आकांक्षा को सार्वजनिक करके गैर-दलितों में सम्वेदना जगा रहा है अथवा उन्हें और अधिक सम्वेदनहीन बना रहा है?

दलित साहित्य में व्यक्ति प्रमुख है। दलितों के लिए ऐसे साहित्य की कोई आवश्यकता नहीं, जिसका उपयोग मानव की समस्याओं पर सहज विमर्श के लिए न हो। इस लेखन में शब्दों का उलझाव नहीं होता है। दलित साहित्य पर डॉ. अम्बेडकर के सामाजिक क्रान्तिकारी विचारों का प्रभाव होना आवश्यक शर्त है।

हिन्दी के वरिष्ठ साहित्यकार ओमप्रकाश वाल्मीकि के अनुसार, ''वर्ण-व्यवस्था से उपजी घोर अमानवीयता, स्वतन्त्रता-समता विरोधी सामाजिक अलगाव की पक्षधर सोच परिवर्तित कर बदलाव की प्रक्रिया तेज करना दलित साहित्य की मूल संवेदना है। डॉ. अम्बेडकर और ज्योतिबा फुले की जीवन-दृष्टि दलित साहित्य की ऊर्जा है।''

दलितों को दयनीय दशा में पहुँचाने वाली सामाजिक शक्तियों की ओर इंगित करते हुए मराठी के दलित साहित्यकार सूर्यनारायरण रणसुभे कहते हैं—''भूख के अलावा और किसी भी प्रकार की जरूरत को दलितों में उभरने नहीं दिया गया था। श्रम और भूख तथा भूख और श्रम, यहीं तक इनकी जीवन-यात्रा को सीमित कर दिया गया था। अपने अस्तित्व को लेकर सोच की शक्ति उभरने लगी है। अपने अस्तित्व और अस्मिता के

प्रति मनुष्य जब सजग हो उठता है, तो उसकी अभिव्यक्ति के लिए वह छटपटाने लगता है। स्थूल रूप से इसे ही दलित साहित्य कहा जाता है" मराठी प्रभाव से मुक्त दलित चिन्तक डॉ. धर्मवीर कहते हैं—"वास्तव में दलित साहित्य की सच्ची और पूरी परिभाषा यह है कि यह वह साहित्य है जो दलित जाति में जन्मा हुआ एक साहित्यकार अच्छा या बुरा साहित्य लिखता है। दलित साहित्य का नायक और खलनायक भी दलित होता है क्योंकि वे अपनी पूरी जिन्दगी जीते हैं।"

ओमप्रकाश वाल्मीकि ने अपनी पुस्तक 'दलित साहित्य का सौन्दर्यशास्त्र' में उद्‌धृत किया है कि—"डॉ. श्यौराज सिंह बेचैन दलित शब्द की व्याख्या करते हुए कहते हैं—'दलित वह है जिसे भारतीय संविधान ने अनुसूचित जाति का दर्जा दिया है।' " क्योंकि इनके विचार दलित साहित्य के मूल्यों और प्रतिमानों के नजदीक हैं। यह सच है कि हमें अलगाव उत्पन्न नहीं करना है। सामंजस्य बनाए रखना आवश्यक है, परन्तु डॉ. धर्मवीर जी का मत सन्देह से परे नहीं है क्योंकि दलित जाति में जन्मा व्यक्ति जो कुछ भी लिखेगा वह दलित साहित्य कैसे हो सकता है? उसके मूल्य, सिद्धान्त तो तय करने ही होंगे। उदाहरण के लिए दलित जाति में जन्मा व्यक्ति हिन्दू व्यवस्था के पोषण का सृजन करता है, तो हम उसे दलित साहित्य की परिधि में कैसे रख सकते हैं? क्योंकि वह धर्म (व्यवस्था) समता विरोधी है। दलित साहित्य मानवता की कद्र करता है। दलित रचनाकार का दृष्टिकोण वैज्ञानिक सोच पर आधारित होना चाहिए, न कि प्रतिक्रियावादी। यह बात अलग है कि दलित साहित्य में दलित लेखकों का ही रचनात्मक प्रतिनिधित्व हो। जो डॉ. अम्बेडकर के विचारों के अनुकूल साहित्य-सृजन करेगा, वही दलित साहित्य का वास्तविक प्रतिनिधित्व कर सकता है। डॉ. धर्मवीर जब 'वास्तव' शब्द जोड़ कर दलित द्वारा सृजित साहित्य को ही दलित साहितय मानते हैं तो इसका विपरीतार्थ यह भी है कि शेष मान्यताएँ वास्तविक नहीं हैं या कृत्रिम हैं।

दलित साहित्य के लेखन की उपयोगिता को समझते हुए काशीनाथ सिंह कहते हैं कि "दलितों पर लिखने के लिए दलित होना जरूरी नहीं है, जरूरी है कि दलितों की पीड़ा पर लिखा जाए।" यहाँ प्रश्न उठता है कि क्या दलितों की पीड़ा पर लिखने मात्र से पीड़ित वर्ग की पीड़ा का अनुभव होना सम्भव है? रचना पढ़ कर यह तय करना आवश्यक होगा कि किसकी रचना दलित हित में है और किसकी रचना दलित अहित में। हमें उसी लेखन को प्राथमिकता देनी होगी जो दलितों में व्यापक रूप से चेतना उत्पन्न करे, जागृति लाए और आधुनिकताबोध की तर्कशीलता उत्पन्न करे। मात्र दयाभाव दिखाना और दलितों को बेचारे बनाए रखना दलित साहित्य के लक्षण नहीं हैं। फिर यह आवश्यक नहीं कि दलितों की पीड़ा का सही अहसास गैर-दलित ही करेंगे, क्योंकि जिसे कभी घृणा व तिरस्कार के घाव नहीं हुए हों उसे पीड़ा का अनुभव कहाँ से होगा? उदारता और सहानुभूति से गैर-दलित दलितों पर लिख सकते हैं, लेकिन लोक कहावत है कि "जाके पाँव न फटी बिवाई, वह क्या जाने पीर पराई", गैर-दलित सहानुभूति, दया, उदारता से भर कर पहले भी लिखते रहे हैं और वर्तमान में भी लिखने, बोलने

का प्रयास कर रहे हैं। लेकिन यह आग्रह करना गलत होगा कि गैर-दलित लेखक भी दलित साहित्य की परिधि में आएँ। इस तरह का लेखन कृत्रिम होगा और ऐसे लेखन में पीड़ा को उभारने और उसे चित्रित करने का प्रयास तो हो सकता है, लेकिन उनके जीवन को मानव-समानता के अनुसार स्वतंत्र करने के प्रयास कम होंगे। गैर-दलितों द्वारा रचित रचनाओं पर प्रायः अम्बेडकर का प्रभाव नहीं होता है। ऐसी रचनाएँ गाँधी, लोहिया या मार्क्स से प्रभावित होती हैं और इसे हम दलितवादी साहित्य की संज्ञा दे सकते हैं। क्योंकि स्वयं दलितों द्वारा लिखा साहित्य दलित साहित्य है और दलितों पर लिखा साहित्य दलितवादी साहित्य है। यहाँ एक प्रश्न यह उठता है कि दलित साहित्य अस्तित्व में आने के बाद प्रारम्भिक हिन्दी-लेखक पांडेय बेचन शर्मा 'उग्र' से लेकर प्रेमचन्द और आज के गैर-दलित लेखकों सहित पात्रों को विषय बना कर लिखी गयी रचनाएँ हिन्दी साहित्य का अंग हैं। यकायक उन्हें दलित साहित्य की धारा में शामिल करने का आग्रह क्यों? यह उचित प्रतीत नहीं होता, क्योंकि प्रश्न यह है कि यदि वे दलितों के प्रति संवेदनशील थे तब जिस समय पांडेय बेचन शर्मा 'उग्र' और प्रेमचन्द सहित तमाम गैर-दलित लेखकों के समय में ही दलित साहित्य या अन्य कोई समानान्तर नाम की नयी धारा फलनी-फूलनी चाहिए थी। ऐसा सम्भव नहीं हो सका। हाँ, यदि यह गलत तर्क है तो उस समय के अछूतानन्द सहित अनेक लेखक दलित विषयों पर रचनाएँ लिख रहे थे जो दलित जाति से सम्बद्ध थे। उन्हें हिन्दी की धारा में शामिल करना चाहिए था। दोनों की बातें असम्भव प्रतीत हुईं। तब आज दलित साहित्य की धारा में हिन्दी के गैर-दलित लेखकों को दलित साहित्य की कोटि में सम्मिलित करना बेईमानी होगा। वैसे भी दलित साहित्य व्यक्तियों की पहचान बनाने से ज्यादा एक समूह, एक जाति की मुक्ति की बात करता है जो गैर-दलितों के साहित्य में असम्भव है। उनके साहित्य का उद्देश्य स्व की ख्याति प्राप्त करना प्रमुख है।

चर्चित मराठी युवा दलित लेखक डॉ. शरण कुमार लिम्बाले के शब्दों में—"गैर-दलितों के लेखन में सहानुभूति और दया की दृष्टि होती है। हमें सहानुभूति और दया नहीं चाहिए, अधिकार चाहिए। हमें मानवतावादी उदार दृष्टिकोण से नफरत है। यह दृष्टिकोण हमारे सदियों के संताप को नजरअन्दाज करता है। हमें यह गैर-दलित सफेदपोश गुंडा लगता है। गैर-दलितों के साहित्य को दलित साहित्य कहना साहित्यिक व सांस्कृतिक छल और हेरा-फेरी है। यह बात मैं गैर-दलितों के सन्दर्भ में कह रहा हूँ।"

लिम्बाले का मत अपनी जगह ठीक है परन्तु क्या प्रत्येक दलित लेखक का समग्र साहित्य इस वर्ग में पैदा होने भर से अनिवार्यतः अनुभूति का साहित्य होगा और इसका कोई अपवाद भी नहीं होगा? क्या यह कट्टरता नहीं है? क्या इसके अपवाद नजरअन्दाज किये जा सकते हैं? यदि भंगी समुदाय के दो सदस्यों में से एक ने मैला ढोया हो और दूसरे व्यक्ति ने झाडू भी हाथ में न पकड़ी हो, जब ये व्यक्ति दलित साहित्य की रचना करते हैं तब हम कैसे कह सकते हैं कि दोनों के लेखन में अनुभूति की समान प्रमाणिकता होगी? या एक चमार ने मुर्दा मवेशी उठाने का कार्य किया हो और मृत पशु

के मांस भक्षण की मजबूरी झेली हो, दूसरे ने कुछ बेहतर विरासत पाकर पढ़-लिख कर आरक्षण का लाभ उठा लिया हो और अपनी आर्थिक, बौद्धिक और सामाजिक स्थिति सुधार ली हो, तब इन दोनों के न तो अनुभव एक जैसे होंगे और न रचनाकर्म। हाँ, इतना अवश्य है कि गैर-दलित लेखक की दलित-विषयक रचना की अपेक्षा दो भिन्न दलित लेखकों की रचना, दयाभाव से रहित स्व वर्ग की पीड़ा की सच्ची तस्वीर अवश्य होगी। दलित परिवारों में एक-दो व्यक्ति ही उभर पाते हैं, तब बाकी परिवेश उसे उसके अतीत का एहसास कराता रहता है। उसके माँ-बाप, बहन-भाई आदि का दुःख-दर्द उसे भी बेचैन रखता है। कभी-कभी इस तरह के लेखन में नरक से निजात पाने की उन सबकी छटपटाहट भी शामिल होती है।

प्रो. मैनेजर पांडेय ने ज्योतिबा फुले को उद्धृत करते हुए कहा था–''गुलामी की यातना जो सहता है वही जानता है, और जो जानता है वही पूरा सच कह सकता है। सचमुच राख ही जानती है जलने का अनुभव कोई और नहीं।''

यहाँ आशय स्पष्ट है कि दलित ही सच्चा दलित साहित्य लिख सकता है।

डॉ. तुलसीराम दलित साहित्य के दो मूलमन्त्र बताते हैं, ''एक 'बौद्ध दर्शन' दूसरा 'अम्बेडकर का दर्शन तथा उनका संघर्ष'। जो इन दोनों को अपनाएगा वह दलित साहित्यकार कहलाएगा। बाकी सारा दावा बेईमानी होगी।'' डॉ. तुलसीदास की वैचारिक पक्षधरता पर सन्देह नहीं किया जा सकता, लेकिन अधिकांश दलित विचारक बौद्ध दर्शन से प्रेरणा लेने के बजाय बौद्ध धर्म को दलितों के लिए आवश्यक मानने लगते हैं। यहाँ वे आग्रही हो जाते हैं। तब दलित साहित्य की अवधारणा पर भी उसका प्रभाव पड़ता है। बेशक मराठी दलित साहित्य बौद्ध दर्शन में अभिन्न रूप से आबद्ध है। इसमें तर्क और आलोचना की गुंजाइश है। जो स्वस्थ दलित साहित्य के लिए नितान्त आवश्यक है, लेकिन जब केवल धर्म की दृष्टि से साहित्य की रचना होती है, तब साहित्य की विचारधारा गड़बड़ाने लगती है। दलित साहित्यकार का बौद्धवादी होना और बाकी लोगों के लेखन को बेईमानी घोषित कर देना, विचार स्वातन्त्र्य के लोकतान्त्रिक रूप को नहीं दर्शाता, अपितु यह किसी तानाशाह का इकतरफा आदेश लगता है। दलित साहित्यकार के लिए यह आवश्यक नहीं कि अम्बेडकर की विचाराधारा के साथ बौद्ध दर्शन को भी अपनाया जाए।

निष्कर्षतः दलित साहित्यकार डॉ. अम्बेडकर के विचारों से प्रेरित हैं, लेकिन जो लेखक प्रत्यक्ष रूप से प्रभावित नहीं हैं, परन्तु वे दलित चेतना, दलित मुक्ति और दलितों के मानवीय अधिकारों के प्रति जागरूकता लाने के उद्देश्य से साहित्य-सृजन कर रहे हैं, ऐसे साहित्यकारों को भी दलित साहित्य में रखा जाना चाहिए। अन्त में डॉ. धर्मवीर की उस मान्यता पर विचार करना अपेक्षित है जिसमें उन्होंने कहा–''दलित जो भी लिख रहे हैं मात्र वही सच्चा दलित साहित्य है।'' इससे अच्छा-बुरा अम्बेडकरवादी बुद्ध, या गाँधीवादी विचारों से युक्त या मुक्त होकर भी उसकी पहली शर्त यह है कि दलित साहित्य तर्क पर आधारित साहित्य है और यह मूल में सामाजिक, आर्थिक और शैक्षिक

न्याय की बात करता है।

दलित साहित्य के वर्तमान रूप की सार्थकता तब तक बनी रहेगी, जब तक इस देश में जातिगत और आर्थिक असमानता के बीज बने रहेंगे। भविष्य में असमानताओं के बदलते स्वरूप के समान ही उसका कोई नया नाम भी दिया जाना आश्चर्यजनक नहीं होगा। यानी दलितों की पृथक पहचान होने के कारण उनका साहित्य भी पृथक है। यहां यह स्पष्ट करना भी आवश्यक है कि वर्तमान समय में हम दलितों में ऐसे साहित्य को प्राथमिकता नहीं देंगे, जो सनातनी वर्ण-भेद की विचाराधारा का पोषण कर रहा है। अपने उद्देश्य में दलित साहित्य दलित मुक्तिकामी विचारधारा का साहित्य है।

दलित साहित्य का ऐतिहासिक अध्ययन

दलित साहित्य का ऐतिहासिक अवलोकन करने पर हमें विभिन्न कालों, विभिन्न रूपों और विभिन्न धाराओं में देखने को मिलता है तब यह कहना उचित नहीं होगा कि यह साहित्य केवल डॉ. अम्बेडकर के उदय के बाद शुरू हुआ है अथवा मराठी से, खास कर दलित पैंथर से आया है। यह हिन्दी-क्षेत्र में दलित की अधिकार चेतना के उभार का साहित्यिक परिणाम है। बौद्ध काल में स्वयं गौतम बुद्ध ने ब्राह्मणी वर्ण-व्यवस्था पर चोट की और उन्होंने क्षत्रियों का दर्जा ब्राह्मणों से ऊँचा कर लिया था। उदाहरण के लिए, उन्होंने 'सुनीति' नामक भंगी को अपने संघ में सम्मिलित करके सामाजिक दृष्टि से एक क्रान्तिकारी परम्परा की शुरूआत की थी। मराठी दलित साहित्य का यही आधार रहा है। अर्थात् वर्ण-व्यवस्था का विरोध आज दलित साहित्य का एक प्रमुख स्वर है। महामानव गौतम बुद्ध ने सवर्ण जातियों के दिलों में दलितों के प्रति सम्वेदना के बीज बोये जिसके फलस्वरूप बुद्ध के बाद संस्कृत के ब्राह्मण विद्वान अश्वघोष ने वज्रसूची की रचना की। इस रचना में असमान नीति पर आधारित ब्राह्मणी वर्ण-व्यवस्था व जाति-प्रथा का विरोध किया गया था। डॉ. तुलसीराम का मानना है—"बुद्धचरित के रचनाकार अश्वघोष पहले संस्कृत के कवि थे, जिन्होंने ब्राह्मणी वर्ण-व्यवस्था पर आक्रमण करते हुए वज्रसूची नामक काव्य-ग्रंथ लिखा। यद्यपि अश्वघोष ब्राह्मण बौद्ध थे, फिर भी मैं उनकी पुस्तक वज्रसूची को दलित साहित्य की रचना मानता हूँ।"

उस समय वज्रसूची जैसी रचना का सृजन करना वाकई कठिन कार्य था। बौद्ध धर्म के प्रचार-प्रसार के बावजूद दलितों की शैक्षिक और आर्थिक स्थिति में सुधार हेतु कोई पहल नहीं हुई। इसलिए बौद्ध धर्म प्रगतिशील होते हुए भी बुनियादी परिवर्तन नहीं ला सका। बुद्ध के 600 वर्ष बाद भी यदि हम वज्रसूची को दलित साहित्य की रचना मानते हैं तो दलित रचनाकार के रूप में अश्वघोष ही पैदा हुए। तब कोई और ब्राह्मण दलित साहित्य क्यों नहीं लिख सका? या उस प्रतिवादी सोच ने किसी दलित रचनाकार को क्यों नही पैदा किया? यहाँ एक और प्रश्न विचारणीय है कि बुद्ध और अश्वघोष के समय दलित चेतना का उभार अवश्य किसी न किसी रूप में रहा होगा। ब्राह्मण जाति सुलभ अपने स्वभाव के अनुरूप स्वयं उस चेतना के केन्द्रीय प्रतिनिधि के रूप में

अश्वघोष जाति सुलभ उभरे हों।

सन् 1000 ई. के बाद 'सिद्ध' रचनाकारों में सरहपा जैसे कवि दलित जाति से हुए हैं, जिन्होंने अपनी रचनाओं में सामन्ती वर्ण-व्यवस्था का जोरदार विरोध किया था। इसे सिद्ध साहित्य कहा जाता है। "कुछ सिद्धों ने निम्न वर्ण की स्त्रियों से विवाह किये थे और कुछ सिद्धों ने अपने समय की परिस्थितियों के परिणामस्वरूप अपनी कविताओं में विद्रोह का स्वर भर दिया था।" नाथ कवियों ने भी वर्णाश्रम व्यवस्था का विरोध किया था। इनका सिद्धान्त था—'जोई-जोई पिन्डे, सोई ब्रह्मांडे', अर्थात् जो शरीर में है वही ब्रह्मांड में है।

भक्तिकाल के सन्त रामानन्द की लम्बी शिष्य शृंखला में भक्त-कवि रैदास, कबीर, नामदेव, पीपा, सेना, धन्ना आदि के नाम आते हैं। संतों ने समाज में व्याप्त विषमातामूलक तत्त्वों को सक्रिय होता पाया, तब उन्होंने समाज-सुधार की रचनाएँ कीं, लेकिन उनका ध्यान परलोक सुधार की ओर अधिक था।

भक्तिकाल में अस्पृश्यों, शूद्रों और भक्त स्त्रियों की प्रभावशाली रचनाएँ मिलती हैं। मार्क्सवादी आलोचक डॉ. विश्वनाथ त्रिपाठी के अनुसार—"भक्ति के आद्यः आचार्य रामानुज का जन्म कांचीपुरम के पास हुआ था। वे विद्याध्ययन के लिए बचपन में ही वहाँ आ गये थे। कांचीपुरम में ही उनकी भेंट कांचीपूर्ण से हुई। कांचीपूर्ण रामानुज के शूद्र गुरु थे।"

"चौरासी सिद्धों में से तीस शूद्र सिद्ध कवि थे जो अपनी ओजस्वी वाणी द्वारा जाति-व्यवस्था एवं ब्राह्मणवादी संस्कृति के विरोध में संघर्षरत थे। वे इस प्रकार हैं—कंकालिया, मीनपा, चमरिया, खडगपा, धमनपा, शातिया, छत्रपा, धोमिपा, तँतपा, कुचिया, महीपा, जोगीणा, चेलुकपा, धंहुरिया, कमलपा, सर्वभक्षणया, अनंगपा, कंजरिया, राहुलपा, धाकरिपा, गुंडरिपा, निपुणपा, चपेटीपा, खिखनपा, मषिभ्रदायोगिनी, कलकल्पपा, पुलिलपा, उपानहनपा, कथंलीपा आदि। डॉ. नामवर सिंह इन सिद्धों को अत्यन्त उग्र और बड़े लट्ठमार ढंग से अपनी बात कहने वाले कवि बताते हैं।"

उन दिनों ईश्वर-भक्ति पर भी तथाकथित गैर-दलितों का ही अधिकार था। इसलिए वे संत कवि तथा समाज-सुधारक ईश्वर तक पहुँचने के रास्ते खोजते थे और ईश्वर की दृष्टि से धार्मिक समता का हक माँगते थे। संत रैदास ने यह कहकर स्पष्ट कर दिया था कि—'मन चंगा तो कटौती में गंगा'। संत रैदास की इस पंक्ति से मन की शुद्धता की महत्ता दिखलाई पड़ती है। भक्तिकालीन अनेक संत कवि कथित निम्न जातियों के समुदायों से थे। वे सभी निर्गुण ब्रह्म में विश्वास करते थे, क्योंकि उनके लिए साकार ईश्वर अर्थात मूर्तिपूजा और मन्दिर-प्रवेश करने तक का निषेध था। लेकिन इस भक्ति से आम जनता के जीवन में कोई बुनियादी परिवर्तन नहीं आया और न ही स्वयं संतों के जीवन में। डॉ. अम्बेडकर ने अपने समाचारपत्र बहिष्कृत भारत में इसकी चर्चा की है। एक आलोचना में लिखा है—"स्पृश्य वर्ग प्रश्न करता है कि अछूत वर्ग में पैदा हुए कवि 'चोखामेला' (चखोवा), महाराज रोहितास (रैदास) इत्यादि साधु-संतों को क्या स्पृश्य लोग पूज्य नहीं मानते?" इस पर डॉ. अम्बेडकर जवाब देते हैं—"यह सच है,

फिर भी चोखामेला, रैदास जैसे व्यक्ति समाज में बार-बार पैदा नहीं होते। इन संतों को ऐहिक सुखों की परवाह नहीं थी। उनका सम्पूर्ण लक्ष्य परमेश्वर में केन्द्रित था। उनका उदाहरण सामान्य जनता के किस काम का? चोखामेला जीविका-निर्वाह करने के लिए मृत पशु खींचने का धन्धा करते थे और मजूरी भी करते थे। मजूरी यानी बेलदारी करते वक्त ही उनके ऊपर दीवार गिरी थी जिससे दबकर उनकी मृत्यु हुई। यह स्पृश्य-अस्पृश्यों के पूज्य सुकवि जब गंदा धन्धा करते थे, तब नालायक ब्राह्मण भी सम्मानित धन्धा करते थे।''

यह स्थितियाँ भक्तिकाल से लेकर आज भौतिकवादी युग में दलितों के लिए जस की तस बनी हुई हैं। दलितों के उच्चशिक्षित युवक-युवतियाँ बेकार घूम रहे हैं, तो दूसरी तरफ द्विज वर्ण के युवक-युवतियाँ शिक्षित-अशिक्षित, योग्य-अयोग्य शान से जीवन जी रहे हैं। उनके बच्चे विदेशी शिक्षा ले रहे हैं। दूसरी तरफ दलितों के बच्चों को देश में ही शिक्षा प्राप्त नहीं हो पा रही है। और जो शिक्षा ले रहे हैं वह आज के समय की उत्कृष्ट यानी क्वालिटी एज्यूकेशन नहीं ले पा रहे हैं। तत्कालीन सरकारें आधुनिक रूप से दलितों की मनुवादी व्यवस्था को स्थापित करने में लगभग सफल हो गयी। दलित वर्तमान में भी रोजी-रोटी की जुगाड़ में संघर्ष कर रहा है। आधुनिक बुनियादी सुविधाएँ उनके लिए स्वप्न साबित हो रही हैं। अनुमान इसी से लगाया जा सकता है कि उनका भविष्य कैसा होगा?

महात्मा ज्योतिबा फुले के विचार निःसन्देह ही दलित साहित्य के प्रेरणा-स्रोत रहे हैं। उन्होंने शिक्षा रूपी मन्त्र फूंक कर दलितों में चेतना जगाई। शिक्षा की महत्ता उन्होंने निम्न पंक्तियों में दर्शाई जो उनके चिन्तन और सन्देश का सार कही जा सकती है—

विद्या के अभाव से मती नष्ट हुई॥
मती के अभाव से नीति नष्ट हुई॥
नीति के अभाव से गति नष्ट हुई॥
गति के अभाव से वित्त नष्ट हुआ॥
वित्त के अभाव से शूद्रों का पतन हुआ।

कहा जा सकता है कि इन सब के अभाव में न केवल शूद्रों का बल्कि अस्पृश्यों का विकास भी अवरुद्ध हुआ। महात्मा ज्योतिबा फुले की ऊपर लिखित कविता की पंक्तियाँ 1883 में 'किसानों का आसड़' नामक ग्रन्थ की प्रस्तावना में प्रकाशित हुई थीं।'' फुले मूलतः समाज-सुधारक थे। लेखक के रूप में उनकी महत्त्वपूर्ण कृति गुलामगीरी का प्रकाशन सन् 1873 ई. में हुआ था। इस पुस्तक में ब्राह्मण-पुरोहित वर्ग द्वारा रचित विभिन्न स्वार्थपूर्ण पुराणों, ग्रन्थों का भंडाफोड़ किया गया था। फुले के उपरान्त महाराष्ट्र की धरती पर ही डॉ. अम्बेडकर ने दलित अधिकारों का बीड़ा उठाया। इस हेतु उन्होंने अपने विचार जनता में फैलाने के लिए सन् 1920 में 'मूकनायक' पत्रिका का प्रकाशन किया। 'मूकनायक' के बाद उन्होंने अन्य अनेक पत्र-पत्रिकाएँ भी निकालीं जैसे बहिष्कृत भारत, समता, जनता आदि। इनमें प्रायः संत कवियों की कविताओं की पंक्तियाँ बतौर

उदाहरण छपती थीं और कभी-कभी किंवदंती की भाँति स्वयं डॉ. अम्बेडकर अपने पत्र में कहानियाँ सुनाते थे। ये कहानियाँ दलित समाज में जागरूकता पैदा करने के लिए पुश्तैनी धन्धों में फंसे लोगों की मुक्ति और श्रमशक्ति के महत्त्व को समझाने के लिए होती थीं।

महाराष्ट्र में दलित साहित्य की शुरूआत डॉ. अम्बेडकर के बाद ही हुई। डॉ. विमलकीर्ति का मानना है कि "मराठी के दलित साहित्य से पूर्व बाबा साहब डॉ. अम्बेडकर के साहित्य व सामाजिक आन्दोलन ने चेतना फैलाई। सन् 1964 में दलित साहित्य, साहित्य के रूप में उभर कर आया।" इसका स्वर साहित्यिक आन्दोलन के रूप में तब फैला जब अस्मितादर्श पत्रिका की शुरुआत (1968) हुई। इस पत्रिका के माध्यम से दलित साहित्य को समाज के सम्मुख लाने का जोरदार प्रयास हुआ। पत्रिका शुद्ध रूप से डॉ. अम्बेडकर के लोकतान्त्रिक विचारों और तत्कालीन दलित साहित्य की तमाम विधाओं को लेकर चल रही थी।

स्वामी अछूतानन्द ने सन् 1922 में दिल्ली से अछूत (पवित्र) अखबार निकाला। 1917 में स्वामी जी दिल्ली चले गये और वहाँ के अछूत नेता श्री वीररत्न देवीदास जटिया तथा पं. जगतराम जटिया कवि के सहयोग से अखिल भारतीय "अछूत महासभा" की स्थापना की तथा एक 'अछूत' पत्रिका का भी सम्पादन किया। उन्होंने सन् 1925 ई. में कानपुर से 'आदि हिन्दू' नाम एक अन्य अखबार निकाला। इस पत्र की फोटो प्रति उपलब्ध है। इस अखबार में गीत, गजलें, कविताएँ और लेख छपते थे। स्वामी अछूतानन्द का 'आदि हिन्दू' से आशय आदि हिन्दवासी से था। उनके अनुसार अछूत मूलरूप से हिन्दुस्तान के वासी हैं। वे अछूतों में आदि हिन्दू होने की भावना जगाना चाहते थे। लेकिन वे कथित हिन्दू वर्ण-व्यवस्था के पक्षधर नहीं थे। आदि हिन्दू से उनका आशय मूल भारतीय से था। सन् 1912 ई. में प्रकाशित अपनी कविताओं में स्वामी जी अपने को हिन्दुस्तान का मूल वासी कहते हैं–

जब से आर्य हिन्द में आये
तब से तुम्हें गुलाम बनाये हैं
यह भेद बतलाये
जरा ऋग्वेद मन्त्र पड़तालो।

(भजन)

अहो दासन की ओर कृपा दृष्टि हरि कीजै।
जो ये प्राचीन निवासी, इस हिन्दुस्तान के निवासी
जिन्हें कर दीये कमजौरे,
वे आर्य थे या कि अनारी, जो बन कर अत्याचारी
छीन लिए धन-जन ठौरे।

वे अछूतों को अपने अधिकारों के प्रति सचेत करते हुए आगे लिखते हैं–

जहाँ तुम करते बूदों वास, है यह देश तुम्हारा खास।

देखो जरा खोल इतिहास, दस्यु आर्यों का युद्ध निकालो।

स्वामी जी केवल इतिहास को ही नहीं दोहराते थे, बल्कि दलितों में चेतना का स्वर भरने का कार्य भी करते थे जो उनकी निम्न पंक्तियों में स्पष्ट द्रष्टव्य है—

यदि खून में कुछ जोश हो,
ओ बेहोश कौमो जो होश हो।
तो क्यों पड़े खामोश हो,
जागो बहुत बरवाद हो।

(गजल)

सोते तुम्हें मुद्दत हुई,
तज नींद अब तो जागिए
हजम होते वंश अपने को
तो जल्द बचाइए।

स्वामी अछूतानन्द की उपरोक्त पंक्तियाँ दलितों में रोमांच पैदा करती हैं। वे वाकई सोते हुए को जगाती हैं। स्पष्टता भी जबरदस्त है। वे न सिर्फ अस्पृश्यों को जगा रहे थे बल्कि शूद्रों यानी पिछड़े वर्ग को भी जगा रहे थे। 6-7 अक्टूबर 1928 को 'आदि हिन्दू' कॉन्फ्रेंस में स्वामी अछूतानन्द जी ने अपने भाषण की शुरूआत निम्न पंक्तियों से की थी—

शूद्रो गुलाम रहते, सदियाँ गुजर गयी हैं।
जुल्मो सितम को सहते, सदियाँ गुजर गयी हैं।
अब तो जरा विचारो, सदियाँ गुजर गयी हैं।
अपनी दशा सुधारो, सदियाँ गुजर गयी हैं।

उन दिनों बाबा साहब अम्बेडकर महाराष्ट्र में दलितों का नेतृत्व कर रहे थे, तो उत्तर भारत में स्वामी अछूतानन्द का दलितों के बीच व्यापक प्रभाव था। ''सन् 1932 ई. में लंदन में हुई गोलमेज कॉन्फ्रेंस में डॉ. अम्बेडकर अछूतों के प्रतिनिधि नेता थे, और गाँधी जी ने अपने को सम्पूर्ण जनता का नेता कहा था। विशेषकर वे दलितों के स्वयंभू पक्षधर बनकर सामने आये थे। तब अछूतानन्द ने डॉ. अम्बेडकर के समर्थन में 500 तार भिजवाए।

सन् 1900 के बाद जन्मे सबसे अधिक लिखने वाले श्री बिहारी लाल 'हरित' का जन्म 13 दिसम्बर सन् 1913 को चन्द्रावली (शाहदरा) गाँव में हुआ। हरित जी की छोटी-बड़ी 45 पुस्तकें स्वयं की हरित प्रिंटिंग प्रेस में छपीं। 'भीमायण', 'अछूतों का पैगम्बर', 'जगजीवन ज्योत', 'झलकारी बाई' इत्यादि उनकी कई महत्त्वपूर्ण पुस्तकें हैं। ये पुरानी विचारधारा के रहे हैं, लेकिन अपने वर्ण की दशा सुधारने के लिए अपने स्तर पर सक्रिय रहे। उन्होंने जाटव सभा, मानव समाज, प्रगतिशील लेखक मंच, राष्ट्रीय समता साहित्य मंच इत्यादि संस्थाओं की बुनियादें रखीं। जमींदारी प्रथा का चित्र इनकी एक कविता की पंक्तियों में देखें—

दादा का करजा पोते से नाय उतरने पाया।
तीन रुपये में जमींदार के सत्तर साल कमाया।
जमींदार ने कहा काम तू बेशक कहीं लगाले।
मेरा रुपया तेरे पै है उसका ब्याज फलाले
सत्तर सौ बासठ रुपया तेरे पै हमने जोड़ निकाले॥
बूढ़ा तो मर गया कर्ज में फिर वहाँ बेटा आया॥

अन्य कवियों की श्रृंखला में स्वामी शंकरानन्द, कविरत्न महात्मा बख्शी, अयोध्यानाथ ब्रह्मचारी, डॉ. पं. मौजी लाल मौर्य आदि ने ब्राह्मण कवियों की प्रतिक्रिया में पंडित और डॉ. अम्बेडकर से प्रेरित होकर डॉक्टर शब्द अपने नाम के साथ जोड़े, बाद में प्राइवेट होम्योपैथिक डॉक्टर की डिग्री भी प्राप्त की।

मोतीलाल संत सन् 1938 में हाथरस में जन्मे। लोकशैली में कविताएँ लिखीं।

ये सब साहित्यकार दलित वर्ग से हैं, लेकिन शुरू में अम्बेडकर और बुद्ध के विचारों से नहीं जुड़े हैं। कवि संत की कविताओं पर गाँधीवाद और हिन्दूवाद का मिलाजुला असर है। जगजीवन राम और अम्बेडकर का प्रभाव भी पड़ा है। अस्पृश्यता निवारण तथा जातीय दमन को रोकने के लिए ये लोग हिन्दू धर्म में सुधार करने का विचार रखते हैं। यह एक प्रकार से उचित भी है क्योंकि धर्म-परिवर्तन के बाद हमारी सारी समस्याएँ ज्यों-की-त्यों रहती हैं। तब हम क्यों न जहाँ हैं, वहीं समान अधिकारों की बात करें और शिक्षित होकर अपने को सभी क्षेत्रों में सक्रिय कर अपनी स्थिति को मजबूत करें। क्यों न दलित बुद्धिजीवी अपने वर्ग को उच्च शिक्षा हासिल करने और आर्थिक स्थिति सुधारने हेतु जाग्रत करें?

केरल प्रदेश में दलित और पिछड़े समाज की उन्नति के लिए प्रतिबद्ध नारायण गुरु और कुमारन आशान का नाम सम्मान से लिया जाता है। कुमारन आशान का जन्म 'ईरवा ईथा' जाति में सन् 1873 ई. में हुआ था और इनकी मृत्यु सन् 1924 ई. में हुई। इनकी महत्त्वपूर्ण कृतियों में 'दुरावस्था', 'चाण्डाल भिक्षुणी' और 'करुणा' (कविता-संग्रह) हैं। इनकी दो कृतियों की कथा बौद्ध धर्म के आस-पास घूमती है। चाण्डाल भिक्षुणी की कथा प्रो. पी.एल. नरसू की अंग्रेजी पुस्तक The Essence of Buddhism से ली गयी है। इसमें जाति-समस्या प्रमुख है। करुणा में भी ऐतिहासिक पात्र वासवदत्त और भिक्षु उपगुप्त की कहानी वर्णित की गयी। लेकिन आशान व्यक्तिगत जीवन में धर्मातरण के पक्षधर नहीं थे। हिन्दू धर्म में उनकी आस्था भी नहीं थी। वह एकेश्वरवादी थे। उनका प्रश्न था कि क्या बौद्ध धर्म ग्रहण करने से उनकी जाति का भला हो जाएगा।

इनकी रचनाओं की तिथि ज्ञात नहीं हो पाई। लेकिन डॉ. धर्मवीर के अनुसार, "इनके मौलिक साहित्य का रचनाकाल सन् 1907 से लेकर 1923 तक का है। 1924 में इनका एक नाव दुर्घटना में आकस्मिक निधन हो गया। 'दुरावस्था' कविता-संग्रह समकालीन जातीय समस्याओं पर केन्द्रित है। अपनी एक कविता में वे ब्राह्मण वर्ग को सावधान करते हुए लिखते हैं–

औ वेद-मार्ग के सम्मानित पुजारी।
मैं तुम्हें एक सच बतलाने का साहस
कर रहा हूँ।
यद्यपि देश, धर्म और अपने बड़प्पन के सामने,
यह तुम्हें मेरा दुस्साहस लग सकता है।
समय बदल गया है,
अब तेरी परम्परा के ताने-बाने पुराने
हो गये हैं।
अब मनुष्य इन कमजोर धागों में बँधे
नहीं रह सकेंगे।
आगे आओ और तनिक साहस करके
अपने कानूनों और रिवाजों को बदलो
नहीं तो निश्चित रूप से वे तुम्हें बदल देंगे।

करीब 80-82 वर्ष पूर्व कुमारन आशान ने किसी भविष्य विज्ञानी की तरह जो भविष्यवाणी की थी, वह आज सच होती प्रतीत हो रही है। यह उनके गम्भीर चिन्तक होने का संकेत करती है। भारत के अन्य क्षेत्रों की पर्याप्त जानकारी, हमें क्षेत्रीय भाषाई अज्ञानता और दलितों के साहित्य के प्रकाशन तथा अनुवाद की समस्या के कारण पूर्णरूप से उपलब्ध नहीं हो सकी है।

निष्कर्ष रूप में कहा जा सकता है कि हिन्दी के दलित साहित्य का उदय बीसवीं शताब्दी के नवें तथा दसवें दशकों में हुआ और कई हिन्दी लेखकों को सातवें दशक में उभरे मराठी के दलित साहित्य से खासकर डॉ. अम्बेडकर की विचारधारा से प्रेरणा मिली। हिन्दी का दलित साहित्य अब अपना व्यापक स्वरूप ग्रहण कर रहा है, पर पिछली शताब्दियों में भी दलित साहित्य बीज रूप में विद्यमान था। भले ही वह साहित्य की मुख्य धारा नहीं बन सका। उस बीज को लेखकों, विचारकों और समाज-सुधारकों ने अंकुरित किया तथा अब वह पल्लवित-पुष्पित रूप में हमारे सामने है, पर अधिसंख्य रचनाएँ साधन-सुविधाओं के अभाव में अप्रकाशित हैं।

(साभार—हिन्दी दलित कथा साहित्य अवधारणाएँ और विधाएँ—रजत रानी 'मीनू')

(ख) स्त्री विमर्श : अवधारणाएँ और मुक्ति आंदोलन

वर्तमान समय में समाज, साहित्य और संस्कृति के भीतर स्त्री अपनी अस्मिता की तलाश लगातार कर रही है। एक ओर यह सब मिलकर स्त्री को अपने संदर्भों में पारिभाषित करने की कोशिश कर रहे हैं तो वहीं दूसरी ओर स्त्री इन रूढ़ होती छवियों से मुक्त होकर मानवीय धरातल पर स्थित होने की लगातार कोशिश कर रही है। उसकी यही इच्छाएँ, प्रयास एवं संघर्ष लगातार उसे विमर्श के दायरे में केन्द्रित कर रहे हैं। स्त्री

विमर्श अपने भीतर लगातार उन संवादों और बहसों को जन्म देता है जहाँ युगों से शोषित एवं उत्पीड़ित स्त्री के मन की अभिव्यक्ति को स्वर मिला है। पितृसत्ता ने स्त्री को सदैव अधीनस्थ की श्रेणी में रखा है। पितृसत्तात्मक मूल्य स्त्री को समाज में दोयम दर्जे का मानते हुए उसके मानवीय मूल्यों एवं अधिकारों का हनन करते हैं। स्त्री विमर्श अपने भीतर इन्हीं पितृसत्तावादी मूल्यों को तोड़ते हुए सामाजिक न्याय, समता और स्वतंत्रता की पृष्ठभूमि की रचना करता है। स्त्री विमर्श के भीतर स्त्री न केवल स्वयं को पारिभाषित करती है बल्कि स्वयं के साथ-साथ अपने आस-पास मौजूद सामाजिक संस्थाओं और उनकी सारगर्भिता तथा पुरुष को भी पारिभाषित करती है। वास्तव में स्त्री विमर्श का उद्‌देश्य पुरुष का विरोध नहीं है बल्कि उस पितृसत्तावादी मानसिकता का विरोध है जो अपनी सांमती वृत्तियों के चलते स्त्री को मानवीय गरिमा न देकर उसे अपनी संपत्ति समझता है। इस प्रकार वह अपने ऊपर लगी उन तमाम पितृवादी दलील को खारिज करती है कि वह समाज को तोड़ने का कार्य करती है। वास्तव में तो स्त्री विमर्श की अवधारणा एक स्वस्थ समाज के निर्माण में सहायक ही सिद्ध होती है लेकिन इस निर्माण में यदि कुछ टूट-फूट की आवश्यकता होती है तो फिर वह उन वर्चस्ववादी, सामंती पितृसत्तावादी रूढ़िता पर प्रहार करती है। इस संदर्भ में सुधा सिंह अपनी पुस्तक 'ज्ञान का स्त्रीवादी पाठ' में लिखती हैं- ''स्त्री-अस्मिता का प्रमुख आधार है स्त्री को पुरुष संदर्भ के बाहर लाना और स्त्री संदर्भ में रखकर देखना। पितृसत्तात्मक विचारधारा का विरोध करना उन तमाम तर्कों का निषेध अथवा अस्वीकार है जो स्त्री को उसकी स्वतंत्र पहचान से वंचित करते हैं अथवा मातहत बनाते हैं। स्त्री और पुरुष दो अलग अस्मिताएँ हैं। भाषा और विचार के जन्म से पहले स्त्री और पुरुष का जन्म हुआ है। स्त्री और पुरुष का प्रकृति से संस्कृति में रूपांतरण वैसे ही है जैसे लड़का धीरे-धीरे मर्द और लड़की धीरे-धीरे औरत बनती है। इसी क्रम में दोनों की भूमिकाएं तय होती हैं। इसी संदर्भ में लिंग के संबंध और पहचान का जन्म होता है। भाषा के जरिए लैंगिग चिन्ह अभिव्यक्त होते हैं।''

यहाँ पर सुधा सिंह इस ओर महत्त्वपूर्ण संकेत करती हैं कि स्त्री-विमर्श का आधार स्त्री अस्मिता को सशक्त रूप में अभिव्यक्त करना है। इसी के साथ वह जेंडर और लिंग संबंधी महत्त्वपूर्ण अवधारणाओं की ओर भी संकेत करती हैं। अर्थात् लिंग जन्म से आधारित होता है और जेंडर समाज द्वारा निर्धारित है। भाषा इसे व्यक्त करने का सबसे सक्षम माध्यम है। भाषा के माध्यम से ही हम पुरुष के लिए नीला और स्त्री के लिए गुलाबी रंगों आदि की परिभाषा से जेंडर स्थिति को स्पष्ट करते हैं।

''स्त्री पैदा नहीं होती बल्कि बनायी जाती है'' सीमोन द बोउवार की यह प्रसिद्ध उक्ति स्त्री विमर्श की सार्थकता को प्रकट करती है। एक स्त्री जन्म से ही अपने भीतर स्त्रीत्व के गुणों को लेकर नहीं आती बल्कि समाज उसे जेंडर आधारित भूमिका के आधार पर स्त्रीत्ववादी मूल्यों से गढ़ देता है। इस संबंध में डॉ. प्रतिभा पाठक लिखती हैं- ''नर और नारी की मानसिक भिन्नता का अनेक प्रकार से विश्लेषण करने पर पता चलता है

कि नारी की मानसिकता उसकी शारीरिक संरचना-विशेष के कारण ही नर से भिन्न नहीं है। सामाजिक परिवेश, पारिवरिक तथा व्यक्तिगत परिस्थितियाँ, संस्कार और मूल्य सब मिलकर नारी-मानसिकता की निर्मिती करते हैं। जन्म से लेकर शैशवास्था तक नर और नारी की मानसिकता में कोई अंतर नहीं होता है।" स्त्री स्वतंत्रता अस्मिता और परिवार, समाज में बराबर भागीदारी से जुड़े प्रमुख मुद्दे स्त्री विमर्श के केन्द्र में है। भारतीय समाज में स्त्री का एक समुदाय जिसमें दलित, आदिवासी और पिछड़े वर्ग की स्त्री के लिए पुरुष से अलगाव का नहीं लगाव का विमर्श है।

स्त्री-विमर्श का प्रारंभ पश्चिम से माना जाता है और इसे यूरोपीय देशों से आयातित विचार के तौर पर देखा जाता है। यह सही है कि स्त्री विमर्श की मूल अवधारणा का जन्म पश्चिम में हुआ लेकिन वह भारतीय संदर्भों में भी बहुत महत्त्वपूर्ण है। बल्कि इस अवधारणा ने संसार भर की स्त्रियों से अपना संवाद कायम कर लिया है। इस कारण सभी भौगोलिक स्तरों और परिवेश में स्त्री की लगभग समान बंधनकारी परिस्थितियाँ हैं। वह सदियों से जुल्म और शोषण का शिकार बनती रही है।

इसके ऐतिहासिक संदर्भों के विषय में बात करते हुए एंगेल्स ने कहा कि "मातृसत्ता से पितृसत्तात्मकता का अवतरण वास्तव में स्त्री जाति की सबसे बड़ी हार थी। सत्य तो यह है कि स्त्री के लिए ऐसा स्वर्ण युग वास्तव में एक मिथक के अलावा और कुछ नहीं। यह कहना कि स्त्री अन्या है, इस बात को सिद्ध करता है कि स्त्री और पुरुष में कोई पारस्परिक संबंध नहीं था। वह चाहे धरती थी, चाहे माता, देवी किन्तु पुरुष की संगी मित्र कभी नहीं थी।" वास्तव में पितृसत्ता ने अपने हितों के अनुसार स्त्री को विभिन्न भूमिकाओं में पारिभाषित किया। पितृसत्ता स्त्री के लिए माँ, बहन, बेटी और पत्नी के रूप में कर्त्तव्यों की एक लम्बी फेहरस्ति की निर्मित करता है। यह विडम्बना ही है कि इन कर्त्तव्यों की लिस्ट से बाहर निकलते ही स्त्री 'एक बुरी औरत' बन जाती है और फिर समाज उसके बहिष्कार के संपूर्ण तरीकों को अपनाने लगता है अर्थात् पितृसत्ता बड़ी चालाकी से अपने दायरों में मिसफिट स्त्री को 'कुलटा' की पदवी देकर सामाजिक संरक्षण के दायरे से बाहर कर देती है।

भारत जैसे देश में जहाँ स्त्री को देवी का दर्जा प्राप्त है। वह कभी अपने मानवीय रूप को प्राप्त ही नहीं कर पाती। उसे घर के भीतर और बाहर दोनों ही स्थानों पर शारीरिक, मानसिक एवं सामाजिक हिंसा का शिकार बनना पड़ता है। लगभग प्रतिदिन इन्हीं खबरों से अखबार भरे रहते हैं। पितृसत्ता स्त्री का शोषण केवल बाह्य स्तर पर नहीं करती बल्कि उसकी जड़े गहरी हैं। समाज में यही जहरीली जड़ें अपने विषाक्त शाखाओं से स्त्री विरोधी मानसिकता के बीज़ बोती हैं। जहाँ स्त्री को इस विषाक्त माहौल में समान मानवीय जीवन जीने के लिए भी प्रतिपल मरना पड़ता है। स्त्री-विमर्श समाज का इसी मानसिकता की पड़ताल करते हुए स्त्री के लिए जीवंत संसार की रचना करने की पहल करता है।

प्रसिद्ध फ्रेंच लेखिका 'सिमोन द बोउवार' ने स्त्री की वास्तविक छवि को स्पष्ट करते

हुए सशक्त क्रांतिधर्मी पुस्तक 'द सेंकड सेक्स' लिखी। यह सभी नारीवादियों के बीच प्रसिद्ध है। इसका कारण पुस्तक में उन सभी कारणों, लक्षणों एवं परिणामों की व्याख्या की गयी है जो स्त्री को बंधन में जकड़े हुए हैं। उन्होंने स्पष्ट किया कि–"औरत को औरत होना सिखाया जाता है। औरत बनी रहने के अनुकूल बनाया जाता है।" पितृसत्ता स्त्री विरोधी इसी अनुकूलता के लिए समाज की मानसिक कडिशनिंग करता है जिसमें स्त्री के लिए पहले से ही तयशुदा भूमिकाएँ और जिम्मेदारियों को प्रस्तुत किया गया है। इन सभी भूमिकाओं और कत्तव्यों में स्त्री की स्वयं की पहचान कहीं लुप्त हो जाती है। सीमोन द बोउवार आगे लिखती हैं कि "आज की दुनिया में औरत का सही और सही रूप वस्तुतः क्या है? वस्तुतः उसका कौन सा दर्जा होना चाहिए।" अपने समय में उठाए गए इन महत्त्वपूर्ण प्रश्नों का हल स्त्री विमर्श ढूंढ रहा है।

वर्तमान समय में भी स्त्री को रूढ़ छवि में ही प्रस्तुत किया जाता है। परिणामस्वरूप स्त्री के संबंध में समाज की जड़शील चेतना में परिवर्तन नहीं आ रहा है। इस बात की बहुत आवश्यकता है कि उसे मानव मानते हुए मानवीय गरिमा और सम्मान प्राप्त हो। पाश्चात्य नारीवादी लेखिका लिडा गोर्डन के शब्दों में, "नारीवाद नारी के गौण स्थान का विश्लेषण मात्र है जिसका हेतु उसकी स्थिति में बदलाव लाना मात्र है।" परिवर्तन की यह अकांक्षा स्त्री-विमर्श का मुख्य लक्ष्य है। एक अन्य पाश्चात्य विद्वान एसिल जॉर्डिन के शब्दों में, "नारीवाद स्त्रियों की दृष्टि से स्त्रियों के लिए किया गया आंदोलन है।" व्यक्ति के रूप में उसकी पहचान यहाँ महत्त्वपूर्ण हो जाती है। प्रसिद्ध लेखिका तस्लीमा नसरीन के अनुसार "जिस दिन यह समाज स्त्री शरीर का नहीं, शरीर के अग-प्रत्यंग का नहीं, स्त्री की मेधा और श्रम का मूल्य सीख जाएगा, सिर्फ उस दिन स्त्री 'मनुष्य' के रूप में स्वीकृत होगी।"

स्त्री को जब उसकी परतंत्रता का अहसास कराया जाता है तो वह अपने प्रति होने वाले शोषण, अत्याचारों और उत्पीड़न के विरुद्ध संघर्ष करती है। स्त्री-विमर्श उसकी पहचान के लिए किए गए इन्हीं संघर्षों को महत्त्व देता है। समाज में स्त्री होने के कारण उसका शारीरिक, मानसिक, सामाजिक एवं सांस्कृतिक धार्मिक और आर्थिक स्तर पर शोषण होता है। इसीलिए इन शोषणों के विरुद्ध उसका संघर्ष भी चौतरफा एवं बहुस्तरीय होता है। प्रसिद्ध नारीवादी लेखिका प्रभा खेतान की दृष्टि में–"धर्म और संस्कृति की नजर स्त्री के प्रति हमेशा टेढ़ी रही, राजनीति उसे हमेशा मोहरा बनाती रही और व्यक्ति पुरुष ने उसे कभी ड्राइंगरूम का सामान समझा तो कभी बेडरूम का बिछावन, पुरुष चाहे कहीं भी हो, कोई भी हो, वह शिल्पी, साहित्यकार, व्यवसायी, मजदूर कुछ भी क्यों न हो, औरत को चबाने से बाज नहीं आता।"

इस प्रकार स्त्री-विमर्श बहनापे की व्यापक अवधारणा से जुड़ते हुए विश्व मंगल की कामना करता है क्योंकि पितृसत्ता ने केवल स्त्री को ही नुकसान नहीं पहुँचाया है बल्कि वह पुरुष की भी प्राकृतिक चेतना को नष्ट करके उसके अस्तित्व को शोषणकारी बनाता है। स्त्री विमर्श से प्राप्त स्त्री की आजादी का बड़ा हिस्सा पुरुषों को स्वतंत्र

बनाते हुए उनके लिए भी हितकारी सिद्ध होगा। जहाँ न तो बंधी-बंधाई भूमिकाएँ होंगी और ना ही बंधनकारी नियम बल्कि होंगे तो समानता, न्याय एवं मित्रता पर आधारित सहभागिता की भूमिका। इसीलिए स्त्री-विमर्श का महत्त्व एक स्वस्थ समाज के निर्माण में बढ़ जाता है। इस दृष्टि से विश्व भर में अनेक प्रयास एवं आंदोलन हो रहे हैं। भारतीय तथा पाश्चात्य स्त्रीवादी आंदोलनों का आधार हमें भिन्न दिखायी देता है। भारतीय स्त्री आंदोलन में जहाँ उसे पुरुषों के समान अधिकारों को देने की मांग की जा रही है वहीं पाश्चात्य स्त्री आंदोलन की बड़ी समस्या आर्थिक स्वतंत्रता की है। इनका अध्ययन करने पर भारतीय और पाश्चात्य आंदोलनों में कई दृष्टियों से भेद के बावजूद इनकी समानता इस 'स्त्री-मुक्ति' के उद्‌देश्य में निहित है और वह स्त्री-मुक्ति के लिए एक लंबी लड़ाई लड़ रहे हैं।

स्त्रीवादी मुक्ति आंदोलन (पाश्चात्य और भारतीय)

हिन्दी साहित्य में नारी मुक्ति के प्रश्नों पर चर्चा करने से पूर्व विश्व में नारी मुक्ति से जुड़े प्रश्नों की पूर्वपीठिका पर अत्यंत संक्षेप में नजर डाल लेना समीचीन होगा। 8 मार्च महिला दिवस के रूप में पूरे विश्व में मनाया जाता है। यह स्त्री पर्व है। यह स्त्री चेतना और उसकी जाग्रति का प्रतीक भी है। इस दिन की शुरूआत 1857 को न्यूयार्क में कपड़े की मिलों की कामगार स्त्रियों ने की थी। उन्होंने अपने वेतन व काम के घंटे 15-16 से घटाकर 10 घंटे करने की मांग को लेकर एक प्रदर्शन किया था। विश्व में स्त्रियों का यह प्रथम प्रदर्शन था, जिसमें अपने समान अधिकार की बात उठाई गई थी। यह दिन स्त्रियों के अधिकार चेतना का पहला दिवस था। उनके उठाए गए इस कदम को उस समय की ट्रेड यूनियनों ने भी पसंद नहीं किया था। इस दिन की एक खास बात यह भी है कि यह ऐसी ट्रेड से जुड़ी श्रमिकाएं थीं जो न तो फैशन से जुड़ीं थीं और न ही उनकी मांग देह मुक्ति की थी। नैसृर्गिक रूप से लिंग आधारित विषमतावादी श्रम और उससे जुड़े ग़ैरबराबरी पारिश्रामिक के विरोध में यह तर्कसंगत आवाज़ थी। हालांकि 19वीं सदी से पूर्व भी स्त्री से जुड़ी कुछ आवाजें मुखर हुईं थीं।

स्त्रियों की आजादी का पहला पाठ संयुक्त राज्य अमेरिका के मैसाच्यूट्स राज्य में 1611 में वोट देने का अधिकार से शुरू हुआ। इसके लिए भी उन्हें संघर्ष करना पड़ा था। मगर दुर्भाग्य यह रहा कि कुछ स्त्री विरोधी विचारकों की वजह से उनका यह मताधिकार इसी राज्य में 1780 में वापस ले लिया गया था। इन निर्णयों से दुनिया में स्त्रियों के समर्थन और विरोध के स्वर एक साथ गूंजने लगे थे। जहां उदारवादी पुरुष समुदाय स्त्रियों की स्थितियां सुधारने का प्रयास कर रहा था तो अनुदारवादी वर्ग उनके कदमों को पीछे खींच रहा था। स्त्रियों के अधिकार, मताधिकार, शिक्षा जैसे बुनियादी मुद्‌दों की शुरूआत से उन्हें संगठित करने की मांग उठीं। किसी भी संगठन और संघर्ष का मूर्त रूप शिक्षा के पाठ से प्रारंभ होता है। यह बात भारत में डॉ. भीमराव अम्बेडकर ने दलितों के विकास के लिए तीन सूत्र देकर कही थी। शिक्षित हो, संगठित हो और

संघर्ष करो। उन्होंने शिक्षित होने की बात पहले की थी। स्त्री मुक्ति के बारे में भी यही फार्मूला लागू होता है। वे शिक्षित होंगी तो संगठित भी होएंगी और अपने हकों के लिए संघर्ष भी कर सकतीं हैं। जब 1788 में फ्रांस के राजनीतिज्ञ कांडसैंड ने महिलाओं को शिक्षा देने और नौकरी प्रदान करने साथ ही राजनीति में भाग लेने की मांग की थी। उसका असर अन्य देशों में भी दिखाई देने लगा था। यही कारण है कि पुनः संयुक्त राज्य अमेरिका ने 1840 में दुक्रीशिया के नेतृत्व में 'ईक्वल राइट' यानी समान अधिकार संगठन की स्थापना करके श्वेत महिलाओं की तरह अश्वेत महिलाओं के लिए समान अधिकारों की ज़ोरदार मांग की थी।

नारी मुक्ति या नारी वादी चिंतन पश्चिमी विचारधारा के शब्द भले हों मगर पूरी दुनिया की स्त्रियां दोयम दर्जे का जीवन जीती रही हैं। अशिक्षा की मार सही, घरेलू हिंसा की शिकार रहीं। आर्थिक रूप से पराधीन रहीं। यह सत्य है जिसे नकारा नहीं जा सकता। आज भी स्त्रियों की बड़ी आबादी खासकर दलित, आदिवासी और पिछड़े वर्ग की स्त्रियां परिवार, समाज में सबसे निचली सीढ़ी पर खड़ी हैं। यह बोध जिन स्त्री वर्ग ने पहले किया या उन्हें उनके समाज और देश ने कराया उनमें ही पहले गुलामी से मुक्ति की छटपटाहट पैदा हुई और उन्हें आज़ादी भी मिली।

आज नारी मुक्ति से आशय एक वर्ग देह मुक्ति से जोड़ कर देखता है न सिर्फ पुरुष बल्कि स्वयं एक समूह स्त्रियों का भी इस शब्द से अपने को दूर रखता है। बीसवीं सदी के लगभग मध्य में सीमोन द बोउवार स्त्री मुक्ति की मुख्य पैरोकार के रूप में उभरी थीं। दुनिया में उन्होंने अपना मुकाम बनाया था। उनकी महत्त्वपूर्ण पुस्तक 'द सेकेण्ड सेक्स' हिन्दी में 'स्त्री उपेक्षिता' ने स्त्री मुक्ति को कई नए आयामों से जोड़ा, जिसका दुनिया की उन सभी चेतनशील स्त्रियों पर प्रभाव पड़ा जो शिक्षित थीं और जो स्त्री मुक्ति के सपने देखती थीं। भारत की कुछ जागी हुए शिक्षित स्त्रियां उनके सिद्धांत को अतिवादिता से भी जोड़ती थीं। सीमोन दुनिया की औरतों से कहतीं थीं कि, 'स्त्री पैदा नहीं होती स्त्री बना दी जाती है।' यह वह विचार था जो स्त्रीत्व के बोध से मुक्ति चाहता था। लेकिन इनके चिंतन में स्त्री को आत्मनिर्भर बनाना पहली शर्त थी। तभी वह अपनी मुक्ति की वास्तविक लड़ाई लड़ सकती हैं। उन्होंने एक बात स्त्री के बारे में कही थी जो सीधे-सीधे दलित-आदिवासी और पिछड़े वर्ग की स्त्रियों से जुड़ती है। वे कहती हैं, "स्त्री अधीनस्थ जाति है। जाति का अर्थ है कि कोई उस जाति में उत्पन्न हुआ है और उससे बाहर नहीं जा सकता जबकि सिद्धांततः एक व्यक्ति एक वर्ग से दूसरे वर्ग में स्थानांतरित हो सकता है। लेकिन यदि आप औरत हैं तो कभी पुरुष नहीं बन सकतीं। औरत विशुद्ध रूप से एक जाति है, वर्ग नहीं। आर्थिक और सामाजिक दृष्टि से औरतों के साथ होने वाला व्यवहार उन्हें एक अधीनस्थ जाति के रूप में निर्मित करता है।" भीमराव अम्बेडकर ने भी भारतीय हिन्दू समाज के बारे में कुछ इसी तरह कहा था "हिंदू समाज एक मीनार है। एक-एक जाति इस मीनार का एक-एक तल है और एक दूसरे तल में जाने का कोई मार्ग नहीं है जो जिस तल में जन्मा है उसी तल (जाति) में मरता है।"

भारतीय संदर्भ में नारी मुक्ति आंदोलन को इसी नज़रिये से देखने की जरूरत है। द्विज स्त्रियों और दलित स्त्रियों की सामाजिक, आर्थिक, शैक्षिक और राजनैतिक स्थितियां भी अपने समाज जैसी ही हैं। माना कि दलित स्त्रियां भी अपने समाज में दोयम दर्जे का जीवन जीने को विवश हैं। उनकी वह लड़ाई अपने घर के भीतर जैसी ही है। उसके समाधान भी घर में ही मौजूद हैं। उसकी पुरुष से लड़ाई अलगाव की नहीं है बराबरी की है। पुरुष भी सिद्धांतः उतने संकुचित मानसिकता के नहीं हैं जितने द्विज पुरुष, मगर अपने समाज से बाहर निकलते ही उनके शोषण बहुपरतीय होने लगते हैं। दलित स्त्रियों को अपने घर के भीतर पितृसत्ता के विरुद्ध संघर्ष करना है और साथ ही साथ उन्हें अपनी सामाजिक, शैक्षिक, आर्थिक, राजनीतिक, ज्ञान, विज्ञान के क्षेत्रों में अपने प्रतिनिधित्व की मांग भी उठानी होगी। अभी भी देश के विकसित क्षेत्रों में उनकी उपस्थिति नगण्य बनी हुई है। दलित-आदिवासी स्त्रियां जीवन जीने के मूलभूत साधनों घर, पानी, बिजली, शिक्षा रोज़गार इत्यादि को भी प्राप्त नहीं कर पाईं हैं।

यही कारण है कि दलित स्त्रियां अपनी जड़े ज्योतिबा फुले और उनकी पत्नी सावित्री फुले से जोड़कर देखती हैं। उनके जन्म दिवस 10 जनवरी को 'दलित स्त्री' मुक्ति दिवस के रूप में मनाना ज्यादा पसंद करतीं है।

हिंदुस्तान की अधिकांश बुद्धिजीवी स्त्रियां जातियों में बंटी हैं। जातियों से जुड़कर उनकी मुक्ति के द्वार खुलते हैं। दोनों की स्थितियां तभी तक समान हैं जब तक वे प्राकृतिक रूप से स्त्री हैं। वर्णीय और जाति प्रधान समाज उन्हें जातियों में बांट देता है। भारत में स्त्री मुक्ति आंदोलन के बारे में प्रसिद्ध कवयित्री अनामिका लिखतीं हैं–

''भारत में स्त्रीवादी आंदोलन के तीन चरण थे! उन्नीसवीं शताब्दी में पंडिता रमाबाई, ज्योतिबा फुले, सावित्री फुले, राजा राममोहन राय, ईश्वरचन्द्र विद्यासागर आदि ने स्त्री-शिक्षा और स्वावलंबन की मुहिम का मार्ग प्रशस्त किया। कई ऐसी रूढ़ियां तोड़ते हुए जो स्त्री-जीवन, ख़ासकर विधवाओं और अन्य एकाकी स्त्रियों का अंतरंग जीवन क्षत-विक्षत रखती थी।''

अनामिका जी ने स्त्री आंदोलन के तीन चरण बताए। इन्हीं में चौथा चरण बीसवीं शताब्दी में स्वामी अछूतानंद और पत्नी दुर्गाबाई और डॉ. अम्बेडकर का हिंदू कोड बिल के योगदान को जोड़ा जाना अनिवार्य है। इसी समय 1884 में 'सीमंतनी उपदेश' की अज्ञात एक हिंदू लेखिका ने हिन्दू स्त्रियों की मुक्ति की लड़ाई उक्त पुस्तक के द्वारा लड़ी थी। इस पुस्तक की गंभीरता इस बात से समझी जा सकती है कि लेखिका को अपना नाम तक छिपाना पड़ा था। आज भी वह गुमनामी के अंधकार में है। मगर उसकी लेखनी अभी भी प्रासंगिक बनी हुई है। इस पुस्तक के खोजने का श्रेय डॉ. धर्मवीर को जाता है, मगर उसमें दलित स्त्रियों का कुछ भी नहीं है।

दलित स्त्रियों की प्रेरणा स्रोत स्वामी अछूतानंद और उसकी पत्नी दुर्गाबाई हैं। उन्होंने दलित स्त्री शिक्षा के क्षेत्र में अभूतपूर्व कार्य किए थे। प्रो. श्यौराजसिंह बेचैन के अनुसार, ''यहां मुझे बताना है कि अछूत शिक्षिका दुर्गाबाई-अछूतानंद हिंदी क्षेत्र की

सावित्री बाई थीं। महात्मा ज्योतिबा फुले की पत्नी सावित्री बाई महाराष्ट्र में पहली स्त्री शिक्षिका मानी जाती हैं परंतु हिंदी क्षेत्र में दलितों में भी वैसा त्याग सेवा करने वाली दलित महिलाओं की खोज की जानी चाहिए। दुर्गाबाई ने स्वामी अछूतानंद की सहायता से सिरसागंज में 1915-1922 में जो विद्यालय का संचालन किया था उसका आर्थिक आधार कोई एन. जी. ओ. या विदेशी अनुदान नहीं था। केवल समाज से लिया जाने वाला चंदा था। दुर्गाबाई ने अपने सभी गहने बेच कर विद्यालय में लगा दिए थे। शूद्रों की सावित्रीबाई और अछूतों की दुर्गाबाई की स्मृति तब प्रतीक मात्र बनकर रह जाती है जब दलित और पिछड़े वर्गों की महिलाएं शिक्षा क्षेत्र में कोई खास योगदान नहीं कर पाती हैं।''

भारत में सभी वर्णो की स्त्रियों की मुक्ति की व्यवस्थित और कानूनी लड़ाई डॉ. भीमराव अम्बेडकर ने 'हिन्दू कोड बिल' देकर लड़ी थी। इस बिल के तहत पुत्र के समान पुत्री को भी पिता की संपत्ति में अधिकार देने की बात कही गई थी। विवाह और तलाक के अधिकारों की मांग भी थी, जिसे तत्तकालीन संसद ने यह बिल पास नहीं होने दिया था जिससे निराश होकर डॉ. बी.आर. अम्बेडकर ने कानून मंत्री पद से 10 अक्टूबर 1951 को इस्तीफा दे दिया था। इससे उन्हें बहुत दुख पहुंचा था। इस बिल का विरोध करने वाले नहीं चाहते थे कि उनकी बेटियों को आर्थिक रूप से पिता की सम्पत्ति में से कानूनी हक मिले और उनकी स्थिति सुधरे। वे आजाद भारत में भी स्त्रियों पर हिन्दू वर्ण व्यवस्था के कानून को लादना चाहते थे। बाद में हिंदू कोड बिल टुकड़ो में पास हुआ था। व्यावहारिक रूप से स्त्रियों को आज भी उनका हक नहीं मिलता है। अछूत स्त्रियों पर भी वही कानून लागू होता है। डॉ. धर्मवीर ने 'मेरी पत्नी और भेड़िया' पुस्तक के द्वारा हिन्दू विवाह अधिनियम के विरोध की लड़ाई लड़ी है। वे दलित स्त्रियों सहित दलितों को इस अधिनियम से अलग रखने की पहल कर रहे हैं।

स्त्री विमर्श से जुड़ी कुछ महत्त्वपूर्ण अवधारणाएँ निम्नलिखित हैं-

उदारवादी नारीवादः–महिलाओं की स्थिति और उनके मूलभूत अधिकारों की माँग स्त्री-विमर्श का केन्द्रीय बिन्दु है। उदारतावादी नारीवाद के संबंध में मालती सुबह्मण्यम लिखती हैं–''अठारहवीं सदी की प्रारंम्भिक उदारवादी नारीवादियों ने मानवीय गरिमा और समानता की उदारवादी धारणाओं और महिलाओं के जीवन की वास्तविक हकीकत के बीच व्याप्त अंतर्विरोधों को प्रखरता के साथ सामने रखा था। उदारवादी नारीवादी परिप्रेक्ष्य ने आजादी और समानता के जनतांत्रिक मूल्य औरत की अधीनता के बीच के अंतर्विराधों को रेखांकित किया। जेंडर पर आधारित विभेद और परिवार तथा समाज में महिलाओं की दोयम स्थिति को तर्क संगत ठहराने वाली आम धारणाओं को सामाजिक अनुकूलन और जड़ीभूत सांस्कृतिक मूल्यों की उपज के तौर पर समझने की भी उसने कोशिश की। समानता और न्याय की धारणाओं के संदर्भ में उसने कोशिश की। समानता और न्याय की धारणाओं के संदर्भ में उसने विवाह नामक संस्था के मूल्यांकन का प्रयास किया। ये सभी विचार महिलाओं की समानता, कानूनी सुधारों की माँग, समान

अवसरों तक पहुँच, सार्वजनिक दायरों में शामिल होने के प्रति महिलाओं के अधिकार तथा मानव के तौर पर अपने अंदर निहित संभावनाओं को पूरा करने का अवसर आदि विभिन्न मसलों पर आधारित अभियानों का आधार बने।''

उदारवादी नारी स्त्री के निजी जीवन, स्वास्थ्य, समानता, स्वतंत्रता, विवेक, शांति, सहयोग एवं विकास की विचारधारा को महत्त्व देता है। उदारवादी आंदोलन में मेरी वाल्सनक्राफ्ट, हैरियट टेलर, जे.एस. मिल, फुल्लर, ऐलिझाबेथ कॅडी, स्टॅटन, सुसान मालर के नाम प्रमुखता से लिए जाते हैं। उदारतावादी नारीवाद पूँजीवाद के माध्यम से स्त्री को अपने हक की लड़ाई लड़ने के लिए प्रोत्साहित करता है। जहाँ पूंजीवाद ने व्यक्ति को स्वतंत्रता दी है वहाँ स्त्रियों को भी उनका लाभ उठाते हुए आगे बढ़ना चाहिए। उदारवादी चिंतन के अनुसार पूंजीवादी व्यवस्था का विरोध न करके बल्कि उसमें कुछ सुधारों पर जोर दिया जाना चाहिए जो महिलाओं के प्रति अधिक अनुकूल हो। निजी संपत्ति पर स्त्री का अधिकार हो। स्त्री-पुरुष समानता एवं स्त्री स्वतंत्रता इनकी प्रमुख माँगों में शामिल है। सरला माहेश्वरी के अनुसार- ''एक बात पर सबसे अधिक बल दिया गया कि महिलाओं और पुरुषों के बीच का फर्क उनकी निजी प्रकृति से नहीं बल्कि शिक्षा और महिलाओं को मिलने वाले सामाजिक परिवेश से है।''

समाज में स्त्री को समान अधिकार और स्वतंत्रता दिए जाने की पक्षधरता इस विचारधारा ने की। इनके अनुसार समाज को स्त्री-पुरुष के बीच लैंगिक भेदभाव को खत्म करके स्त्री को भी पुरुषों की भाँति समान अधिकार एवं अवसरों की समानता उपलब्ध करानी चाहिए इनके पश्चात् स्त्री के विकास का दायित्व स्वयं उसका होगा। यदि इन स्वस्थ समान परिस्थितियों में भी स्त्री का विकास नहीं होता तो फिर उसके लिए सामाजिक व्यवस्था को दोष दिया जाना गलत होगा। इस आवश्यकता पर अधिक जोर दिया गया कि स्त्री को उसकी बुद्धि, गुणों, प्रतिभा एवं सामर्थ्य के बेहतरीन प्रयोग के लिए समान अवसरों की उपलब्धता सुनिश्चित हों। इस संबंध में सरला माहेश्वरी लिखती हैं- ''मेरी वालस्तान क्राफ्ट ने सबसे पहले इस बात को स्वीकारने से इंकार किया कि स्त्रियाँ बुद्धि के मामले में पुरुषों से कमजोर हैं अथवा छुईमुईपन, नाजुकता तथा सतहीपन उनका नैसर्गिक गुण है। यदि पुरुष और महिलाएं बुद्धि के समान अधिकारी हैं तो उसके प्रयोग की शिक्षा भी उन्हें समान रूप से दी जानी चाहिए। स्त्रियां सिर्फ पुरुषों के भोग की वस्तु नहीं हैं, बल्कि एक स्वतंत्र मानुषी हैं जो बौद्धिक शिक्षा पाने में समर्थ तथा उसकी अधिकारी भी हैं।... चूंकि पुरुषों और महिलाओं की समान मानसिकता ईश्वर प्रदत्त बुद्धि के अधिकार की हिस्सेदारी पर आधारित है, इन दोनों लिगों के नैसर्गिक गुण भी समान होने चाहिए।'' उदारवादी नारीवाद ने स्त्री-पुरुष समानता पर बल देते हुए अवसरों की उपलब्धता और समानता पर बल दिया लेकिन अपनी विचारधारा की सीमा के तहत उसने स्त्री के वर्ग एवं वर्णगत शोषण को चिन्हित नहीं किया। इस संबंध में 'नारीवादी राजनीति : संघर्ष और मुद्दे' पुस्तक में मालती सुब्रह्मण्यम लिखती हैं—''परिवार और समाज में महिलाओं की दोयम स्थिति को बुद्धिसंगत ठहराने वाली आम

धारणाओं को उदारवादी नारीवाद ने सफलतापूर्वक कटघरे में खड़ा किया। सार्वजनिक जीवन में शामिल होने के महिलाओं के अधिकार की उन्होंने हिमायत की और एक मानवीय हस्ती होने के नाते उनकी समग्र क्षमताओं को फलने-फूलने के लिए मौका प्रदान करने की मांग की। हालांकि उदारवादी नारीवाद ने महिलाओं की असमानता और अधीनता को रेखांकित किया, मगर जेण्डर उत्पीड़न की जड़ों और संरचनाओं का पर्याप्त तरीके से विश्लेषण नहीं किया गया। 18वीं और 19वीं सदी के व्यक्ति केन्द्रित सिद्धांतों की उदारवादी दर्शन प्रणालियों को अपने तर्कों का आधार बनाते हुए वह समाज में जेण्डर उत्पीड़न की जड़ों को पर्याप्त ढंग से संबोधित नहीं कर सका। परिवार और उसमें महिलाओं के स्थान के सैद्धांतिकीकरण से महिलाओं के शोषण और उत्पीड़न का विश्लेषण बाहर ही रखा गया।'' इस प्रकार हम देखते हैं कि उदारवादी नारीवाद ने अपनी सीमाओं के अंतर्गत स्त्री समस्या को समाज में कल्याणकारी योजनाओं द्वारा समान अवसर प्रदान करने के हल में देखा किन्तु उन्होंने समाज की विभिन्न संस्थाओं की आलोचना स्त्री के पक्ष को ध्यान में रखकर नहीं की। पितृसत्ता के मूल कारणों का अध्ययन इस विचारधारा में गंभीरतापूर्वक नहीं किया गया है। इन सीमाओं के बावजूद उदारवादी नारीवाद की विचारधारा अत्यंत महत्त्वपूर्ण है।

मार्क्सवादी नारीवाद

स्त्रियों की स्थिति पर बात करते हुए मार्क्स के चिंतन को आधार बनाकर मार्क्सवादी चिंतन आगे बढ़ता है। हालांकि इस दृष्टि से यह जानना दिलचस्प है कि मार्क्स नारीवादी नहीं थे किन्तु फिर भी अर्थ संबंधों की पड़ताल करते हुए स्त्री के संबंध में विकसित उनकी सोच 'मार्क्सवादी नारीवाद' की महत्त्वपूर्ण आधारशिला है। मार्क्सवादी नारीवाद और मार्क्स के महत्त्व को दर्शाते हुए सरला माहेश्वरी लिखती हैं कि, ''मार्क्स ने कई स्थानों पर, समाज में नारियों की स्थिति को सामाजिक प्रगति के सूचकांक के रूप में देखने की बात कही थी। इसी से पता चलता है कि वे नारीवादी न होने पर भी नारी मुक्ति के विरोधी नहीं थे।''

मार्क्सवादी नारीवाद समाज में उत्पादन के साधनों की व्याख्या करते हुए स्त्री की अधीनस्थ छवि का सूक्ष्म विश्लेषण करता है। शुरूआत में स्त्री जहाँ खेतों में पुरुषों के साथ मिलकर काम करती थी। वहीं 19वीं सदी में औद्योगिक क्रांति के परिणामस्वरूप अब घर और खेत के बाहर निकलकर फैक्टरी और अन्य औद्योगिक ईकाइयों के बीच स्त्री की स्थिति लगातार बिगड़ती गयी। उसे पुरुष के समान वेतन नहीं मिल पाया तथा उसके श्रम को भी पुरुष से कमतर आँका गया। मार्क्सवादी नारीवाद में मार्क्स और एंगेल्स के विचार अत्यंत महत्त्वपूर्ण हैं। एंगेल्स की प्रसिद्ध पुस्तक **'परिवार, निजी संपत्ति और राज्य'** की उत्पत्ति इस दृष्टि से अत्यंत महत्त्वपूर्ण पुस्तक है। यहाँ एंगेल्स ने स्त्री संबंधी कुछ महत्त्वपूर्ण अवधारणाओं को स्पष्ट किया है। उनके अनुसार नारी आर्थिक असमानता के कारण गुलामी का जीवन जी रही है। नारी की स्थिति परिवार में मजदूर

की तरह होती है। परिवार के मुखिया पुरुष के हाथों में ही सारी आर्थिक शक्ति केन्द्रित होती है। परिणामस्वरूप स्त्री की स्थिति दोयम दर्जे पर पुरुष के ऊपर निर्भर रहते हुए एक गुलाम की भांति होती है। वे आगे लिखते हैं–''परिवार के दायरे में पति बुर्जुआ होता है और पत्नी सर्वहारा।'' वह तथ्यों के आधार पर स्त्री की इस अधीनस्थ छवि का सूक्ष्म विश्लेषण करते हैं–''आधुनिक वैयक्तिक परिवार, नारी की प्रत्यक्ष या परोक्ष घरेलू दासता पर आधारित है।... स्त्रियों की मुक्ति की पहली शर्त यह है कि पूरी नारी जाति फिर से सार्वजनिक उद्योग में प्रवेश करे और इसके लिए यह आवश्यक है कि समाज की आर्थिक इकाई होने का वैयक्तिक परिवार का गुण नष्ट कर दिया जाए।''

पूंजीवादी व्यवस्था ने स्त्री का उपयोग अपने हितों और लाभों के लिए साधन के रूप में किया है किन्तु उन्हें उनके श्रम के बदले पुरुष के समान वेतन और सम्मान नहीं मिलता इसके साथ ही प्रायः स्त्रियाँ कार्यस्थलों पर दैहिक, मानसिक एवं सामाजिक कई प्रकार से शोषण का शिकार बनती हैं। अधिकतर महिलाएं असंगठित एवं असुरक्षित कार्यों से जुड़ी हुई हैं। इसके साथ ही बड़ी चालाकी से उनकी योग्यता को तकनीक से वंचित रखा गया है। इसे एक उदाहरण के माध्यम से समझा जा सकता है। जैसे परम्परागत रूप से हाथ चक्की से गेहूँ पीसकर आटा बनाने का काम औरतों का था। आज भी गांवों में औरतें इस श्रमशील व्यवस्था का पालन करते हुए मिल जाती हैं। लेकिन जैसे ही आटा पीसने की मशीन का प्रवेश होता है उसे पुरुष संभालता है अर्थात् बड़ी चालाकी से स्त्री को तकनीक की सुविधा और साधन से वंचित कर दिया जाता है और इसके साथ ही हाथ से करने वाले श्रम प्रधान कार्यों को करने के कारण उसकी स्थिति और अधिक पिछड़ी हो जाती है।

शेफाली झा मार्क्सवादी सिद्धांत को समझाते हुए अपने विचार व्यक्ति करती हैं कि ''समाजवादी नारीवादियों ने ना केवल महिलाओं की गुलामी के उदय के अर्थात् महिलाएं एक शोषित लिंग का हिस्सा कैसे बनी एंगेल्स के विश्लेषण को अपनाया बल्कि मार्क्सवादी धारणाओं को लागू करके महिलाएं किस तरह शोषित होती हैं, इसको भी समझाने की कोशिश की। समाजवादी और मार्क्सवादी नारीवादियों के लिए इस तरह पितृसत्ता को समझने का सवाल मार्क्सवादी धारणाओं से ही संभव था। यह प्रश्न भी मुँह बाए खड़ा था कि क्या महिलाओं के शोषण को मजदूर वर्ग के शोषण के मॉडल रूप में समझा जा सकता है। साफ था कि पूंजीपति जिस तरह अतिरिक्त मूल्य के दोहन के जरिए मजदूरों का शोषण करता है उसी तरह पुरुष महिलाओं के घरेलू श्रम का कुछ भी मुआवजा दिए बिना उससे लाभान्वित होते हैं।''

स्त्री घर के भीतर घरेलू कार्यों में जहाँ दिन का अधिकतम हिस्सा सश्रम कुशलता का परिचय देते हुए और बचे हुए समय में रचनात्मक कार्यों जैसे आचार-पापड़, स्वेटर, चटाई आदि बनाने को भी अवैतनिक कार्यों में स्वीकार कर लिया जाता है। इस प्रकार वह अर्थतंत्र की मुख्यधारा में शामिल ही नहीं होती। इसे उसकी घरेलू जिम्मेदारी समझते हुए कमतर आंका जाता है जिसके परिणामस्वरूप वह आर्थिक रूप से पुरुष पर निर्भर

मूल्यविहिन होता है। ऐसे में निर्णय लेने की महत्त्वपूर्ण भूमिका में उसका कोई योगदान सुनिश्चित ही नहीं हो पाता है।

मार्क्सवादी नारीवाद स्त्री शोषण के इसी आर्थिक पहलू एवं उत्पादन के संबंधों पर प्रकाश डालते हुए स्त्री के शोषण की प्रक्रिया का विश्लेषण करते हैं। स्त्री के इस शोषण को समाप्त करने के लिए वह स्त्री को आर्थिक दृष्टि से स्वतंत्र रहने की आवश्यकता पर बल देते हैं। यहीं मार्क्सवादी नारीवादी अवधारणा की सीमाएं भी परिलक्षित होती हैं, जहाँ हम देखते हैं कि आधुनिक समय में स्त्री आर्थिक दृष्टि से सुदृढ़ होने पर भी लैंगिक शोषण और भेदभाव का शिकार बनती है इसीलिए इसे समाप्त करने के लिए पितृसत्तात्मक व्यवस्था में परिवर्तन करने की आवश्यकता है। यह सिद्धांत पुरुष की सत्ता एवं वर्चस्व का निरंतर विरोध करता है, आवश्यकता है कि लिंग एवं वर्ग को ध्यान में रखकर स्त्री मुक्ति के लिए संघर्ष किया जाए।

रैडिकल नारीवाद

रैडिकल या उग्रवादी नारीवादी अवधारणा पितृसत्ता और उसके सभी प्रतीकों का खुलकर विरोध करती है। स्त्री के शोषण का एक मात्र कारण वह पितृसत्ता को मानती है। पितृसत्ता अपने विभिन्न साधनों के माध्यम से स्त्री का शोषण एवं उत्पीड़न करता है। वास्तव में पितृसत्तात्मक मूल्य ही समाज में स्त्री को उसकी बंधे-बंधाए फार्मूले से बाहर नहीं आने देती। पितृसत्ता स्त्री और पुरुष के लिए भिन्न मानकों का चुनाव करती है जिसमें हीन, कमतर, कमजोर, भावुक और बुद्धिहीन की भूमिका सदैव स्त्री को निभाने के लिए मजबूर किया जाता है इसके विपरीत पुरुष साधन संपन्न शक्तिशाली एवं बुद्धिमान की भूमिका में स्त्री को सदैव उपमानव मानकर चलता है, जिससे स्त्री अपनी मानवीय छवि की प्राप्ति नहीं कर पाती है। प्रसिद्ध लेखिका सरला माहेश्वरी रैडिकल नारीवाद के विषय में अपनी बात रखती हैं कि "वे राजसत्ता के पूरे ढाँचे को अनिवार्य रूप से पितृसत्तात्मक ढाँचे के साथ जोड़कर देखती है और यह मानती है कि राजसत्ता के इस ढाँचे को पुरुष ने बनाया है ओर यह ढाँचा महिलाओं के बजाए पुरुषों के हितों को ध्यान में रखता है।... समाज में स्त्री और पुरुष के बीच विभाजन के मूल में आर्थिक कारण नहीं बल्कि शारीरिक कारण हैं।... विद्रोही नारीवाद परिवार के ढांचे मात्र को ही नारी के लिए एक कारागार के रूप में देखते हैं। वे परिवार के इस ढांचे को तोड़ देने की दलील देते हैं।"

पुरुषों के वर्चस्व का प्रतिरोध करते हुए रैडिकल नारीवाद उन सभी पितृसत्तात्मक मूल्यों पर सशक्त प्रहार करता है जो स्त्री के व्यवहार, पहनावे, भाषा, संस्कृति, मानसिकता एवं सामाजिक स्थिति की तयशुदा ढाँचे में उसे जकड़े हुए हैं। 'नारीवादी राजनीति और मुद्दे" पुस्तक में महत्त्वपूर्ण चिंतक सीमा दास रैडिकल विचारधारा पर अपने विचार प्रस्तुत करती हैं कि–"यह कहा जा सकता है कि रेडिकल नारीवाद ने नारीवादी सिद्धांत को गहरे से प्रभावित किया है। उसकी ताकत इस बात में निहित है कि वह इस बात को खुल्लमखुल्ला रखता है कि पितृसत्ता का फायदा पुरुषों को ही मिलता है। वह इस

बात को अंतर्दृष्टि प्रदान करता है कि महिलाओं के जीवन के सभी पहलू राजनीतिक होते हैं। मन और शरीर का संश्लेषण प्रस्तुत करने में तथा व्यक्तिगत तौर पर महिलाओं के अपने-अपने अनुभवों को चीरते हुए सभी महिलाओं के खिलाफ जारी व्यवस्थागत भेदभाव को दिखाने में उसकी क्षमता रेखांकित करने लायक है। यथार्थ विश्लेषण के पारंपरिक तरीकों के प्रति रेडिकल नारीवाद एक बुनियादी चुनौती प्रस्तुत करता है। यह दावा करता है कि जिसे आमतौर पर सहमति कहा जाता है उसे बल प्रयोग कहा जाना चाहिए और आजाद कहलाने वाली महिलाएं सारतः गुलाम होती है। उसने इस बात को बेपर्द किया है कि जेण्डर पुरुष वर्चस्व की योजनाबद्ध प्रणाली हैं। रैडिकल नारीवाद का सैद्धांतिक कार्यभार है कि वह इस प्रणाली को समझाना और उसका राजनीतिक कार्यभार है, उसे समाप्त करना।''

लिंगभेद

सीमोन द बोउवार की प्रसिद्ध उक्ति ''स्त्री पैदा नहीं होती, बनाई जाती है। लिंगभेद की प्रक्रिया का सूक्ष्म विश्लेषण करते हुए महत्त्वपूर्ण निष्कर्षों पर पहुँचती है। जन्म लेते ही प्राकृतिक रूप से स्त्री और पुरुष का लिंग निर्धारित होता है लेकिन लिंगभेद सामाजिक संरचनाओं द्वारा जेंडर आधारित होता है। जेण्डर आधारित लिंगभेद स्त्री और पुरुष दोनों के लिए ही पहले से उनकी तयशुदा भूमिकाओं में उन्हें ढालना शुरु कर देता है और बाद में धीरे-धीरे दोनों ही लिंगों को यह व्यवहार प्राकृतिक एवं स्वभावगत जान पड़ता है।

यहाँ स्त्री एवं पुरुष के लिए खाना, पहनावा, रहन-सहन, जीवन पद्धति, जीवन मूल्य एवं सबसे महत्त्वपूर्ण भाषा को भी लिंगभेद द्वारा संचालित और कट्टर कर दिया जाता है और यह अपने नियमों के प्रति इतना कठोर हो जाता है कि इन नियमों का पालन ना करने वालों को स्त्री अथवा पुरुष होना भी नहीं मानता। इन तयशुदा भूमिकाओं को शारीरिक, मानसिक, धार्मिक, सामाजिक, राजनीतिक, आर्थिक एवं सांस्कृतिक स्तर पर रूढ़कर दिया जाता है।

लिंगभेद के आधार पर स्त्री के शोषण के संबंध में चर्चित लेखिका एवं चिंतक सुधा सिंह अपनी पुस्तक 'ज्ञान का स्त्रीवादी पाठ' में लिखती हैं- ''आधुनिक समाज की विशेषता है व्यक्तिगत चुनाव की स्वतंत्रता। मनुष्य के लिए जन्मना उसकी सामाजिकता तय नहीं होती। आधुनिक समाज उसे चयन का विकल्प देता है। इस व्यक्तिगत चयन की स्वतंत्रता ने समाज में अमीर-गरीब, काले-गोरे, शूद्र-सवर्ण को कानून की दृष्टि में एक ही श्रेणी में रखा है। उन्हें कानूनी तौर पर व्यक्तित्व के विकास के लिए समान अवसर प्रदान किया है लेकिन स्त्रियों के लिए इन सब अधिकारों को केवल लिंग के आधार पर बाधित किया चाहे वह किसी भी वर्ग, वर्ण या नस्ल की स्त्री क्यों न हो! यानि आधुनिक समाज के सबसे महत्त्वपूर्ण लाभ से समस्त स्त्री समाज को वंचित रखा गया।''

लिंगभेद के आधार पर ही स्त्री और पुरुष के बीच भेदभाव की दीवार को खड़ा किया गया है। लिंगभेद के माध्यम से ही स्त्री का शोषण एवं उत्पीड़न बदस्तूर जारी है।

लिंगभेद का भाव स्त्री के स्वाभाविक विकास एवं स्वस्थ समाज के निर्माण में बाधक है।

पितृसत्ता

स्त्री-विमर्श के अंतर्गत स्त्री-पुरुष के बीच अन्यायपूर्ण संबंधों को समझने के लिए पितृसत्ता को समझना महत्त्वपूर्ण है। इस प्रक्रिया में यह व्यवस्था एवं सोच तय है कि स्त्री पुरुष से हीन एवं कमतर होती है तथा पुरुष उसका स्वामी होते हुए उसे अपनी संपत्ति के रूप में नियंत्रण में रख सकता है। वास्तव में पितृसत्ता की अवधारणा में ही असमानता, वर्चस्व एवं प्रभुत्व की धारणा निहित है। पितृसत्ता की प्रकृति एकरैखीय न होकर बहुआयामी एवं संशलिष्ट है। शक्ति और पितृसत्ता के संबंध को दर्शाते हुए अरुण कुमार प्रियम लिखते हैं—''लेकिन सच्चाई यह है कि ये उच्च वर्गीय शक्ति सम्पन्न स्त्रियाँ सत्ता एवं शक्ति के पितृसत्तात्मक घने संबंधों के चलते प्रत्येक स्त्री को पुरुष वर्चस्व वाले मानकों से तोड़ती है। इन स्त्रियों के आत्मनिर्णय की शक्ति पर पुरुष प्रभुत्व वाली मानसिकता झलकती है। पितृसत्ता में सत्ता एवं शक्ति संस्थानों पर पुरुष प्रभुत्व कायम रहता है चाहे वह शक्ति संस्थान सामाजिक हो या धार्मिक।''

बड़े ही रोचक ढंग से इस विश्लेषण को आगे बढ़ाते हुए वे पितृसत्ता की कार्यप्रणाली को स्पष्ट करते हैं—''पितृसत्ता की सामाजिक संस्थाओं में प्रथम संस्था 'परिवार' है और पितृसत्ता का एजेण्ट स्वाभाविक रूप से परिवार का मुखिया पुरुष या पितृसत्ता के अधीन काम करने वाली बुजुर्ग महिला होती है। पितृसत्ता अपने सहायक उपकरण के रूप में महिलाओं का भी प्रयोग करती है। इस एवज में उन महिलाओं को पितृसत्ता कुछ शक्ति और अधिकार भी प्रदान करती है।''

इस प्रकार पितृसत्ता प्रत्येक समय एवं प्रत्येक स्थान पर एकसमान नहीं होती। इसकी प्रवृत्ति एक ही समाज के विभिन्न समुदायों और वर्गों पर अलग-अलग ढंग से काम करती है। पितृसत्ता एक विचारधारा और सामाजिक व्यवस्था के तौर पर पुरुष को श्रेष्ठ सिद्ध करती है।

समलैंगिकता

समलैंगिकता के मुद्दे को लेकर हाल ही में काफी विचार-विमर्श हुआ है। यह अपनी पहचान को लेकर समाज में लगातार संघर्षशील है। हम देखते हैं कि पिछले कुछ वर्षों में समलैंगिक जोड़े अपनी पहचान और अधिकारों की मांग में तेजी लाएं हैं। इस संबंध में प्रसिद्ध नारीवादी चिंतक सीमोन द बोउवार मानती हैं कि—''स्त्री वह अस्तित्व है, जिसे अपने को अन्य निष्ठ व वस्तु मान लेने के लिए विवश किया जाता है। व्यक्ति रूप में उसकी कामुकता में भी एक ऐसा आक्रमणकारी तत्व रहता है, जो पुरुष के शरीर के द्वारा तृप्त नहीं हो सकता। अतः उन संघर्षों की सृष्टि होती है, जिनका उसकी काम इच्छा किसी प्रकार दमन ना कर सके। जब स्त्री अपने को पुरुष के सम्मुख प्रस्तुत समर्पित कर देती है और संतान को जन्म देकर अपनी सत्ता स्थापित कर लेती है तब

सामाजिक कल्याण के दृष्टिकोण से इस विधि को साधारण माना जाता है। इतरलिंगता दूसरे समाधान भी प्रस्तुत कर सकती है। समलिंगी कामुकता के द्वारा स्त्री अपनी स्वतंत्रता और अपनी दैहिक निष्क्रियता में सामंजस्य स्थापित करती है। यदि प्रकृति के अनुसार देखा जाए तो यह कहा जा सकता है कि सभी स्त्रियां समलिंगी कामुक होती है। समलिंगी कामुक स्त्री की सबसे बड़ी पहचान उसका पुरुष को अस्वीकार करना और स्त्री को पसंद करना है।'' वह इस अवधारणा को और अधिक स्पष्ट करते हुए लिखती हैं कि- ''वस्तुतः समलिंगी कामुकता वह विकृत यौन भावना नहीं है, जिसमें जानबूझकर लोग उलझ जाते हैं। वह तो भाग्य का अभिशाप है। वह जीवन के प्रति एक दृष्टिकोण है जो विशेष स्थिति में ग्रहण किया जाता है। यदि उसे मुक्त भाव से अपनाया जाता है तो उसे अपनाने के लिए उकसाया भी जाता है। सामाजिक, शारीरिक व मानसिक दशाएँ इसके लिए जिम्मेदार नहीं होती। यद्यपि इनमें से एक प्रत्येक कामुकता का कारण बनाई जा सकती है। समलिंगी कामुकता एक ऐसा तरीका है जिसके माध्यम से स्त्री अपनी समस्या का एक सामान्य हल निकालती है, विशेषतः अपनी 'काम' स्थिति का प्रत्येक मानवीय आचरण की तरह समलिंगी कामुकता भी एक व्यामोह, असंतुलन, कुंठा और झूठ को प्रश्रय देने वाली है। इसके विपरीत वास्तविक जीवन में सावधानी पूर्वक सोच-समझकर व्यवहृत किए जाने पर यह उदारता, सच्चाई और स्वतंत्रता का भी स्रोत बन सकती है।''

अतः समलैंगिकता की अवधारणा को यहाँ सीमोन द बोउवार के विचारों के प्रकाश में समझा जा सकता है। भारत जैसे देश में जहाँ जननांगों पर ही सारी गालियाँ केन्द्रित हैं वहीं 'नामर्द' होना भी एक गाली के तौर पर प्रयोग किया जाता है। वहाँ समान लिंग के प्रति आकर्षण को एक बीमारी के रूप में देखा जाता है। साधारण बोलचाल की भाषा एवं जीवन में हम 'सेक्स और जेण्डर' को पर्याय के रूप में इस्तेमाल करते हैं जबकि सेक्स जैविक रूप से आधारित होता है और जेण्डर सामाजिक रूप से तयशुदा भूमिकाओं में। इस प्रकार मनुष्य को यह व्यक्तिगत स्वतंत्रता मिलनी चाहिए कि अपने जेण्डर आधारित भूमिका को किस प्रकार महसूस करता है तथा उसे कितने स्पष्ट ढंग से प्रदर्शित करना चाहता है। यह बहस लोगों के बीच लैंगिक पहचान को लेकर बनी उलझनों को सुलझाने में भी बहुत मददगार हो सकती है।

सहायक संदर्भ सामग्री–

- नारीवादी राजनीति : संघर्ष एवं मुद्दे, संपा. साधना आर्य, निवेदिता मेनन, जिनी लोकनीता, हिंदी माध्यम कार्यान्वय निदेशालय दिल्ली विश्वविद्यालय, संस्करण, अक्टूबर 2013
- ज्ञान का स्त्रीवादी पाठ, सुधा सिंह, ग्रंथ शिल्पी प्रकाशन, प्रथम संस्करण 2008
- स्त्री अस्मिता साहित्य और विचारधारा, संपा. जगदीश्वर चतुर्वेदी और सुधा सिंह, आनंद प्रकाशन, प्रथम संस्करण 2004
- स्त्री : उपेक्षिता, सीमोन द बोउवार, हिंद पॉकेट बुक्स, संस्करण 1992

- हाशिये का वृत्तांत, संपा. दीपक कुमार, देवेन्द्र चौबे, आधार प्रकाशन, प्रथम संस्करण 2011
- स्त्रीवाद और महिला उपन्यासकार, डॉ. वैशाली देशपाण्डे, विकास प्रकाशन, प्रथम संस्करण 2007
- पितृसत्ता और साहित्य, अरूण कुमार प्रियम, आरोही प्रकाशन, प्रथम संस्करण 2015
- आजकल (पत्रिका), संपा. फरहत परवीन, मार्च 2014

(ग) आदिवासी विमर्श : अवधारणा और आन्दोलन

जल, जंगल, जमीन और पहचान का सवाल

भारत विविधताओं का देश कहलाता है। यहाँ न केवल विभिन्न धर्मों और संस्कृतियों के लोग रहते हैं बल्कि विभिन्न जातियों एवं जनजातीय समूहों की अस्मिताएँ एक साथ निवास करती हैं। इन अलग समूहों के हित और विकास सम्बन्धी अवधारणाएँ भिन्न-भिन्न हैं। इस प्रकार जीवन की मुख्यधारा से भिन्न आदिवासी समाज हाशिए की जिन्दगी जीने को मजबूर हैं। आदिवासी समाज का अपना एक लम्बा और समृद्ध इतिहास रहा है। प्रकृति के निकट जीवन को नैसर्गिक रूप में जीना इनकी संस्कृति है। जंगलों में रहते हुए वहाँ के प्राकृतिक संसाधनों के सीमित एवं सन्तुलित उपयोग के माध्यम से अपना जीवन-निर्वाह करते हैं लेकिन लगातार बाहरी दुनिया के जंगल में बढ़ते हस्तक्षेप, आधुनिक जीवन शैली के पर्यावरण पर बढ़ते दुष्प्रभाव, व्यावसायिक हितों और स्वार्थों ने इनके शोषण की प्रक्रिया को तेज किया है। औपनिवेशिक शासनकाल में अंग्रेजों द्वारा आदिवासी समाज के प्रति अपनाई गयी गलत नीतियों के परिप्रेक्ष्य में इस समाज को जीवन जीने की मूलभूत आवश्यकताओं से भी वंचित रखा गया। 'वन संरक्षण अधिनियम' पारित हो जाने के बाद जंगलों में इनके सहज जीवन पर अनेक प्रतिबन्ध लगा दिये गये परिणामस्वरूप इनका इतिहास जीवन के प्रति संघर्ष और जीवन्तता का इतिहास है। भारत के विभिन्न प्रदेशों में आदिवासी समूहों ने अंग्रेजों और उनसे जुड़े शोषणकारी देशी जमीदारों एवं महाजनों के खिलाफ लड़ाइयाँ लड़ी। इतिहास की मुख्यधारा ने इनके संघर्षों की उपेक्षा करते हए इन संघर्षों का इतिहास में सही ढंग से मूल्यांकन नहीं किया है। अस्मितावादी विमर्श के तहत अब इस ओर महत्त्वपूर्ण प्रयास किये जा रहे हैं।

आदिवासी समाज और साहित्य सम्बन्धी अपने लेख में मनीषा लिखती हैं—भारतीय समाज, जहाँ कई सभ्यताएँ आयीं व प्राचीन समय से लेकर अब तक कई व्यवस्थाएँ परिवर्तित हो चुकी हैं। इस बीच भारतीय समाज में राजनीतिक, आर्थिक, सामाजिक एवं सांस्कृतिक स्तर पर कई परिवर्तन हुए। इस बीच मनुष्य कई जातियों एवं वर्गों में बँटा जहाँ मनुष्य द्वारा ही दूसरे मनुष्य का शोषण हुआ। दलित-पिछड़ों को सहने के लिए कई यातनाएँ और पीड़ा मिलीं। इसी वर्ग का एक बहुत बड़ा हिस्सा जंगलों में गुजर-बसर

कर रहा है। यह समाज भारत का एक महत्त्वपूर्ण हिस्सा है। जंगलों में रहने वाला यही तबका आदिवासी कहलाया। आदिवासी अर्थात जनजाति।

यह शब्द अंग्रेजी भाषा के 'टराईब' का हिन्दी रूपान्तरण है। विश्व के अनेक भागों में जन-जातियाँ पायी जाती हैं। विदेशी जनजातियों में तसमानी, आस्ट्रेलियाई, बुशमैन, एस्किमो आदि आती हैं। भारतीय जनजातियों में संथाल, मीणा, भील, नागा, गाडे, थार, खस आदि प्रमुख जनजातियाँ हैं। भारत में आदिवासी समाज के अधिकांश लोग जंगलों में जीवन व्यतीत करते हैं, जिनका रहन-सहन प्राकृतिक है जिनके लिए जल, जंगल और जमीन ही उनकी पहचान है।'' आधुनिकता की अन्धी दौड़ में हम अपने शाश्वत मूल्यों को भुलाकर केवल स्वार्थ और हित की पूर्ति में लग गये हैं। विकास के लिए किसी भी कीमत को चुकाने के कगार पर आदिवासी समाज वर्तमान समय में विस्थापन की त्रासदी झेलने के लिए अभिशप्त हैं। इस सम्बन्ध में रमेश चन्द लिखते हैं कि ''जमीन से उखड़ा पेड़ दूसरे स्थान पर जड़े जमा नहीं सकता, अगर लगाया जाता है तो वह नये स्थान पर लगाते ही सूख जाएगा। इस समान्य सी बात को सामान्य सी समझ रखने वाला व्यक्ति समझ सकता है पर दुर्भाग्य से इस देश के नीति नियंता विकास के नाम पर जो नीतियाँ बना और लागू कर रहे हैं उनसे सदियों से रहते आये मूलवासी अपनी जमीन व जंगल से जड़ों सहित उखड़ने के लिए अभिशप्त हैं।

'जंगल बचाओ अभियान' किसी भी जंगल के कटने व घटने में अवरोध खड़ा नहीं कर पा रहा है। ऊपर से विकास के नाम पर पहाड़-जंगल और नदियाँ, बहुराष्ट्रीय कम्पनियों की झोली में डाली जा रही हैं तो दूसरी तरफ कानून का शिकंजा भोले-भाले आदिवासियों के गले में कसता ही जा रहा है। एक ठेकेदार जंगल काटने का दोषी है तो साथ में वनाधिकारी, पुलिस और व्यवस्था का हर कर्मचारी पहाड़-जंगल उजाड़ने के पीछे प्रमुख रूप से पाया जाता है। अपराधी जब भी ढूँढ़ा जाता है तब घूम फिर कर आदिवासी ही मिलता है। वनाधिकार कानून आदिवासी की सुरक्षा करने में हर बार असफल ही सिद्ध हुए हैं। राजकीय नीतियाँ आदिवासी को ही विस्थापित करती हुई प्रतीत होती हैं। आदिवासी अगर जंगल पर निर्भर रहा है। उससे भरण-पोषण पाता रहा है तो उसके कारण जंगल कभी नहीं घटा क्योंकि वह आदिवासी जंगल का उपयोग अपनी न्यूनतम जरूरतों के लिए करते हैं। व्यावसायिक दोहन के लिए नहीं। जंगल पर आश्रित आदिवासियों ने उससे जीवनदाता की तरह प्यार किया है बाहरी लोगों व सरकारी नीति नियन्ताओं और ठेकेदारों के चलते ही जंगल कट-कट कर सिमट कर रह गया है। इसके पीछे आदिवासी कतई दोषी नहीं है।

कम्पनियों को लीज पर जमीन दे दी जाती हैं। आने वाले कानूनी अड़गें को हटा दिया जाता है। इस समय बहुत सारे कीमती जंगल का उपयोग न होने के कारणीभूत नक्सलपन्थियों से मुक्त करने के लिए आदिवासी क्षेत्र में फौजी कार्यवाही चल रही हैं जबकि आदिवासी हितों को लगातार नजरअन्दाज किया जा रहा है। आजादी के बाद भी आदिवासी शोषित हो रहे हैं। जबकि आजादी मिलते ही कानूनन हर भारतीय को देश के किसी भी हिस्से में बसने

का अधिकार मिल जाता है। भू-सुधार कानून के जरिये जमींदारी प्रथा खत्म हुई और किसानों को अपनी जमीन पर मालिकाना हक मिला लेकिन जंगल, जमीन पर आदिवासियों के मामले में कानूनन ऐसा नहीं हुआ। आरक्षित वन कानून के अनुसार संरक्षित जंगल से लकड़ी लाने, चराई करने पर तो पांबदी है ही, पेड़ से गिरे हुए पत्तों को उठाने पर भी पाबंदी है। वन पर उनका पूर्ण अधिकार तो दूर दिखावा अधिक किया जाता है। जिन जंगल में उनके पुरखे रहते आये हैं जिसे उन्होंने हर सम्भव बचाया और वहाँ से भागे नहीं, उस जंगल की उपज से विस्तार पाने का अधिकार हम आज उन्हें क्यों नहीं दे सकते।"

रमेशचन्द यहाँ उन सभी परिस्थितियों की ओर महत्त्वपूर्ण संकेत करते हैं कि किस प्रकार आदिवासी समाज शोषित हो रहा है और उन्हें हाशिये की जिन्दगी जीने पर मजबूर किया जा रहा है। समाज, सरकार और कम्पनियों का नजरिया उनके प्रति व्यावहारिक रूप से बहुत दोषपूर्ण है। विभिन्न हित समूहों की बात करते हुए हम आदिवासी समाज के हितों को पूरी तरह नजरदांज कर देते हैं। परिणामस्वरूप आदिवासी वर्ग घोर विपत्तियों और जीवन जीने की मूलभूत आवश्यकताओं से विहीन अमानवीय और त्रासदीपूर्ण जीवन जीने के लिए अभिशप्त हैं। आदिवासी अस्मिता के प्रश्नों पर विचार करते हुए प्रसिद्ध चिन्तक रमणिका गुप्ता लिखती हैं, "दरअसल आदिवासियों की अस्मिता का प्रश्न जहाँ उनके नाम की परिभाषा से गहरा सम्बन्ध रखता है, वहीं वह उनकी सामाजिक संरचना और जीवनयापन के साधन जल, जंगल, जमीन से भी जुड़ा है। उसका उद्गम उसकी पहचान को पुष्ट करता है जो उसकी विरासत, भाषा, शिक्षा, संस्कृति और जीवन शैली पहचान को जिन्दा रखती है। इनकी रक्षा किए बिना उसकी अस्मिता की रक्षा नहीं हो सकती और इस सबके लिए जरूरी है—नेहरू के शब्दों में अपनी संस्कृति का उन पर थोपा न जाना। हम आज तक उन्हें सिखाने की जरूरत ही महसूस करते रहे हैं। उनकी जनतान्त्रिक और समतामूलक व्यवस्था से हमने कभी कुछ सीखने की कोशिश नहीं की। आज दरकार है उनसे कुछ सीखने की, न कि उन्हें अपनी अधकचरी संस्कृति व सभ्यता सिखाने की...यदि जंगल और जमीन ना हो तो आदिवासी का अस्तित्व ही खतरे में पड़ जाता हैं, इसीलिए मैदानी वर्चस्ववादी तबकों, शासकों व प्रशासकों ने, चाहे वे देशी हों या विदेशी, उसे भूमि और जंगलों से विलग करने की एक शातिर चाल चली।"

आज आवश्यकता इस बात की है कि हम विकास सम्बन्धी अपनी अवधारणाओं को एक बार पुनः व्याख्यायित करते हुए टिकाऊ विकास की संकल्पना पर काम करें क्योंकि वर्तमान दौर में विकास की असीमित इच्छाओं ने हमें विनाशकारी भविष्य की ओर ही उन्मुख किया है। हाल ही में देश में लगातार होने वाली प्राकृतिक आपदाएँ इस ओर स्पष्ट संकेत कर रही हैं कि वह अब हमारी स्वार्थपूर्ति के बोझ को ओर अधिक वहन नहीं कर सकती। सम्पूर्ण जंगलों का सफाया करके विकास के किसी मानक तक नहीं पहुँचा जा सकता। सदियों से प्रकृति की गोद में रहने वाला आदिवासी समाज ने प्राकृतिक संसाधनों का सीमित प्रयोग करते हुए उनके संरक्षण पर बल दिया है। आज हम आदिवासी समाज से जीवन के शाश्वत मूल्यों को सीखने के स्थान पर आज आधुनिक

विकास का दानव इनकी सभ्यता का ही भक्षण कर लेना चाहता है। आदिवासी समाज के लिए जल, जंगल और जमीन का प्रश्न वास्तव में उसकी अस्मिता का प्रश्न है और पर्यावरण संकट, उसकी पहचान के लिए संकट बनकर उभर रहा है। आदिवासी समाज के लिए यह चुनौतियाँ उसके अस्तित्त्व पर लगातार प्रश्चचिन्ह लगा रहे हैं। जिस जंगल, पहाड़ और जमीन पर वह रहता है, वो उसका अपना घर और परिवार है। उसे अपने इस घर में बाहरी लोगों का असीमित अतिक्रमण झेलने के लिए मजबूर होना पड़ रहा है। शिक्षा, स्वास्थ्य और रोजगार जैसे मूलभूत आवश्यकताओं का यहाँ अभाव है। सरकार को इस ओर मजबूत कदम उठाने चाहिए वर्ना सम्पूर्ण भारतवर्ष के लिए सामाजिक न्याय की संकल्पना अधूरी ही रहेगी। आदिवासी समाज की सभ्यता, संस्कृति, भाषा और साहित्य को संरक्षण देते हुए इनसे आधुनिक युवा पीढ़ी का परिचय कराना इस दृष्टि से बहुत महत्त्वपूर्ण है।

मनीषा यहाँ साहित्य में आदिवासी विमर्श की सैद्धातिकी के महत्त्व को स्पष्ट करती हैं कि–"जितने अस्मिता मूलक विमर्श इस दौर में हो रहे हैं चाहे वह स्त्री विमर्श हो या दलित विमर्श, साहित्य में स्थान पा चुके हैं। इसी बीच हिन्दी साहित्य में आदिवासी साहित्य भी अपनी पहचान धीरे-धीरे बना रहा है। पत्रिकाओं विशेषांकों के माध्यम से इस समाज का साहित्य प्रकाश में आया और अब नाटक, लोकगीत, कविता, कहानी, उपन्यास आदि विधाओं के माध्यम से भी जन-जन तक पहुँच रहा है। आदिवासी समाज के संघर्ष, उसकी पीड़ा को व्यापक स्तर पर अभिव्यक्ति मिल रही है।"

आज प्रकृति के अन्धाधुन्ध दोहन से उपजी समस्याओं ने विकराल रूप धारण कर लिया है। हमने अपने विकास के लिए प्रकृति का दोहन करते हए विनाशकारी भविष्य की पूरी तैयारी कर ली है। पर्यावरण संरक्षण के लिए किये जाने वाले सभी प्रयासों को आज आदिवासी-समुदाय से सीखना चाहिए किन्तु इस ओर कभी ध्यान नहीं दिया गया। विकास के लिए हमने प्राकृतिक संसाधनों का अन्धाधुन्ध दोहन और आदिवासियों के विस्थापन की प्रक्रिया को तेज किया है। चर्चित लेखक एवं चिन्तक हरिराम मीणा अपने लेख 'विकास की प्रक्रिया, विस्थापन और आदिवासी समाज' में लिखते हैं–"वैश्वीकरण से लाभान्वित होने वाली श्रेणियों में आदिवासी समाज कहीं नहीं टिकता। वह कहीं है तो नुकसान के खाते में ही शामिल दिखाई देता है। बाँध परियोजना, राष्ट्रीय उच्च मार्ग, रेलवे लाइन, खनन व्यवसाय, औद्योगिकीकरण, अभ्यारण एवं अन्य कारणों से आदिवासियों का अनिवार्य विस्थापन होता है तो एक तरफ से उन्हें अपनी पारम्परिक जमीन व परिवेश से खदेड़ने को विवश किया जाता है। इसकी वजह से उनकी जीविका के आधार भी समाप्त होते हैं। प्रश्न उठता है कि उनके जीविकोपार्जन के विकल्प तलाश किये जाने का।"

आदिवासी समाज का जल, जंगल, जमीन और पहचान के सवाल के लिए संघर्ष का लम्बा इतिहास रहा है। इस संघर्ष में इनके जीवन मूल्य सभी मानवजाति के लिए आदर्श हैं। विभिन्न समूहों में जहां स्त्रियाँ अपनी स्थिति को सुधारने के लिए एक लम्बी लड़ाई लड़ रही हैं वहीं आदिवासी समाज में स्त्री-पुरुष सहभागिता और समान अधिकार उनके स्वस्थ मानवीय मूल्यों और गरिमा को प्रकट करते हैं। आदिवासी संघर्ष में पुरुषों के

साथ-साथ स्त्रियों की भी बहुत महत्त्वपूर्ण भूमिका रही है। 'आदिवासी संघर्ष का इतिहास' लेख में प्रसिद्ध आदिवासी विमर्शकार एवं चिन्तक केदार प्रसाद मीणा इसे महत्त्वपूर्ण रूप से रेखांकित करते हैं--"आदिवासी इतिहास की एक विशेषता यह है कि इनके विद्रोहों में उनकी महिलाओं ने भी सक्रिय भूमिका निभाई है। रोहतासगढ़ के किले की लड़ाई में उरांव सिगनी दई व केहली दई लड़ी, संथाल 'हूल' में सिदो-कान्हू की बहने फूलों व झानों लड़ी। झानों ने तो इक्कीस अंग्रेज सिपाही मारे थे। बिरसा मुंडा के 'उलगुलान' में बनकर मुंडा की पत्नी, मंझिया मुंडा की पत्नी, थीगी, नागी, साली, चम्पी आदि कई महिलाएँ सक्रिय रहीं। टाना भगत के आन्दोलन में देवमनी लड़ी थीं। कुल मिलाकर यह कहा जा सकता है कि देश में शोषण के खिलाफ संघर्ष के जज्बे को आदिवासियों ने हमेशा बनाये रखा। वे लड़ते रहे, मिटते रहे और इस जज्बे को आने वाली पीढ़ियों को सौंपते रहे। जमींदार-महाजन उन्हें लूटते रहे, स्थानीय गैर आदिवासी राजा अपने स्वार्थों के लिए उनका सेना के रूप में इस्तेमाल करते रहे। फिर समझौते कर उन्हें बार-बार धोखा देते रहे पर आदिवासियों ने उस जज्बे को बचाये रखा। उसी जज्बे की बदौलत आदिवासी आज भी लड़ रहा है। जमींदारों-महाजनों का स्थान राष्ट्रीय-बहुराष्ट्रीय कम्पनियों ने लिया। इस्तेमाल करने वाले गैर आदिवासी राजाओं का स्थान ले लिया है गैर-आदिवासी प्रभुत्ववाली राजनीतिक पार्टियों ने।"

यहाँ केदार प्रसाद मीणा की टिप्पणी के माध्यम से समझा जा सकता है कि आदिवासी समाज का संघर्ष बहुआयामी एवं बहुस्तरीय है। इसमें अपने घर यानि प्रकृति को बचाने की कोशिश है तो वहीं अपनी अस्मिता की रक्षा के लिए शोषणकारी वर्चस्ववादी सत्ता का प्रतिरोध।

वर्तमान समय में शिक्षा, साहित्य, संस्कृति और सिनेमा में आदिवासी समुदायों का प्रस्तुतीकरण कई प्रकार से हो रहा है लेकिन यहाँ यह चिन्ता जाहिर की जा सकती है कि उनके बारे में हमारी पूर्वधारणाएँ और अधकचरी मानसिकता उनका सही एवं वास्तविक चित्रण नहीं कर रही है। भारतीय सिनेमा अपने सौ सालों के गरिमामयी क्षणों का जश्न मनाते हुए यह लगभग भूल सा जाता है कि उसने अपने कला-माध्यम में आदिवासियों की कैसी जंगली बर्बर और असभ्य पशु की छवि जनमानस में 'फिट' कर दी है जबकि आदिवासी समुदाय इनके ठीक विपरीत अधिक मानवीय मूल्यों और स्वस्थ प्रगतिशील सभ्यता की आधारभूमि से जुड़ा है। मानव सभ्यता की रक्षा एवं सतत टिकाऊ विकास की लक्ष्य प्राप्ति के लिए आदिवासी समाज से बहुत कुछ सीखते हुए उनके विकास एवं संरक्षण के प्रति गम्भीर निर्णय लिये जाने की आवश्यकता है।

सहायक सन्दर्भ ग्रंथ

– हाशिये का वृत्तान्त, संपादक दीपक कुमार और देवेन्द्र चौबे, आधार प्रकाशन हरियाणा, प्रथम संस्करण 2011

– युद्धरत आम आदमी (मासिक पत्रिका) संपा. रमणिका गुप्ता, अंक-6, मार्च 2016

2. विमर्शमूलक कथा साहित्य

ओमप्रकाश वाल्मीकि

जन्म : 30 जून, सन् 1950, जनपद मुजफ्फरनगर (उत्तर प्रदेश)।

शिक्षा : एम.ए. (हिन्दी)

प्रकाशित कृतियाँ : सदियों का संताप, बस! बहुत हो चुका (कविता-संग्रह) जूठन (आत्मकथा); सलाम, घुसपैठिये, छतरी, मेरी प्रतिनिधि कहानियाँ (कहानी-संग्रह)। दलित साहित्य का सौन्दर्य शास्त्र (आलोचना) मुख्यधारा और दलित साहित्य। सफाई देवता (वाल्मीकि समाज की एतिहासिक, सामाजिक एवं सांस्कृतिक पृष्ठ भूमि) दो चेहरे (नाटक), क्यों मैं हिन्दू नहीं हूँ (कांचा एलैय्या) पुस्तक का अंग्रेजी से हिन्दी अनुवाद, साहरन का शहर, अरुण काले का (कविता संग्रह) मराठी से हिन्दी अनुवाद)। प्रज्ञा-साहित्य, (दलित विशेषांक) का अतिथि सम्पादक। विभिन्न भाषाओं में रचनाएँ अनूदित। आत्मकथा जूठन अंग्रेजी एवं पंजाबी में अनूदित।

नाटकों में भी रुचि; 60 नाटकों में अभिनय और निर्देशन।

सम्मान : डॉ. अम्बेडकर राष्ट्रीय पुरस्कार 1993; परिवेश सम्मान 1995 तथा जयश्री सम्मान 1996। कथा क्रम सम्मान 2001, न्यू इंडिया बुक प्राइज 2004, साहित्य भूषण सम्मान 2006, उत्तर प्रदेश, हिन्दी संस्थान लखनऊ। आठवाँ विश्व हिन्दी सम्मेलन सम्मान 2007, न्यूयार्क, अमेरिका।

अपने अन्तिम समय में भारतीय उच्च अध्ययन संस्थान (IIAS) शिमला में फैलो रहते हुए कैंसर जैसी लाइलाज बीमारी से जूझते हुए उन्होंने अन्तिम साँस 17 नवम्बर 2013 को ली।

सलाम

शादी की रस्म पूरी होते-होते रात के दो बज गये थे। ज्यादातर बाराती सो चुके थे। गिने-चुने लोग ही दूल्हे के साथ विवाह-मंडप में मौजूद थे। कमल उपाध्याय अतिरिक्त उत्साह में हरीश के साथ हर जगह मौजूद था। घर-परिवार के सदस्य की तरह सारी व्यवस्था कमल उपाध्याय की देख-रेख में सम्पन्न हो रही थी। हरीश और कमल के सम्बन्ध ही कुछ ऐसे थे।

फेरों से लौटकर वे बरामदे में ऐसी जगह तलाशने लगे, जहाँ थोड़ी देर पीठ टिकाकर पाँव सीधे किये जा सकें। छोटे से बरामदे में एक साथ इतने सारे लोग गुड़मुड़ होकर सोये थे। कहीं ऐसी जगह नहीं बची थी कि खुलकर लेटा जा सके।

बारात ठहराने के लिए स्कूल का बरामदा ही मिल पाया था। प्रधान जी ने स्कूल खोल देने की हामी तो भर दी थी। लेकिन ऐन वक्त पर हेडमास्टर कहीं रिश्तेदारी में चले गये थे। काफी भागदौड़ के बाद भी चाबी नहीं मिली थी। आखिर हारकर बारात को बरामदे में ही ठहराना पड़ा था। स्कूल में जो हैंडपम्प था, एक रात पहले किसी ने उसका हत्था और वाल्व भी खोल लिए थे। पीने के पानी का और कोई इंतजाम वहाँ नहीं था। बड़ी मुश्किल से दो मिट्‌टी के घड़े ही मिल पाये थे।

रोशनी के नाम पर भी सिर्फ अँघेरा ही था। सड़क के लैंपपोस्ट की हलकी पीली रोशनी बरामदे तक आकर अँधेरे में तब्दील हो गयी थी।

हरीश ने दूल्हेपन के भार को उतारकर दीवार के सहारे पीठ टिका दी। कमल के लिए जगह बनाते हुए बोला, ''थोड़ी देर कमर सीधी कर लो। थक गये होगे...तुम्हें तो यहाँ काफी अटपटा लग रहा होगा।''

कमल ने मोजे और जूत सहेजते हुए कहा, ''रात भर की ही तो बात है किसी तरह गुजर जाएगी। गाँव के बारे में सिर्फ पढ़ा था। देखा आज ही है।''

''कैसा लग रहा है?'' हरीश ने कमल को अपनी ओर खींचा।

''कैसा क्या...हालत दयनीय है...कितना धैर्य है लोगों में...'' कमल ने गहरी साँस ली।

बरामदे के किनारे पर दो बुजुर्ग अभी तक जगे थे। रुक-रुककर बातचीत कर रहे थे। हरीश और कमल की वार्तालाप सुनकर उनकी ओर मुखातिब हुए। उनमें से एक बोला, ''बेट्टे, हरीश, तुम्हारा ये दोस्त पहली बार गाँव आया है क्या?''

''हाँ, ताऊ जी...'' उत्तर कमल ने दिया।

''कौन बिरादर हो?'' बुजुर्ग ने बात आगे बढ़ाई।

''ताऊ, क्या इतना काफी नहीं है कि यह मेरा दोस्त है, और मेरी बारात में शामिल है?'' हरीश ने नाराजगी व्यक्त की।

बुजुर्ग किसी जमाने में अंग्रेज अफसर की सेवा-टहल में थे, जब भी मौका मिलता, दिखाने की कोशिश करते।

''मैंन्ने कोई इंसलेट बात कही है क्या?...जो बुरा मान गये!'' बुजुर्ग चुप हो गया।

''ताऊ जी...आपकी बात का बुरा क्या मानना...मैं ब्राह्मण हूँ...और कुछ पूछना हो तो पूछिए...'' कमल ने विनम्रता दिखाई। बुजुर्ग ने कोई प्रत्युत्तर नहीं दिया।

''सो जाओ कमल, सुबह होने में अब ज्यादा देर नहीं है।'' हरीश ने बात बदलने की कोशिश की।

कमल सोने का प्रयास करने लगा। कुछ देर की खामोशी के बाद बोला, ''हरीश, सो गये क्या...सुबह क्या होगा?''

हरीश की आँखों में नींद भरी हुई थी। अलसाए स्वर में बोला, ''सुबह...क्या

मतलब?''

''हरीश, सुबह जल्दी उठने की आदत है मेरी। चाहे देर रात दो बजे सोऊँ, नींद पाँच बजे ही टूट जाती है। माँ सुबह पाँच बजे से ही पूजा-पाठ में लग जाती हैं। उनकी खटर-पटर से मैं भी उठ जाता हूँ। बरसों से ऐसे ही चल रहा है। माँ सुबह-सुबह चाय बनाकर मेरे हाथ में थमा देती हैं। अब तो ऐसी आदत पड़ गयी है कि यदि छह बजे तक चाय न मिले तो सिर भारी होने लगता है।'' कमल ने अपनी तकलीफ सुनाई।

''यहाँ सुबह-सुबह छह बजे चाय कहाँ मिलेगी...'' हरीश ने असमर्थता जताई।

बुजुर्ग ने बीड़ी सुलगा ली थी। जो अँधेरे में चमक पैदा कर रही थी। कमल से बोले, ''बाबू जी, गाँव के बाहर एक दुकान तो है। आप सुबह जाकर देख लेना। शायद मिल जाये।''

''आपने देखी है दुकान? कितनी दूर है?'' कमल ने उत्सुकता दिखाई।

''पास ही है। शाम को मैंने वहाँ से बीड़ी का बंडल खरीदा था। सामने जो गली है उससे सीधे चलते जाना। गली खत्म होते ही सड़क है। वहीं पर एक दुकान है।'' बुजुर्ग ने बताया।

सुबह उठते ही कमल चाय की तलाश में निकल पड़ा। गली लगभग सुनसान थी। इक्का-दुक्का लोग अजीब-सी बुक्कल मारे आ-जा रहे थे। रात वाली चहल-पहल कहीं दिखाई नहीं पड़ रही थी।

खड़ंजे पर फिसलन थी। नालियों में बहते पानी से बचते-बचाते वह गली के मुहाने पर एक खुली और रेतीली जगह पर आ गया। सामने ही सड़क के पार एक छप्परनुमा दुकान थी। जिसमें एक किनारे पर भट्टी बनी थी। भट्टी के साथ ही एक चबूतरा भी था। जिस पर लकड़ी के खोके में पान-बीड़ी, जर्दा, तम्बाकू की थैलियाँ रखी थीं। साथ ही दो-तीन बदरंग से डिब्बे रखे थे। भट्टी में सुलगते कोयलों से गहरा काला धुआँ निकल रहा था। जिसका कसैलापन उसने अपने फैफड़ों में महसूस किया। दीवार पर किसी सिने तारिका का अर्द्धनग्न बदरंग कैलेंडर टँगा था। जो धूल और धुएँ के हमलों से मटमैला हो गया था।

भट्टी के पास ही एल्यूमिनियम की एक बड़ी-सी केतली रखी थी। जिसका रंग स्याह काला पड़ गया था। कुछ काँच के मटमैले गिलास, कप प्लेटें और शीशे के एक जार में कुछ बिस्कुट पड़े थे। भगोना बाहर से काला और भीतर से भूरा, मटमैला दिखाई पड़ रहा था। आसपास मक्खियों के झुंड के झुंड भिनभिना रहे थे।

चबूतरे पर ही एक जर्जर-सा बूढ़ा आदमी मैले-चीकट कपड़ों में उकड़ूँ बैठा बीड़ी पी रहा था। उसके हाथों, पैरों की नसें उभरी हुई थीं। जैसे किसी ने शरीर का माँस उतारकर त्वचा हड्डियों से चिपका दी हो।

पास ही एक पुरानी-सी बेंच पड़ी थी। जिसकी हालत उस बूढ़े आदमी से भी बदतर थी। कमल ने बेंच पर बैठने की कोशिश की। बेंच चरमराई। किसी तरह अपने आपको बेंच पर टिकाकर कमल ने बूढ़े से कहा, ''चाय मिलेगी?''

"मिलेगी...थोड़ा टेम लगेगा।" बूढ़े ने बीड़ी का आखिरी कश खींचा।

कमल दुकान में रखी हर चीज को उत्सुकता से देख रहा था। उसके जेहन में माँ का खयाल आ गया। यदि इस समय घर में होता तो माँ गर्म-गर्म चाय लेकर आती। चाय बनाते समय भी माँ कोई-न-कोई श्लोक दोहराती रहती है।

धुएँ का झोंका कमल के मुँह और आँखों में भर गया। उसने जेब से रूमाल निकालकर नाक-मुँह पर रखा। कड़वाहट उसके भीतर समा गयी थी।

"कितनी देर लग जाएगी चाय में...?" कमल ने जिज्ञासा की।

"बस...अभी हो जागी...भट्टी सुलग री है। बैट्ठो आप..." चायवाले ने आश्वस्त किया।

चायवाला लोहे के सरिए से भट्टी में कोयले सँवारने लगा।

"नये दिख रहे हो बाबू जी...कहाँ से आये हो? चायवाले ने बात शुरू की।

"देहरादून से।" कमल से सहजता से कहा। उसका ध्यान सुलगती भट्टी पर टिका था।

देहरादून का नाम सुनकर चायवाला चौंका, "देहरादून से तो कल एक बारात भी आयी है।" चायवाले ने प्रश्न की तरह कहा।

"हाँ, मैं उसी बारात में आया हूँ।"

"वह बारात तो चूहड़ों के घर आयी है।" चायवाले की जिज्ञासा गोली में बदल चुकी थी।

"तो क्या हुआ?" कमल ने स[illegible]।

चायवाला एकदम चुप हो गया था। उसकी चुप्पी ने कमल को संशय में डाल दिया था। चायवाले के हाव-भाव बदल गये थे।

वह भट्टी के पास से हटकर इधर-उधर के काम करने लगा था। कभी इस डिब्बे को उठाकर उधर रख रहा था, कभी मटके से पानी निकालकर कनस्तर में भर रहा था। भट्टी सुलगकर लाल-लाल अंगारों में बदल गयी थी। अंगारों से लपटें उठ रही थीं, लेकिन चाय बनने के आसार दिखायी नहीं पड़ रहे थे।

कमल का गला खुश्क होने लगा था। "भट्टी तो धधक गयी है। एक कप चाय बना दीजिए।" कमल ने शालीनता से कहा।

चायवाला अनसुना करके अपने काम में लगा हुआ था। कमल का धैर्य टूटने लगा, "भई, चाय बना दो।"

चायवाले ने वहीं से जवाब दिया, "तुझे यहाँ चाय ना मिलने की।" चायवाले की आवाज में रूखापन था। जिसे महसूस करते हुए कमल ने तीखेपन से पूछा, "लेकिन क्यों? अभी थोड़ी देर पहले तो आपने कहा था, चाय मिलेगी।"

"कहा था...और इब कह रा हूँ नहीं मिलेगी..." चायवाले ने कठोरता से कहा।

कमल चायवाले के व्यवहार से चकित था। फिर भी नम्रता से बोला, "लेकिन भाई

साहब हुआ क्या है?...क्या मैं पैसे नहीं दूँगा?''

चायवाला उसके ठीक सामने तनकर खड़ा हो गया। दोनों हाथ कूल्हों पर टिकाकर सीना चौड़ा करते हुए बोला, ''यो पैसे सहर में जाके दिखाणा। दो पैसे हो गये जेब में तो सारी दुनिया को सिर पे ठाये घूमो...ये सहर नहीं गाँव है...यहाँ चूहड़े-चमारों को मेरी दुकान में तो चाय न मिलती...कहीं और जाके पियो।''

कमल की नसें फड़फड़ाने लगीं। उसने चायवाले को आग्नेय नेत्रों से घूरा। आवाज में सख्ती भरकर बोला, ''चूहड़े-चमारों को नही मिलती है तो किसे मिलती है?''

चायवाला उसकी बात अनसुनी करके फिर अपने काम में लग गया था। कमल को वह असभ्य वनमानुष दिखाई पड़ रहा था। उसने साहस करके पूछा, ''तुम्हारी क्या जात है?''

चायवाला धधक पड़ा, ''मेरी जात से तुझे क्या लेणा-देणा। इब चूहड़े-चमार भी जात पूछने लगे...कलजुग आ गया है कलजुग।''

''हाँ, कलजुग आ गया है, सिर्फ तुम्हारे लिए, तुम अपनी जात नहीं बताना चाहते हो तो सुनो-मेरा नाम कमल उपाध्याय है। उपाध्याय का मतलब तो जानते ही होगे, या समझाऊँ...उपाध्याय यानी ब्राह्मण।'' कमल ने आँखें तरेरकर कहा।

''चूहड़ों की बारात में बामन?'' चायवाला कर्कशता के साथ हँसा।

''सहर में चूतिया बणाना...मैं तो आदमी कू देखते ही पिछाण (पहचान) लूँ...कि किस जात का है?'' चायवाले ने शेखी बघारी।

उनका वार्तालाप सुनकर राह चलते लोग ठिठककर मजा लेने लगे। सुबह-सुबह का वक्त था, देखते-ही-देखते लोग जमा हो गये। लोगों को देखकर चायवाले की बूढ़ी हड्डियों में जोश आ गया था। आवाज का तेवर चढ़ने लगा।

बल्लू रांघड़ का रामपाल भी भीड़ देखकर ठिठक गया। माजरा क्या है, जानने के लिए चाय की दुकान की ओर बढ़ा। बूढ़ा चायवाला किसी शहरी को फटकार रहा था। रामपाल ने छूटते ही पूछा, ''चाच्चा, कोण है यो?''

रामपाल को देखते ही चायवाला और बिफर पड़ा, ''चूहड़ा है। खुद कू बामन बतारा है। जुम्मन चूहड़े का बाराती है। इब तुम लोग ही फैसला करो। जो यो बामन है तो चूहड़ों की बारात में क्या मूत पीणे आया है। जात छिपाके चाय माँग रा है। मैन्ने तो साफ कह दी। बुद्धू की दुकान पे तो मिलेगी ना चाय चूहड़ों-चमारों कू, कहीं और ढूँढ़ ले जाके।'' चायवाले ने आसपास खड़े लोगों का समर्थन जुटाने की कोशिश की।

दुबला-पतला-सा रामपाल सीकिया पहलवान था। गाल पिचके हुए, हड्डियाँ उभरी हुई। बारीक मूँछें, तेल से चीकट बाल। कुल मिलाकर ऐसा हुलिया, जिसे देखकर यह अन्दाज बिलकुल नहीं हो सकता था कि इस डेढ़ हड्डी के आदमी का गाँव भर में दबदबा है।

रामपाल को देखते ही खुसर-पुसर एकदम शान्त हो गयी थी। कमल भी स्वयं को चक्रव्यूह में फँसा महसूस करने लगा था। उसने आसपास खड़े लोगों पर नजर डाली।

उसने उनकी बात का विरोध करने के लिए मुँह खोला, "भाइयो...।"

बात पूरी होने से पहले ही रामपाल ने उसे डाँटा, "ओ, सहरी जनखे हम तेरे भाई हैं?—साले जबान सिभाल के बोल, गाँड में डंडा डाल के उलट दूँगा। जाके जुम्मन चूहड़े से रिश्ता बणा। इतनी जोरदार लौंडिया लेके जा रे हैं सहर वाले, जुम्मन के तो सींग लिकड़ आये हैं। अरे, लौंडिया को किसी गाँव में ब्याह देता तो म्हारे जैसों का भी कुछ भला हो जाता..." एक तीखी हँसी का फव्वारा छूटा। आसपास खड़े लोगों ने उसकी हँसी में अपनी हँसी मिला दी।

कमल को लगा जैसे अपमान का घना बियाबान जंगल उग आया है। उसका रोम-रोम काँपने लगा। उसने आसपास खड़े लोगों पर निगाहें डालीं। हिंसक शिकारी तेज नाखूनों से उस पर हमला करने की तैयारी कर रहे थे।

उसने पहली बार अखबारों में छपी उन खबरों को शिद्दत से महसूस किया। जिस पर विश्वास नहीं कर पाता था वह। फलाँ जगह दलित युवक को पीट-पीटकर मार डाला, फलाँ जगह आग में भून दिया। घरों में आग लगा दी। जब-जब भी हरीश इस तरह का समाचार कमल को सुनाता, वह एक ही तर्क दोहरा देता था।

"हरीश अपने मन से हीन-भावना निकालो। दुनिया कहाँ-से-कहाँ निकल गयी और तुम लोग वहीं-के-वहीं हो। उगते सूरज की रोशनी को देखो। अपने आप पर विश्वास करना सीखो। पढ़-लिखकर ऊपर उठोगे तो सब कुछ अपने-आप मिट जाएगा।"

लेकिन इस वक्त कमल के सामने हरीश का एक-एक शब्द सच बनकर खड़ा था। सब साबित हो रहा था।

कमल ने फिर से साहस बटोरा और विरोध किया, "क्या यही है गाँव का अतिथि सत्कार। आप लोग अपने ही गाँव की लड़की के लिए ऐसी बातें कर रहे हो। क्या वह इस गाँव की बेटी नहीं है?"

कमल आगे कुछ और बोलता उससे पहले ही रामपाल ने अपने वजूद से ज्यादा शक्ति से चीखकर बोला, "जा चुपचाप चला जा...वरना एक भी जिन्दा वापस ना जा सकेगा, ना बो लौंडिया ही जा पाएगी..." कमल को धक्का देकर छप्परनुमा दुकान से बाहर कर दिया रामपाल ने।

कमल कोई बावेला खड़ा करना नहीं चाहता था। सीने में उठ रहे ज्वार को उसने शान्त रखा। उसे हरीश का खयाल आ गया। वक्त की नजाकत भाँपकर चुप रह जाना ही ठीक लगा।

सड़क से उतरकर वह रेतीले रास्ते पर आ गया। उसकी रग-रग में अंगारे दहक रहे थे। लड़कों का झुंड उसके पीछे लग गया था। वे कमल को चिढ़ाने का प्रयास करने लगे।

"चूहड़ा-चूहड़ा...चूहड़ा..." वे जोर-जोर से चिल्ला रहे थे। प्रत्येक शब्द नश्तर की तरह उसके जिस्म को चीरकर लहुलुहान कर रहा था।

कमल लड़कों से बचकर गली की ओर लपका। तेज कदमों से लगभग दौड़ते हुए वह जनवासे में पहुँचा। उसकी साँस फूल गयी थी। मूड बुरी तरह उखड़ा हुआ था। जिस्म

पर अभी तक हजारों-चीटियाँ रेंग रही थीं। पोर-पोर गर्म दहकते लावे-सा जल रहा था।

उसे देखते ही हरीश ने पूछा, "क्या बात है? चेहरा उतरा हुआ है?"

"कुछ नहीं...ठीक हूँ।" कमल ने गहरी साँस ली।

"कहाँ चले गये थे? बड़ी देर लगा दी। चाय का इंतजाम कराया है। बस तुम्हारा ही इंतजार था।" हरीश ने कहा।

कमल दीवार के सहारे टिककर बैठ गया। चुपचाप। जैसे विचारों की सुनसान पगडंडियों पर अकेला विचरण कर रहा हो, उसे इस तरह खामोश देखकर हरीश ने पूछा, "क्या बात है? कुछ परेशान लग रहे हो?"

"नहीं, कुछ नहीं...बस थोड़ा सिर भारी है।" कमले ने टालना चाहा।

उसके जेहन में पन्द्रह वर्ष पुरानी घटना दस्तक देने लगी। जिसकी स्मृति मात्र से ही उसके शरीर में एक लहर-सी दौड़ गयी।

उस रोज कमल हरीश को पहली बार स्कूल से सीधा अपने घर ले गया था। पिताजी कहीं बाहर गये हुए थे। उसने अपनी माँ से हरीश को मिलाया था। माँ ने दोनों को खाने के लिए कुछ दिया था। हरीश ने पहला कौर उठाकर मुँह में रखा ही था कि कमल की माँ ने पूछा, "बेटे, तुम्हारे पापा क्या करते हैं?"

"जी, नगरपालिका में सफाई कर्मचारी हैं।" हरीश ने सहजता से उत्तर दिया। हरीश का जबाव सुनते ही कमल की माँ आग-बबूला हो गयी थी। कमल के गाल पर एक झब्बाटेदार थप्पड़ पड़ा था।

"पता नहीं कहाँ-कहाँ से इन कंजड़ों को पकड़कर घर ले आता है। खबरदार जो आगे से किसी हरामी को दुबारा यहाँ लाया..." कमल पर यह हमला अप्रत्याशित था। वह न रोया, न कोई प्रतिरोध ही कर सका था। सिर्फ फटी-फटी आँखों से माँ के गुस्से से भरे चेहरे को देखता रह गया था।

माँ ने हरीश को भी ढेर-सी गालियाँ देकर घर से भगा दिया था। माँ की दुत्कार, फटकार से हरीश बुरी तरह आहत हुआ था। उसे पहली बार लगा था कमल और वह दोनों अलग-अलग हैं। दोनों के बीच कोई फासला है। उसे अपने पड़ोसी सुगना के शब्द याद आ रहे थे, "बेट्टे, बामन से दोस्ती रास नहीं आएगी।" लेकिन हरीश ने सुगना की बात को कभी अहमियत नहीं दी थी। कमल उसके लिए अपना था, एकदम सगा। बलिक अपनों से कहीं ज्यादा। इस घटना ने हरीश के मन पर कई खरोंचें डाल दी थीं।

हरीश के जाने के बाद माँ लगातार बड़बड़ाती रही थी। सारा घर दुबारा धोया गया था। गंगाजल छिड़ककर जमीन पवित्र की गयी थी।

कमल के बालपन में भी एक दरार पैदा हो गयी थी। वह चुपचाप जाकर अपने कमरे में लेट गया था। ढेरों सवाल उसके मन को कचोट रहे थे आखिर माँ ने ऐसा क्यों किया। क्या कमी है हरीश में। दिन भर उसने कुछ नहीं खाया था। रात में भी माँ ने बहुत समझाया था। ऊँच-नीच बताई थी। फिर भी वह चुपचाप निर्विकार मुद्रा में बैठा था। माँ के सारे दाँव उसे मनाने में हार गये थे।

"बेटे, इनके संस्कार गलत हैं, ये छोटे लोग हैं। इनके साथ बैठने से बुरे विचार मन में पैदा होते हैं..." और भी कई बातें माँ ने बताई थीं। लेकिन कमल के अनुभव इन सबसे भिन्न थे।

माँ के तर्कों से जब वह ऊबने लगा तो आखिर उसने माँ से पूछ ही लिया, "तुम कभी उनके घर गयी हो? उनसे मिली हो? फिर कैसे जानती हो वे बुरे लोग हैं?"

माँ अवाक् होकर कमल का चेहरा देखने लगी थी। कमल की आँखों में गुस्सा नही था। ऐसा कुछ था जो धीरे-धीरे बर्फ की तरह पिघल रहा था। जिसे वह पकड़ना चाहती थी, पर उसकी पकड़ में नहीं आ रहा था।

माँ ने हारकर एक समझौता कर लिया था। जिसकी जानकारी हरीश को कभी नहीं हुई। हरीश के खाने-पीने के लिए कुछ बर्तन अलग रख दिये थे। तब से आज तक कमल एक ऐसी अँधेरी गली में चल रहा था जहाँ रोशनी का कोई कतरा दिखाई नहीं देता है। उसे हमेशा लगता है जैसे वह हरीश से विश्वासघात कर रहा है।

कमल को खयालों में डूबा देखकर हरीश ने उसे टोका, "कहाँ खो गये...लो चाय पियो...!"

एक देहाती लड़का चाय के दो गिलास थामे खड़ा था। कमल ने एक गिलास उसके हाथ से ले लिया। चाय की चुस्की लेते हुए कमल का बिगड़ा हुआ मूड बदलने लगा। चाय पीने के बाद सिरदर्द से भी थोड़ी राहत महसूस की उसने। सूरज सिर के ऊपर चढ़ गया था। शादीवाले घर में काफी चहल-पहल थी। दोपहर के खाने में विशेष इंतजाम किया गया था। पास के कस्बे से 'नान' और 'मीट' बनाने के लिए कारीगर बुलाया गया था। एक मोटा ताजा बकरा काटा गया था। पके हुए 'मीट' और गर्म मसालों की महक पूरे आँगन में फैल गयी थी। कुछ लोग सुबह से ही दारू पीने बैठ गये थे। काफी हो-हल्ला होने लगा था। बच्चों की चिल्ल-पों अलग थी। बड़े-बूढ़े हुक्के की गुड़-गुड़ में अपने जमाने को याद कर रहे थे। औरतों की व्यस्तता कुछ अलग थी। हरीश की सास ने पुराने कपड़ों पर एक नयी ओढ़नी डाल ली थी। दूल्हे को साथ लेकर उसे 'सलाम' पर जाना था।

हरीश के पिताजी कुछ परेशान दिखाई दे रहे थे। कमल ने परेशानी का कारण जानना चाहा तो वे टाल गये। सुबह से ही कुछ चल रहा था। जिसका थोड़ा आभास कमल को होने लगा। लेकिन कोई भी उसके सामने खुलकर बात नहीं कर रहा था।

हरीश के ससुर जुम्मन ऋषिकेश में सरकारी कर्मचारी थे। परिवार गाँव में रहता था। पारम्परिक जीवन था। गाँव के कई परिवारों में साफ-सफाई का काम हरीश की सास करती थी। जुम्मन की बड़ी लड़की बाप के साथ ऋषिकेश में ही रहती थी, सरकारी मकान में। आस-पड़ोस की देखा-देखी जुम्मन ने उसे भी स्कूल भेज दिया। देखते-देखते उसने हाईस्कूल की परीक्षा पास कर ली थी। साथ ही उसमें सुघड़ता भी आ गयी थी। अच्छा परिवेश पाकर उसमें बदलाव आ गया था। गाँव-भर की लड़कियों से अलग दिखाई पड़ती थी। वैसे इस गाँव की वह पहली लड़की थी। जिसने हाईस्कूल पास किया था।

जुम्मन की घरवाली जिन परिवारों में काम करती थी, उनमें अधिकतर रांघड़ थे। गाँव-देहात के नियम-कायदे के हिसाब से हरीश को 'सलाम' के लिए विदाई से पहले रांघड़ों के दरवाजे पर जाना था। यह एक रस्म थी। जिसे न जाने कितनी सदियों से निभाया जा रहा था।

हरीश के पिताजी ने साफ इनकार कर दिया था, "हम 'सलाम' पर अपने लड़के को नहीं भेजेंगे।"

रांघड़ परिवारों से कई बार बुलाया आ चुका था। बिरादरी के बड़े-बूढ़े अपने-अपने तर्क देकर ऊँच-नीच समझा रहे थे।

"बाप-दादों की रीत है, एक दिन में तो ना छोड़ी जावे है। वे बड़े लोग हैं। 'सलाम' पे तो जाणा ही पड़ेगा। और फिर जल में रहकर मगरमच्छ से बैर रखना तो ठीक नहीं है। और इसी बहाने कपड़ा-लत्ता, बर्तन-भाँडे भी नेग-दस्तूर में आ जाते हैं।"

हरीश ने भी स्पष्ट तौर पर कह दिया था, "मुझे न ऐसे कपड़े चाहिए, न बर्तन, मैं अपरिचितों के दरवाजे 'सलाम' पर नहीं जाऊँगा।"

हरीश ने जब-जब भी किसी दूल्हे या दुल्हन को इस तरह दरवाजे-दरवाजे घूमते देखा, उसे लगता था जैसे स्वाभिमान को चिन्दी-चिन्दी करके बिखेरा जा रहा है। बाजे-गाजे के साथ घूमता दूल्हा निरीह जीव दिखाई पड़ता था। "दामाद हो या नयी-नवेली दुल्हन 'सलाम'—के लिए घर-घर जाने का रिवाज है, जो हमने नहीं पुरखों ने बनाया था। जिसे इस तरह छोड़ देना ठीक नहीं है। गाँव में रहना है। दस जरूरतें हैं।" जुम्मन ने जोर देकर कहा।

हरीश ने तीखे शब्दों में कहा, "आप चाहे जो समझें...मैं इस रिवाज को आत्मविश्वास तोड़ने की साजिश मानता हूँ। यह 'सलाम' की रस्म बन्द होनी चाहिए।"

आवाज सुनकर कमल हरीश की ओर बढ़ा। कमल को अपनी ओर आते देखकर हरीश चुप हो गया। हरीश का चेहरा तनाव से कसा हुआ था। "क्या बात है हरीश.. .कुछ मुझे भी तो बताओ...।" कमल ने जिज्ञासा प्रकट की।

प्रत्येक कार्य-कलाप में कमल हरीश के साथ था। घर से लेकर यहाँ तक। लेकिन इस वक्त वह अपने आपको अलग-थलग महसूस कर रहा था।

हरीश के पिताजी ने कमल के कन्धे पर हाथ रखा, "कुछ नहीं है बेटे...आप वहाँ बैठो। सामने आँगन में नीम के पेड़ के नीचे मैंने आपके लिए एक चारपाई डलवा दी है, आराम करो, जात-बिरादरी की कुछ समस्याएँ हैं...हम निबटा लेंगे...!"

कमल को लगा जैसे वह सचमुच बाहरी व्यक्ति है, उसने कातर दृष्टि से हरीश की ओर देखा, हरीश ने आँखों के इशारे से शान्त रहने के लिए कहा, कमल जाकर चारपाई पर बैठ गया।

दोपहर होते-होते बात पूरे गाँव में फैल गयी। जुम्मन के जँवाई ने 'सलाम' पर आने से मना कर दिया है। गाँव के रांघड़ बल्लू रांघड़ की चौपाल पर जुटने लगे थे। ऐसा लग रहा था जैसे जोहड़ के पानी में किसी ने कंकड़ फेंक दिये हों। गोल-गोल लहरें

घूमकर किनारों तक फैल गयी थीं। रांघड़ गुस्से से फनफनाये घूम रहे थे।

बल्लू रांघड़ का सीकिया पहलवान रामपाल कमल उपाध्याय को चाय की दुकान से धकियाकर चौड़ा हुआ घूम रहा था। अपनी बहादुरी का किस्सा समूचे गाँव को सुना चुका था। कैसे एक चहूड़े को उसने चाय की दुकान में जात छिपाकर चाय पीते, रँगे हाथों पकड़ लिया। बराती था इसलिए छोड़ दिया। यह हरकत किसी और ने की होती तो अभी तक अरथी सज रही होती। लोग सुनते और मजा लेते, साथ ही अपनी ओर से कुछ जोड़ देते। दोपहर तक चर्चा पूरे गाँव में फैल गयी थी।

बल्लू रांघड़ हालात देखकर खुद जुम्मन के घर आया। आते ही उसने जुम्मन और उसकी घरवाली को मेहमानों के सामने ही फटकार सुनाई।

''जुम्मन तेरा जँवाई इब तक 'सलाम' पर क्यों नहीं आया। तेरी बेटी का ब्याह है तो हमारा बी कुछ हक बनता है। जो नेग-दस्तूर होता है, वो तो निभाना ही पड़ेगा। हमारी बहू-बेटियाँ घर में बैठी इंतजार कर रही हैं। उसे ले के जल्दी आ जा...''

जुम्मन ने सिर पर लिपटा कपड़ा उतारकर बल्लू रांघड के पाँव में धर दिया, ''चौधरी जी, जो सजा दोगे भुगत लूँगा। बेटी कू बिदा हो जाण दो। जमाई पढ़ा-लिखा लड़का है, गाँव-देहात की रीत ना जाणे है।''

''तभी तो कहूँ—जातकों (बच्चों) कू स्कूल ना भेज्जा करो। स्कूल जाके कोण-सा इन्हें बालिस्टर बणना है। ऊपर से इनके दिमाग चढ़ जागें। यो न घर के रहेंगे न घाट के। गाँव की नाक तो तूने पहले ही कटवा दी जो लौंडिया कू दसवीं पास करवा दी। क्या जरूरत थी लड़की कू पढ़ाने की, गाँव की हवा बिगाड़ रहा है तू। इब तेरा जँवाई 'सलाम' पे जाणे से मना कर रहा है...उसे समझा दे...'सलाम' के लिए जल्दी आवे...'' बल्लू ने फैसला सुनाया।

जुम्मन ने गिड़गिड़ाकर रिरियाहट भरे शब्दों में कहा, ''चौधरी जी, मेरी लाज रख लो...मैं तो थारा गुलाम हूँ...मेरा तो जीना-मरना सब कुछ थारी ही गेलं है। जो कहोगे करूँगा...बस करके बेटी कू विदा हो जाण दो। मैं थारे पाँव में नाक रगड़ूँ...''

बल्लू रांघड़ गुस्से में फनफनाता चल दिया। जाते-जाते चेतावनी देकर बोला, ''इन सहर वालों कू कह देणा—कव्वा कबी बी हंस ना बण सके है।''

बल्लू के जाते ही कमल ने हरीश से पूछा, ''कौन था यह? इस तरह डरा-धमका क्यों रहा था?'' हरीश ने चुप रहने का इशारा किया। सभी भय से सहम गये थे। बल्लू रांघड़ के जाते ही बिदाई की तैयारी शुरू हो गयी थी। जुम्मन ने जात-बिरादरी की स्त्रियों को हिदायत दे दी थी, ''टीके की रस्म जल्दी निबटाएँ, बिना हो-हल्ले के रांघड़ कभी भी रौला कर सकते हैं।''

शादी की सारी चहल-पहल पल-भर में सन्नाटे में सिमटकर बदल गयी थी। इस सन्नाटे का शोर कमल उपाध्याय को बेचैन कर रहा था। उसका दम घुट रहा था। उसने हरीश की ओर देखा। हरीश की आँखों में आत्मविश्वास और स्वाभिमान के उगते सूरज की चमक दिखाई पड़ रही थी। दोनों ने एक-दूसरे का हाथ गर्मजोशी से दबाया।

आँखों-ही-आँखों में एक-दूसरे को आश्वस्त किया। नीम के पेड़ पर हरी नर्म पत्तियाँ हिल रही थीं, मानो हौंसला दे रही हों।

जल्दी-जल्दी बारात को खाना खिलाया गया। कमल और हरीश खाना खाकर नीम की छाँव में पड़ी चारपाई पर बैठ गये थे। सामने दीवार की ओर मुँह करके एक दस-बारह बरस का लड़का खड़ा था। उसके चेहरे पर गुस्से के भाव थे।

उसे ढूँढ़ते-ढूँढ़ते एक बूढ़ा आँगन में घुसा। उसके हाथ में 'नान' और 'मीट' था? ''दीपू...ओ...दीपू...कहाँ है...ये लौंडा भी बहुत दिक करे है। चूहड़ों के घर पैदा होके बामनों-सी बोली बोले है।'' उसे दीवार के पास खड़ा देख, उसने डाँटा, ''तू यहाँ छुपा खड़ा है...मैं कब से तुझे ढूँढ़ रहा हूँ। ले रोटी खा ले...ले देख कितना अच्छा मीट बणा है।'' बूढ़े ने मनाने की कोशिश की।

''ना...मैं नी खाता...इसे खाये मेरा मूत।'' लड़के ने ऐंठते हुए कहा।

''पर क्यूँ?...क्या हुआ है इसमें?'' बूढ़े ने तल्खी से कहा।

''मुसलमान के हाथ की बणी रोट्टी मैं नी खात्ता।'' लड़के ने दूर हटते हुए कहा।

''मुसलमान?''...कोण मुसलमान?''

''वो जो गाड़ा वहाँ बैट्ठा रोट्टी बणा रा है।'' लड़के ने रोटी बनाने वाले कारीगर की ओर इशारा किया।

''वो...वो तो हिन्दू है...चलकर देख ले!'' बूढ़ा उसे खींचकर ले जाने लगा। लड़का घिसटते हुए बूढ़े के पीछे-पीछे जा रहा था। चीख-चीखकर कह रहा था, ''नहीं...वह मुसलमान है। मैं नी खाऊँगा उसके हाथ की बाणी रोट्टी...मैं नहीं खाऊँगा।''

''अबे, उल्लू की दुम...एक बार चलके तो देख ले। फेर कहणा।'' बूढ़ा उसे घसीटकर भट्टी की ओर ले गया जहाँ 'नान' बन रहे थे। लड़के के चीखने की आवाज लगातार आ रही थी।

''नहीं...नहीं, मैं मुसलमान के हाथ की बणी रोट्टी नहीं खाऊँगा...नहीं खाऊँगा. ..नहीं खाऊँगा।''

कमल और हरीश फटी-फटी आँखों से उस लड़के को देख रहे थे। कुछ देर पहले जगा आत्मविश्वास लड़के की आवाज में दबने लगा था। कमल और हरीश दोनों खामोशी के अँधेरे जंगल में भटक गये थे। उन्होंने एक-दूसरे की ओर देखा और गहरी साँस ली।

जयप्रकाश कर्दम

जन्म : जुलाई, 1958, ग्राम-इंदरगढ़ी, हापुड़ रोड, गाजियाबाद (उत्तर प्रदेश)।

शिक्षा : दर्शनशास्त्र, हिन्दी और इतिहास विषयों में एम.ए. पीएच. डी. (हिन्दी)।

आवास : बी-634, डीडीए फ्लैट्स (चित्रकूट कॉलोनी), ईस्ट ऑफ लोनी रोड, दिल्ली-110093।

साहित्य सृजन : दो उपन्यास, करुणा और छप्पर, एक बाल उपन्यास, दो कहानी संग्रह, तीन कविता संग्रह, एक खंड-काव्य, चार आलोचना/वैचारिक पुस्तकें, दो संपादित, एक अनुदित, एक साक्षात्कार और कुछ बाल पुस्तकें प्रकाशित। दलित साहित्य (वार्षिकी) का सन् 1990 से निरन्तर संपादन। देश-विदेश की अनेक भाषाओं में रचनाओं का अनुवाद एवं प्रकाशन। अनेक साहित्यिक, सांस्कृतिक संस्थाओं द्वारा सम्मान/पुरस्कार।

सम्प्रति : निदेशक, केन्द्रीय हिन्दी प्रशिक्षण संस्थान, नयी दिल्ली।

नो बार

''वान्टेड सुटेबल ग्रूम फॉर एम.ए., 24 ईयर्स, 158 सेन्टीमीटर, ह्वीटिश, स्लिम, शार्प फीचर्ड, ब्यूटीफुल गर्ल, एक्सपर्ट इन हाउस होल्ड, हाईली एजूकेटेड प्रोगेसिव फेमिली, नो बार।'' टाइम्स ऑफ इण्डिया के मैट्रीमोनियल्स कॉलम पर नजर दौड़ते हुए उसकी नजर इस विज्ञापन पर ठहर गयीं। दो-तीन बार उसने इस विज्ञापन को पढ़ा और पेन से उस पर एक निशान लगाने के बाद वह कुछ देर तक पेन को अपनी अँगुलियों में नचाता रहा। फिर पेन को मेज पर रखकर सोफे में लगभग धंसते हुए वह इस विज्ञापन के विषय में सोचने लगा।

जिस तरह की शिक्षित, सुन्दर और स्मार्ट लड़की वह चाहता था यह लड़की उसके एकदम अनुकूल थी। वह प्रगतिशील विचारों का था और चाहता था कि उसकी पत्नी भी प्रगतिशील विचारों की हो। अन्तर्जातीय विवाह की बात वह तभी से सोचने लगा था जब वह यूनिवर्सिटी में पढ़ता था। बाद में नौकरी में आने के बाद उसने अपना पक्का मन बना लिया था कि वह शादी किसी योग्य लड़की से ही करेगा, चाहे वह अपनी जाति की हो या किसी अन्य जाति की।

विज्ञापन से पूरी तरह सन्तुष्ट हो जाने पर उसने पेन उठाया और उस मैट्रीमोनियल

के जवाब में पत्र लिखने बैठ गया। पत्र में अपना बॉयोडाटा-शिक्षा, उम्र, स्वास्थ्य, लम्बाई, रंग-रूप, नौकरी, वेतन, अभिरुचि से लेकर माता-पिता, गाँव आदि तक यानी अपने निजी और परिवार के बारे में सब जरूरी बातें उसने लिखीं। जाति के बारे में लिखते-लिखते वह अटक गया। एक बार उसका मन हुआ कि उसको अपनी जाति का उल्लेख भी कर देना चाहिए। उसने सोचा, 'ठीक है कि सामने वाले के लिए जाति कोई बन्धन नहीं है, लेकिन फिर भी अपनी ओर से जाति का उल्लेख कर देने में क्या बुराई है। जब पूरा विवरण लिखकर भेजा जा रहा है तो यथासम्भव अपने से सम्बन्धित सब जानकारियाँ पूर्ण और स्पष्ट रूप से लिखकर भेजनी चाहिए।' लेकिन तुरन्त यह सोचकर कि "जब विज्ञापनदाता जाति की भावना से पहले ही मुक्त है तो उसके लिए भी अपनी जाति लिखने का क्या औचित्य है। ऐसे में अपनी ओर से जाति का उल्लेख करना हल्कापन होगा, यह सोच उसने जाति का विवरण लिखते-लिखते काट दिया था।

पहले वह हर रविवार को केवल मैट्रोमोनियल्स पढ़ने के लिए कई-कई अखबार खरीदता था और कई-कई घण्टे विज्ञापनों में उलझा रहता था। लेकिन इस विज्ञापन के बाद उसने पत्र-पत्रिकाओं में मैट्रोमोनियल्स के विज्ञापन देखने बन्द कर दिए थे। उसकी तलाश जैसे खत्म हो गयी थी। उसे विश्वास था कि उसके प्रस्ताव को स्वीकार कर लिया जाएगा। उसका यह सोचना अपनी जगह पर सही भी था, क्योंकि वह एम.एस.सी. पास एक आई.आर.एस. अधिकारी था। शरीर से भी स्वस्थ्य, सुन्दर और आकर्षक था। हर तरह से किसी भी मिडिल क्लास फैमिली की लड़की के साथ विवाह हेतु वह उपयुक्त था।

करीब डेढ़ सप्ताह बाद ही उसे अपने पत्र का जवाब मिल गया। लड़की वालों ने उसे अपने घर आमन्त्रित किया था। वह उनके घर पहुँचा। लगभग एक घंटे तक वह वहाँ रहा। उसने लड़की को देखा। जैसा विज्ञापन में उल्लेख था लड़की बिल्कुल वैसी ही थी बल्कि उससे भी कहीं ज्यादा सुन्दर और आकर्षक। उसे लड़की एकदम भा गयी थी। उसका मन हुआ कि वह तुरन्त हाँ कर दें। लेकिन लड़की के पिता ने जैसे उसके मन की बात भाँप ली थी, उन्होंने कहा, "देखिए राजेश जी, हम बड़े खुले विचारों के आदमी हैं। जाति-पाति, धर्म-सम्प्रदाय किसी प्रकार के बन्धन को हम नहीं मानते। ये सब बातें पिछड़ेपन का प्रतीक हैं। हमारे परिवार में जितनी भी शादियाँ हुई हैं वे सब अन्तर्जातीय हुई हैं। अब देखो, मैं ब्राह्मण हूँ और मेरी पत्नी कायस्थ परिवार से है। हमारी बड़ी बेटी की शादी अग्रवाल लड़के के साथ हुई है और हमारे घर में जो बहू आई है वह पंजाबी खत्री है। हमारी नजर में लड़का और लड़की एक-दूसरे को अच्छी तरह देखें, परखें और बातचीत करें। यदि वे दोनों एक-दूसरे को पसन्द करते हैं, एक-दूसरे से सन्तुष्ट होते हैं और उन्हें लगता है कि वे एक-दूसरे के साथ एडजस्ट कर सकते हैं तो बस्स वह काफी है। इसके अलावा सब चीजें गौण हैं। वैसे भी विवाह जन्म भर का बन्धन होता है, इसके बारे में निर्णय अच्छी तरह जाँच-परख करके और पूरी तरह सन्तुष्ट होने के बाद ही लिया जाना चाहिए। इसमें किसी तरह की कोई जल्दबाजी नहीं की जानी चाहिए। आप दोनों पढ़े-लिखे और समझदार हैं। अपना भला-बुरा अच्छी तरह समझते हैं।

इसलिए हम चाहेंगे कि कोई भी निर्णय लेने से पहले आप दोनों आपस में बातचीन करें, एक-दूसरे को जानें-समझें। इसके लिए आप पूरा समय लें। एक बार नहीं दो बार, तीन बार, चार बार आप मिलें लेकिन जो भी निर्णय लें पूरी सन्तुष्टि के बाद ही लें। मैं समझता हूँ आप भी मरे विचारों से सहमत होंगे।'' उन्होंने प्रश्नसूचक दृष्टि से राजेश की ओर देखा।

उनकी यह बात राजेश को बहुत उपयुक्त लगी थी। उसने उनके विचारों के प्रति अपनी सहमति जतायी, 'जी हाँ, आप ठीक कहते हैं। मैं आपके विचारों से पूरी तरह सहमत हूँ।''

उस दिन चाय पीकर और थोड़ी देर ठहरकर वह चला गया था। उसके बाद कई बार लड़की के साथ उसकी मुलाकात और बातचीत हुई। जैसे-जैसे उनकी बातचीत का सिलसिला आगे बढ़ रहा था वे औपचारिकता के आवरण से बाहर निकल अनौपचारिक हो रहे थे और एक-दूसरे के काफी नजदीक आ रहे थे।

पिछली मुलाकातों की तरह उस दिन भी वे मिले। कनॉट प्लेस में एक रेस्तरां में और फिर एक पार्क में घंटों तक वे नर्म-हरी घास पर बैठे बतियाते रहे। एक-दूसरे की आँखों में झाँकते, दिल से दिल का संवाद जोड़ते एक-दूसरे को गुदगुदाते रहे। दूब के तिनकों को दाँतों से कुचलते या उनसे दाँतों को कुरेदते विचार-सागर में उठते-गिरते रहे। भावी जीवन का खाका बनाते, उसमें जोड़घटाव करते रहे। सिर पर टोकरी रखे चने--मूँगफली बेचने वाले हॉकर, हाथों में हाथ डाले पास से गुजरते हुए जोड़े, पेड़ों की शाखाओं पर चहचहाते पक्षी और सामने चिकनी सड़क पर दोड़ते वाहनों की आवाज से कभी-कभी उनका ध्यान उचटता, लेकिन क्षण भर पश्चात् ही वे फिर से अपनी बातों में तल्लीन हो जाते।

''शादी के बाद हनीमून मनाने कहाँ चलोगे?'' लड़की का प्रश्न था।

''नैनीताल, मसूरी, जहाँ कहीं भी तुम चाहो!'' उसने तपाक से कहा।

''ऊँह!'' लड़की ने मुँह बिचकाया। ''ये भी कोई जगह हैं हनीमून के लिए। ये तो इतनी नजदीक हैं कि यहाँ कभी भी जाया जा सकता है।''

''तो कुल्लू-मनाली चले चलेंगे।'' उसने विचार रखा।

''नहीं, कुल्लू मनाली भी नहीं! वहाँ तो मैं जा चुकी हूँ। हनीमून के लिए किसी नयी जगह पर चलेंगे। साऊथ में कैसा रहेगा? साउथ में कभी गयी भी नहीं हूँ मैं। मेरी एक फ्रेंड ऊटी गयी थी हनीमून के लिए। कहती है ऊटी बहुत प्यारी जगह है।'' कहकर उत्सुकतापूर्ण दृष्टि से उसने राजेश की ओर देखा।

''तो ऊटी चले चलते हैं।'' उसने लड़की के साथ सहमति जताई।

''चले चलते हैं तो ऐसे कह रहे हो जैसे अभी ही जा रहे हो। अरे, पहले शादी हो जाये तभी तो कहीं चलोगे।'' लड़की ने प्यार-भरे अन्दाज में कहा।

''शादी होने में अब देर कितनी है! तुम मुझे पसन्द करती हो और मैं तुम्हें। क्यों है न?'' उसने लड़की की आँखों में झाँका।

''इसमें भी कुछ शक है!'' उत्तर में लड़की ने प्रतिप्रश्न किया।

''तो फिर तुम अपने माता-पिता को जाकर अपनी राय बता दो। जल्दी से कोई

तारीख तय करके शादी कर लेते हैं। क्यों, क्या ख़्याल है?''

''हाँ, मैं आज ही जाकर मम्मी-पापा को बता दूँगी कि तुम मुझे पसन्द हो।''

उस दिन बहुत देर तक वे एक-दूसरे के साथ रहे। शीर्घ ही एक दूसरे के साथ विवाह बन्धन में बँधने की आशा और उमंग के साथ वे दोनों अलग हुए। अपने कमरे में आकर भी देर रात तक राजेश उस लड़की को लेकर अपने भावी जीवन के बारे में सोचता रहा था।

''भले ही अपने भविष्य के बारे में निर्णय मुझे खुद लेना है और ले लिया है, फिर भी माता-पिता ने मुझे पढ़ाया-लिखाया है, मेरे लिए इतने कष्ट सहे हैं, मुझे उनका मान-सम्मान भी रखना चाहिए। मुझे उनको भी बताना चाहिए कि मैंने अपने लिए लड़की ढूँढ़ ली है। वे कितने खुश होंगे। मन में यह विचार कर उसी हफ्ते छुट्टी लेकर वह अपने माता-पिता से मिलने गाँव चला गया था।

पिछले काफी दिनों से माता-पिता उसको शादी के लिए बार-बार टोकने लगे थे। पिछली बार वह घर गया था तो पिताजी ने उससे कहा था, ''देखो बेटा, हर काम का एक टैम होता है। टैम पर ही काम अच्छे लगते हैं। शादी-ब्याह की भी एक उमर होती है। तुम खूब पढ़-लिख गये हो, दो पैसे का हिल्ला भी लग गया है। अब तुम्हें शादी कर लेनी चाहिए।''

और माँ ने कहा था, ''बेटा, म्हारी जिनगी की तै अब साँझ है। पके पाँव है म्हारे, आज मरे कल कू दूसरा दिन। मेरी और से आत्मा हर तरह से परसन्न है। बस एक ही कमी है। जल्दी से घर में लिच्छमी आ जावै तै आँख बन्द होने से पहले पोती-पोते का मुँह देख लूँ।''

'चलो, माता-पिता की इच्छा अब पूरी हो जाएगी।' उसने सोचा।

घर पहुँचकर उसने माता-पिता को यह खबर सुनाई कि उसने उनके लिए एक बहू देख ली है और लड़की बहुत सुन्दर, पढ़ी-लिखी और अच्छे परिवार की है, तो दोनों बहुत खुश हुए थे। माँ ने जमीन चुचकारी थी और शीतला देवी को याद किया था, ''शीतल मइया, तू बड़ी दयालु है। जैसे तैने म्हारी अब तक सुनी है, आगे भी सुनिए।''

बातचीत के दौरान पिताजी ने जानना चाहा था, ''लड़की वाले कहाँ के रहने वाले हैं?''

''यह मुझे पता नहीं।'' राजेश ने कहा।

''क्यूँ? तुमने पूछा नहीं उनसे'' पिताजी ने पूछा।

''नहीं, मैंने पूछा ही नहीं पर कहीं के भी हों, आदमी बड़े अच्छे हैं। सवर्ण हैं, पर जाति-पाति को तनिक भी नहीं मानते।''

''क्या?...!'' चौंके थे पिताजी यह सुनकर। ''क्या वे अपनी बिरादरी के नहीं हैं?'' आशंका भरी जिज्ञासा के साथ उन्होंने पूछा।

''नहीं—पर आदमी बहुत अच्छे हैं।'' राजेश ने उनकी जिज्ञासा को शान्त करने की कोशिश की।

''सो तो ठीक है बेटा, पर क्या उनको पता है कि तुम किस जात के हो?'' इस बार उनकी आवाज कुछ दबी हुई सी थी।

''नहीं, न उन्होंने कभी पूछा और न कभी ऐसा मौका ही आया कि मैं उन्हें बतलाता। दरअसल जाति-पाति और भेदभाव का यह रोग अनपढ़ लोगों में ही है, पढ़ा-लिखा समाज कहाँ जाति को मानता है। पढ़े-लिखे और शिक्षित समाज में व्यक्ति को जाति से नहीं, उसकी शिक्षा, योग्यता और उसकी आर्थिक स्थिति के आधार पर जाना और माना जाता है। और फिर, जब सवर्ण लोग स्वयं जाति के भेदभाव से ऊपर उठकर हमारे साथ घुल-मिल रहे हैं तो हमारे द्वारा अपनी ओर से जाति का जिक्र करने का कोई औचित्य नहीं है।'' उसने पिताजी को समझाया।

किन्तु राजेश की बात उनको सिरे नहीं चढ़ रही थी। उन्होंने मन की बात उसके सामने रख दी, ''बेटा, मैं अनपढ़ गँवार आदमी हूँ, ज्यादा नही जानता। तुम जिन लोगों की बात कर रहे हो उनके बारे में मैं कुछ नहीं कह सकता पर दुनियादारी को जो थोड़ा बहोत भैंने देखा है उसके आधार पर मेरा सुझाव है कि वे ना पूछें तब भी तुम्हें अपनी ओर से उनको अपनी जात बता देनी चाहिए।'' उनका यह सुझाव जैसे उनके लम्बे सामाजिक जीवन-अनुभव का निचोड़ था।

राजेश को अपने पिता का यह सुझाव अप्रासंगिक सा लगा। उसने उनको समझाने की कोशिश की, ''बिना पूछे यदि मैं उनको जाति बताऊँगा तो वह मेरा पिछड़ापन होगा। पिताजी, दुनिया इक्कीसवीं सदी की ओर बढ़ रही है। पुरानी-मान्यताओं और विश्वासों का महत्त्व खत्म हो रहा है। आज केवल उन्हीं बातों को अर्थ और महत्त्व है जो बातें प्रासंगिक हैं, जो संकीर्णताओं से ऊपर तथा प्रगतिवाद से जुड़ी हुई हैं। आप जिस दुनियादारी की बाते कर रहे हैं वह पुरानी लीक को पीटने वाली अनपढ़ लोगों की दुनिया है। वही जाति-पाँति के झमेले में पड़ी हुई है। हमारे लिए तो यह खुशी की बात है कि हमारा सम्बन्ध एक ऐसे परिवार से हो रहा है जो इतना शिक्षित, सभ्य और प्रगतिशील है।''

''तुम पढ़े-लिखे हो, दुनिया को देखते हो। अपना भला-बुरा अच्छी तरह समझते हो। तुभ जो भी करोगे ठीक ही करोगे। यदि तुम्हें अच्छा लग रहा है, तुम्हारा मन ठुक रहा है तो हमारे लिए भी अच्छा है। तुम्हारी खुशी में ही हमारी खुशी है।'' इतना कहकर वह चुप हो गये थे।

माता-पिता की सहमति ले राजेश शहर लौट आया था। लड़की ने भी अपने माता-पिता को बतला दिया था कि उसे राजेश पसन्द है।

अभी तक सब-कुछ अनौपचारिक तरीके से हो रहा था। अब बात को औपचारिक रूप से अन्तिम शक्ल देने के लिए लड़की के पिता ने एक दिन राजेश को फोन कर कहा, ''मैं समझता हूँ कि अब किसी दिन मिल-बैठकर हमें बात को अन्तिम रूप देना चाहिए। आप चाहें तो हम आपके पास आ सकते हैं। लेकिन आप अकेले हैं और आपको कुछ असुविधा हो सकती है, इसलिए आपको बुरा न लगे तो आप हमारे घर ही आ जाएँ।''

''इसमें बुरा लगने की क्या बात है। आप जब भी चाहेंगे मैं आपके घर आ आऊँगा।''

''तो फिर आज शाम को ही आ जाइए, कोई और प्रोग्राम न हो तो।''

''ठीक है, मैं आ जाऊँगा।''

उस दिन शाम को आफिस से निकलकर वह सीधा लड़की वालों के घर पहुँचा। परिवार के सभी सदस्यों ने गर्मजोशी के साथ उसका स्वागत किया। उसने महसूस किया कि पहली बार जब वह उनके घर आया था तब सब कुछ जितना औपचारिक था आज उतना ही सहज और अनौपचारिक था। परिवार के सब लोग उससे खुलकर बात कर रहे थे। यूँ पिछली बार भी उसे चाय के साथ बिस्कुट, नमकीन और मिठाई सर्व की गयी थी लेकिन इस बार इन सबके अलावा काजू, तिलगोजे और अन्य कई प्रकार के मेवे और मिठाइयों से मेज सजी हुई थी।

काफी देर तक राजेश और लड़की के माता-पिता के बीच इधर-उधर की बातें होती रहीं। लड़की के पिता राजेश से उसके विभाग और सेवा के बारे में जानकारी लेते रहे और रिटायरमेन्ट से पूर्व के, कार्यालय के अपने अनुभव सुनाते रहे। लड़की की माँ राजेश को भावी दामाद के रूप में देख रही थी। स्नेह और ममत्व से उसकी ओर देखते हुए वह ''यह लो बेटा! यह लो, और लो'' कह-कहकर उसको कभी मिठाई, कभी मेवे और कभी नमकीन खिलाये जा रही थी। लड़की के पिता भी ''लो बेटा, थोड़ा और लो'' कहकर कभी एक और कभी दूसरी प्लेट उसकी ओर सरका रहे थे।

उनके स्नेह और आत्मीयता से राजेश का मन अभिभूत था। यह देखकर वह अच्छा महसूस कर रहा था कि उसे इतने अच्छे और आत्मीय लोग मिले हैं। उसने सोचा ''यदि सब लोग इस तरह के हो जाएँ तो दुनिया कितनी अच्छी हो जाये।''

हालाँकि अनौपचारिक रूप से लड़की के जरिए उसके माता-पिता को यह पता चल गया था कि लड़का और लड़की दोनों एक-दूसरे को पसन्द करते हैं और एक-दूसरे के साथ विवाह करने को सहमत हैं। फिर भी, बातचीत के दौरान उन्होंने औपचारिक रूप से भी राजेश की राय पूछी, ''राजेश जी, मैं समझता हूँ आपने अनिता को काफी कुछ देख और समझ लिया होगा और अब आप अपनी राय व्यक्त कर सकने की स्थिति में होंगे। क्या राय है आपकी।''

''जी, अनिता बहुत अच्छी हैं।''

''क्या आप उसे पसन्द करते हैं?''

''जी, जी हाँ!'' संकोच के साथ उसने कहा।

''खुशी हुई आपसे यह जानकर। अनिता भी आपको पसन्द करती है। बड़ी तारीफ की है उसने आपकी।...चलो अच्छी बात है आप दोनों एक-दूसरे को पसन्द करते हैं मैं समझता हूँ अब हमें सगाई का कोई दिन निश्चित कर लेना चाहिए। और आप सगाई कहाँ कराना चाहेंगे यहीं पर या गाँव में यह भी आप देख लें।''

जी, मैं चाहूँगा कि आप एक बार गाँव चले चलें तो अच्छा रहेगा। वहाँ मेरे माता-पिता हैं। हालाँकि निर्णय तो मुझे ही लेना है और मैं ले चुका हूँ, लेकिन फिर भी आप वहाँ तक चले चलेंगे तो उनका सम्मान रह जाएगा।''

''हाँ-हाँ, क्यों नहीं। वह भी कोई कहने की बात है। बड़ों का सम्मान पहली बात है। उनका सम्मान तो होना ही चाहिए। हम आपके गाँव चलेंगे। बताओ कब चलें?''

"वह मैं आपको बाद में बतला दूँगा। पहले मुझे अपने गाँव खबर भिजवानी होगी। आप जानते हैं दो-चार रिश्तेदार भी ऐसे मौके पर आते ही हैं।"

"हाँ-हाँ, बिल्कुल। आप खबर भिजवाइए और जो भी दिन और तारीख आपको उपयुक्त लगे हमें बता दीजिए। हम उसी दिन आपके गाँव चलेंगे।"

"जी, ठीक है। अब आप इजाजत दें, मैं चलना चाहूँगा।" यह कहते हुए राजेश उठकर चलने को तैयार हुआ।

लेकिन लड़की के माता-पिता ने उसे रोक लिया, "नहीं-नहीं, खाना खाये बिना आप नहीं जाएँगे। थोड़ी देर बेठिए खाना तैयार हुआ जाता है खाकर ही अब आप जाएँगे।" कहकर उन्होंने आवाज लगायी, "बहू, जल्दी से खाना तैयार करवाओ।" उनके इस प्यार और आग्रह के आगे राजेश कुछ नहीं कह सका।

किचन में बर्तनों की खटर-पटर शुरू हो गयी थी। लड़की की माँ उठकर अन्दर चली गयी थी। राजेश और लड़की के पिता के बीच जरूरी बात हो चुकी थी। किन्तु राजेश बोर न हो इसलिए समय व्यतीत करने के लिए कुछ-न-कुछ बातचीत जरूरी थी। चर्चा के लिए राजनीति सबसे महान विषय था। अतः लड़की के पिता ने राजनीति पर ही चर्चा शुरू की, "क्या पोजीशन है इलेक्शन की?"

"कुछ क्लीयर नहीं है। लगता है इस बार भी हंग पार्लियामेंट रहेगी।

"और फिर साल भर के भीतर देश को दोबारा चुनाव की त्रासदी झेलनी पड़ेगी।"

"लगता तो यही है। क्लीयर मेजॉरिटी गेन करने की किसी भी पार्टी की कोई पॉसिबलेटी नजर नहीं आ रही है। बी.जे.पी. को सबसे ज्यादा सीटें मिल जाएँगी लेकिन दो सौ से ऊपर वह भी शायद ही जा पाये। इसलिए अधिक चांसेज यही हैं कि कोलिशन गवर्नमेंट बनेगी।"

"वो तो है, पर गवर्नमेंट बनेगी किसकी और चलेगी कितने दिन? मैं नहीं समझता एट प्रजेन्ट बी.जे.पी. के अलावा और कोई पार्टी स्थायी सरकार दे सकती है।"

"लेकिन सरकार का स्थायी होना ही जरूरी नहीं है। समाज और राष्ट्र के प्रति उसका दृष्टिकोण भी स्वस्थ, सकारात्मक और प्रगतिशील होना चाहिए। बी.जे.पी. के बारे में यह धारणा है कि उसकी सोच साम्प्रदायिक और विघटनकारी है। मुस्लिम और दलित बी.जे.पी. को लेकर सशंकित हैं। उनको लगता है कि बी.जे.पी. की सरकार का रुख उनके प्रति सकारात्मक नहीं रहेगा। मुस्लिम तो खैर बी.जे.पी. को वोट देंगे ही नहीं। जहाँ तक दलितों का सवाल है वे स्वयं पिछड़ों के साथ मिलकर सत्ता में आने के लिए जोड़-तोड़ कर रहे हैं। बिहार में लालू और यू.पी. में मुलायम और मायावती बी.जे.पी. के रास्ते में सबसे बड़े हर्डल है।"

"बी.जे.पी. ही क्या ये सारे समाज के रास्ते में हर्डल हैं। ये सब जातिवाद फैलाकर समाज को तोड़ रहे हैं। जाति की राजनीति कर रहे हैं।" यह कहकर वह एक क्षण को रुके और फिर बोले, "सब कुछ अच्छा खासा चल रहा था। समाज प्रोग्रेसिव हो रहा था। जातिवाद अपनी मौत मर रहा था। लेकिन वी.पी. सिंह के बच्चे ने मसीहा बनने

के चक्कर में मण्डल कमीशन लागू कर जातिवाद को फिर से जिन्दा कर दिया। कोई देश की बात नहीं करता, सब अगड़े-पिछड़ों की बात करते हैं। लालू और मुलायम की तो फिर भी गनीमत है। काशीराम और मायावती को देखो। ये तो बिना जाति के बात ही नहीं करते। वी.पी. सिंह ने आग लगाई, ये आग में घी डालकर उसे भड़का रहे हैं।''

''नहीं, ऐसा तो नहीं है कि कांशीराम और मायावती जातिवाद को भड़का रहे हैं। जातिवाद तो समाज में पहले से रहा है। हर चुनाव में उम्मीदवारों के चयन से लेकर मन्त्रिमण्डल के गठन तक सब जगह जाति का फेक्टर काम करता रहा है। हाँ, कांशीराम, मायावती या दूसरे नेताओं के आने से इतना अन्तर अवश्य आया है कि पहले दलितों की अपनी पार्टी नहीं होती थी और उनका वोट कांग्रेस या दूसरी पार्टियों को जाता था। लेकिन आज उनकी अपनी पार्टी है और वे अपनी पार्टी को वोट दे रहे हैं।''

राजेश के साथ बातों से लड़की के पिता को लगा कि यह लड़का जिस तरह की जुबान बोल रहा है कहीं यह शैड्यूल्ड कास्ट तो नहीं है। एस.सी. ही करते हैं इस तरह की बातें, वे ही पक्ष लेते हैं कांशीराम और मायावती का। यह विचार मन में आते ही सहसा वह असहज से हो गये और ''अरे अनिता।'' आवाज लगाते हुए उठकर अन्दर चले गये। अनिता ड्राइंगरूम में पर्दे के दूसरी ओर डाइनिंग टेबुल पर बर्तन लगा रही थी। उसने वहाँ से उत्तर दिया, ''यस पापा।''

''बेटी एक बात तो बताओ।''

''क्या पापा?''

''इस लड़के की कास्ट क्या है?''

''आई कान्ट से पापा। मैंने उससे कभी पूछा ही नहीं।''

''फिर भी, बातचीत के दौरान कहीं कोई प्रसंग आया हो और तुमने कुछ नोट किया हो।''

''नहीं पापा, मेरा तो इस ओर कभी ध्यान ही नहीं गया। मैंने तो बस यही देखा कि उसकी नेचर बहुत अच्छी है। उसे ऐटीकेट्स आते हैं और उसमें कोई बुराई नहीं है। स्मोकिंग तक वह नहीं करता। और फिर, हमारे एड में पहले ही 'नो बार' छपा था इसलिए उसकी कास्ट के बारे में जानने की या इस ओर ध्यान देने की कोई तुक ही नहीं थी।''

''फिर भी, तुमको इस ओर ध्यान देना चाहिए था बेटी।''

''पर क्यों पापा, जब हम जाति-पाति को मानते ही नहीं तो फिर वह किसी भी कास्ट का हो उससे क्या फर्क पड़ता है।'' लड़की ने बड़ी सहजता से कहा।

''वह सब तो ठीक है कि हम जाति-पाति को नहीं मानते और हमने मैट्रीमोनियल में 'नो बार' छपवाया था। लेकिन, फिर भी कुछ चीजें तो देखनी ही होती हैं। आखिर 'नो बार' का यह मतलब तो नहीं कि किसी चमार-चूहड़े के साथ...।'' तभी फोन की घंटी बजी और वह फोन सुनने के लिए ड्राइंगरूम में चले गये। अनिता वहीं खड़ी रह गयी थी।

हरिराम मीणा

लेखक परिचय: चर्चित आदिवासी साहित्यकार हरिराम मीणा का जन्म राजस्थान के जिला सवाई माधोपुर के ग्राम वामनवास में 1 मई 1952 को हुआ। वे पुलिस महानिरीक्षक जैसे उच्च प्रशासनिक पद पर भी रहे। इनके दो कविता संकलन एक उपन्यास, (धूणी तपे तीर) एक प्रबन्ध काव्य, एक यात्रा वृतांत तथा विभिन्न प्रतिष्ठित साहित्यिक पत्रिकाओं में पाठ, लेख और साक्षात्कार प्रकाशित हुए हैं। इन्हें वन्य-जीव संरक्षण के लिए पद्मश्री सांखला अवार्ड, डॉ. अम्बेडकर राष्ट्रीय पुरस्कार, राजस्थान साहित्य अकादमी का सर्वोच्च 'मीरा पुरस्कार', केन्द्रीय हिन्दी संस्थान द्वारा महापण्डित राहुल सांकृत्यायन सम्मान एवं बिड़ला फाउन्डेशन के बिहारी पुरुस्कार और दसवें विश्व हिन्दी सम्मेलन में विश्व हिन्दी सम्मान से सम्मानित किया गया है।

वे 'युद्धरत आम आदमी' के आदिवासी विशेषांकों में सम्पादन सहयोग तथा आदिवासी पत्रिका 'अरावली उद्घोष' के सह-संपादक रहे। इनके दूरदर्शन व आकाशवाणी से कविता पाठ व साक्षात्कार, जयपुर दूरदर्शन के 'गश्त पर' सीरियल में भूमिका एवं 'रू ब रू' सीरियल के लिए एवं ब्रिटिशकालीन आदिवासी संघर्षों पर विशेष शोध हैं।

धूणी तपे तीर

'मैं सेंगाजी साध उस परमात्मा को अनेक धन्यवाद देता हूँ जिसने पहाड़, नदी, नाले, समन्दर आदि अनेक अचरजों से भरी इस पृथ्वी को बनाया और मनुष्य, पशु, पक्षी आदि एक से एक विचित्र जीव इस पर उत्पन्न किये। पर उसकी कारीगरी का भेद किसी को मालूम नहीं पड़ा। ऐसी विचित्र सृष्टि में दूसरी विचित्रता क्या देखी कि ऐसा जाल रच रखा है कि उसमें जो शख्स फँसता है फिर उसका निकलना मुश्किल हो जाता है।... ...अब सात समन्दर पार से आये फिरंगियों ने इस विद्या को अपने काबू में कर रखा है और इन्होंने धरती के राजा महाराजाओं और महाजनान को बहकाकर उनकी मति फिरा दी है। जैसे पहले शनीचर ने इस इन्दरजाल का पता लगाकर लोगों की आगाह किया था और सब प्रजा को इस जाल से बचने की राय बताई थी, उस तरह मैं सब मनुष्यों को कहता हूँ कि फिरंगियों के जाल को मैं समझ गया हूँ और आप सब से अर्ज करता हूँ कि इनके जाल में न आओ। इनके जाल में फँस जाने से लोगों की बुद्धि भ्रष्ट हो जाती है और लोगों को यह भी पता नहीं लगता कि हमारा नुकसान क्यों हो

रहा है और कैसे अच्छा होगा। आपको मालूम नहीं विधाता ने जो सृष्टि रची है उसमें भले इंसान बनाये हैं लेकिन इन जादूगर इंसानों ने अपनी माया फैलाकर भले इंसान को दुःख देना शुरू कर दिया है। ये जादूगर बुरे लोग व अत्याचारी हैं, वे राजा-महाराजा हैं, सूदखोर महाजन हैं और विलायती फिरंगी हैं।' (उपन्यास से)

गोलियों की बौछारों के बावजूद संघर्ष जारी था। गोविन्द गुरु के ऐलान के बाद लड़ाकू भगतों, सम्प सभा के अन्य कार्यकर्ताओं और पूजा धीरा

द्वारा प्रशिक्षित रक्षा दल के सदस्यों में नया जोश फूटा। जैस उफनती नदी का तेज प्रवाह राह के रोड़ों चानों और अन्य बन्धनों को तोड़ता आगे बढ़ता जाता है, मौत को हथेली पर रखकर आदिवासी योद्धा अपने परम्परागत हथियारों के सहारे साम्राज्यवादी और सामन्तवादी ताकतों की विकसित बन्दूकों से भिड़ रहे थे। –उपन्यास से

इतिहास की सुरंगों में छिपा रहा है मानगढ़ पर्वत! देश का पहला 'जलियाँवाला काण्ड' (अमृतसर 1919) से छः वर्ष पूर्व दक्षिणी राजस्थान के बाँसवाड़ा में घटित हो चुका था जिसमें जलियाँवाला से चार गुणा अधिक शहादत हुई। अब छः सौ फीट की ऊँचाई के इस पहाड़ पर 54 फीट ऊँचा शहीद-स्मारक बना दिया गया है। गोविन्द गुरु की प्रतिमा भी वहाँ है। औपनिवेशिक अंग्रेजी शासन एवं देसी सामन्ती प्रणाली के विरुद्ध आदिवासियों के संघर्ष की इस अप्रतिम गाथा को उपन्यासकार हरिराम मीणा ने वर्षों के अनुसंधान से लिखा है। बनते भारतीय राष्ट्र को इस आईने में कम ही देखा गया है। आस्था की अनुभूति उनके अशान्त चित्त को कहीं न कहीं चैन अवश्य दे रही थी लेकिन अपनी जीवन संगिनी व बेटों की महामारी से हुई मौत के सदमें को वे कैसे सहन करते। वे भीतर ही भीतर बिलख रहे थे। आदिवासियों की भीड़ से घिरे गोविन्द गुरु क्या करे, क्या न करे, उनकी समझ में कुछ नहीं आ रहा था। यह जगह थी उनके स्वयं के गाँव बासिया की छाणी मगरी।

'यहाँ मुझे बार-बार पत्नी व बेटों की याद आती है। रात-दिन मैं उनके शोक में दुःखी सा रहने लगा हूँ कभी-कभी नींद में बहकता हूँ कुछ दिन थोड़ा दूर रहूँगा तो सब कुछ ठीक हो जायेगा। तुम्हारे बीच यहाँ पूँजा व कुरिया ऐसे मरद हैं जो संप सभा के काम को हिम्मत व जिम्मेदारी से आगे चलाते रहेंगे। तुम लोग मुझे इस वक्त मत रोको,'–आदिवासियों के प्रति अथाह प्रेम में भीगे शब्द उनके मुख से फूटे।

गोविन्द गुरु ने एक विहंगम दृष्टि छाणी मगरी के चारों ओर अंचल में फैलाई। कहीं दूर टेकरी पर जैसे उनकी नजरें टिक गयी। वे शिला पर बैठे-बैठ टेकरी के ऊपर कहीं शून्य में खो गये। सैकड़ों आदिवासियों की नम आँखें गुरु के चेहरे पर केन्द्रित थी।

'ठीक है, गुरु महाराज, कोई बात हुई तो हम आपको खबर पहुँचा देंगे'–कुरिया भगत ने गुरु की ओर मुखातिब होकर कहा। कुरिया की नजरें एक पल में ही वहाँ उपस्थित आदिवासियों के चेहरों की ओर ताकती उनकी सहमति का इन्तजार करने लगी।

'ठीक है इस वक्त गुरु महाराज को मत रोको'–पूँजा धीरजी ने कुरिया की बात का समर्थन किया। आदिवासी मर्द-औरत-बच्चों के सर झुक गये। वह उनकी बेमन से

दी गयी मूक सहमति थी।

गोविन्द गुरु डूँगरपुर रियासत से दूर चले गये। गुजरात के संतरामपुर रियासत में नटवा नामक गाँव में रहने लगे। गनी नाम की एक विधवा से वहीं उन्होंने दूसरा विवाह किया और गाँव के निकट पड़त पड़ी थोड़ी सी जमीन के झाड़-झंखाड़ को साफ कर उसे खेती के लायक बनाया और कृषि कर्म करके जीवन यापन करने लगे। नटवा प्रवास के दौरान गनी से उनके दो पुत्र पैदा हुए जिनका नाम अरू और अमरू रखा गया।

एक दिन-सुबह-सुबह जब गोविन्द गुरु की पत्नी पास ही लकड़ी बीनने गयी थी और वे अकेले अपनी टापरी के आँगन में खाट पर बैठे थे, तभी अधेड़ सी उम्र का साधु वहाँ आया। गोविन्द गुरु ने महात्मा की आवभगत की। साधु ने गोविन्द गुरु को आशीर्वाद देते हुए कहा—'सर्वप्रथम समाधि अर्थात, ध्यान लगा कर पाँचों इन्द्रियों को जो सांसारिकता से मनुष्य को बाँध कर रखती है, का दमन करना चाहिए। इसके बाद एकाग्रचित्त होकर मन में ही परमपिता परमेश्वर का ध्यान करना चाहिए। वागड़ और इर्द-गिर्द के आदिवासी लोग अन्धकारमय जीवन जी रहे हैं। वे ईश्वर को भूलकर अन्धविश्वासी बनते जा रहे हैं तथा कदम-कदम पर उनका शोषण व उन पर अत्याचार हो रहे हैं। अतः इन आदिवासियों को ईश्वरीय भक्ति की दीक्षा तथा जुल्मों के विरोध की शिक्षा देकर इस दुर्दशा से बचाना तुम्हारा कर्तव्य है। 'गोविन्द गुरु तो पहले ही आदिवासियों को समर्पित थे। इस महात्मा ने उनके विचारों को और पुख्ता कर दिया। वह अनाम साधु अधिक देर नहीं रुका। उसने न कुछ खाया-पिया न ही कोई भिक्षा ग्रहण की। उसके जाने के बाद गोविन्द गुरु सोचने लगे कि यह कोई साधारण साधु नहीं लगता। अवश्य ही कोई दिव्य दूत है। मैं कहीं यहाँ दूसरी शादी करके खेती बाड़ी और घर गृहस्थी में उलझा न रह जाऊँ। शायद यह साधु मुझे चेताने आया है।

उस अनाम साधु के सन्देश का गोविन्द गुरु पर गहरा असर पड़ा।

उन दिनों नटवा गाँव दर्जनों फलियों के पाँच-सात से दस-बारह घरों की बिखरी हुई बस्तियों का समूह हुआ करता था। ये फलियाँ ठिगनी पहाड़ियों की तलहटी-टेकरियों—ढलानों पर आबाद थी। आदिवासी अंचलों में इस तरह के गाँव-समूहों को पाल कहा जाता है। प्रायः एक पाल में एक ही गोत्र के आदिवासी बसे होते हैं। गोत्र के नामकरण का आधार वंश विशेष के गणचिह्न होते हैं। गोत्र, वंश और गण-चिह्न में काफी समानता मिलती है। उन्हें कुल भी कहा जा सकता है। सांस्कृतिक दृष्टि से बनजारा समाज व आदिवासियों में काफी समानताएँ थी। गोविन्द गुरु का गोत्र 'गोवारिया' गौ-वंश के गणचिह्न पर आधारित था। गौ वंश ही गोवारिया गोत्र के बनजारों के पुश्तैनी आर्थिक जीवन का एक मात्र सम्बल चला आ रहा था।

तो इस तरह की विशिष्टताओं वाले नटवा गाँव की मंझली टेकरी वाली फली के पूर्वी छोर पर गोविन्द गुरु की झौंपड़ी थी जिसकी दीवारें अनगढ़ पत्थरों को एक के ऊपर एक रखकर बनायी हुई और छत सागवान के तने की लकड़ी की रीढ़ पर दोनों तरफ पसलियों की तरह छाई हुई नीम की सूखी शाखाओं पर थूहर की लकड़ियों के

जाल पर बिछाये घास-फूस-पत्तों की। झोंपड़ी बाहर के कुछ जमीनी हिस्से की चार दीवारी नागफणी की कतार ने बना रखी थी। इन्हीं नागफणियों से घिरा था गोविन्द गुरु का खुला आँगन। आँगन के मध्य में महुआ का बूढ़ा दरख्त। और दरख्त के ऊपर फैला हुआ अनन्त आसमान। पूरब की ओर उठी हुई पहाड़ी पर चढ़कर यदि कोई देखता तो आसमान के साथ-साथ आठों दिशाओं में फैले क्षितिज स्पष्ट नजर आते।

अजनबी महात्मा की बातों के असर से गोविन्द गुरु दिन भर बेचैन रहे।

सांझ ढलते-ढलते वे पूरब की टेकरी को लाँघ कर सेती नाता के तट पर बने पुराने शिव मन्दिर के चबूतरे पर जा बैठे। डूबते हुए सूरज को उन्होंने बहुत ध्यान से देखा। सूरज धीरे से पश्चिमी क्षितिज में एक पहाड़ी की ओट में चला गया। पश्चिम से पूरब की ओर पक्षियों के लौटने का क्रम इस दौरान जारी था। पक्षियों के बारे में देखा गया है कि उनके झुंड सुबह पूरब से पश्चिम की ओर जाते हैं तथा संध्या को पश्चिम से लौट आते हैं। इसकी वजह क्या है यह तो पक्षी विशेषज्ञ जाने, पर गोविन्द गुरु इस दृश्य से इतर सूरज के अलविदा होते ही स्वयं में कहीं खो गये थे। देर रात घर लौटे तब तक दोनों बच्चों के साथ उनकी पत्नी सो चुकी थी। उनकी पत्नी गोविन्द गुरु की दिनचर्या के इस तरह के पक्ष से परिचित थी।

झौंपड़ी के आँगन में महुआ के पेड़ के आसरे में मूँज की खाट पर गोविन्द गुरु अकेले लेटे हुए थे। करीब-करीब आधी रात ढल चुकी थी। हिरणी के तीनों तारे पाश्चात्य क्षितिज की ओर लटके हुए थे। गोविन्द गुरु की आँखें आकाश की ओर थी तथा दृष्टि हिरणी के तीनों तारों की बजाए बगल में सटे तीन बाल-सितारों और इससे परे अधिक केन्द्रीभूत थी पीछे दिख रहे शिकारी नक्षत्र पर।

'कौन है यह सनातन–आखेटक? ये हिरणी-नक्षत्र? और सहमे हुए इनके शिशु-सितारे?' मूँज की खरेड़ी खाट पर लेटे गोविन्द गुरु ने पूछा। किससे ये सवाल किया होगा यह तो वही जाने, मगर अन्दाज लगाया जा सकता है कि यह सवाल क्या बच्चों से पूछा या पत्नी से या थूहर के कुंजों से या महुआ के दरख्त से या स्वयं से?

कपास की सूतली से तंग होती है पटसन की सूतली। उससे तंग होती है सन का सूतली। लेकिन इन सब में तंग होती है मूँज की सूतली। ऐसी सूतली से बुनी खाट पर लेटे हुए थे गोविन्द गुरु।

सनातन अखेटक, हिरणी-त्रयी और उनके तीनों शिशुओं के नक्षत्र-दृश्य की गुत्थी गोविन्द गुरु के मस्तिष्क की किसी कन्दरा में अटक कर रह गयी। रात का तीसरा पहर समाप्त हो रहा था। थके मांदे शरीर को आराम देने के लिए नींद को दबे पाँव आना ही होता हैं गोविन्द गुरु की झपकती पलकों की गति धीमी हुई और उन्हें पता ही नहीं चला कि उन्हें नींद कब आ गयी। वस्तुतः नींद का आगाज होता भी तो कुछ इसी तरह है।

जंगल के घने दरख्तों को पार करती गोविन्द गुरु की हल्की व अदृश्य देह पहाड़ी की तलहटी में पहुँची। तलहटी से पठारी उठान और फिर बड़ी-बड़ी चट्टानों के मध्य सुरंग। गोविन्द गुरु की देह सुरंग में प्रवेश कर जाती है। सुरंग के भीतर घनीभूत

अन्धकार.....। लेकिन यह अँधेरा भयावह नहीं था। शान्त झील में मन्थर वेग से तैर रही नौका की तरह गोविन्द गुरु अन्धेरे की परतों को चीरते सुरंग में आगे बढ़ते गये। वे पैरों से धरती पर नहीं, प्रयुत्त भारहीन स्थिति में अधर में खड़े-खड़े एक ही मुद्रा में अग्रसर थे लेकिन हाथ को हाथ न दिखने देने वाले सघन अन्धेरे में आजू बाजू की चट्टानों से वे कई बार टकराये। अन्धेरा और फिर अनजानी सुरंगी राह में सावधानियाँ बरत पाना उनके लिए मुश्किल था।

'कितना और चलना होगा आखिर इस सुरंग में? फिर अन्त कैसा होगा?' उस 'पार जैसा भी कुछ इसका है या नहीं? क्या यह कोई अन्तहीन सुरंग है जिसमें उम्रभर चलते रहना होगा और गुमनाम मौत को आखिर स्वीकार करना ही पड़ेगा? कहीं यह अन्ध गुफा तो नहीं जि़समें से लौटना भी कठिन हो!' गोविन्द गुरु के मन में कई तरह की आशंकाएँ घर करने लगी।

'यह खोह-कन्दरा या अन्ध-कूप नहीं, जिसका दूसरा छोर नहीं हो। सुरंग का दूसरा छोर होता ही है चाहे वह कितनी भी टेढ़ी-मेढ़ी और लम्बी क्यों न हो। जैसे कोई रात कितनी भी डरावनी, अन्धेरी और लम्बी लगने वाली हो, अन्ततः उसका भी सवेरा तो होगा ही। कम से कम इस सुरंग में तुम्हें झाड़-झंखाड़ों, काँटे-कंकड़ों, ठोकर लग सकने वाले पत्थरों और ऊबड़-खाबड़पन का तो अहसास नहीं हो रहा। बस, आजू-बाजू की टक्करों को हिम्मत से बर्दाश्त करते रहो। जब चल ही दिये तो तो यह सुरंग कहीं न कहीं तो तुम्हें पहुँचायेगी ही। और वही तुम्हारा गन्तव्य व भवितव्य होगा। उस बिन्दु पर तुम्हें क्या करना है यह वक्त आने पर सोचना'—गोविन्द गुरु के भीतर की चेतना ने उनके प्रश्नों की गुत्थी को सुलझाने का प्रयास किया।

जैसे सरोवर में फेंके गये कंकड़ से उत्पन्न हिलोरें कुछ देर बाद स्वतः शान्त हो जाती हैं, उसी तरह अपने भीतर की आवाज को सुनकर गोविन्द गुरु का आशंकित अस्थिर चित्त नियंत्रित हो गया। तमाच्छादित सुरंग में अग्रसर गोविन्द गुरु अब स्थिर मनोदशा में आ गये। आगत से पूरी तरह निश्चिन्त।

बहुत चलने के बाद सुरंग की ऊपरी चट्टानों की बालरेखीय एक दरार से प्रकाश-कण उन्हें दिखाई दिया। वह प्रकाश-कण बहुत बारीक था लेकिन तेजवान था। फिर भी ऐसा नहीं कि सुरंग में देखने लायक रोशनी हो सके। चट्टानी दरार में से दिखने वाला प्रकाश—कण सुरंग के भीतर ही आ गया और गोविन्द गुरु के ठीक सामने चलने लगा। गोविन्द गुरु इस चमत्कार के कारण सुखद आश्चर्य से अभिभूत हो गये। अब उन्हें यह विश्वास हो गया कि वे रास्ता नहीं भटके हैं। इससे भी आगे उन्हें यह अहसास हो गया कि वे सही रास्ते पर जा रहे हैं।

अब तक जितना गोविन्द गुरु उस सुरंग में चले उतनी ही और दूरी तय करने के बाद अन्ततः सुरंग समाप्त हुई। सुरंग के भीतर बहुत गर्मी थी। गोविन्द गुरु को यह भी पता नहीं चला कि उनका सारा शरीर पसीने में नहाया हुआ है। सूरज की किरणों के सुखद उजास ने उनका स्वागत किया। अब वह प्रकाश-कण अदृश्य था। सुरंग के

भीतर समा गया या बाहर सूरज की किरणों में, गोविन्द गुरु नहीं समझ पाये।

चट्टानी सुरंग से जैसे ही गोविन्द गुरु बाहर निकले तो उन्होंने देखा कि वहाँ जंगल-पहाड़ गायब थे और आक्षितिज भूरी रेत पसरी हुई थी। एकदम समतल। गोविन्द गुरु को शीत-ऋतु का अनुभव हुआ। सूरज की मुलायम धूप उन्हें सर्दी से कुछ सुकून दे रही थी। लम्बी सुरंगी यात्रा के बाद गोविन्द गुरु को कतई थकान नहीं थी। वह अद्‌भुत दिन गुजर रहा था। यकायक बिना किन्हीं मेघ-घटाओं, गर्जन और विद्युत-कौंध के साफ आसमान में से पानी की फुहारें बरसने लगी। सूरज की धूप में पानी की बूँदें रजत-कणों सी चमक रहीं थी। सूरज तीसरे पहर के मध्य में था। पूर्वी क्षितिज के ठीक ऊपर बहुत ही मनोहारी इन्द्रधनुषी छटा फैली हुई थी। गोविन्द गुरु का मन प्रफुल्लित हो गया। लेकिन अचम्भा कि बरसात आ कहाँ से रही थी। थोड़ी देर में बारिस थम गयी। चारों ओर दूर-दूर तक भूरी रेत पानी से नहा गयी। कुछ ही पलों में चट-चट-चट-चट-तिल-तड़कन जैसी कर्ण-प्रिय ध्वनि के साथ जमीन से बाहर अंकुर फूटने लगे। कुछ ही क्षणों में चारों ओर सारी धरती हरे-हरे नन्हें पौधों से भर गयी और थोड़ी ही देर में पौधे घुटनों तक बढ़ गये। उन पौधों में रंग-बिरंगे नाना प्रकार के फूल खिलने लगे। सूरज की गुलाबी धूप में मन्द-मन्द चल रही ठण्डी हवा के झौंकों से फूलों से लदे हुए पौधे चारों और दूर-दूर तक लहलहाने लगे।

गोविन्द गुरु यह अद्‌भुत दृश्य देखकर पहले भीतर ही भीतर मुस्कराये। यह मुस्कान गूँगे के गुड़ जैसी थी। उनसे रहा नहीं गया। वे खिलखिलाकर हंस पड़े। उल्लास की जोरदार हँसी.......।

यह ऐसा ठहाका था कि झौंपड़ी के कोने में पत्थर की चक्की से आटा पीसते हुए चक्की की घर्र-घर्र की आवाज के बावजूद उनकी पत्नी ने गोविन्द गुरु की हँसी सुनी। वह चौंकी। बाहर आयी जहाँ उनके पति गोविन्द गुरु मूँज की खाट पर सीधे सोये हुए थे और खिलखिलाकर हँसे जा रहे थे। पत्नी ने छाती झिंझोड़कर उन्हें जगाया।

'कहाँ है मेरा सूरज, कहाँ है मेरा शीतल पवन, कहाँ गयी इन्द्रधनुषी छटा, कहाँ गयी बरसाती फुहारें, कहाँ है मेरी प्यारी समतल भूरी धरती और कहाँ है उस धरती पर खिल रहे रंग-बिरंगे नाना प्रजातियों के मेरे फूल? 'गोविन्द गुरु अर्द्धनिद्रावस्था में बहके।

'यहाँ यह सब कुछ नही है। क्यों बड़बडाये जा रहे हो? जानते हो नींद में हंसना अपशकुन माना जाता है?' कहते हुए पत्नी ने हथेली का सहारा देते हुए उन्हें खाट पर बैठा किया। अब तक गोविन्द गुरु नींद से पूरी तरह जाग चुके थे। भोर हो रही थी। पूर्वी क्षितिज पर उषाकालीन लाली फैल रही थी। नटवा गाँव की फलियों के पेड़-पौधों से पक्षियों का मधुर कलरव गूँज रहा था। भोर का तारा पैंतालीस डिग्री पर आकाश में चमकता एक मात्र नक्षत्र था। बस, सूर्योदय में कुछ ही देर थी। उस सुबह गोविन्द गुरु ने नटवा गाँव छोड़ दिया।

'बरसों से मैं यह दो टप्पे की बात कहता आया हूँ कि जिसको कुछ लोग इन्दर भगवान मानते हैं वह मायावी इंसान है जिसने इन्दरजाल चलाया और कुछ जहान की

दौलत को अपने काबू में कर लिया जिससे उसने आसमान में अपना आलिशान महल बनाया, फूल-फलदार बाग-बगीचे उगाये और कोई उनको छीन न ले इसलिए चारों और परकोटे चुनवा दिए ताकि उसके गढ़ में कोई बाहर से घुस नहीं सके और वह जादूगर इन्दर अपने महलों में मौज-मस्ती करता रहे। इस इन्दर राजा ने अपनी माया की ताकत से अपना राज चलाया। उसके बाद उस जादूचाला को धन कुबेर, राजा कंस और हारून बादशाह ने दुनिया भर में फैलाया। जादू के उसी पाप को आज फिरंगी लोग फैला रहे हैं।

'अब ये जो तीन-चार संवत से मेह नहीं बरस रहा है और कुल जहान में अकाल पड़ रहा है तो यह जो कहते हैं कि इन्दर देवता बादलों का स्वामी है तो वह अपने बाग-बगीचों में तो खूब बरसात कराता है और यहाँ धरती पर अकाल पड़ाता है। तो यह उसकी जादूगरी है जिससे गरीब-गुरबे किसान और जंगलात पर आसरूत आदिवासी भूखे मरने लगे हैं तो इन्दर तो भला देवता बनकर अपनी नगरी में आराम से रह रहा है और फिरंगियों ने उसके इन्दरजाल को अपने कब्जे में करके अकाल का यह जादू फैला रखा है। उन्होंने ही बादलों को अपने मायाजाल में बाँध रखा है ताकि मेह नहीं बरसे और भूखी और दुःखी परजा उनके कब्जे में आ जावे और परजा के लिए ऐसा जमाना तंग आवे जिससे फिरंगियों और उनके मातहत राजा महाराजाओं और महाजनों और पोंगा पंडितों के कहे मुताबिक चलती रहे व उसकी मति मारी जावे जिससे वे अपने दुःख-दर्दों की वजह अपने फूटे भाग को मानने को लाचार हो जावे और यह नहीं समझ सके कि असल पाप तो फिरंगियों का जादूचाला है। तो मैं इसी जादूगरी का भेद समझ कर तुम लोगों के वास्ते यह बात बताता हूँ सो तुम इस जमाने में फिरंगियों की मन्तरविद्या से बच कर रह सको और तुम्हारे बच्चे इस कलूकाल में भूखे नहीं मरें। इन्दर राजा के सतजुग में भी तुम जैसे मिनख कंगाली दशा में ही रहे और बाद में राजा कुबेर और फिर कंस और हारून बादशाह की हुकूमत में भी गरीब व लाचार रहे। वे जुग सोना, चाँदी व ताँबा के थे और उन कीमती धातुओं पर बेताल विद्या की वजह से जादूगरों का कब्जा था और इस कलूकाल में लोह का बोलबाला है सो लोहे पर फिरंगियों का कब्जा है, इस वास्ते वे रेलगाड़ी चलाते हैं—रेल भी लोहे की और रेल का रस्ता भी लोहे का। लोहा काला होता है, इस वास्ते लोहे का यह जमाना कलूकाल है। फिरंगियों के जादूचाला से तुम्हारी मति इस भेद को पल्ले नहीं पालती कि उनके लिए लोहा ताकत है और तुम्हारे लिए 'कालाकाल'। तुम समझो और भेद पाओ कि कलूकाल तुम्हारे लिए अन्धेरा है। मैं तुम्हें अक्ल की विद्या सिखा कर जादूगरों के फैलाये अन्धेरे से उबारने के वास्ते धरती पर परगट हुआ हूँ। इसके बाहर मेरा कोई मंसूबा नहीं है। तुम सब मुझ साध सैंगाजी की सीख पर नहीं चलोगे तो गारत में जाओगे।'

सैंगाजी साध केवड़ा की नाल के आदिवासियों को सम्बोधित कर रहे थे। उनकी विशेषता थी कि वे हर हमेशा अकेले ही रहना पसन्द करते थे लेकिन उनकी वाणी में ऐसा प्रभाव था जिसकी वजह से जो व्यक्ति उनके सम्पर्क में आता वह उनकी ज्ञान की बातें सुनकर मोहित हो जाता था। वे गैल चलते कहीं भी किसी बस्ती में रुक जाते

थे और अनौपचारिक रूप से बातचीत करना आरम्भ कर देते थे। उनकी बातें सुनकर धीरे धीरे उनके इर्द गिर्द लोगों का मजमा लग जाता था। घुमक्कड़ी जीवन जीने वाले सेंगाजी को बहुत सारे इलाकों और वहाँ के लोगों वे विषय में खूब जानकारी हासिल थी। वे जिस इलाके में जाते, वहाँ के लोगों को उनकी उत्पत्ति और जीवन के बारे में बताते जिसे लोग चाव से सुनते और उन्हें अपना सा मानने लगते।

केवड़ा की नाल के इलाके में भील व मीणा आदिवासियों की जनसंख्या थी। प्रवचन के दौरान सेंगाजी ने सृष्टि की उत्पत्ति की कहानी सुनाते हुए बताया कि–

बिरमा व भैमाता पुरुष व नारी के रूप में लाऔलाद रहते थे। आदमजात पैदा करने की इच्छा रखते हुए उन्होंने धरती माता के हिस्सों से माटी इकट्ठी की और उसे कुम्हार-कुम्हारिन की नाई अलग-अलग गोंदा और जितने रंग की माटी गोंदी गयी उसी रूप के इंसान बनाये। सबसे पहले भैमाता ने नरनारी का जोड़ा गढ़ा। उस जोड़े में बिरमा ने प्राण फूंके। माटी की नर-नारी की सूरत में जीव पड़ते ही उस जोड़े के हाथ में तीर व कमान दे दिया। बिरमा व भैमाता ने जोड़े को आशीर्वाद दिया कि तुम जंगल में रहोगे और जब कोई दूसरा इंसान तुम्हारे इलाके में घुस कर तुम्हें तंग करे और कलपाये तब तीर-कमान का इस्तेमाल करके उस बाहरी इंसान को जंगल से खदेड़ दोगे। यह कह कर बिरमा व भैमाता ने जोड़े को पहली आदमजात के रूप में धरती पर पैदा किया और उनकी आदमजात का नाम भील रखा। इसके बाद भैमाता ने दूसरा जोड़ा बनाया और बिरमा ने प्राण डालकर उसे भी सजीव कर दिया। उसके हाथों में भी धनुषवाण दिये और भील जोड़े की ही नाई उसे आशीर्वाद दिया। इसका नाम 'मीणा' रखा। भील जोड़ा निखालिस काली माटी से बनाया और मीणा जोड़े के लिए काली माटी में थोड़ी भूरी माटी मिलायी। फिर बिरमा के कहने से भैमाता ने अन्य किस्म के रंगरूप वाले इंसान बनाये जिनकी माटी भूरी, पांडू और लाल थी। लाल माटी के इंसान को सब से बाद में बनाया। जो इंसानी जोड़ा अन्त में बनाया उसने प्राण पड़ते ही बिरमा से विनती करी कि 'उसे जादू-मन्तर की सीख दे।' इस पर बिरमा व भैमाता ने कहा कि 'ऐसी सीख हमने दूसरे इंसानों को नहीं दी फिर तुम्हें क्यों दें?' इस पर लाल माटी का जोड़ा चुप हो गया।

आदम जात की सृष्टि करने के बाद बिरमा व भैमाता ने अन्य प्राणियों की रचना की। पूरी सृष्टि की रचना करने के बाद बिरमा व भैमाता ने इन्दर की रचना की और उसे अपना धरम-पूत बना लिया और उसी को माया की विद्या सिखलायी जिससे वह अन्य इंसानों की बनिस्पत अधिक ताकतवर बन गया। जब बिरमा इन्दर को माया का जादूचाला के गुर सिखा रहा था तो लाल माटी के इंसानी जोड़े ने छिप कर उस मन्तर को सुन लिया। यह बात जैसे ही बिरमा को पता चली तो उसने उस जोड़े को शाप दिया कि 'तुमने जादूचाला का मन्तर तो सीख लिया, पर तुमको इसकी अक्ल कलूकाल में ही आ पायेगी।'

'तो तुम सब आदिवासी भाई-बहन मेरी बात का भेद समझो और गौर करो कि ये लाल माटी से बने इंसान ही फिरंगी हैं जिनके पास इस कलजुग में इन्दरजाल की

विद्या है और इसी विद्या की बदौलत इन्हांने कुल जहान के राजा-महाराजा, महाजनान और बामणों को अपने कब्जे में कर रखा है और अब तुम सब को अपने जाल में फंसाना चाहते हैं सो तुम सब होशियार रहो और इनके चुंगल में मत आओ, नहीं तो तुम गारत में चले जाओगे। ये सब तो बिना मेहनत करने वाले सौदागरान हैं और तुम सब की मेहनत की कमाई को जादू से अपने कब्जे में कर लेवेंगे। इन सबने आपस में एका करके सब संसार का पैसा खेंचकर सब दुनिया को गारत करके व दुनिया में अपना राज करने के लिए ऐसा जाल रचाया है कि हिन्दुस्तान के लोगों की अक्ल ऐसी खराब कर रखी है कि इनके पाप की पहचान राजा-महाराजाओं को भी नहीं होती। मैंने तो गुरु-मन्तर से इनके इन्दरजाल के भेद को जान लिया है सो तुमको बता रहा हूँ ताकि तुम लोग इनके जादूचाला से बचे रहो और तुम्हारी कौम इनके कब्जे से दूर रहकर तुम्हारी हिफाजत में रहे। यहाँ जो भाई-बहन मेरी बातें सुनने के लिए शिरकत किए हुए हैं वे तुम लोग खासकर भील व मीणा आदिवासी लोग हो, मेरी बात गौर से सुनो वह यह कि बिरमा भगवान और भैमाता ने तुम को पहाड़ों, जंगलों और नदी-नालों की हिफाजत के वास्ते पैदा किया है सो तुम लोग उसी मनसा और मंसूबों के मुताबिक सोचो और काम करो।'

जैसे ही सेंगा जी ने अपनी बात पूरी की और वे उठने लगे तो उपस्थित जन समूह ने एक स्वर में उच्चारण किया–

'साध की जै!
साध की जै॥'

एकाध बुजुर्ग ने साध सेंगाजी से विनती की कि सांझ का समय है वे अँधेरे में कहाँ जायेंगे, क्यों न उन्हीं की बस्ती में ठहर जायँ। इसका समर्थन सभी जन ने किया। साध सेंगा जी ने कहा कि 'मैं रमता जोगी हूँ। एक जगह अधिक देर वासा नहीं करता। इसकी वजह यह है कि जादूगर फिरंगियों को पता चल जायेगा तो वे मुझे अपने जाल में फँसा लेंगे और जो गुरु मन्तर की सिद्धि मैंने प्राप्त की है वह दफे हो जावेगी।'

साध सेंगाजी पूर्वी दिशा की पहाड़ी की और चले गये। इसके बाद साध सेंगाजी कभी भी किसी को नहीं दिखायी दिये।

करीब पाँच बरस बाद गोविन्द गुरु अपनी जन्म भूमि बासिया लौटे। उनके साथ उनकी दूसरी पत्नी गनी व दोनों बेटे थे। अर्सा बाद बासिया में गोविन्द गुरु के आगमन की खबर आसपास फैल गयी। गोविन्द गुरु अपनी पुश्तैनी झोंपड़ी में गये जिसकी छान कब की उजड़ गयी होती अगर पड़ौसियों ने उसे पुनः छाया नहीं होता। एक नजर टापरी के भीतर बाहर डाल कर गोविन्द गुरु पत्नी व दोनों पुत्रों सहित धूणी स्थल पर गये। छाणी मगरी पर अवस्थित धूणी स्थल सही सलामत था। ग्रामीणों द्वारा अखंड जोत जलाई जा रही थी। गुरु की सीख के मुताबिक प्रति पूरणमासी के दिन वहाँ स्थानीय मेला लगता था। पड़ौसी गाँवों के आदिवासीजन वहाँ एकत्रित होते और धूणी में नारियल डालते, घी का हवन करते और संपसभा के गीत गाते। गोविन्द गुरु के पास

आदिवासियों की भीड़ जमा हो गयी जिसमें बासियावासी और निकटवर्ती फलियों के लोग थे। धूणी को सही-सलामत देख कर और लोगों से पूर्णिमा के मेले की जानकारी प्राप्त होने से गोविन्द गुरु को सुख की अनुभूति हुई। उन्हें यह पूरा सन्तोष मिला कि उनके द्वारा चलायी गयी जागरती का काम रुका नहीं है। उनकी अनुपस्थित में भी संप सभा के स्थानीय कार्यकर्ताओं ने उनके आन्दोलन को आगे बढ़ाया।

नटवा गाँव में प्रवास के दौरान गोविन्द गुरु अधिक सक्रिय नहीं रहे। छप्पान्या के अकाल में उनकी पहली पत्नी एवं दोनों बच्चों की मौत के सदमें ने उनको पूरी तरह तोड़ दिया। उनकी दिनचर्या का अधिकांश समय एकान्त साधना या फिर ग्रामीणों से हल्की-फुल्की चर्चा में गुजरता। उनके अन्तर्मुखी स्वभाव से उनकी दूसरी पत्नी परेशान सी ही रहती थी व नन्हें पुत्र पिता के सानिध्य के लिए तरसते थे। यह तो संयोग और सौभाग्य था कि गोविन्द गुरु को वह अनाम साधु मिल गया जिसने गोविन्द गुरु के तन-मन में पुनः स्फूर्ति भर दी और वे नटवा छोड़कर अपनी कर्म स्थली लौट आये। नटवा से वे सीधे बासिया आये थे।

बासिया वालों का प्यार पुनः पाकर गोविन्द गुरु आत्म विभोर हो गये और वे अपनी पहली पत्नी व दोनों बेटों की मौत के गम को भूलने की मनोदशा में तेजी से आ रहे थे। उन्होंने पूरे उत्साह और नयी प्रेरणा के साथ संप सभा के कार्य को आगे बढ़ाने का मानस बना लिया हालांकि इस उद्‌देश्य को उन्होंने दिमाग से कभी निकाला नहीं था लेकिन एक अस्थाई अवरोध अवश्य उत्पन्न हो गया था।

गोविन्द गुरु, उनकी पत्नी व बेटे लम्बी यात्रा से बहुत थके-माँदे थे और सूरज के छिपने से कुछ देर पहले ही बासिया पहुँचे थे। ग्रामीणों से घड़ी-दो घड़ी बातचीत करके उन्होंने सूर्यास्त होते ही धूणी के पास बैठकर संध्या-वंदना की और ध्यानावस्था में लीन हो गये। संध्या-वंदना में व्यवधान नहीं पड़े यह सोचकर ग्रामीण उन्हें अभिवादन करके एक-एक कर अपने घरों को लौटने लगे। पड़ौस के गाँव बेड़सा का निवासी भरत्या उनका बचपन का साथी था वह वहाँ रुक गया। बीच-बीच में उसकी निगाहें गोविन्द गुरु की नयी पत्नी की ओर उठ रही थी। गोविन्द गुरु की ही तरह भक्तिभाव में आस्था रखने वाली उनकी पहली पत्नी और इस नयी औरत के बीच स्वभाव का कैसा अन्तर था, भरत्या उसकी थाह लेने का प्रयास कर रहा था। गोविन्द गुरु की पत्नी गनी साथ लायी गठरी खोलकर गोविन्द गुरु की दूसरी अंगरखी और धोती को फटकार कर एक चौड़े पत्थर पर रख रही थी। वहीं पास एक सपाट शिलाखण्ड था जहाँ उसने गठरी से निकाली चिथड़ों से बुनी गूदड़ी को बिछा कर दोनों बेटों को उस पर लिटा दिया। उसके पास पीतल का एक बड़ा लोटा था। लोटा उठाकर वह थोड़ी दूर बह रहे नाले की ओर पानी लेने चल पड़ी।

'भाभी, रुक, पानी में ले आता हूँ। नाले के पास कोई जहरीला जानवर हो सकता है'—भरत्या ने कोई साँप वगैरहा की आशंका मन में विचार कर कहा।

'नहीं, मैं ले आऊँगी'—भरत्या की आवाज से गनी एक बार चौंकी अवश्य, लेकिन

उसने सहजता से भरत्या की बात का उत्तर दिया।

इस दौरान गोविन्द गुरु ध्यानावस्था से निकल आये थे और पद्मासन खोलते हुए उन्होंने भरत्या और गनी की बात सुन ली थी। गोविन्द गुरु बोले 'अरे भरत्या! तू गया नहीं? और सुन, ये तेरी भाभी जंगल के जीवन से भली भाँति परिचित है। तेरे को डरने की जरूरत नहीं है। यह सारा काम कर लेती है। और तू सुना, घर में सब ठीक है ना, तेरे एक बेटा और एक बेटी है ना।'

'हाँ भई गोविन्दा, तू तो अब गुरु बन गया। अब तो तुझ से बराबरी का व्यवहार करते हुए बात करने में झिझक होती है। मैं जानता हूँ तू पुरानी बातों को नहीं भूल सकता लेकिन तू बचपन से ही ज्ञानी रहा है यह मैं अच्छी तरह से जानता हूँ...'

'चल छोड़ ये बड़े और छोटे की बातें। मैं तेरे लिए वही बचपन का गोविन्दा हूँ—लंगोटिया बाल-सखा। अब पहले यह बता पत्नी और बच्चों के क्या हाल हैं?' गोविन्द गुरु ने भरत्या की बात को काटते हुए दखल दी। गोविन्द गुरु के पूछने पर भरत्या द्व ारा अपनी पत्नी और बच्चों के बारे में बताने का मतलब था खुरंड पड़ चुके घाव को हरा कर देना। दरअसल छप्पन्या के अकाल में गाँव खाली हो गया था। भरत्या की बेटी तो ससुराल में थी। उसके समाचार ठीक ही आते रहे थे। अकाल में भरत्या अपनी पत्नी एवं अन्य साथियों के साथ खाने-कमाने मालवा चला गया था और कुशलपूर्वक वापस गाँव आ गया था। बेटा गबरू कुछ युवकों के साथ रतलाम की ओर गया था जहाँ रेलवाई का काम अंग्रेजी सरकार द्वारा करवाया जा रहा रहा था। सुना तो यह था कि रेलवाई के काम में अच्छी मजदूरी मिलती बताई लेकिन मजदूरी के क्या पलीता लगायें, जवान बेटा गबरू ही वापस नहीं आया। भैमाता के लेखा में गबरू की इतनी सी ही उमर थी और इसलिए न जाने कौन से जमदूत उसे उठा ले गये। भरत्या ने तो इतना ही सुना था कि 'गबरू को ताव आया था। सारा डील अंगारों की तरह जलने लगा था। कोई दवा-दारू ने असर नहीं किया और दो ही दिन में बड़बड़ाते-बड़बड़ाते उसने इस जगत से आँखें फेर ली।' भरत्या ने तो उसकी लाश भी नहीं देखी। साथियों के पास वहीं गबरू का दाग लगाने के सिवाय कोई चारा नहीं था। रेलवाई के काम पर गये गाँव के युवकों ने यह दुखदायी किस्सा वापस आकर बताया था तब भरत्या को पता लगा था। भरत्या तो किसी न किसी तरह रो-रोकर जवान बेटे की मौत के सदमें से बाहर निकल आया था लेकिन गबरू की माँ नानकी यह समाचार पा कर सुन्न हो गयी। उसकी आँखें फटी की फटी रह गयी जैसे न दिखने वाली शोक-सूचना गबरू की साक्षात लाश बन कर उसके सामने जमीन पर पड़ी हो। नानकी बावली हो गयी। गाँव के भोपा ने खूब झाड़ा लगाया, जादू टोना किया, कई कई बार मिरच की धंगार लगायी, घड़ियों-घड़ियों बाबा हिरकुलिया के थान पर पटके रखा पर सारे करतब बेकार गये। वह आज भी पागल है। टापरी के आगे आँगन में गुमसुम बैठी रहती है। जब कभी कोई युवक उसे सामने आता-जाता दिखता है तो वह उसकी ओर भागने का प्रयास करती है। नासमझ लोग तो उसे बावली से भी ज्यादा डायन व भूतनी का नाम देते रहे हैं और

बालक उससे डरते हैं लेकिन बुजुर्ग और समझदार जानते हैं कि वह बेटे की मौत के सदमे से पागल हुई है और सदमा इतना गहरा बैठ गया कि उसका कोई इलाज नहीं।

भरत्या ने आखिर यह सारा किस्सा बहुत दिनों बाद मिले अपने मित्र गोविन्दा को रो-रो कर बताया। गोविन्द गुरु को ऐसे बहुत से दुखद हादसों की जानकारी थी। पत्नी और बेटों की मौत का अनन्त पीड़ादायक अनुभव उनके पास था ही। स्वानुभूति और परानुभूति दोनों ही स्तरों पर भरत्या के दुख को गोविन्द गुरु समझ सकते थे और उन्होंने यह सब महसूस किया। भरत्या को उन्होंने अनेक प्रकार से ढ़ाढ़स बँधाया, तसल्ली दिलाई और हिम्मत देने का प्रयास किया।

इस दौरान रामोता मीणा दो लड़कों के साथ धूणी पर आया। वह गोविन्द गुरु और उनके परिवार के लिए रोटी लेकर आया था। रामोता संपसभा का अच्छा कार्यकर्ता था। गोविन्द गुरु की सीख लेकर बासिया में सम्प-सभा का गठन करने वाले अगुवा आदिवासियों में वह भी एक था। गोविन्द गुरु ने संपसभा का दूसरा बड़ा सम्मेलन बासिया की इसी छाणी मगरी पर आयोजित करवाया था और उसमें रामोता ने बढ़-चढ़कर काम किया था।

दिन में रामोता कहीं रिश्तेदारी में गया था और देर शाम घर लौटा तब उसे गोविन्द गुरु के आने की खबर लगी। पहले तो वह सीधा ही गोविन्द गुरु के दर्शन के लिए आना चाह रहा था लेकिन उसके बूढ़े बाप ने उसे कहा कि 'गुरु महाराज बहुत दिनों बाद गाँव आया है और तू तो रामोता, उसका भगत है। तो बेटा, ऐसा कर कि गुरु के लिए अपने इस घर से रोटी बनवाकर ले जा। जैसी सूखी-भड्ड़ी है गुरु को आदर से खिलाना।'

अपने ससुर की यह भली बात सुनकर रामोता की औरत ने फटाफट मक्का की मोटी-मोटी आठ-दस रोटियाँ सेंक दी और काचरी का साग रांध दिया था। वह रोटियों को चुपड़ना चाहती थी लेकिन घर में ताजा घी नहीं था। बकरी का थोड़ा-सा लेकिन पुराना घी एक कुलड़ी में अवश्य रखा था पर उसमें बास आ रही थी। इसलिए उचित नहीं समझा कि रोटियों में घी लगाया जाय। रामोता तो गोविन्द गुरु का भगत था परन्तु उसकी पत्नी भी गोविन्द गुरु में कम श्रद्धा नहीं रखती थी। संप सभा के बासिया के सम्मेलन की गतिविधियों को उसने भी बहुत निकट से देखा था। रामोता के लिए अपने गुरु और उनकी पत्नी व बच्चों के आगे परोसा जाने वाला यही छप्पन भोग था जिसे लेकर वह गुरु के पास आया।

मोहनदास नैमिशराय

मूलतः मोहनदास नैमिशराय एक लेखक और पत्रकार हैं। उनकी शिक्षा-दीक्षा मेरठ शहर में हुई। बाद में जब वे दिल्ली में आये तो पत्रकारिता से जुड़े। राष्ट्रीय पत्र-पत्रिकाओं में दलित सवालों पर पिछले बीस वर्षों से वे नियमित लिखते रहे हैं। लेखन-पत्रकारिता के अलावा नाट्यकार के रूप में भी उन्होंने भूमिका निभाई।

उनकी विशेष पुस्तकों में अदालतनामा (नाटक), बाबा साहेब ने कहा था, आत्मदाह संस्कृति : उद्भव और विकास, अपने-अपने पिंजरे (आत्मकथा दो भागों में), विरोधियों के चक्रव्यूह में डॉ. अम्बेडकर, आवाजें (कहानी-संग्रह), मुक्तिपर्व, क्या मुझे खरीदोगे?, झलकारी बाई, आज बाजार बन्द है (उपन्यास), स्वतन्त्रता संग्राम के दलित क्रान्तिकारी आदि हैं। वे रेल हिन्दी सलाहकार समिति के सदस्य रह चुके हैं।

अन्य विशेष : डॉ. अम्बेडकर स्मृति पुरस्कार, 1993, पत्रकारिता एवार्ड, 1993; डॉ. अम्बेडकर राष्ट्रीय पुरस्कार, 1998; वाणिज्य हिन्दी ग्रन्थ पुरस्कार (भारत सरकार), 1995-96

मुक्तिपर्व (उपन्यास अंश)

पूरे शहर में आजादी मिलने की चर्चा थी। मन्दिर-मस्जिदों में सभाएँ और बैठकें हो रही थीं। बाजार में अन्य दिनों की अपेक्षा अधिक गहमागहमी थी। सड़क पर आवागमन में गतिशीलता थी। आकाश में पक्षियों के झुन्ड के झुन्ड उड़े चले जा रहे थे। जैसे वे अपनों को मुक्ति के गीत सुनाने को तत्पर हों। वे मुक्त भाव से नीले आकाश में उड़ रहे थे। उनके पंखों को विराम न था। उनके पंखों में गति थी, उत्साह था साथ ही और अधिक तेजी से उड़ने की आकांक्षा थी।

जमीन से आकाश तक के परिवेश में एक नये तरह की स्फूर्ति थी। पुलिस चौकियों से लेकर पटवारियों तक में मुस्तैदी थी। सारा दिन यही धमाचौकड़ी रही। शाम होते-होते हगन हट में भी आजादी की चर्चा हुए बिना न रह सकी। बस्ती के लोग हगते-मूतते इसी चर्चा में मशगूल थे। आज उनके सामने बस्ती की समस्याओं का लेखा-जोखा न था। आज तो देश और समाज के फलसफे में वे डूबे थे। मुद्दे बड़े थे। इसलिए विश्लेषण भी वैसे ही किये जा रहे थे। जितने मुँह उतनी ही बातें। चर्चा के अलग-अलग स्रोत थे। कोई किसी ठिकाने से खबर लाया था कोई कहीं से।

सारा दिन इसी गहमागहमी में बीता था। बस्ती के मर्दों को चैन नहीं था। इसलिए कि वे आजादी का अर्थ समझ चुके थे। औरतें असमंजस में थीं, इसलिए कि वे अभी आजादी के बारे में केवल सुन ही रही थीं। उनकी अपनी समझ में आजादी का अर्थ इतना ही था कि गोरे अपने देश को वापस लौट रहे थे। जो नहीं लौट रहे थे उन पर यहाँ के लोग हमला कर रहे थे। इन्हें वे जान से मार रहे थे। कतल कर रहे थे उनका। कुछ औरतें सोच रही थीं कि फिरंगी हमारे देश में आये ही क्यों? पर उनके पास इसका जवाब न था।

कई बार बस्ती की औरतों ने गोरी मेमों को देखा था। अपने-अपने मर्दों से उनकी तरह गिटपिट करते हुए भी सुना था उन्होंने। शहर की ठंडी सड़क पर कभी-कभी उन्हें सफाई करने जाना होता था। उन दिनों प्रत्येक ऐसे शहर में जहाँ छावनी होती थी, वहाँ खूब बड़े-बड़े छायादार पेड़ों की छाँह तले साफ-सुथरी सड़के हुआ करती थीं, जिन्हें ठंडी सड़क के नाम से पुकारा जाता था। सड़क पर एक पत्ता भी छोड़ने का हुक्म न था। शीशे की तरह सड़क साफ करनी होती थी। उधर से जब कोई टमटम गुजरती वे एक तरफ हो जातीं। सड़क साफ करने के लिए उन्हें ब्रश मिले होते थे। साथ में कूड़ा-करकट रखने के लिए टोकरी। एक-दो औरतों को तो बंगलों की सफाई करने के लिए भी जाना पड़ता था। पर अंग्रेज अधिकारियों का व्यवहार नवाबों तथा जमींदारों की तरह न था। वे उनकी भाषा कम बोलते थे, पर जितनी भी बोलते थे, अच्छी ही बोलते थे।

सुन्दरी के पास अभी भी कुछ बीयरबन्नियाँ जमा थीं। उन्हें आने वाले बच्चे की प्रतीक्षा थी। वे हँस-हँस कर एक-दूसरे से बतियातीं। बीच-बीच में सुन्दरी केवल हुँकारे भरतीं। उसके पेट में अब पहले से ज्यादा हलचल होने लगी थी। पेट के भीतर शिशु के चलने-फिरने से कभी-कभी उसे अजीब-सा भी लगता। कभी महसूस होता भीतर नन्हा गुलगुली कर रहा है। उसके पेट को सहला रहा है।

सुबह हो गयी थी। पूरे आकार में सूरज अब लोगों के सामने था। जैसे-जैसे किरणें फैलने लगी थीं वैसे-वैसे उजाला भी अधिक होने लगा था। वैसे सूरज को लोग रोज देखते थे, पर आज का सूरज उनके लिए कुछ अलग रूप में था। कल तक वही उजाला उनके लिए कुछ विशेष अर्थ नहीं रखता था। उजाला तो था, पर जैसे अँधेरे से हारा हुआ। गुलामी के परिवेश में दम तोड़ती आजादी जैसा। आज वही उजाला आजादी का प्रतीक था और सूरज चेतना का रथ बन गया था।

लोग आजादी का सूरज देखने के लिए अपने-अपने घरों की छतों पर आ गये थे। कुछ मुँडेर पर खड़े थे। पतले-दुबले लोग बन्दर की तरह उछल कर पेड़ों की डालों पर बैठ गये थे। सुबह का उगता हुआ सूरज देखना उनके लिए नया अहसास था। पूरी बस्ती में ही नहीं शहर भर में शोर था। आज आजादी की पहली सुबह थी। ऐसी सुबह जिसके लिए अँधेरे का कोई अर्थ नहीं था। बस्ती के लोगों को लग रहा था जैसे सूरज उनके नजदीक और नजदीक दौड़ा चला आ रहा हो। उसके भीतर खून का रंग था। वही खून का रंग दलितों को उत्तेजित कर रहा था। वे चीख-चिल्ला रहे थे, उद्वेलित हो रहे थे। हालाँकि उन्हें अपने-अपने बाड़ों का अहसास भी था। पर वे उन्हीं बाड़ों की

हदों से बाहर थे। उनका मन पक्षियों की तरह नीले आकाश में उड़ना चाहता था। उनके पंख न थे, पर पक्षियों की तरह उड़ने की महत्त्वाकांक्षाएँ तो थीं।

पूरी बस्ती ने आजादी का सूरज देखा था। केवल सुन्दरी ने नहीं। उसे अफसोस था, पर प्रसव होने की खुशी भी थी। खुशी इस बात की कि आजादी की पहली सुबह में उसने अपने बच्चे को जन्म दिया था। जो गुलाम देश में पैदा न हुआ था। आजादी का दिन उनके लिए मुक्ति-पर्व था। एक सप्ताह से बस्ती भर में आजादी के बारे में चली आ रही बहस का इतना तो असर सुन्दरी पर हुआ ही था कि वह भी मुक्ति के दर्शन को समझने लगी थी। वह अनपढ़ जरूर थी, पर इतनी तो समझ उसे थी ही। कई बार उसने गोरे सिपाहियों के अत्याचारों के बारे में सुना था। औरतों के बीच वे लाल मुँह वाले बन्दर के रूप में प्रसिद्ध थे।

घर में उमस थी। कच्ची दीवारों की गन्ध उमस से भरे परिवेश को और भी कसेला बना रही थी। ऊपर से बच्चा होने की गन्ध अलग, पर पास में लेटे बच्चे को निहारते हुए वह इन सबसे अनभिज्ञ थी। उसका न कोई देवर था और न देवरानी, पर पड़ोस की चकरभिन्नि उसके लिए सब कुछ थी। यूँ बच्चे को देखने और दुआएँ देने वालों में बत्तो भी थी। जब भी कभी खुशी या गम का अवस़र होता वह अपनी छत उलाँघ कर आ जाती। आज भी वह जो रद्दों वाली दीवार को पार कर सीढ़ियाँ उतरते हुए छमिया के आंगन में चली आयी थी। आते ही पूछा था उसने–

"अयं बच्चे की दादी, कहाँ छुपा रखा है चाँद को।"

और भीतर जाकर बत्तो स्वयं देख आयी थी जच्चा को भी और बच्चे को भी। चाँद जैसे सूरज बन गया था।

आज नवाब अलीवर्दी खाँ के घर पर अजीबोगरीब गहमागहमी थी। दस आदमी आते थे तो पाँच जाते थे। उनमें सरकारी मुलजिम भी थे और दुकानदार भी। उन सभी ने आज सुबह आजादी का सूरज देखा था, पर अधिकांश को वह रास नहीं आया था। नवाब साहब तो अंग्रेजों की छत्रछाया में पले-बढ़े थे। वे ही उनके लिए हुक्काम थे। ऐसे हुक्कामों के चले जाने पर गम तो आखिर उन्हें होता ही। पुराने रिश्ते अचानक टूट गये थे। वे असमंजस में थे। नये हुक्काम आने की दस्तक, नया कलक्टर, नया कमिश्नर, नया दरोगा। सब कुछ नया होगा और वे पुराने। उनके मन में नये-नये विचार आ-जा रहे थे। जो उन्हें मुफीद न थे।

अपने चिर-परिचितों से आजादी-आजादी सुनकर वे तंग आ गये थे। तभी उन्हें बंसी दिखायी दिया। उसे देखकर उन्हें हुक्के की तलब लग आयी। जाते हुए बंसी को रोकते हुए उन्होंने हुक्का तैयार करने को कहा। पर बंसी को बेगम ने बाजार से सौंफ और इलायची लाने को कहा था। आज वहाँ जनानी ड्योढ़ी का नौकर नहीं था।

"अभी आते हैं हम नवाब साहब।" कहते हुए बंसी आगे बढ़ा ही था, नवाब साहब ने भभकते हुए कहा–

"तेरी यह मजाल कि हमारे हुक्म की उदूली करे।"

"पर नवाब साहब...।"

बंसी ने सफाई देनी ही चाही थी कि नवाब साहब बरस पड़े—"तुम गुलाम थे, गुलाम हो, गुलाम रहोगे।"

वे पूरी तरह से भड़क उठे थे।

अब तक बंसी के खून में भी उबाल आ चुका था। वह गुस्से में भड़कते हुए बोला—

"जनाबे अली, हम न गुलाम थे, न गुलाम हैं और न गुलाम रहेंगे।"

बंसी की बात सुनकर नवाब साहब की त्यौरी और भी चढ़ चुकी थी। आँखें सुर्ख हो गयी थीं, जैसे इनमें खून उतर आया हो। क्रोध से उनका समूचा शरीर काँपने लगा था।

"हमारे टुकड़ों पर पलने वाले, जलील, तेरी यै जुर्रत।"

कहते हुए उन्होंने हुक्के पर रखी चिलम उठाकर बंसी के मुँह पर दे मारी। चिलम मिट्टी की थी, पर कभी-कभी मिट्टी भी गहरे घाव कर देती है। नवाब साहब के द्वारा फेंकी गयी चिलम सीधे बंसी के माथे पर लगी। और लगते ही खून बहने लगा। पर नवाब साहब को बंसी के माथे से बहते खून की चिन्ता नहीं थी। वे अभी भी गुस्से में कह रहे थे—

"कमबख्त, दूर हो जा मेरी आँखों के सामने से।"

"हाँ-हाँ जा रिया हूँ, मैं तो थुक्कूँगा भी नयी हियाँ पर।"

कहते हए बंसी नवाब साहेब की हवेली से बाहर निकल आया था।

बरसों की गुलामी की जंजीरें कैसे एक झटके के साथ टूट गयी थीं। ना नवाब अलीवर्दी खाँ को इसका गुमान था और न ही बंसी को अहसास था। बाहर निकलते हुए उसके कपड़ों पर खून के दाग लग गये थे। पर सच कहा जाये तो खून के दाग गुलामी के दाग से अच्छे थे। इनका पता तो चल जाता है। गुलामी के दागों का तो पता ही नहीं चलता। उसे भी कहाँ पता चला था इन गुलामी के दागों का। बरस-दर-बरस वह तथा उसकी जाति के लोग गुलामी तो भोगते आये थे।

बंसी को न इतिहास की जानकारी थी और न राजनीति की समझ। पर उसे अपनी जाति के जख्मों का ज्ञान अवश्य ही था। आज नवाब साहब के व्यवहार ने उसके ज़ख्मों को फिर कुरेद दिया था। यह उसकी अकेले की कहानी नहीं थी। बस्ती में हर एक के भीतर जख्म थे, जो हिन्दुओं ने भी दिये थे और मुसलमानों ने भी। वे दोनों के लिए गुलाम बन कर रह गये थे उनकी अस्मिता को तार-तार करना उनका पैदाइशी हक था। उन पर जब जाति का जुनून चढ़ता तो वे आदमी को जानवरों की पंक्ति में खड़ा कर देते। ऐसे समय पर दलित उनके लिए जानवरों से भी गये बीते हो जाते। वे तरह-तरह से उन पर अपना गुस्सा हल्का करते। गालियों तक ही सीमित न रहते, उन पर हाथ भी उठा देते। मारने-पीटने में उन्हें जरा भी हिचकिचाहट न होती थी। दलितों को वे अपनी रियाया ही समझते थे। जैसे खूँटे से जानवर को बाँध दिया वैसे ही आदमी को भी।

सुनार का नाम था राम औतर, बस्ती के लोग जिसे रामौतार सुनार कह कर पुकारते थे। सुख-दुःख में वही उनका साथी था। हालाँकि वह साहूकार न था, पर कभी-कभी

सोने-चाँदी की कोई छोटी-मोटी चीजें गिरवी रख थोड़ा-बहुत पैसा दे दिया करता था। बाजार में यूँ और भी सुनार थे, पर बस्ती के लोग उसी के पास अधिक जाते थे। राम औतार भी उन्हें अपनी तरफ से खफा करने की कोशिश नहीं करता था। बाजार की चढ़त-बढ़त के लिए वह अपने ग्राहक को हाथ से नहीं जाने देता था। असामी पहले थी, मोलभाव बाद में। साठ बरस हो गये थे उसे सोने-चाँदी की चमक-दमक देखते, सहते, पर उसकी अपनी चमक कम हो गयी थी। उसकी अपनी चमक की कोई कीमत भी नहीं थी। वैसे भी सुनार की दुकान में सोने-चाँदी की चमक-दमक की ही कीमत होती है। जितना सोना अधिक चमकेगा, उतना ही सुनार भी चमकेगा।

सर्राफा बाजार में साठ बरस पहले भी यही छोटी-सी दुकान थी। आज भी उतनी ही है। न घटी और न बढ़ी। यहाँ तक कि आलमारी भी वही गिनी-चुनी पाँच थीं। दुकान में एक लोहे की तिजोरी भी थी। बताया जाता है कि उसे उनके दादा ने एक सौ साल पहले केवल दो रुपये में खरीदा था। तिजोरी खूब मजबूत थी। जब से अब तक ताला एक बार भी खराब नहीं हुआ था। राम औतार सुनार को यह कदापि मंजूर न था कि उसकी तिजोरी पर कोई लुहार आकर चोट मारे।

नवाब अलीवर्दी खाँ की हवेली से बंसी ने नौकरी क्या छोड़ी कि उसके सामने आर्थिक संकट आकर खड़ा हो गया था। घर में वही तो अकेला कमेरा था। घर में बेटे के जन्म से और भी खर्च सर पर आ गये थे। दो-तीन दिनों तक उसने खूब माथापच्ची की कि जरूरी कुछ रुपये कहाँ से जुटाए जाएँ। अन्त में यही निश्चित हुआ कि राम औतार सुनार के पास जाकर दस रुपये उधार लिए जाएँ। दल्लू को बिल्कुल भी यह पसन्द न था कि वह किसी साहूकार या सूदखोर के पास जाकर घंटों रोये तथा गिड़गिड़ाये। तब जाकर कोई साहूकार पसीजे। उसकी बीवी के पास आधा तोले के कान के बाले थे। सोने की वही एकमात्र चीज थी उसके घर में। चार बरस पहले विवाह में उसके बाप ने बनवा कर दिये थे। मन में अफसोस हुआ था बाले उतारते हुए सुन्दरी के कान से, पर सुनीत के जनम लेने की खुशी में सूने कान होने का विचार अधिक समय तक नहीं रह सका था उसके भीतर। लगा जैसे उसके कान में नन्हा-मुन्ना सुनीत कुछ कह रहा है। उसकी आवाज से घुंघरु बजने का अहसास हुआ था उसे। अब तक उसका आँगन सूना था। अब वह चहका करेगा, उससे बातें करेगा। वह बार-बार रूठा करेगा और वह बार-बार मनाया करेगी।

माँ का मन गीली मिट्टी जैसा ही तो होता है। जैसे मिट्टी के भीतर से छोटे-छोटे कण उभरते हैं वैसे ही माँ के भीतर से भी मातृत्व के विचार उभर-उभर कर मन को हुलसित करते हैं। सुनीत के जन्म लेने के बाद घर में जैसे सतरंगी इन्द्रधनुष उतर आया था। ठहरी हुई उदासी एक बार की धुल-सी गयी थी। सुनीत उसकी बगल में गहरी नींद में सोया था, बिल्कुल निश्चल हो जैसे। वह बार-बार बच्चे की ओर देखती और सपनों में खो जाती। न जाने कब तक वह सपने में खोई रहती अगर उसका खसम आकर न जगाता। उसने देखा। उसके हाथ में गठिया थी।

पहले पंडित आया फिर हिजड़े। पंडित का काम था जन्म लेने वाले बच्चे का नामकरण

संस्कार कराना और हिजड़ों का काम था उस नाम के बहाने गाना-बजाना। दो अलग-अलग व्यवसाय, पर एक-दूसरे से रिश्ते बनाये हुए। दोनों के पास नैतिकता के अलग-अलग मापदंड थे। उनकी जीवन-शैली अलग-अलग थी। भाषा तथा विचार अलग थे। वह बात अलग थी कि पंडित समाज का केन्द्र बिन्दु बने हुए थे और हिजड़े हाशिये पर थे। उनका जीवन अजीबोगरीब द्वन्द्व में था। पर द्वन्द्व में आज हिजड़े नहीं थे, पंडित था। पहली बार वह दलित बस्ती से निराश लौटा था। उसके ज्ञान पर प्रश्नचिह्न लगा था। ऐसा क्यों हुआ? आज तक तो ऐसी स्थिति नहीं आयी थी। उसके भीतर संवाल-दर-सवाल उभरने लगे थे। बचना चाहते हुए भी वह सवालों से बच नहीं पा रहा था। पर उत्तर एक भी सवाल का नहीं था उसके पास। वह किंकर्त्तव्यविमूढ़-सा बस्ती के कच्चे घर, टूटी दीवारें, नीम के पेड़ तथा उसी परिवेश से उभरती चेतना को देख और महसूस कर रहा था। साठ बरस से चली आ रही पंडिताई की कीमत आज दो कौड़ी की भी नही रही थी। बस्ती पर काबिज रहा। पीढ़ी-दर-पीढ़ी उसका दबदबा टूट गया था। धर्म की बिसात उलट गयी थी। इसलिए कि आज एक पंडित बाजी हार गया था और दलित जीत गया था।

उसके कानों में जैसे पिघला हुआ शीशा रेंगने लगा था। वह शब्द गाँठ के रूप में आँखों के सामने दिखायी दे रहे थे। वह असमंजस में था। जिस दलित बस्ती को वह तथा उसके पुरखे अपनी बपौती समझे थे, बरसों का वह वर्चस्व छिन्न-भिन्न हो गया था। वह खाली झोली लिए बस्ती से गुजरा तो उसने स्वयं अपने-आपको भी खाली महसूस किया। बस्ती के लोग-लुगाइयों ने पूछा—''पंडित जी, क्या नाम रख दिया...?''

पंडित के पास जवाब न था। पर बस्ती के लोग-लुगाई स्वयं ही फिर जवाब दते हुए कहते—

''कालू, चेतू, भाना, बुद्धू, रगड़ू...झगड़ू या फिर भगड़ू।''

एक-दो के होंठों पर व्यंग्य भी उभर आये थे। उनमें से कुछ दोबारा पूछते—

''बतलाओं न पंडित जी, दलितों की जनम पत्तरी में कुछ और नाम बताओ।''

पंडित जी मौन ही रहे। उनमें से फिर आवाज आई—

''नाटू मंगलू, सिरिया...घुरिया, कुड़िया, रमिया, क्या यही नाम हमारे हिस्से में रहे हैं।''

उनके सवाल पंडित जी के मन तथा शरीर दोनों को छेद रहे थे।

साठ घरों की बस्ती आज पंडित से पार न होते बन रही थी। जैसे पैरों में किसी ने पत्थर बाँध दिये हों। चल कहाँ रहे थे पंडित जी, वे तो बस घिसट रहे थे। वे कहीं गहरे तक उद्वेलित थे। उनके पास विचार न थे, केवल धार्मिक भावनाएँ तथा रूढ़ियाँ थीं, वे भी कोरी और खोखली। जिनका न कोई आधार और न स्तम्भ था। बस परम्पराओं के डगमगाते खम्बों पर टिकी थीं। आज वे सभी धम्म से जमीन पर गिर गयी थीं। और पंडित जी, वे तो मुँह के बल गिरे थे। सच पूछो तो गिरने का अहसास उन्हें आज पहली बार हुआ था। बस्ती के वही लोग कल तक उन्हें पंडित जी-पंडित जी कहते नहीं थकते थे आज उन पर हंस रहे थे। और वे रुआँसे-से हो भारी कदमों से बस्ती पार कर रहे थे।

आज शुभ मुहूर्त देख पंडित जी घर से निकले थे। किसका मुँह देख लिया जो बनते-बनते

काम बिगड़ गया। धर्म की कौन-सी अशुभ घड़ी आ गयी। उन्होंने विचार किया। सबसे पहले सुबह पंडिताइन का ही मुँह देखा था। फिर पंडिताइन अशुभ कैसे हुई। उसका मुँह तो प्रतिदिन ही देखता हूँ। पचास बरस हो गये पंडिताइन को घर में आये। याद करने की कोशिश की, कोई भंगन भी नहीं आयी थी उसके सामने टोकरा लिए, बिल्ली ने भी रास्ता नहीं काटा किसी ने छींका भी नहीं। कोई विधवा औरत भी सामने नहीं आयी। काला कुत्ता भी नहीं आया रास्ते में। मंगला लड़की भी कहीं दिखाई नहीं दी। रात में उल्लू भी नहीं देखा पेड़ पर। फिर ऐसा अपशगुन क्यों हुआ? वे जितना याद करते उनके भीतर और भी उलझाव आते। घर आने पर हाथ जोड़कर अभिवादन भी किया था। उन्हें पानी को भी पूछा था, हालाँकि उन्होंने पानी पीने से इन्कार कर दिया था। एक दलित के घर पानी पीते भी कैसे। आज तक उन्होंने पानी पिया ही नही था। फिर उन्होंने जन्मपत्री निकाली और नाम सुझाया था, बुद्धू...। बस इसी पर बुरा मान गया था। उसके जीवन में उसके और साथी दलित बस्तियों में होने वाले बच्चों के ऐसे ही नाम सुझाते रहे थे, जिन्हें वे खुशी खुशी मानते भी रहे थे। आज अचानक क्या हो गया। उसकी समझ में नहीं आ रहा था।

बंसी ने बच्चे का नाम रखा था सुनीत। पंडित केशव प्रसाद ने ज़ाते-जाते सुना था—बंसी कह रहा था, "आज के बाद इस बस्ती में किसी पंडित की जरूरत नहीं पड़ेगी।" पंडित तथा पंडिताइन दोनों सिहर उठे थे। लगा जैसे उनके सिर में किसी ने कोई बड़ा पत्थर उठाकर मार दिया हो। उन्हें चक्कर-सा आने लगा था। जल्दी-जल्दी कदम बढ़ाते हुए वे घर जा पहुँचे। घर में पंडिताइन जैसे उनकी प्रतीक्षा ही कर रही थी। पंडित जी को खाली हाथ आया देख उन्हें आश्चर्य हुआ। पहली बार उसने किसी यजमान के घर से खाली हाथ लौटते देखा था। पंडिताइन की आँखों में अनगिनत सवाल थे। उसने इतना ही पूछा—

"क्या हुआ पंडित जी महाराज?"

"यह पूछ कि क्या नहीं हुआ।"

वे बरसना चाहते थे।

"कुछ बताओगे भी सही।" पुनः पूछा था उसने।

"अब बताने के लिए रह ही क्या गया पंडिताइन।"

पंडित को एक शब्द भी जैसे बताते हुए पीड़ा हो रही थी।

"पर हम भी तो सुनें।" पंडिताइन के भीतर और भी बेचैनी उभरी थी।

अन्ततः पंडित केशव प्रसाद को बस्ती में हुई घटना का विवरण बताना ही पड़ा। उनके मुँह से जैसे आग निकली थी—

"तो सुन, इन ससुरे ढेढ़ चमारों ने बच्चे का नाम स्वयं ही रख लिया।"

"क्या?"

पंडिताइन का मुँह आश्चर्य से खुला का खुला ही रह गया था।

आजादी के बाद पुलिस चौकी के स्टाफ में ही बदलाव नहीं हुआ था बल्कि कांस्टेबल से लेकर सब इंस्पैक्टर के मिजाज भी बदल गये थे। उन्हें जनता ने पहले से ही यह

अहसास करा दिया था कि अब वे फिरंगियों की पुलिस नहीं बल्कि आजाद भारत के अन्य कर्मचारियों की ही तरह सरकारी नौकर हैं। बस्ती से कलालखाना कभी का उठ चुका था। इक्का-दुक्का आदमी ही बाहर से लाकर शराब पीता था। इसलिए बस्ती में दंगे-फसाद बहुत कम होने लगे थे। दंगे-फसाद कम होते तो पुलिस चौकी के रोजनामचे में कम ही लड़ाई-दंगे दर्ज होते और जब रोजनामचा ही खाली रहता तो पुलिस वालों की ऊपरी आमदनी भी नहीं होती। वे सुबह से शाम तक ताश खेलते या फिर सोते। इनमें से कुछ अपने या फिर दूसरों के बच्चों को खिलाते। वे खाकी वर्दी कम पहनते थे।

पुलिस चौकी में नया सब इंस्पैक्टर आया था, मूंछें नहीं थीं। उसे बस्ती के लोग मुँछकटा ठाकुर कहते थे। जैसे ही पुलिस वाला तबादला होकर आता लोग उसकी जन्मकुंडली निकाल लेते थे। फिर वे एक-दूसरे को बताने में बड़ा गर्व अनुभव करते थे। जिसमें कुछ बातें सच भी होती थीं और कुछ गढ़ ली जाती थीं। बातें गढ़ने में कुछ लोग सुनार से भी आगे थे। पीछे तो बस्ती की औरतें भी न थीं। हगनहट में शौच करते हुए वे अक्सर पुलिस वालों के बारे में ही चर्चा करतीं। कभी-कभी वे एक-दूसरे को पुलिस वालों के बहाने छेड़तीं भी। कोई पुलिस वालों के अत्याचार की बातें कहती तो कोई उनकी आवारागर्दी के बारे में बतलाती। गोया सारे पुलिस वाले अत्याचारी और ऐयाश ही हों। कुछ औरतें उनके रिश्ते चोरों से बतलातीं। जैसे वे चोरों के सगे-सम्बन्धी हों। जितने मुँह उतनी ही बातें। वैसे वे उनसे रिश्ते भी बनातीं। जैसे मामा से अधिक उम्र का हुआ तो नाना, चाचा भी वे बना लिया करती थी। पर अधिकांश औरतें पुलिस वालों को जी भर कर कोसतीं। कुछ गालियाँ भी दे डालतीं। इससे भी जी नहीं भरता तो काल्पनिक रूप में वे उनके हाथ-पाँव तोड़ डालतीं, आँखें फोड़ डालतीं।

पर पुलिस वाले उनके हाथ मुँह तक न देख पाते थे। कारण यह था कि अधिकांश महिलाएँ जो इस बस्ती की बहुएँ होतीं, पुलिस चौकी आने से पहले सिर पर का पल्लू खींच कर लम्बा घूँघट काढ़ लेती थीं। बस्ती के किनारे पर ही पुलिस चौकी थी। चौकी में तैनात पुलिस वालों में जवान भी थे और बूढ़े भी। जवान जब अपनी सीमा से बाहर जाने का प्रयास करते तो बूढ़े उन्हें समझा देते थे। यही अब पुलिस चौकी का दस्तूर पड़ गया था। पुराना दस्तूर और दस्तूरी खत्म हो गयी थी। बदले हुए समय ने उन्हें सब कुछ सिखा दिया था। वे आपस में बातें करते—

"देखो, सँभल कर रहना, दलित अब पहले जैसे नहीं रहे हैं। इनके नेता भी अब संसद और विधान सभाओं में पहुँचने लगे हैं। जो बाल की खाल निकालने लगे हैं।" और सचमुच वे सावधान हो जाते थे। पी.टी. करते हुए नहीं अपने सचमुच के जीवन में।

रामलाल जब भी बस्ती में आते वे शिक्षा की बात कहना न भूलते। लोगों से कहते, उन्हें अपने बच्चों को पढ़ाना चाहिए। शिक्षा से सारे रोग दूर हो जाते हैं। कभी याद करते हुए बतलाते, देखो, तुम्हारे ही समाज के एक बड़े नेता हैं। वे भी शिक्षा की बात करते हैं। एक दिन उन्होंने नाम भी बतलाया था, डॉ. अम्बेडकर। पहली बार बस्ती के लोगों को पता चला था उनका भी कोई नेता है। जो बड़ी-बड़ी सभाएँ लेता है। भाषण

देता है। बिना खौफ के लाट गवर्नर से बातें करता है। बस्ती के लोगों को अपने नेता के बारे में और भी उत्सुकता होती।

सुनीत का जन्म जब हुआ तो पता चलने पर रामलाल बंसी के घर पहुँच गये। जाते ही पहला सवाल किया था–

"किस पंडित से नाम रखवाया, बड़ा अच्छा नाम है।"

बंसी उस समय वहीं मौजूद था। वह जवाब में बोला–

"आर्य समाजी जी, यह नाम किसी पंडित-वंडित से नहीं रखवाया हमने।"

सुनकर थोड़ा बुरा लगा रामलाल जी को। उनकी उत्सुकता और बढ़ी। वे पूछ बैठे–"फिर किसने रखा यह नाम?"

"हमने।"

बंसी का जवाब था।

"तुमने!" आश्चर्य में बोले वे।

"हाँ, हाँ, आर्य समाजी जी, हमने खुद ही रख दिया।"

जवाब में पुनः बोला बँसी।

"पर...।"

इसके आगे वे बोल न पाये। जैसे कहना चाहते हों, 'तुमने बंसी इतना सुन्दर नाम कैसे रख दिया। यह महारत तो विरासत में पंडितों को ही मिली है। और उन्हीं का यह काम भी है।' वे भीतर ही भीतर कुछ बुदबुदाते रहे। पर शब्द बाहर नहीं आ पाये।

उस समय सुनीत अपनी दादी की गोद में ही था। फिर उन्होंने उसे आशीर्वाद देते हुए कहा–

"चल बेटे, तेरे पिता ने तेरा इतना अच्छा नाम रख दिया, अब तू भी पढ़-लिख कर अच्छा बनना।" जाते हुए वे सुनीत को एक आना देना नहीं भूले थे। पलभर के लिए उन्होंने सुनीत की आँखों में देखा था। नन्हा सुनीत भी जैसे कहना चाहता हो–

'आर्य समाजी जी, मैं जरूर पढ़ूँगा। क्या हुआ मेरे पिता नहीं पढ़ पाये।" बंसी को अच्छा लगा। रामलाल जी सवर्ण जातियों के अन्य लोगों से अच्छे थे।

बस्ती के लोग अब गूँगे न थे। वे बोलने लगे थे। उन्होंने अपनी भावनाओं को कहना/बतलाना सीख लिया था। वह बात अलग थी कि उनके पास न छन्द थे और न अलंकार पर शब्द तो थे। वे शब्द ही उनकी ऊर्जा थे। दलितों की अस्मिता और पहचान पुनः उभरने लगी थी। बस्ती के लोग अब सवाल और जवाब के फर्क को भी महसूस करने लगे थे। उनके हिस्से में केवल जवाब ही नहीं थे। वे सवाल करना भी सीख गये थे।

सुनीत जल्दी ही बोलने की कोशिश करने लगा था। आरम्भ में उसने माँ कहा फिर अंगा, फिर अ, और बाद में आ, ई, ऊ...हिन्दी वर्णमाला के अक्षर, जैसे पाठशाला में बच्चों को पहले चरण में सिखाया जाता है। उनसे अधिक तो छमिया, सुन्दरी तथा बंसी ने सिखा दिये थे। पहले वह घुटनों-घुटनों चलना सीखा, फिर पाँव-पाँव। सुनीत

अपनी माँ पर गया था। जैसी सुन्दर माँ वैसा ही सुन्दर बेटा। उसका रंग-रूप देख कर ही सुन्दरी ने धीरे से सुन्दर नाम सुझाया था। पर बंसी के सामने तो भगवान बुद्ध की दृष्टि थी, दर्शन था। सुनीत के आगे उसे और कोई नाम नहीं सुहाया था। उस नाम ने उसके मन को स्पर्श किया था। वह नाम समूची बौद्ध संस्कृति का द्योतक था। बंसी तो बौद्ध संस्कृति का उपासक था। बस्ती में बौद्ध विहार न था, पर उसका घर ही बौद्ध विहार था। बहुत पहले उसने जातक कथाएँ सुनी थीं।

सुनीत एक सुन्दर सपने की तरह पहले बंसी के घर आँगन में फिर बस्ती में बड़ा होने लगा था। बस्ती के लोग उसे प्यार करते, उससे बातें करते। औरतें उसकी बलाएँ लेतीं, उसके माथे पर काला टीका लगातीं। अपने-अपने विश्वास और आस्था से वशीभूत हो वे सुनीत को अला-बला से बचाने का प्रयास करतीं। बस्ती में यह सब परम्पराएँ बरसों से चली आ रही थीं। कभी कोई मुर्दे की हड्डी के छोटे से टुकड़े को ताबीज बनाकर सुन्दरी को दे जाती। कोई काले धागों का हार बट कर उसे पहना देती तो कोई किसी फकीर या मौलबी से राख या भभूत ले आती और उसे देते हुए कहती, 'देख सुन्दरी, इसे सुनीत को रात में चटा देना।' यूँ सुन्दरी सबकी बातें सुनती, यह टोटके, जादू, टोने, सब पाखंड हैं। आदमी ही सब कुछ है। बाकी तो झूठ है, फरेब है। कुछ लोग धर्म की दुकान में यह सब सजा कर बेचते हैं और लोगों को ठगते हैं। ऐसा उसका विश्वास था।

नवाब अलीवर्दी खाँ स्वयं इक्के में बैठकर बस्ती में आ गये थे। यूँ उनका आना पहली बार नहीं हुआ था। इससे पहले भी कई बार वे आये थे। पर आज उनके चेहरे पर न वैसा रुआब था और न बदन पर पहनी अचकन पर वैसी स्त्री ही। चेहरे पर बेतरतीब-से बाल थे, जो काटे नहीं गये थे। अचकन पर सलवटें थीं। इक्के में घोड़े के साथ वे स्वयं आये थे। उनकी आवाज में न ही भारीपन था। आजादी ने उन्हें भीतर-बाहर से हल्का कर दिया था। झूठी शान-ओ शौकत बिखर गयी थी। कितना विरोधाभास था, जीवन की विसंगतियों में। जहाँ आजादी ने कमैरों को ऊर्जा दी वहीं मुफ्तखोरों को जैसे खस्सी कर दिया था। उनके लिए गुलाम देश ही अच्छा था। इसलिए कि वे गुलामों की फौज बनाये रखना चाहते थे। गुलाम रहेंगे तो उनकी औरतों के साथ रंगरलियाँ मनाते रहेंगे। तथा उनके बच्चों को बँधुओ के रूप में इस्तेमाल करते रहेंगे।

पर आजादी की एक ही पटकी ने नवाब अलीवर्दी खाँ को चित्त कर दिया था। बहुत जल्दी वे उबर नहीं पाये थे। उबरे तो बंसी के दरवाजे पर दस्तक दी। बंशी ने देखा तो वह दंग रह गया। नवाब अलीवर्दी खाँ उसके दरवाजे पर। उसके मुँह से निकला—''नवाब साहब आप।''

''हाँ बंसी, मैं ही हूँ।''

नवाब अलीवर्दी खाँ के स्वर में रुआब के बदले हल्कापन था। उनकी आवाज में स्पष्ट तौर से उसके भीतर का खोखलापन सुनाई दे रहा था।

सुमित्रा कुमारी सिन्हा

सुमित्रा कुमारी सिन्हा ख्याति प्राप्त लेखिका हैं। यद्यपि वे मुख्य रूप से कवयित्री के रूप में ज्ञात हैं, तथापि उन्होंने 'अचल सुहाग' और 'वर्षगाँठ' शीर्षक दो कहानी संग्रह भी हिन्दी साहित्य को दिये हैं। अपनी कहानियों में उन्होंने मुख्य रूप से नारी की समस्याओं और प्रतिक्रियाओं को अपनी कहानियों में स्थान दिया है। पारिवारिक समस्याओं का स्वाभाविक चित्रण, नारी के मनोजगत का यथार्थ दृश्यांकन और जीवन की कटुताओं का प्रस्तुतिकरण इन कहानियों की उल्लेखनीय विशेषताएँ हैं।

व्यक्तित्व की भूख

बाथरूम से नहाकर इला निकली ही थी कि प्रसन्नता से नहा गयी। मनोहर बाबू ने अखबार पर से दृष्टि हटाकर मुस्कुराते हुए कहा, "तू फर्स्ट डिवीजन से पास हुई है इला, खिला मिठाई।"

हर्ष उसकी शिराओं में विद्युत की तरह समा गया, खिले हुए मुख से उल्लास भरी वाणी निकली, "तो आप खिलाइए न पापा मिठाई।"

और अखबार स्वयं उठा अच्छी तरह से देखते हुए इला कमरे से बाहर हो गयी। तितली की तरह उड़ी-उड़ी फिरकर उसने अपने मैट्रिक में प्रथम श्रेणी में पास होने की खबर सबको सुनाई—चिड़िया की तरह वह चहक उठी, मयूरी की तरह उसके हृदय का आनन्द नाच उठा घर-घर में आनन्द की लहर उठाती-सी इला अपनी खुशी को अपने में समाकर न रख सकी।

मालती ने कहा, "चलो अच्छा हुआ, इस साल इला का विवाह भी कर देना है।"

मनोहर बाबूजी ने हाँ में हाँ मिलाई किन्तु इला के मुखमंडल पर कुछ चिन्ता मिश्रित अस्पष्ट रेखाएँ आकर बद्ध हो गयीं। उसकी प्रसन्नता की सरिता को जैसे किसी ने कंकड़ी मारकर अस्थिर कर दिया। वह अपने एकान्त कमरे में जाकर बैठ गयी। मेज पर कुहनी टेककर हथेली पर गालों को देकर कुछ सोचने लगी। उसकी आँखें दूर उस क्षितिज में स्थित नीले आकाश पर जा पड़ी। विचारों के थपेड़े उसे रुलाने लगे। यह विवाह नाम की डरावनी बात ही क्यों उसके सामने बार-बार खड़ी की जाती है? आखिर इसे क्यों इतना महत्त्व दिया जाता है? विवाह की जटिल समस्या वह कैसे हल करेगी...वह सिहर उठी...कौन जाने किस दिशा में जीवन बहेगा?

दिनभर वह इस विवाह की समस्या के चिन्तन से मथित रही। धूमिल संध्या की नीरवता के क्षण में वह ऊब उठी। एक दीर्घ साँस फेंक, हाथ में एक कविता की पुस्तक ले छत के एक कोने में, जहाँ फूलों के गमले सजे हुए थे जाकर बैठ गयी। अपने को चारों तरफ से बटोरकर, अध्ययन में लीन होने का प्रयत्न करने लगी। सहसा सामने के मकान की सटी हुई छत से दबे पाँव रखता संगीत आ खड़ा हुआ, किन्तु तल्लीन इला ने उसे न देखा, यह देख संगीत को एक शरारत सूझी। उसने गमले में लगे गुलाब के पौधे से एक फूल तोड़कर उसके ऊपर फेंक दिया। किताब पर फूल गिरने से एकाएक चौंककर इला ने देखा, तो खिलखिलाकर हँस रहा था संगीत। इला भी शरमाकर मुस्करा दी। संगीत ने उसी मधुर हास्य से कहा, ''बधाई देने आया हूँ इला।''

''धन्यवाद!'' कहकर इला हँस पड़ी।

''अब क्या कवि बनने का आयोजन हो रहा है?''

''तो आपको क्या?'' बनावटी क्रोध से भृकुटी चढ़ाकर इला बोली, किन्तु इस वाक्य में उसका राशि-राशि भोलापन फूट पड़ा।

''अच्छा भाई, नाराज न हो, लो मैं जाता हूँ''—कहकर स्निग्ध मुस्कुराहट से उसे निहारते संगीत चला गया।

पड़ोसी होने के नाते वर्षों से उसका परिचय था। लेकिन पहले वह कम आता, इधर अधिक आने लगा था। आयु यही कोई अठारह-उन्नीस वर्ष की थी। देखने-सुनने में सुन्दर, मैट्रिक पास कर उसने कालेज ज्वाइन किया था।

पुस्तक के पन्नों में इला अपने आप को निहार रही थी। मन कल्पनाओं के प्रवाह में बहता जा रहा था दूर तक यह युवक! कैसा हँसमुख, कैसा सरल! इससे खेलने को जी होता है। किन्तु यह चाह क्यों? उसके जी में कौतूहल का प्रवेश हुआ—एक विस्मय-सा अन्तर में मचल उठा—क्या इसी को प्रेम कहते हैं? आकर्षण इसी का नाम है? स्कूल में सहपाठिनियों के वाद-विवाद इसी पर होते थे। किन्तु वह तो इससे अभी तक अनवगत रही हैं फिर इस संगीत को देखने के लिए आँखें क्यों उठ जाना चाहती हैं? उससे बोलने को होंठ क्यों स्फुरित रहते हैं? इला को भी रोमांच हो आया। झकोरे से इठलाती हुई हवा ने अपने एक थपेड़े से उसके अंग-प्रत्यंग को सिहराकर पूछा—यह सृष्टि के कण-कण की मदिर सुषमा, किस बात का आभास देती है? यह फूलों के हँसने में किसका सन्देश है? तुम नहीं देखतीं इन चाँदनी धोए खेतों में कितना आकर्षण है।' इला के हृदय में जाने कब तक भावों के तूफान उठते-गिरते रहे। उसके यौवन की पौ फटने की वह बेला थी।

इला के विवाह की बातें जोरों से चलीं और एक दिन आखिर विवाह की तिथि निश्चय कर मनोहर बाबू ने सन्तोष की साँस ली। मालती ने पूछा, ''तुम्हें यह विवाह पसन्द है इला? कोई बात हो तो बता दो।''

इला काँप उठी। अधरों से कुछ शब्द प्रस्फुटित हुए, ''माँ, क्या विवाह करना जरूरी ही है?''

माँ का स्वर विकृत हो गया। वह कठोर होकर बोली, ''विवाह न करेगी तो करेगी

क्या?"

इला ने माँ का भाव लक्ष्य किया। उसके हृदय पर आघात-सा लगा और मेघ-मंडल की तरह मुँह गम्भीर करके उसने धीमे से उत्तर दिया, "मुझे स्वीकार है माँ।"

उसके विरोध का मूल्य होता ही क्या? अभिभावकों की इच्छा और समाज के शासन पर ही तो उसका भविष्य निर्भर था।

विवाहोत्सव धूम से रचा जाने लगा। इला अधीर होकर सोचती, जीवन में एक महान परिवर्तन होने जा रहा है। फिर भी भावी जीवन के कुछ-सुनहले स्वप्न थे, कुछ स्वर्णीय विचार थे, जो उसे भरमा लेते। वह दूसरे ही क्षण सोचती—दासत्व का सुख, बेबसी की शान्ति और बन्दी का सन्तोष अपनाकर भी तो एक स्वर्ग होगा, जिसमें दो होंगे। पैर में बेड़ी पड़ेगी तो सोने की, दासत्व में भी एक अपनापन, एक अधिकार की भावना होगी—और वह गुदगुदाती हुई भावनाओं से भविष्य की कल्पना के चित्र बनाने लगती। मनुष्य के हृदय में चाह होती है।

विदा के समय उस निर्जीव पुतली के समीप संगीत शायद उसे दिलासा देने के प्रयत्न में स्वयं हारा-सा, थका-सा, निष्फल यत्न-सा बैठा रह गया। दूर चली गयी इला।

किन्तु यह क्या? मानव-काया में हृदय नाम की जो वस्तु है, पग-पग पर उसे ठेस क्यों लगती है? भावुक-हृदय के स्वप्नों के महल ढहते-से क्यों प्रतीत होते हैं? विवाह की मुग्ध कल्पना वास्तविकता की भीषणता से टकराकर छिन्न-भिन्न बिखरती-सी क्यों लगी? सद्यःविवाहिता सप्तदश वर्षीया सुन्दरी इला के मन में विचारों के अंधड़ उठने लगे।

सुशील उसका पति सहज, सरल, निश्छल तथा त्यागी था, यथा नाम तथा गुण जहाँ तक प्यार, स्वतन्त्रता तथा आवश्यकताओं की पूर्ति वह दे सका, इला को उसने दिया। जरा-सा अस्वस्थ होने पर निरन्तर उसकी चिन्ता करने वाले, उसे बिना साथ लिए घूमने भी न जाने वाले, किसी प्रकार के आराम में त्रुटि न होने देने वाले उत्तरदायी पति को इला अच्छी तरह जान गयी, समझ गयी थी। इन बातों के सम्बन्ध में उसके गुणों पर मुग्ध हुए बिना भी तो न रह सकी थी। किन्तु...यह क्या? शिक्षिता इला को सांत्वना क्यों नहीं? सन्तोष क्यों नहीं? एक अभाव की टीस क्यों? अपने सामने वह केवल अनाकर्षक जीवन ही क्यों देखती? आशा-निराशा में अन्तर के भाव क्यों झनकार उठते? वह क्यों अनुभव करती कि दुनिया इतने सुख की जगह नहीं है जितना मनुष्य सोचता है?

पति के कालेज चले जाने के बाद अपने एकान्त के सूनेपन को बटोर, उपन्यासों के पृष्ठों में हीरो-हीरोइन के जीवन के साथ अपने जीवन का कोई सूत्र ढूँढ़ निकालने की चेष्टा क्यों करती? उनके रोमांस के भीतर वह अपने लिए एक संकेत खोजने की चेष्टा में क्यों निरत रहती? और विफल प्रयास होकर विकल, पिपासित, हृदय के उन्मादक वेग को सँभालने में असमर्थ वह सिसकने लगती। अज्ञात वेदना हृदय में धधक उठती। पति के सद्व्यवहारों में डूबकर भी उसके हृदय के अन्तर में प्रेम की लहर की सृष्टि क्यों न होती? पति के विरुद्ध कोई शिकायत न होते हुए, मानव शरीर में उनको देवता मानते हुए भी उसकी समस्त मनोवृत्तियाँ क्यों नही उनकी ओर एकाग्र होतीं? जैसे बीच में

एक अगाध जलनिधि है। उनका सहयोग उसे पूर्णत्व क्यों नहीं दे सका? समस्त वैभव, अधिकार और अनुशासन ने उसे जीवन के किसी क्षण में यह क्यों नहीं अनुभव कराया कि पति के हृदय के अणु-अणु में यह अपने हृदय को मिला रही है? एकाकी पथ पर चलने की उसकी धारणा क्यों? क्या उसके पास ही केवल वह अभाव है? अनुभूतियाँ हैं? और अनुभूतियों में वेदना की अतृप्त प्यास है यह कैसा पागलपन है?

अपने अतीतयुग के चित्र देखती। बिजली की तरह एक-एक तस्वीरें आँखों में से चित्रपट जैसी निकल जाती। संगीत! ओह नवयुवक...देखने मात्र से गुदगुदी...काश, वह जीवन फिर लौट आता!

मई का महीना था, कालेज में छुट्टी होते ही सुशील ने अल्मोड़ा जाने की तैयारी की। अल्मोड़ा में उसके एक दूर के सम्बन्धी रहते थे उन्हीं के घर ठहरने का निश्चय हुआ।

यहाँ उन दूर के सम्बन्धी के घर पहले ही दिन इला को लगा जैसे मृदुल (सम्बन्धी में नवयुवक बेटे) से उसका वर्षों का परिचय हो। कलाकार था न वह! कला जैसा ही सुन्दर सर्वगुण सम्पन्न! सुन्दर पर्वतीय दृश्यों को सुशील के साथ देखते हुए वह उस चित्रकार मृदुल की और भी चुपके से एक बार निहार लेती। प्रातःकालीन सूर्य की किरणों का सोना जब राशि-राशि लुटाता, इन्द्रधनुषी फूलों की हँसी बिखरी रहती तो वह मृदुल से कहता, कैसी शोभा है, देखते जी नहीं भरता।" वह चित्रकार होने के साथ गायक भी था। उसके मधुर गीतों और प्रेम-भावना पूर्ण शब्दों से इला प्रभावित हो उठी। उसके कला के सौन्दर्य की गहरी रेखा भावुक इला के हृदय में खिंचने लगी। किन्तु उसके ज्ञान और भावना में, मष्तिष्क और हृदय में द्वन्द्व चलने लगा। ज्ञान ने कहा—यह प्रेम अनुचित है, समाज इसे क्या कहेगा? विवाहिता नारी का प्रेम पति पर ही केन्द्रित होता है। उसे कोई अधिकार नहीं कि वह कोई और स्नेही, मित्र, सखा बनाकर प्यार लुटाती चले। लेकिन...मन को यह अच्छा लगता है। जाने दो यह सब, ऊँह! प्रेम ही तो जीवन है। इसकी अवहेलना क्यों? इसके बिना जीवन निर्जीव, निस्पन्द, निरानन्द हो जाता है। आखिर फिर क्यों समाज इसे पापाचार बतलाता है? मन में प्रश्नों के समूह उठते-क्यों एक ही रास्ते पर चलने को नारी प्रेरित है? क्या एक ही चीज देखते-देखते मनुष्य का थका मन अटक नहीं जाना चाहता? क्या इधर-उधर देखने को चंचल होकर उलझ जाना नहीं चाहता? तो इस मानव-सुलभ-स्वभाव की हत्या क्यों?

अब इस अवस्था पर इला पहुँच चुकी थी कि प्रतिदिन की कोई अतृप्ति, प्रति मुहूर्त का कोई अभाव, पिंजरे के पक्षी की तरह प्राणों में छटपटा उठता था। उसका मन सुशील से दूर—बहुत दूर उड़ जाना चाहने लगा। सुशील को देखकर मुस्कराने की, प्रफुल्ल मुख बनाने की चेष्टा में भी विफल, उसकी कृत्रिम मुस्कराहट में अन्तर की अशान्ति झाँक उठती।

मोहक, शीतल और नवीन वातावरण में मृदुल के साथ छुट्टी बिताकर इला को उसमें मिलीं आत्मीयों जैसी निकटता। और अपने हृदय की सारी सद्कामनाएँ सारा स्नेह ले वह उस पर निछावर करने चली। उसे जान पड़ा, इस युवक के हृदय में भी कोई अभाव आकाश की अनन्त नीलिमा की तरह पसरा हुआ है। और तभी उसके

प्राणों ने एक पीड़ा पाली।

घर लौट आने पर इला को जैसे कुछ खोया-सा लगा। कोसों दूर स्थित मृदुल के लिए पत्र-प्रेषण मात्र ही आधार था। पत्र की आशा में इला पलके बिछाए रहती मृदुल के पत्र आते, जिनमें सुन्दर हृदय-उद्गारों की माला गुन्थी रहती। भावुक हृदय की राशि-राशि कोमलता बिखरी रहतीं। इला उन्हें घंटों पढ़ती और रोती। प्रत्येक कार्य में मृदुल का ध्यान उसे हो आता। सुशील के नियमित जीवन, कालेज, और बंगले में जैसे उसकी कोई दिलचस्पी नहीं। जैसे उसके संसर्ग में उसका मनोरंजन भी एक जटिल समस्या बनकर रह गया हो, बाह्य रूप से पति के जीवन के साथ सम्बद्ध, अभिन्न दीख पड़ने वाली नारी के अन्दर की वस्तुस्थिति का ज्ञान किसे था।

समय भागता गया। दो वर्ष बीते।

एक महीने की कठिन बीमारी से इला स्वस्थ होकर उठी। जीवन के सभी साधारण दिनों की अपेक्षा वे दिन उसे कुछ नवीन से लगे। कुछ विशेषता-सी जान पड़ी। बीमारी के कारण उसके कश बदन में पीलेपन का आभास हो गया था। चेहरा क्षीण होने से आँखें कुछ बड़ी-बड़ी-सी निकल आयी दिखाई देने लगी थीं।

प्रातः काल की हलकी, उजली धूप में बंगले के बरामदे में इजीचेयर पर इला लेटी हुई एक मासिक पत्रिका के चित्र देख रही थी। सहसा मनोज ने प्रवेश किया। वह एम.बी.बी.एस. होकर डाक्टरी कर रहा था। सामने कुर्सी पर बैठते हुए उसने मुस्कुराकर प्रेम भरे स्वर में पूछा, "कहिए भाभी, आज तो टेंपरेचर नहीं रहा?"

प्रत्युत्तर में इला भी मुस्कराकर बोली, "ऊँह, आप भी क्या हर घड़ी टैंपरेचर की बात पूछा करते हैं? अरे, अब तो मैं चंगी हो गयी।"

"मेरी मेहनत सफल हुई भाभी।"

"लेकिन व्यर्थ ही तो? आपने मुझे क्यों बचा लिया।"

"क्यों भाभी, ऐसा क्यों कहती हो?"

"अरे एक दिन तो मरना ही है। फिर क्या करना ज्यादा जी कर?"

"ऐसा विचार स्वास्थ्य के लिए घातक है। आपको किस बात की कमी है? ऐसे विचारों को पालकर दुनिया में आदमी पागल हुए बिना नहीं रह सकता।"

इला ने उसकी बातें सुनीं। मन में किसी ने दुहराया—'किस बात की कमी है तुम्हें।' साथ ही किसी कोने से उठकर उत्तर मिला, 'तुम क्या समझोगे डाक्टर।'

मनोज बड़ी आँख, पतली नाक, सुगठित शरीर का एक सहृदय युवक सुशील के गहरे मित्रों में से था और उससे आयु में दो-एक वर्ष छोटा होने के नाते इला को भाभी ही कहता था। समय ने घनिष्ठता उत्पन्न कर दी थी। परिजन-सा वह हो गया था। जब से इला बीमार पड़ी थी, प्रतिदिन उसकी देख-रेख, दवा-पानी की व्यवस्था तथा मन-बहलाव के लिए आना उसकी ड्यूटी हो गयी थी। इला का मनोरंजन भी काफी होता। उसे उसके व्यवहार में प्रेम का आभास मिला और वह समझने लगी कि मनोज उसे चाहता है। उसके हृदय में संघर्ष होने लगा। उसने एक बार अपने जीवन की डायरी के पन्ने उलटे।

ओफ! क्यों इन युवकों के प्रति आकर्षण? जीवन में एक नहीं चार-चार पुरुष आये। एक संगीत था-यौवन की सीढ़ी पर पाँव रखते जिसे देखा था। दूसरा सुशील मिला, जीवन-संगी के रूप में। तीसरा उसकी कलात्मक प्रकृति की भावना को प्रेरणा देने वाला कलाकर मृदुल आया और चौथा आज यह मनोज—सौन्दर्य की प्रतिमूर्ति बनकर जीवन की सारी शृंखला छिन्न-भिन्न करने आया है। इला की शिराओं में रक्त वेग से संचरित होने लगा। उसने अनुभव किया कि वह स्वयं झुक रही है। इस युवक की आँखों में क्या विशेषता है, जो उसे खींचती है? क्या दसी दृष्टि पर नारी अपने को पुरुष के सम्मुख समर्पण कर देती है? लेकिन नहीं, उसे यह ख़्याल भी मन में लाना पाप है, वह विवाहिता है।

भ्रान्त उन्मत्त इला एक साथ ही अनेक बातें सोचकर पागल हो उठी। उसके हृदय की अवस्था डाँवाडोल हो रही थी।

बीच में कुछ कार्यवश मृदुल इला के यहाँ आया। पन्द्रह दिन रहने पर उसका मनोज से काफी परिचय हो गया और उसकी नजरों से मनोज की इला के प्रति मनोवृत्तियाँ भी छिपी न रह सकीं। उसके कोमल हृदय को कुछ ठेस-सी लगी। घर पहुँचकर उसने लिखा, 'इला, मैंने देखा, वह जो मनोज, तुम्हारे पास अधिक आता है, और जिस प्रकार उसने तुम्हारे हृदय पर विजय प्राप्त कर ली है, मेरे विचार से तुम्हारे जीवन को सिवा दुःख के किसी सुख के पथ पर वह नहीं ले जा सकता है। सोचो-समझो, तुम किधर जा रही हो?'

पढ़कर इला स्तब्ध रह गयी। सचमुच यह तो जान-बूझकर उस घर में आग लगाना है जो जरा-सी गर्मी पाकर स्वयं जल उठने को व्याकुल हो। जब तक कोई घटना नहीं घटती, जब तक कोई भेद, रहस्य कोई जटिल समस्या बीच में नही आ पड़ती, मनुष्य का भावुक मन कल्पना के समुद्र में गोते लगाया करता है। यही दशा इला की थी। अभी तक वह अपने प्रेम पात्रों को विश्लेषणात्मक दृष्टि से नहीं देख सकी थी। अभी तो उसकी आँखों में एक ही मोहक भाव, एक ही मुग्धता भरी थी, केवल मात्र प्यार करने की अन्ध इच्छा। पात्र प्यार करने योग्य भी है या नहीं, इसकी उसे अपेक्षा न थी। आज उसकी आलोचनात्मक वृत्तियाँ जाग उठीं। आज वह उनके सम्बन्ध की एक-एक घटना, एक-एक बात, उनके शारीरिक, मानसिक सौन्दर्य की पर्यालोचना करने लगी। किन्तु सहृदय इला ने अपना भावुक मन दोनों से ही घनिष्ठ प्रेमपूर्ण परिचय पाकर दे दिया था। दोनों ने अपने मानसिक तथा शारीरिक सौन्दर्य द्वारा उसके हृदय में जाकर सामंजस्य स्थापित कर लिया था। इला के हृदय में न जाने कितने द्वन्द्व, उलझन का संसार लिए उठ पड़े। कैसा था उसका जीवन, नैराश्य की मरुभूमि को छूता हुआ। कैसी थी उसमें प्रेम क़ी करुण विडम्बना, दारुण कृत्रिमता के पीछे सहानुभूति की कुचली हुई आकांक्षा।

दिन के दो बज गये थे। इला लेटी हुई थी। गम्भीर विचारों का उसके हृदय में युद्ध चल रहा था। मृदुल के पत्र के सत्य को देखकर भी नहीं देखना चाहती थी। इस प्रेम और कर्तव्य को लकर उसका हृदय भारी हो आया, आँखें छलछला आईं और वह चुपचाप सिसकने लगी।

संध्या में देर थी। नित की भाँति मनोज आया। इला अपनी लाइब्रेरी में बैठी थी। निःशब्द

चरणों से वहाँ जाकर मनोज ने उसे चौका देने की सोची। दबे पैरों जैसे ही घुसा, इला की दृष्टि सहसा पड़ ही गयी। मृदु मुस्कराकर मनोज बोला, "किस परीक्षा की तैयारी हो रही है?"

किन्तु और दिनों की अपेक्षा इला आज क्षुब्ध थी। उसके हृदय में एक काँटा-सा खटक रहा था। खिन्नता भरे स्वर में बोली, "क्यों, क्या कीजिएगा पूछकर?" आज अपने ऊपर ही उसे एक खीझ उत्पन्न हो गयी थी।

मनोज मन ही मन आश्चर्यान्वित हुआ। "क्या बात है?" उसने पूछा, "आज सुस्त क्यों हो?"

"यों ही, कुछ दर्द है सिर में"—कहकर इला अपने ड्राइंग रूप से उठकर चली गयी।

मनोज क्षण भर रुका फिर उसे दरवाजे के पास से ही पुकारकर बोला, "ज्यादा दर्द है क्या भाभी, कोई बाम मल दूँ?"

इला ने क़हा, "कोई जरूरत नहीं," और वह पलंग पर जाकर पड़ रही। मनोज का जी अकेले लगता नहीं था। यदि ऐसा न होता तो वह सुशील की अनुपस्थिति में ही ज्यादातर क्यों आता? उसने थोड़ी देर तक बैठे रहकर उसे एक बार सतृष्ण नेत्रों से देखा और फिर चला गया।

दूसरे दिन शाम को मनोज फिर आया हाथ में एक पुस्तक लिए हुए। वह समझता था, सुशील घर पर न होगा। लेकिन सुशील उस दिन एक पार्टी में जाने के लिए जल्दी ही आ गया था और इला के पास ही बैठा हुआ 'शेव' कर रहा था। सामने ही चेयर पर बैठते हुए मनोज ने पुस्तक इला को देनी चाही, लेकिन बीच में ही बोल उठा सुशील, "कौन-सी पुस्तक है जो?"

मनोज ने उत्तर में कहा, "भाभीजी ने मँगायी थी, कविता की पुस्तक है, तुम क्या समझोगे इसे सांइस के प्रोफेसर?"

ऊपर से कोई अधिकार न रखते हुए भी, मन के सम्बन्ध को दृढ़ समझने की भावना से इस प्रकार के व्यवहार को वह उचित जानता था।

किन्तु बीच में ही पुस्तक देखने की उत्सुकता से सुशील ने लपककर पुस्तक खींच ली। छीना-छपटी में उसमें रखा हुआ एक स्लिप फर्श पर गिर पड़ा। सुशील उसे उठाकर सरसरी नजर से देखते हुए फिर उसी प्रकार उसे पुस्तक के बीच में रखते हुए, पन्ने उलटने-पलटने लगा।

यह स्लिप इला के नाम मनोज ने लिखकर रखी थी। इला ने उसे पढ़कर अन्यत्र छिपा दिया किन्तु सुशील को वह बात न भूली। रात को शय्या पर लेटे हुए उसने इला से पूछा, "उस स्लिप में मनोज क्या लिखकर लाया था?"

इला का हृदय धक्‌धक् करने लगा। मनुष्य चोरी करते नहीं, वरन् उसके पकड़े जाते डरता है। तो क्या यह चोरी थी? आज तक जो कृत्रिम प्रेम वह सुशील को दे रही थी। उस पर वह अविश्वास तो कर ही न सकता था, पर अंगार कब तक राख से छिपाया जाता। इला काँप उठी। कंम्पित स्वर से कहा, "कुछ भी नहीं," लेकिन जब सुशील पीछे पड़ गया, "कुछ तो था इला, मुझसे छिपाती हो," तब इला ने वह स्लिप दिखा दिया।

उसमें लिखा था, "प्राण! कल की तुम्हारी वह उपेक्षा, मेरे कलेजे पर छुरियाँ चला रही है। मुझसे क्यों नाराज हो? क्या एक तृषित हृदय को यों ही चिर पिपास की जलन में तड़पने का छोड़ दोगी? मेरी रानी! क्या तुम्हारे प्रेम-पीयूष का एक कण भी न पा सकूँगा?'

इला का मुँह पीला पड़ गया था। इस प्रमाण के बाद भी क्या सुशील उसे सच्चरित्र समझेगा।

सुशील का मुँह विवर्ण हो उठा। उसके सिर पर जैसे एक साथ ही सौ वज्र गिरे। तीक्ष्ण व्यंग्य से कठोर स्वर में उसने कहा, "छिपे-छिपे यह प्रेम लीला? फिर मेरे साथ प्रेम का स्वांग क्यों इला? इस विश्वासघात की जरूरत ही क्या है?"

क्रोध से उन्मत्त सुशील की श्वास जोरों से चल रही थी। आँखें रक्त वर्ण और शिराओं में उत्तेजना की उन्मत्त गति।

इला की साँस मानों रुकी जा रही थी। वह निस्पन्द प्रस्तर मूर्तिवत् मोढ़े पर बैठी रह गयी। संस्कारों की शिकार दुर्बल नारी।

बाहर से तो घर-गृहस्थी का काम सब वैसे ही चलने लगा किन्तु पति-पत्नी में जो मेल था, उसमें गाँठ पड़ गयी। उनके हृदय में जो लकीर पड़ गयी उसे मिटाना कठिन था। इस पारिवारिक अशान्ति से कोई निस्पृह न रह सका। सुशील पर यह भीषणता स्पष्ट हो गयी थी किन्तु वह विस्मय से सोचता—और पतियों की भांति कभी उसने अपनी पत्नी के चरित्र तथा गतिविधि पर कोई संदिग्ध दृष्टि नहीं रखी। वह सदैव स्वाधीन रही पर उसने उसकी अवहेलना की। अब वह अत्यन्त उत्तेजित अवस्था में झुंझलाया हुआ रहता। तिलमिलाकर सोचता—आवश्यकता से अधिक सरल और पत्नी के सम्बन्ध में शुष्क, समयानुकूल बातचीत तक ही सीमित वह न रहता तो आज यह अवसर न उपस्थित होता। एक घर में ही वह तटस्थ रहने लगा। इला से उसका सम्बन्ध टूटने-सा लगा। पाँच-पाँच छह-छह दिन हो जाते—इला से भेंट न होती। बंगले में आता, खाता, सोता पर न तो इला की किसी बात को देखने-सुनने की उसे कुछ आवश्यकता ही थी, न उत्सुकता, दैनिक जीवन यों ही चल रहा था।

मनोज, दो-एक बार आने पर भी इला से भेंट न हो सकने से, कुछ चोट-भी खाकर अब बिलकुल न आता।

इधर इला भी मानसिक अशान्ति से जर्जर होती जा रही थी। जैसे कोई भयानक वेदना उसे दबाए रहती हो, एक दिन सहसा सुशील उस तरफ से होकर निकला। इला को देख उसे कुछ प्रेरणा हुई। वह बैठ गया—जैसे आज हर बात के लिए वह तैयार हो आया हो। एक विचित्र सनक उसे सवार हो गयी, गम्भीर स्वर में बोला, "इला, आत्मा को छलकर कुछ न होगा, व्यर्थ है यह। अच्छा होगा कि तुम एक सच्चा रास्ता पकड़ लो।"

हतबुद्धि सी इला बोली, "क्या?"

सशील मृदुल के प्रति इला के प्रेम-व्यवहार को भी जान गया था, उसने कहा, "तुम मृदुल और मनोज दोनों को चाहती हो, बेहतर है दोनों में से जिसके पास चाहो चली जाओ।"

इला को जैसे काठ मार गया। कहाँ थी उसमें इतनी बुद्धि बल और साहस?

सदियों से पति के चरणों से लिपटी रहने वाली नारी में कहाँ थी उसे परित्याग करने की शक्ति और सामर्थ्य?

वह कातर बोली, "क्या तुम मुझे क्षमा नहीं कर सकते?"

कटु व्यंग्य से हँसकर सुशील बोला, "इसमें क्षमा की क्या बात है इला, यह तो एक बिलकुल साफ बात है। तुममे क्यों नहीं इतना साहस होता? समाज से डरती हो, वह कुछ न करेगा, वह सिर्फ डरने वालों को डराता है। हमारे तुम्हारे जीवन में अभिन्नता न स्थापित हो सकी तो बेहतर होगा कि अपने जीवन को नष्ट होने से तो बचा लो।"

इला की असहाय भावना उसके अन्तर में चीत्कार कर उठी, "इन बातों से कोई लाभ नहीं है। मैं ऐसा नहीं कर सकती।"

"ऐसा नहीं कर सकती?" क्रोध से सुशील गरज उठा, "छिपे-छिपे पत्राचार कर सकती हो क्यों? तो ऐसी दुश्चरित्र स्त्री के लिए मेरे घर में जगह नहीं। बोलो, तुम कहाँ जाना चाहती हो? मुझसे जो होगा आर्थिक सहायता कर दूँगा। किन्तु मेरा साथ छोड़ो, मैं अधिक नहीं सह सकता।"

इला कल्पना भी न कर सकी थी कि सुशील इतना भयंकर रूप धारण कर सकेगा और पुरुष के आर्थिक आधिपत्य की व्यंजना उसे तीर-सी लगी।

दूसरे दिन वह अपने नैहर जा रही थी।

"दीदी, रोती क्यों हो?" इला के बालों को उसके माथे पर से हटाते हुए करुण-प्यार भरे स्वर में हेमा ने कहा, उसके मुख पर व्यथा की झलक थी।

"भारतीय नारी जन्म से केवल रोना ही जानती है हेमा, मुझे रोने दे, रो-रोकर ही इन प्राणों को खो जाने दे। क्या करूँगी जी कर?"

"नहीं दीदी, ऐसा न कहो, तुम्हारे अभी माता है, पिता है, भाई है और तुम्हारी प्यारी हेमा है। इसी के लिए जियो।"

"पति-परित्यकता स्त्री का कोई नहीं हेमा।" इला की आँखों के सजल बादल झुक आये।

"दीदी, तुम पढ़ी-लिखी समझदार होकर ऐसा कहती हो?" हेमा स्नेहकंपित स्वर में बोली।

"हेमा!" इला की बाँध लगी हुई आँखें फिर उमड़ पड़ी। "जीवन के अनुभव बड़े कड़वे होते हैं। कम से कम मुझे उसका कड़वा पहलू ही देखने को मिला है। उस दिन की बात तुझे नहीं मालूम? माँ ने कहा, 'पाँचवा महीना होने आता है। ऐसे कब तक मायके में पड़ी रहेगी?' पापा ने कहा, 'घर-बर अच्छा देखा, पढ़ा-लिखाकर ब्याह दिया, अब पति से बने न बने, हम उसके जिम्मेदार नहीं।' तो बताओ न हेमा, मैं क्या करूँ? उनकी शरण में जाने के सिवा अब और क्या उपाय है? जीविका हम स्त्रियों के लिए इतनी सुलभ तो नहीं है?"

"मेरी राय में तो तुम्हें अपने पैरों पर खड़े होना चाहिए।" हेमा आगे कह ही रही थी कि नीचे से किसी ने किसी कार्यवश हेमा को पुकारा। इला को वहीं छोड़कर नीचे चली गयी।

रात के दस बजे सब लोग खा-पीकर सो गये, इला बैठकर पत्र लिखने लगी। उसे

कोई पता न था कि अब मृदुल और मनोज कहाँ पर होंगे, फिर भी उसने पुराने पतों से ही एक-एक पत्र दोनों के नाम लिखकर रख लिए। सबेरे उठते ही उन्हें डाक से भेज दिया हफ्तों तक वह उत्तर की प्रतीक्षा में बैठी रही। मनोज का तो कोई उत्तर ही नहीं आया। किन्तु दूसरे सप्ताह मृदुल का उत्तर उसे मिला, उसने लिखा था, ''समाज का यह अत्याचार है इला, पति के लिए अन्य किसी को प्रेम न करने के कठिन प्रतिबन्ध को तोड़ने के अपराध में इतना भीषण दंड तुम्हें भोगना पड़ता है। निस्सन्देह तुम्हारे जीवन को नष्ट करने में किन्हीं अंशों में मैं भी भागी रहा, परन्तु साहस और धैर्य से काम लो इला, परिस्थितियाँ स्वयं अनुकूल हो जाएँगी। मैं कर ही क्या सकता हूँ, जहाँ तक हो सकेगा, तुम्हारी आर्थिक सहायता करने से इनकार नहीं कर सकता।''

इस उत्तर को पढ़कर विद्रोही इला के हृदय में भीषण रोष-ज्वाला धाँय-धाँय कर उठी। उसकी मुद्रा कठोर हो गयी, होंठों को क्रोध से दो बार चबाकर उसने कहा, 'कायर, स्त्री को पालतू पशु से भी गिरा हुआ समझने वाले पुरुष, तुम अपने को समझते क्या हो?....

'यह अपमान स्त्री नहीं सह सकती, तुम्हारे टुकड़ों पर ठोकर है। वह दर-दर की ठोकर खायेगी, किन्तु तुमसे सहायता नहीं ले सकती,' और उसकी आँखों से चिनगारियाँ निकलने लगीं। अपने जीवन, समाज, संसार सबके प्रति उसके मन में विद्रोह जागा। जिस प्रेम के लिए उसका घर द्वार, लोक-लाज, यश-अपयश सब छूटा और जिस प्रेम के लिए आज उसने अपने को समाज के निषेध की दीवारों की कैद से भी मुक्त पाया, वही आज नारी को आर्थिक असहायता का विकृत रूप इस तरह दिखा रहा था।

जीवन के अनुभूत सत्यों ने, आर्थिक समस्याओं ने, उसके चिर-अभ्यस्त भावुक हृदय को कुंठित कर दिया, उसमें की कुचली हुई आकांक्षाएँ तड़प उठीं, उसमें जीवन की पराजय के प्रति एक खीझ उठी। उसके पुराने संकल्प तुच्छ हो उठे। जिन सहृदय और कोमल वृत्तियों ने उसे प्रेम के माधुर्य के लिए चंचल कर दिया था, आज वह भावुकता कठोरता में परिणत हो गयी, अमृत के बदले अब विष पीने को वह कटिबद्ध है। अपनी प्रबलतम प्रवृत्तियों को दबाकर अंगार में झुलसना है, लेकिन जब समाज के बताए रास्ते से हटकर झाड़-झंखाड़ में उलझ ही गयी तो अपना और सारी नारी जाति का रास्ता उसे बनाना है। उसकी नसों में उत्तेजना से रक्त दौड़ा। उसे रास्ता बनाना है। अब वह किसी की सहायता के लिए हाथ न पसारेगी। और तभी अपने बचे-खुचे रुपयों के बल पर पिता के घर से भी अलग हो इला एक प्रगतिशील मासिक पत्र की संपादिका और संचालिका हो गयी। उसके अन्तर के अणु-अणु में जो विद्रोह की ज्वाला जल रही थी, जिसने उसके हरे-भरे जीवन को नष्ट कर दिया था, उसके कुछ कण बिखेरे बिना उसे चैन नहीं। सामाजिक सुधार-संघ-संस्थाओं को उसने अपना जीवन दे दिया। उसके भाषण में आग की लपटें निकलती, कालम के कालम उसकी जलती हुई लेखनी की चिनगारियों से भर रहते। आज यह जान गयी। समझ गयी है कि समाज़ के विधानों को जंजीरों से जकड़ी हुई नारी जब तक अपने बन्धन आप नहीं काटती—कोई शक्ति उसे उसका सर्वनाश होने से नहीं बचा सकती।

होमवती देवी

हिन्दी की महिला-लेखिकाओं में श्रीमती होमवती देवी का विशिष्ट स्थान है। उनकी कहानियों के चार संग्रह प्रकाशित हुए हैं—निसर्ग, धरोहर, स्वप्न-भंग, अपना घर। इनमें क्रमशः ग्यारह, सोलह, पन्द्रह तथा बाईस कहानियाँ संगृहीत हैं। इनमें से अनेक कहानियाँ तत्कालीन पत्रिकाओं में प्रकाशित हुई थीं। विवेचन की सुविधा के लिए होमवती जी की कहानियों को कुछ वर्गों में विभक्त कर सकते हैं—

1. रेखाचित्र : धरोहर, भगवती, वह कौन थी (धरोहर), जीवन-क्रम, नया पेशा, वारण्ट (स्वप्नभंग), नन्दी, लल्लू, गुब्बारा, शेष स्मृति, अन्तिम मिलन (अपना घर)।

2. व्यंग्य चित्र : टी पार्टी, मीरा की जात, त्यागी जी, शिलान्यास, नया अंक (स्वप्न भंग), पुरस्कार, ट्रेनिंग, तन-सेवक (अपना घर)।

3. सामयिक राजनीतिक स्थिति से प्रभावित कहानियाँः त्याग, स्वाभिमानिनी (निसर्ग), स्पेशल परमिट (धरोहर), प्रचास, स्वप्नभंग, स्पेशल ट्रेन (स्वप्नभंग), पुरुषार्थ (अपना घर)।

4. व्यक्तिगत, पारिवारिक एवं सामाजिक समस्याओं के सन्दर्भ में रचित कहानियाँ स्मृति-चिह्न, कान का बुन्दा, गोटे की टोपी, प्रायश्चित, नारीत्व, अव्यवस्था, सूनो का त्यौहार, मनुष्यता की ओर, बचपन की याद (निसग), राब की मटकी, पीतल की चूड़ियाँ, परिवर्तन मन की साथ, बिसाती, शशांक, एप्रिल फूल, कागज की नाव, क्रिसमस कार्ड या नालिश।

स्वप्न भंग

कहने को तो ग़फूर कबाड़खाने की दुकान करता था और शहर भर में घूम-घूमकर घर-घर का कूड़ा-कचर समेट लाता था—टूटे-फटे डिब्बे, छलनी हुए कनस्तर और फटे-पुराने कम्बलों से लेकर रद्दी शीशियाँ, टूटी हुई साबुनदानी, ब्रुश, गन्दे शीशे इत्यादि खरीद-खरीद कर बेचता रहता था। कभी-कभी पुरानी मसहरियाँ और बरसातियाँ भी बेचता रहता था वह। किन्तु प्रायः बढ़िया सामान भी उसके हाथ लग ही जाता था जो कि हिन्दू घरानों से अमीर लोग छाँट देते थे या फिर मेम लोगों से झटक लाता था। बढ़िया किस्म के फलदान, थर्मस, बच्चों की गाड़ियाँ, इत्यादि-इत्यादि।

इधर कुछ दिनों से उसकी दुकान का काम और भी चेत गया था और आमदनी काफी बढ़ गयी थी। क्योंकि पाकिस्तान जाने वाले लोग अपने-अपने सामान के चौगुने

पैसे बनाने की फिक्र में थे। गफूर कौडियों के मोल की चीजें रुपयों में निकाल देने का दम भरता, और उसी को सब अपना-अपना रद्दी सामान उठवा देने का दान करते थे। इस सामान में टूटे हुए बर्तनों से लेकर खड़ाऊँ और जूतियाँ तक आती थीं। उसकी दुकान पर पलंग, बाजे, तबले, फुटबाल, लकड़ी के अन्य खिलौने तथा अनेक प्रकार की वह वस्तुएँ भी जिनकी कभी कल्पना भी नहीं की जा सकती, जैसे कि पुराने बुर्के और अन्य कपड़ों के साथ बाँट-तराजू तक, लकड़ी की गन्दी डोइयाँ और टूटे हुए पिंजरे तथा गिलट और पीतल के गहने तक। विशेष रूप से पैंठ वाले दिन सैकड़ों बेचने वालों में ग़फूर की दुकान पर ही अधिक भीड़ लगी रहती और उस मीलों तक लम्बे बाजार में सबसे अधिक बिक्री उसी की होती थी। जब कोई पाकिस्तानी यात्री पूछता, ''कहो मियाँ, क्या हाल है?'' तभी ग़फूर झट से कह देता, ''खुदा का फ़जल है।'' कारण उसके अनेक परिचित हिन्दू घराने उस पर इतना अधिक विश्वास करते थे कि जो दाम उसने एक बार कह दिये बस वही ठीक है। ग़फूर की बात लौटाना मानो अपने ही प्रति अन्याय करना है। ऐसी धारणा उसके प्रति बन गयी थी लोगों की।

ग्राहकों को खुश करना भी वह खूब जानता था। किसी के बच्चे को दो इलायची ही थमा दे और किसी के बैठने के लिए अपने ओढ़ने की लोई ही झाड़कर बिछाने लगता, और किसी के लिए झट पान ही लगवा लाने की चेष्टा करता। और इसी प्रकार सामान बेचने वालों को भी आश्वासन देता रहता—'अजी, इस फटी हुई दरी के टुकड़े के कम-से-कम दो रुपये वसूल कर के दिखाऊँगा, यह टूटा हुआ पीकदान पूरे ढाई रुपये में बिकेगा, और इन सैंडिलों पर तो दो पैसे की पालिश का खर्च करने पर कोई भी ईसाइन खरीद लेगी।' इत्यादि-इत्यादि बातें सुनकर लोगों के मन में यह बात निश्चय रूप से जड़ पकड़ जाती थी कि ग़फूर निस्सन्देह पाकिस्तान जाने से पहले, उनके हाथ इस रद्दी-खुद्दी सामान को बेचकर अच्छी-खासी रकम उनके हाथ थमा देगा; और वहाँ? वहाँ तो बहिश्त है बस, एक से एक बढ़िया सामान बिल्कुल नया मिलेगा, सजी-सजाई कोठिया, बढ़िया फर्नीचर और बिजली के पंखे लगे हुए। दो-चार खिदमतगार, चमकती हुई कारें और बड़े से बड़ा ओहदा...इस पर शान यह कि सीमान्त की हूरें पान लगाएँगी और जूता साफ़ करके पहनाया करेंगी...दो-चार के मुँह से इसी प्रकार की बातें सुन-सुनकर बहुतों ने अपना वह सामान भी बेचना शुरू कर दिया जिसे आसानी से ले जाया जा सकता था, जैसे मुँह देखने के शीशे, प्याले और प्लेटें, छुरी-काँटे दुलाइयाँ और अचकनें। यहाँ तक कि बच्चों की कामदार टोपियाँ तक पैंठ में बिकने आने लगीं। ग़फूर के मन में रह-रहकर तूफान-सा उठने लगा—पाकिस्तान...ओः कैसा होगा...वह शहर? जहाँ इतने लोग अपने घर-द्वार और कार-बार छोड़कर उड़े जा रहे हैं। ये बेवकूफ थोड़े ही हैं? सभी पढ़े-लिखे समझदार हैं। कहते हैं वहाँ बड़े-बड़े बगलें और मकान मिलेंगे रहने को इन्हें, ऊँचे-ऊँचे ओहदे मिलेंगे, आज जो तार बाबू से लेकर मामूली डाकिया है, वह कल पाकिस्तान पहुँचकर कलक्टर और कमिश्नर बन जायेगा। झोंपड़ियों में रहने वालों को महल मिल जाएँगे, पैदल घिसटने वाले वहाँ मोटरों में उड़ते

फिरेंगे। एक हम हैं जो रात-दिन झूठ-सच बोलकर चार पैसे लेकर लौटते हैं। महँगी के मारे नादम है। हमीदन अलग जान खाये रहती है, कभी परीबन्द बनावा दो, तो कभी हार! तो क्या दरकार वहाँ इन चीजों की? वहाँ चाँदी के भाव सोना मिलेगा और यहाँ पूरे साल भर जान खपाकर डेढ़ माशे का बुलाक बन पाया है बस...सुना है। कि कांग्रेस सरकार गरीबों के लिए अच्छे मकान बनवा देगी, मगर आखिर मकान तो मकान ही है। फूस का छप्पर न सही, टीन की चादरें डलवा देंगे, या छत ही पटवा दो तो उससे क्या! वहाँ की बड़ी-बड़ी आलीशान कोठियों के सामने मकान की क्या औकात? सड़क के किनारे अपनी दुकान लगाये वह यही सब सोच रहा था कि ग़फूर के मनोरम स्वप्न बराबर भंग करते हुए उनके मुहल्ले की बड़ी मस्जिद के मुल्ला जी बोले, ''क्यों, ऊँघ रहे हो क्या? मालूम होता है कि सब सामान निकाल चुके हो। ये थोड़ी-सी रद्दी-खुद्दी चीजें पड़ी हैं बस। लो जरा हमारी भी सुन लो। यह है तीतरों का पिंजरा, और कुछ सामान कल घर से ले आना, पर जरा दाम अच्छे उठाना।''

ग़फूर जैसे आकाश से गिर पड़ा, ''आप...आप भी बेचेंगे सामान, मुल्ला जी। यह क्या ग़जब हो रहा है, मस्जिद में ताला डालकर जाएँगे आप—या किसी को रखकर...?''

''अरे, रखकर क्या करना है हमें, आप मरे जग परलों—चाहे जो हो, अपने वतन जाने की बात तय कर चुके हम तो—'' मुल्ला जी ने तीतरों का पिंजरा उसके सामने रखते हुए कहा।

ग़फूर का सिर घूमने-सा लगा, ''अपना वतन? वह अपना वतन है? और यह, जहाँ पैदा हुए, खेले और बड़े हुए, न जाने कितने बुजुर्ग यहाँ की मिट्टी में दबे पड़े हैं?'' और फिर धीरे-धीरे उसकी आँखों के सामने बाप की कब्र, माँ की ..... बहिन और भाइयों की कब्रें, फिर अपने दोनों छोटे बच्चों की समाधियाँ घूम गयीं। इसके बाद इतने लम्बे-चौड़े कोसों तक लम्बे कब्रिस्तान..., बड़ी-बड़ी आलीशान मस्जिदें, और मकबरे, सिनेमा के चलचित्रों के समान उसकी आँखों के सामने नाचने लगे। इसके बाद अपना घर, एक-एक खिड़की और दरवाजा। दरवाजे में बँधी भैंस और उसकी कुटिया भी दृष्टि के आगे तैरने लगी। बकरी तो उसने पिछले महीने ही खरीदी है, सामान ढोने का ठेला अभी नया बनवाया है...ग़फूर की आँखों के सामने अँधेरा-सा छा गया। वह जल्दी-जल्दी सामान बक्सों में भरकर ठेले पर लादने लगा। साथियों ने पूछा, ''मियाँ, चल दिये अभी से? अभी तो सूरज भी नहीं छिपा—बहुत बजे होंगे तो तीन बजे का वक्त होगा बस...?'

ग़फूर ने सामान को रस्सी से बाँधते हुए कहा, ''यह तीतरों का पिंजरा अच्छा जान को आ पड़ा। इसे सँभालूँगा या अपना कुछ तिया-पाँचा करूँगा। दाना ही नहीं इनके पास। लो तुम्हीं रख लो, कोई आ निकले खरीदार तो दे देना जितने में पटे, पैसे मुल्ला जी को गिना देना—''

''क्यों, तुम्हें क्या हुआ?'' रमजानी ने पिंजरा थामते हुए पूछा।

''तबीयत ठीक नहीं है।'' कहकर वह जूता पहनने लगा। तभी जम्मन ग्वाले का लड़का दौड़ता हुआ आया, ''ये तीतर कितने के हैं जी?''

"तू लेगा क्या?" गफूर ने ठिठककर उससे पूछा।

"क्यों! लेंगे क्यों नहीं? तभी तो पूछ रहे हैं...?" लड़का अकड़कर कहने लगा। ग़फूर ने कहा, "काजी-मुल्ला तक पाकिस्तान जा रहे हैं, और तू सारी जिन्दगी यहीं पड़ा ढोर चराता रहियो...सब वहीं पहुँचे जा रहे हैं...।"

"जा रहे होंगे तुम जैसे, अब्बा ने तो यह कह दिया है–हम नहीं जाते; कौन जाये वहाँ भूखों मरने को, जाड़े में सड़कों पर पड़े पड़े लाखों मर गये...ला बता इनका क्या लेगा?" पिंजरा उठाते हुए उसने कहा।

"ऐं, सड़कों पर पड़े-पड़े मर गये, कौन कहता है रे तुझसे? वहाँ की बातें सुनी नहीं अभी तूने, वहाँ कोई गरीब नहीं रहेगा, बड़े-बड़े आदमी जा रहे हैं, और तू..."

"अच्छा तो चला जा तू भी...मत बता भइया, पैसे इनके मुझे तो देर हो रही है।" कहता हुआ जुम्मन का लड़का खिसकने लगा और ग़फूर उसे रोकने की चेष्टा करता हुआ पूछने लगा, "कौन कहता था तेरे अब्बा से? बता तो..."

"अरे उस का क्या नाम है–वह जो मकानों पर नम्बर डालता फिरता था, किसी का दामाद होकर आया है वहाँ, बड़ी बुराई कर रहा था। बीवी तो रोते-रोते उसकी बीमार हो कर आयी है...। ले, आठ आनू दूँ इनके?" लड़के ने अंटी से अठन्नी निकालकर उसके सामने फेंक दी, और पिंजरा उठा लिया।

"ना ना आठ आने वो बहुत कम हैं। ठहर, मैं तुझे सस्ता ही दे दूँगा–सुन तो, और क्या कहता था वो तेरे अब्बा से...?" ग़फूर उदिग्न-सा उठा और जुम्मन का लड़का एक दुअन्नी और फैंककर चलता बना।

हमीदन ने रात भर जलती हुई तेल की कुणी में फूँक मारकर, पति से कहा–"रात भर न सोये और न सोने दिया। तुम्हें तो बस पाकिस्तान के ख्वाब आते रहते हैं, दिमाग़ आसमान पर चढ़ा जा रहा है, न किसी को सुनते हो न समझते हो। ये जो इतने लोग यहाँ चुप चाप पड़े खा-कमा रहे हैं, ये सब पागल हैं? गरीबा की बहू कह रही थी कि वहाँ धोबियों की बड़ी जरूरत है, पर गरीबा ने साफ इनकार कर दिया जाने से। उसके घर जो भिश्ती पानी भरने आता है, सुना है कि उसकी भतीजी का खाबिन्द राशन के दफ़्तर में नौकर था, बस तारीफों के पुल बाँध रखे थे लोगों ने चला बिचारा बहककर, अब परसों उसकी चिट्ठी आयी है तोबा करके दिन काट रहे हैं और वह घड़ी हाथ नहीं आ रही जब सारा घर-बार उजाड़कर वहाँ गये थे। सुनतें हैं कि किसी जगह भी रहने का ठिकाना नहीं मिला। यहाँ तक कि रोजाना सराय बदलते फिरते हैं; गये थे दलिया और पुलाव खाने, वहाँ मक्की और ज्वार के भी फजीते हैं। लो उठो, दूध दुहा लाओ, भैंस रंभा रही है–"ग़फूर के हाथ-पैरों का दम छूटा जा रहा था, दुविधा में रात आँखों में काटी थी और अब सिर पर बनियों का बोझा-सा धरा था। बोला, "यह भैंस बड़ी बला बंधी है सिर, पूरे पाँच सो बीस रुपये में ली थी, अब–अब न जाने इसका कोई क्या देगा–, बकरी भी बेकार है, नसीम अब टुकड़ा खाने लगी है–"

"सब बेकार हैं तो क्या सारा घर लुटाने की फिक्र में हो? भैंस क्या बुरी है...दो रुपये का दूध रोजाना बेचने के बाद भी इतना बचा रहता है कि पिया भी नही जाता—और रोज सीमियाँ पकती हैं।" हमीदा ने बिस्तर लपेटते हुए कहा।

"पर हमीदन! मैं तो खुद पाकिस्तान जाने की सोच रहा हूँ, ये जो पढ़े-लिखे लोग जा रहे हैं यह क्या बेवकूफ थोड़े ही हैं? यहाँ सुनते हैं कि बहिश्त है बस; देखो, यह मुल्लाजी भी जा रहे हैं, मस्जिद को घेरे बैठे रहें या अपना आराम देखें...! तू एक भैंस के मारे मरी जा रही है और वहाँ सुनते हैं कि कुत्ते-बिलियों की तरह गाय-भैंसें सड़कों पर मारी-मारी फिरती हैं कोई पालने वाला नहीं मिलता।"

"हूँ, तो ये कहो कि पाकिस्तान जा रहे हो, अच्छा उठो—जाओ, पर खबरदार जो घर की एक भी चीज छुई तो! खुदा का खौफ तो आज न काजी में है, न मुल्ला में। तुम बैठे-बैठे मनसूबे गाँठा करो। भैंस मरी जा रही है। पंडितजी दूध लेने आते होंगे, मैं जुम्मन के लौंडे को बुलाने जा रही हूँ दूध निकलवाने...।" हमीदन ने बाल्टी उठा ली और ग़फ़ूर ने झपटकर उसके मुँह पर खींचकर तमाचा चलाया—"तेरी जैसी तो कुतिया भी नहीं पालते वहाँ के लोग। देखता हूँ कौन रोकने वाला है मुझे, ले अभी कौड़े करता हूँ सारे सामान के?" और फिर वह घर की एक-एक चीज निकाल आँगन में ढेर लगाने लगा...खाट-खटोले, चर्खा, चक्की, लालटेन, पीढ़-डोई, कपड़े, जूते, सभी कुछ।

गृहिणी ने अपना सिर पीटकर शोर मचाना शुरू कर दिया, "दौड़ो कोई जल्दी से यह तो बिल्कुल पागल हो गया। अरे हमें मारे डाल रहा है, सारा घर बर्बाद किये दे रहा है, हाय मेरी बच्ची की जान बचाओ।" इत्यादि शोर सुनकर पास-पड़ोस के सारे स्त्री-पुरुष इकट्ठे होने लगे, और साथ ही हमीदन का शोर और ग़फ़ूर की फुर्ती बढ़ती बढ़ती गयी। तभी मुल्ला जी और जुम्मन का लड़का भी आपस में झगड़ते हुए वहाँ आ पहुँचे। जुम्मन ग्वाला बाहर खड़ा शोर मचा रहा था, "काजी-मुल्ला भी ऐसी बातें करने लगे; भला बताओ तो लड़के ने तीतर मोल लिए हैं, या इनके घर में से चुराकर ले आया है..., भई नकद पैसे देकर लिए हैं। म्याँ पाकिस्तान जाने का ख्वाब देखकर सारे घर का सामान बेच दिए, और अब वापस माँगने लगे। लो, हो आये साहब पाकिस्तान, जब वहाँ की कैफियत सुनी तो बस फिसल गये, देख लिया सबको, गरीबों को कौन पूछता है वहाँ? जूतियाँ चटखाते फिरते हैं वह जो यहाँ नवाब कहलाते थे। चल बे नसरू!" कहकर उसने अपने लड़के को आवाज दी। नसरू अलग ही बिखर रहा था—ग़फ़ूर का हाथ पकड़कर बोला, "बता पूरे दस आने दिये हैं या नहीं तुझे; जब मुल्लाजी जा रहे थे, तब बेचने लगे और अब नहीं जा रहे तो लौटाने लगे...यह भी कोई मजाक है?"

ग़फ़ूर लड़की का गडूलना फेंकने जा रहा था कि हाथ उठा का उठा ही रह गया, "कौन नही जा रहा रे? और कैसे दस आने दिये हैं तूने? किसे दिये हैं?" वह बोला।

"अच्छा तू भी झूठ बोलने लगा? तेरा भी दिमाग़ खराब हो गया दीखता है, दिये थे तुझे कल—जब तीतर लिये थे—वाह म्याँ! रात भर में ही दिमाग़ फिर गया।" नसरू कमर पर हाथ धरे टेढ़ी गर्दन किये कह रहा था, और ग़फ़ूर मुँह फाड़े तथा आँखें फैलाये

उसकी ओर देख रहा था—"अच्छा तमाशा है...मुल्ला जी भी नहीं आ रहे—और जो गये हैं वे पछता रहे हैं?" पाकिस्तान और बहिश्त तथा बड़ी बड़ी आलीशान कोठियाँ और मोटरें सब उसकी आँखों से स्वप्नवत् भंग होने लगीं। मुल्लाजी ने अपनी श्वेत बर्फ-सी दाढ़ी पर हाथ फेरते हुए कहा, "किसी की क्या मजाल है, हम नहीं जाते; कोई हमारा कर ले, क्या करता है। नहीं बेचते अपनी चीज...। लाओ तीतरों के बिना घर में कलह हो रही है, बच्चा रो-रोकर मरा जा रहा है..."

"अगर मुल्ला जी, जिस तरह दुकानदार बेचा हुआ माल वापस करने में आनाकानी करता है उसी तरह ग्राहक को भी हक होना चाहिए कि वह खरीदा हुआ सामान वापस न करे। यह आपके दस आने भेजना मैं भूल गया।" कहकर ग़फ़ूर ने दस आने पैसे अंटी में से निकालकर उनके हाथ पर रख दिया मुहल्ले वाले गफूर की न्याय संगत बातों से प्रसन्न होकर वाह-वाह करते चले और हमीदा ने नसरू के हाथ में बाल्टी थमाते हुए कहा, "आध सेर दूध तुझे भी दूँगी, ले आज तो भैंस दुहता जा।"

पर ग़फ़ूर को यह कब मंजूर था कि उसकी भैंस के नीचे कोई दूसरा बैठे? नसरू से बाल्टी लेकर वह भैंस का दूध दुहने बैठ गया। लड़का मूँगफली खाता हुआ बाहर चला गया और हमीदा एक-एक करके घर की सभी चीजें मँगवाने लगी। उस समय खूब धूप निकल आयी थी और सब ओर उजाला फैल रहा था।

शिवरानी देवी

प्रेमचन्द की भाँति उनकी पत्नी श्रीमती शिवरानी देवी ने भी अनेक कहानियों की रचना करके हिन्दी-कथा-साहित्य की समृद्धि की है। सामयिक पत्र-पत्रिकाओं में उनकी अनेक कहानियाँ प्रकाशित हुई, किन्तु पुस्तकाकार रूप में केवल दो संग्रह उपलब्ध हैं—कौमुदी और नारी-हृदय। इन दोनों में सोलह-सोलह कहानियाँ संकलित हैं, जिनके नाम क्रमशः इस प्रकार हैं—

कौमुदी : तर्का, विध्वंस की होली, जीवन, विधवा, आँसू की दो बूँदें, चोर, नर्स, सिंदूर की रक्षा, निराला नाच, विश्वास, विमाता, पछतावा, ऋण, नमक का ऋण, हत्या,' अनोखा ब्याह।

नारी हृदय : नारी-हृदय, करनी का फल, साहस, बूढ़ी काकी, विजय, माता, वरयात्रा, हत्यारा, सच्ची सती, सौत, गिरफ्तारी, कुरबानी, समझौता, जेल में, आँसू, वधू-परीक्षा।

इनमें से अधिकांश कहानियाँ 'हंस', 'विश्व मित्र' आदि पत्रिकाओं में प्रकाशित हुई हैं। इनके अतिरिक्त उनकी ये कहानियाँ भी उल्लेखनीय हैं—कामना, आत्मा, पछतावा, यशोदा, कप्तान, पुनर्मिलन, वनदेवी, रमिया, शादी, सम्पादक के पाँच दिन, कर्त्तव्य, राष्ट्र की बलि, हार का मूल्य, राशन।

हत्या

पंडित रुद्रनाथ के घर में किसी देवी का अभिशाप है कि बहुएँ आने के दो-चार साल बाद ही स्वर्ग की राह लेती हैं। ऐसा कोई मर्द नहीं हुआ, जिसकी तीन शादियों से कम हुई हों। रुद्रनाथ के पिता की पाँच शादियाँ हुई। रुद्रनाथ तीन भाई थे, तीनों ही की तीन-तीन शादियाँ हुई। रुद्रनाथ के दोनों जवान लड़कों की भी दो-दो शदियाँ हो चुकी हैं। बहुएँ आती हैं, साल-छह महीने में उन्हें भूत लग जाता है, कुछ झाड़-फूँक होती है, फिर मालूम होता है कि बहू का अन्त हो गया। फिर उसके दूसरे ही महीने बेटे की शादी की बातचीत होने लगती है। मुहल्ले के अन्य घरों में भी यही हाल है, इसलिए इसे साधारण व्यवस्था समझनी चाहिए। रही नीच जातियों की स्त्रियाँ, वे समझती हैं कि बड़े आदमियों के घर की औरतें पूर्वजन्म के किसी पुण्य-फल से इतनी जल्द दुनिया से बिदा हो जाती हैं। बेचारी नीच जाति की औरतों को तो यमराज भी नहीं पूछते। जिनकी यहाँ पूछ है, उन्हीं की वहाँ भी पूछ है।

रुद्रनाथ का बड़ा लड़का चन्द्रनाथ जब पन्द्रहवें साल में था तो उसका पहला ब्याह हुआ। महीने भर यहाँ रहकर बहू बिदा हो गयी। साल भर के बाद वह फिर आयी और मरकर ही गयी। छह महीने के अन्दर चन्द्रनाथ का दूसरा ब्याह हो गया। लड़की का मैका गंगा किनारे था। रोज नहाने जाती। जल भी गंगा जी से लाती थी। यहाँ बन्द कोठरी में रहना पड़ा, न किसी से भेंट न मुलाकात, न. कहीं आना न जाना, तो उसे बड़ा बुरा मालूम हुआ। बहू किसी से बोल नहीं सकती। जो कुछ कहना हो अपनी सास से कहे। हँसे-बोले किससे? यही कैद दूसरे घरों में भी है। बेचारी किसी से दो बात बोलने के लिए तरसती रहती थी। जब कभी कहारिन या पिसनहारिन को पकड़ पाती तो उसका जी चाहता उससे बातें ही किया करे। उसकी बातें ही न खतम होतीं। उधर मैनादेवी का नादिरशाही हुक्म था कि किसी से मत बोलो। यह निषेध उसे पाँव की बेड़ी की तरह कठोर लगता और वह किसी-न-किसी उपाय से उसे तोड़ने की चेष्टा करती रहती थी।

एक दिन मैना की नजर पड़ गयी। गुलाब गोबर फेंकने वाली चमारिन से हँस-हँसकर इस तरह बातें कर रही थी, मानो जीवन का इससे बड़ा सुख दूसरा नहीं है।

मैनादेवी आग-बगूला हो गयी। आँखें निकालकर बोलीं–"मैंने तुझे समझा दिया कि इन नीच औरतों से बातचीत न किया कर, लेकिन जैसे तुझे कुछ परवाह ही नहीं इसी से में कहती थी कि नीच कुल की लड़की मत लाओ, वह कुलीन घरों का रहन-सहन क्या जाने। लेकिन मेरी कौन सुनता है, रुपये देखे तो फिसल पड़े। बहुरानी का चमरिनों और कहारिनों से बहिनापा है। आज तो मैं छोड़ देती हूँ, लेकिन आगे किसी से बातें करती देखा तो फिर मैके ही का पानी पिलाऊँगी। अपने कुल की नाक नहीं कटवानी है।"

गुलाब ने तीव्र स्वर में कहा–"तो क्या रात-दिन घर में पड़े-पड़े मरूँ?" इतना सुनना था कि मैना के सिर जैसे भूत सवार हो गया। कुलटा, कुलच्छिनी, बेहया और जो-जो मुँह में आया बकती रही। इतने ही पर सन्तोष न हुआ। पंडित जी से लगाया और चन्द्रनाथ को ऐसी बुरी तरह डाँटा कि बेचारा रोने लगा। रात को चन्द्रनाथ जब घर में सोने गया तो गुलाब से बोला–"यह तुम्हारा क्या स्वभाव है जी, कि तुम्हें कितना ही कोई समझाये अपने मन ही की करती हो। यह भी कोई कायदा है कि बड़े घर की बहुएँ नीच औरतों से बातचीत करें। मैंने तो तुम्हारी जैसी स्त्री नही देखी।"

गुलाब भी भरी बैठी थी। बोली–"हाँ बात तो एसी ही है। औरतें देखे होते तो जानते कि उनसे कैसे व्यवहार करना चाहिए।"

"हाँ ठीक है, हम लोगों का तो सिर फिर गया है, जो कुत्तों की तरह भूँका करते हैं। अम्मा बुड्ढी हो गयी हैं, लेकिन उनकी बोली आज तक किसी ने नहीं सुनी। तुम्हारे पीछे भी बातें सुननी पड़ती हैं।"

"तो आखिर किससे बोलू?"

"किसी से बोलने की जरूरत नहीं।"

"और जो मैं कहूँ, तुम भी किसी से न बोलो तब?"

"मुझसे तुम ऐसा नहीं कह सकतीं।"

नीचे से मैनादेवी आकर कोठे के द्वार पर खड़ी हो गयी और बोलीं –''इस बेशरम के मुँह क्यों लगता है। बेटा। ले जा इसे उस पापी के घर भेज आ, जो इसे मेरे गले मंढ़ गया है। बातों में तो कोई इससे जीत ही नहीं सकता। न जाने इसके माँ-बाप कैसे हैं, जिसके ऐसी लड़की है। तुम्हारे दादा ने आज खाना नहीं खाया। इसी सोच में पड़े रहे कि न जाने आबरू कैसे रहेगी। इस कलमुँही ने सारे घर के नाक में दम कर दिया है। न जाने कब इसका पौरा उठेगा।''

गुलाब ने कोई जवाब न दिया। मन में बार-बार ज्वाला-सी उठती थी, लेकिन मुँह तक आते-आते पानी हो जाती थी। यहाँ वह अकेली है। ये लोग चाहे उसे मार भी डालें तो वह क्या कर सकती है। इसीलिए भगवान ने उसको जन्म दिया था।

एक दिन गाँव में एक बारात आयी। गुलाब का जी न माना, खिड़की पर खड़ी होकर देखने लगी। चन्द्रनाथ के मित्र खिड़की के नीचे ही खड़े थे। संयोग से उनकी निगाह उस पर पड़ गयी। दिल में शर्माए तो नहीं, चन्द्रनाथ से बोले–''देखो तुम्हारी श्रीमती जी खिड़की के सामने खड़ी है।'' चन्द्रनाथ ने आँख ऊपर उठाई तो गुलाब को खड़ी देखा। अब क्या था। इतना भयंकर अपराध, कुलीन घर की बहू और खिड़की के सामने खड़ी हो। झल्लाए हुए घर में आये और गुलाब से बाले–''क्यों जी, तुम हमारी नाक कटवाकर ही दम लोगी? अब तुम इतनी बेशर्म हो गयी कि सारे मुहल्ले के मुहल्ले से आँखें लड़ाती फिरती हो। ऐसा जी चाहता है कि या तो आप जहर खाकर सो रहूँ या तेरा ही गला घोंट दूँ। मैं तो तुझसे हार गया। न तू मरेगी, न मेरा गला छूटेगा।''

गुलाब के काटो तो लहू नहीं। उसके पास कोई जवाब न था, कोई सफाई न थी। अपराधी भाव से बोली–''अगर मैंने इतना बड़ा अपराध किया है तो मुझी को क्यों न मार डालो।''

''तुम जैसी बेहयाओं से मौत भी डरती है।''

सहसा चन्द्रनाथ का छोटा भाई रामनाथ आकर बोला–''भैया तुमने आज भाभी की करतूत सुनी। इन्होंने हमारी नाक कटवा ली। आज पंडित रामशंकर ने इन्हें खिड़की पर खड़े देखा। वह सबके सामने कहते थे। मारे शर्म के मेरा सिर नीचा हो गया और क्या कहूँ।''

गुलाब के मुँह से निकला–''अब तुम्हारी बारी है तो जो सजा चाहो तुम भी दे लो। मैं तो घर भर की लात खाने आई ही हूँ।''

चन्द्रनाथ ने कहा–''सजा यह नहीं देगा, मैं दूँगा। जितना ही मैं तरह देता हूँ उतना ही तू और बढ़ती जाती है।''

यह कहने के साथ ही उसने पाँव से जूता निकाला और गुलाब की पीठ पर तड़ातड़ चार-पाँच जूते जमा दिये। बोला-''फिर जाएगी खिड़की पर। तुझको शर्म नहीं है, हम लोगों को है। मरे घर में तेरी बेशर्मी नहीं चलने पाएगी। हो गया दिमाग ठीक कि और चाहिए।''

कई महीने बीत गये हैं गुलाब गर्भवती है। रात-दिन कोठरी में बैठे-बैठे उसे

संग्रहणी हो गयी है। गुलाब-सा मुँह सूखकर पीला हो गया है। खाना अच्छा नहीं लगता, दवा कोई देता नहीं। जब से मार पड़ी थी, किसी ने उसका मुँह नहीं देखा, न वह किसी से बोली। एक ही मार में हमेशा के लिए उसे ठीक कर दिया। दिन भर खाट पर पड़ी रहती। उससे उठा नहीं जाता। लेकिन मैनादेवी इसे भी उसकी वेशर्मी समझती है। छोटे-बड़े का लिहाज तो इसे है ही नही। कोई जाये, कोई आये, बस लम्बी ताने पड़ी रहती है। मानो इसी को तो नोखे का बच्चा होने वाला है और किसी को तो लड़के हुए ही नहीं।

चन्द्रनाथ ने अब गुलाब से कुछ कहना-सुनना छोड़ दिया है। उसकी ओर से अब वह निराश हो गया है। ऐसी निर्लज्जा को कोई कहाँ तक समझाये। जिसे न मार का डर है, न गाली का लाज। वह जो चाहे वही कर सकती है। मैं अगर हारा तो इसी स्त्री से।

आज गुलाब के पेट में दर्द है। मगर किसी से कुछ कह नहीं सकती। खाट पर पड़ी कराह रही है। कभी उठ बैठती है, कभी लेट जाती है, कभी खड़ी हो जाती है। हर बार आसन बदलने से उसे कुछ विश्राम का अनुभव होता है। लेकिन एक ही सेकेंड में फिर वैसे ही पीड़ा होने लगती है। मुँह से बार-बार यही वेदना से भरा हुआ शब्द निकलता है–'हाय भगवान, अब नहीं सहा जाता।'

घर का कोई आदमी उसके पास नहीं फटकता। केवल महरी उसका तड़पना देख रही है। किन्तु मैनादेवी के भय से उसकी भी कुछ बोलने की हिम्मत नहीं पड़ती। आखिर जब उससे न रहा गया तो गुलाब के पास जाकर बोली–''कैसा जी है बहू जी।''

गुलाब ने करुण नेत्रों से उसे देखकर कहा–''तुम यहाँ से चली जाओ माता, नहीं अम्मा जी देख लेंगी तो मेरी भी दुर्गत करेंगी, तुम्हारी भी दुश्मन हो जायेगी।''

महरी दयार्द्र होकर बोली–''तो अपनी नौकरी ही लेंगी या किसी की जान मारेंगी। अब यह तो नहीं हो सकता कि तुम यों छटपटाती रहो और मैं खड़ी देखा करूँ। हम लोग कहने को नीच जात हैं, लेकिन हमारे यहाँ भी ऐसा नहीं होता कि किसी भले आदमी की लड़की लाकर उसे दरबे में बन्द कर दें। ऐसा अन्धेर तो मैंने कहीं नहीं देखा। बहू न भई कैदिन भई। बड़े घर की बड़ी-बड़ी बातें होती हैं। यह परदा है कि जान मारना है।''

गुलाब ने हाथ जोड़कर कहा–''माता, तुम्हारे पैरों पड़ती हूँ, यहाँ से चली जाओ, नहीं मेरी जान की कुशल नहीं है।''

मैना के सतर्क कानों में इन बातों की आहट पड़ गयी। दबे पाँव आकर बहू की कोठरी के द्वारा पर खड़ी हो गयी और कान लगाकर सुनने लगी। आँखों में खून उतर आया। महरी को डाँटकर बोली–''अच्छा, बस रहने दे। आई है वहाँ से बहू की सगी बनकर। हम लोग नाई-कहार नही हैं कि हमारी बहुएँ गली-गली नाचती फिरें। चली है अपनी विरादरी का बखान करने। तू क्यों आई यहाँ? तू कौन होती है मेरी बहू से बोलने वाली?''

महरी ने देखा कि बहू जी के ऊपर मालकिन का क्रोध बढ़ रहा है तो चुपके से खिसक गयी। मैना गुलाब के सिर हो गयी–''अब क्या पूछना है। अब तो दुखड़ा रोने

को महरी मिल गयी।"

गुलाब ने आँखों में आँसू भरकर कहा–"अम्मा जी, मैं आपके चरण छूकर कहती हूँ, मैंने महरी से कुछ नहीं कहा। मैं तो उसे बार-बार कहती रही कि यहाँ से चली जा। आप उसको बुला के पूछ लीजिए कि मैंने उससे क्या कहा?"

मैना ने उसी क्रोध में जो कुछ मुँह में आया कहा। लेकिन गुलाब को कुछ सुनाई न दिया। उसके पेट में फिर दर्द होने लगा था। बाहर से चन्द्रनाथ आये। मैना ने उसको आड़े हाथों लिया–"अब या तो तू ही इस घर में रह या मैं ही रहूँ। तेरी बहू के साथ अब इस घर में मेरा निबाह न होगा। अब महरी को बुलाकर उससे दुखड़ा रोया जाता है। हम चमार हैं, डोम हैं, बल्कि उनसे भी गये-बीते। बहुओं की जैसी दुर्दशा हमारे घर में होती है वैसी और कहीं नहीं होती। कुछ कहा तो लड़ने को तैयार। इस चांडालिन ने पुरखों के मुँह में कालिख लगा दी।"

चन्द्रनाथ बोला–"तो अपने बाप को क्यों नहीं कोसती कि चमार के घर पटक दिया। अब से भला है, चली जाये किसी कुलीन के घर।"

इसी क्रोध में भरा हुआ वह गुलाब की कोठरी के दरवाजे तक आया तो देखा गुलाब अचेत पड़ी है और शिशु रो रहा है। उलटे पाँव दौड़ा हुआ माँ के पास आया और माँ से यह हाल कहा।

अब मैना को शायद कुछ खेद हुआ। उसने समझा था, बहू मक्कार किये पड़ी हुई है। दौड़ी हुई ऊपर गयी। बच्चे को उठा लिया और चन्द्रनाथ को पुकारकर बोली–"जाकर अपने बाप से कह दो, दाई बुलवा लें। भगवान ने उनको पोता दिया है। पंडित जी दाई को बुलाने के लिए आदमी भेजकर घर में आ बैठे और पत्रा खोलकर देखने लगे, बच्चा कैसे लग्न में पैदा हुआ है।

थोड़ी देर में दाई आ गयी और बहू को देखकर मैना से बोली–"क्या बहू के पास कोई था नहीं, मुझे और पहले क्यों न बुला लिया। इनके तो दाँत बैठ गये हैं, जी डूब गया है। बच्चे की नाल तो मैं काट दूँगी, लेकिन बहू मेरे मान की नहीं है। किसी मेम डॉक्टर का बुलवाइए। नहीं पीछे मुझे दोष दोगी कि पहले क्यों नहीं बताया।"

मैना नाक सिकोड़कर बोली–"मेरे घर कभी न मेम आयी है, न आवेगी। और बहू को हुआ ही क्या है कि मेम को बुलाऊँ? कोई नयी बात थोड़े हुई है।"

मोहल्ले की दो-चार बड़ी-बूढ़िया यह खबर सुनते ही आ पहुँची थीं और सौरिगृह के द्वार पर खड़ी थीं। उनकी भी यही सलाह हुई कि मेम-सेम के बुलाने की जरूरत नहीं है। सभी के दस-दस बीस-बीस बच्चे हो चुके थे। लेकिन मेम किसी के घर नहीं आयी थी। उस पुरानी प्रथा को आज कैसे तोड़ा जाये।

दाई बोली–"भैया, मुझे तो डर लग रहा है। देखते नहीं हो, बहू कैसी हुई जाती है।"

मैना ने उसे कड़ी आँखों से देखा। तुम तो दाई, ऐसी घबड़ा रही हो जैसे आज पहली बार जच्चा-बच्चा देखा हो। कुछ नहीं तो सैकड़ों ही बच्चे बनाये होंगे। मेम किसके घर आती है? हम क्रिस्तान थोड़े ही हैं कि मेम को घर पर बुला लें।"

दाई ने देखा कि यहाँ उसकी कोई नहीं सुनता तो बाहर निकल आयी और आँगन में आकर पंडित जी से बोली, जो अभी तक बैठ लगन विचार रहे थे—"मालिक! बहू जी बहुत बेहाल हैं, मुझे तो उनका बचना मुश्किल मालूम होता है। नाड़ी का कहीं पता नहीं, आँखें ऊपर को लग गयी हैं। मैंने कहा कि किसी मेम को बुलाकर दिखा लो, लेकिन मेरी कोई नहीं सुनता। मैं तुमसे भी बताये देती हूँ। अब मेरा दोष नहीं है।"

पंडित जी बोले—"कैसी बातें करती हो दाई। तुम्हें क्या हो गया है। बच्चे के होने में दाई आती है, मेम नहीं आती। न आज तुम नये सिरे से आई हो, न मेरे घर में कोई नोखा बच्चा हुआ है।"

दाई ने बहुत समझाया, लेकिन पंडित जी मेम बुलाने पर किसी तरह राजी न हुए। आखिर उसने कहा—"अगर आप बहू का मारने ही पर लगे हैं तो दूसरी बात है। नहीं, अब उनके बचने की काई आशा नहीं है। रुपये-पैसे इसी दिन के लिए जोड़े जाते हैं। आप लोग न जाने क्या समझकर छोड़ देते हैं। रुपये आते-जाते रहते हैं, लेकिन आदमी एक बार चला जाता है तो फिर नहीं आता।" अब पंडित जी को भी कुछ शंका हुई। मैना को पुकार कर पूछा—"अब बहू का जी कैसा है?"

मेम के नाम ही से मैना की ईर्ष्या प्रज्वलित हो रही थी। उसके भी तो बच्चे हुए हैं। उसे भी तो इसी तरह पीड़ा हुई, वह भी तो प्रसूत ज्वर में महीनों पड़ी रही, जब उसकी बार मेम न आयी तो अब कैसे आ सकती है। गुलाब ऐसी कहाँ की दुलारी है कि उसके लिए मेम आये। जीना होगा जिएगी, मरना होगा मरेगी। संसार में औरतों का कल्याण नहीं है। बोली—"जी अच्छा है और क्या। नखरा किए पड़ी है। तुम औरतों का हाल क्या नहीं जानते।"

पंडित जी ने कहा—"दाई तो डॉक्टर बुलाने को कहती है। लेकिन मैंने तो कह दिया कि मैं डॉक्टर को बुलाकर अपने घर की बेइज्जी न कराऊँगा। मेम आवेगी तो सबसे पहले शराब माँगेगी। मेरे जीते जी यह अधर्म नहीं होगा?"

रात दस बज गये। गुलाब की उलटी साँसें चल रही हैं, और औरतें बैठी तमाशा देख रही है। एकाएक उसने एक हिचकी ली और अपनी जीवन-लीला समाप्त कर दी। बेचारी को बच्चे का मुँह देखना भी नसीब न हुआ।

मैना छाती पीटने लगी—"हाय भगवान, मेरी क्यों दुर्दशा कर रहे हो। कितने अरमान से बेटे का ब्याह किया था, मगर काई हौसला पूरा नहीं हुआ।"

लाश कपड़े से ढककर बाहर लायी गयी। घर में रोना-पीटना मच गया।

एक बुढ़िया ने मैना को समझाया—"दीदी अब क्या रोती हो, सलामत रहे बेटा, फिर जाएगी!!!

नासिरा शर्मा

नासिरा शर्मा का जन्म 22 अगस्त, सन् 1948 में इलाहाबाद (उत्तर प्रदेश) में हुआ। इनके पिता प्रोफेसर जामिन अली इलाहाबाद विश्वविद्यालय में उर्दू भाषा के प्रोफेसर थे तथा माता श्रीमती नाजनी बेगम एक सफल गृहणी रही हैं।

सन् 1967 में आपने इलाहाबाद विश्वविद्यालय में स्नातक स्तर तक शिक्षा ली। सन् 1976 में जवाहर लाल नेहरू विश्वविद्यालय से फारसी भाषा और साहित्य में एम.ए. किया। हिन्दी, उर्दू, फारसी, अंग्रेजी और पश्तों भाषाओं पर गहरी पकड़ के साथ-साथ आप ईरानी समाज-राजनीति, संस्कृति, साहित्य कला-विषयों की विशेषज्ञ हैं।

सन् 1980 से 1983 तक जामिया मिलिया इस्लामिया में आपने अध्यापन कार्य किया था। आजकल आप कोई सरकारी नौकरी नहीं कर रही हैं।

नासिरा जी सृजनात्मक लेखन के अतिरिक्त स्वतन्त्र पत्रकारिता में भी विशेष रुचि रखती हैं। गद्य की विभिन्न विधाओं जैसे—कहानी, उपन्यास, रितोर्ताज, अनुवाद, लेख कविता पर आपने लेखनी चलाई है। लेकिन आपके कथाकार रूप को ही अधिक सराहा गया है। आपके कथा-साहित्य की अनेक कृतियाँ इसका प्रमाण हैं। आपने ईरान, इराक, अफगानिस्तान एवं भारत के समाज, संस्कृति और राजनैतिक विषयों पर भी विशेष लेखनी चलाई है। ईरान और ईरानी क्रान्ति से सम्बन्धित आपकी ढेरों रचनाएँ समय-समय पर प्रसिद्ध पत्र-पत्रिकाओं में प्रकाशित होती रही हैं। कुछ प्रमुख कृतियाँ हैं—पत्थर गली, संगसार, इन्सानी नस्ल (कहानी संग्रह), शाल्मकी जिंदा मुहावरे (उपन्यास), ईराक की रोचक कहानियाँ, शाहनाम फिरौसी (अनुदित रचनाएँ) आदि।

खुदा की वापसी

फरजाना युनिवर्सिटी से लौटकर जैसे ही घर में दाखिल हुई, हवा में तैरती शादी की तारीख के पक्की होने का सन्देशा उसे दालान की चौकी पर रखे मिठाई के झाबे ने दे दिया। दिल चाहा कि जल्दी से एक लड्डू मुँह में रख ले, फिर दूसरे पल वह झिझक गयी। उस पर नजर पड़ते ही आँगन में बिखरे कबाड़ को छाँटती हुइ चन्दा तेजी से उठी और चहककर बोली, "बन्नी आ गयी..."

फरजाना उसके इस हमले से घबरा-सी गयी। घर की सभी औरतें अपना-अपना काम छोड़ बड़े दालान की तरफ आने लगीं। बड़ी फूफी को उसने आदाब किया। उन्होंने

उसकी बलाए ले गले लगाया, खाला अन्नी ने माथा चूमा, तभी चन्दा ने गाना गाना शुरू कर दिया—बन्नो तेरी अँखियाँ सुरमेदानी...

"चुप कमबख़्त, गला है या फटा बाँस!" अम्मी ने उसे झिड़का।

"बेगम साहब, नेग निछाबर कुछ मिलिहे कि नाहीं?" वह अपना गाना छोड़ आँचल फैलाकर सबके सामने घूमने लगी।

"यह मुई हरफनमौला है एक वक्त में मिरासिन, नायन, मनिहारिन—सब बन जाती है।" बड़ी फूफी ने पर्स से नोट निकाल उसके आँचल में डाला।

"कोई काम तो लोगन का हमरी वजह से रुकत तो नाहीं है।" कहती हुई चन्दा आगे जाकर फिर आँगन का कबाड़ छाँटने लगी थी।

"सारे दिन की थकी-हारी आयी है। कैसा नन्हा-सा मुँह निकल आया है। दुल्हन! जरा शब्बो से कहो, कुछ शरबत-नाश्ता लाये।" बड़ी फूफी ने फरजाना के चेहरे पर हाथ फेरा। फूफी के कहने से फरजाना की भूख उभर आयी। उसने झाबे को ताका। कोई और दिन होता, तो वह झपट्टा मारकर लड्डू उठाती, पैर हिला-हिलाकर खाती, मगर यह तो उसकी...

—कल सुबह पुताई वाले आवे को हैं और ई चौधराइन सुबह से सामान छाँट नाहीं पाई है।" शब्बो बड़बड़ाई और नाश्ते की सेनी लेकर आँगन पार करने लगी।

"तोका एक चीज न देबै, समझी कल्लो की माई!" चन्दा चिढ़ गयी।

"हमरे दे वाले बहुत हैं। फिर, हम कोई कबाड़ी वाले थोड़े हैं, जो कूड़ा-करकट सँभालें।" शब्बो मटकती हुई आगे बढ़ी और चौकी पर सेनी रखी और लौटी।

"हम जैसे जानित नाहीं हैं का, कि तोका देने वाले बहुत हैं गुइयाँ!" कहकर चन्दा जोर से हँसी। उसके कटाक्ष पर शब्बो की तेवरी पर बल पड़ गये। तड़पकर बोली, "तोहरे दिमाग मा कीड़े हैं, जो गन्दी बात सोचत है। अरे, हमार मतलब रहा...।"

"छोड़ कल्लू की माई, तोहार मतलब हम सब जानित हैं!" इतना कहकर चंदा हँसती हुई सामान छाँटने लगी। शब्बो ने खिसियाकर उसको ताका, फिर तेजी से रसोई की तरफ कदम बढ़ाये और पटरा जोर से पटका।

"तुम लोगों की जबान कभी बन्द रहेगी?" अम्मी ने दोनों को डाँटा।

फरजाना कमरे में पहुँचकर उलझने लगी। बेकरारी में इधर-उधर चक्कर लगा वह धम्म से बिस्तर पर बैठ सोचने लगी कि आखिर वह इतनी आसानी से शादी के लिए राजी क्यों हो गयी? उसे एम.ए. करना था। आई.ए.एस. में बैठना था। अम्मी-अब्बू को एक लड़का क्या पसन्द आ गया, उन्होंने आँखें ही फेर लीं। उन्हें अब कुछ भी याद नहीं, न अपना वायदा, न उसका सपना...मेरी शादी है, मगर मुझसे ही नहीं पूछा गया। बस...

शाम को चिराग जलने के बाद घर के मर्द भी नहा-धोकर आँगन में आन बैठे। फुफी जान और खाला अम्मी मिठाई का आधा झाबा घरों में भेजकर अब बैठी सुस्ता रही थीं। आँगन में किनारे के पलंग पर फरजाना भी आकर लेट गयी थी और हाथ में पकड़ी पत्रिका को पढ़ने में व्यस्त दिख रही थी, मगर उसके कान सबकी बातों का

तरफ लगे हुए थे।

''मेहर की रकम पक्की हो गयी, इरशाद?'' बड़ी फूफीजान ने भाई से पूछा।

''आपका इंतजार था। अभी तक सारी शादियाँ घर में हुई थीं। रस्म के मुताबिक चौदह हजार बँधता था।''

''चौदह की गिनती मुबारक ठहरी, चौदह मासूमीन का नम्बर है, मगर यह शादी तो गैरों में हो रही है।'' फूफी ने फिक्र जाहिर की।

''इस हिसाब से फूफी जान, एक लाख चौबीस हजार पर मेहर बँधना चाहिए, बड़ा मुबारक नम्बर है।'' फिरोज ने गहरी आवाज बना फूफी को ताका।

''कैसे?'' फूफी ने बड़ी-बड़ी आँखें घुमाईं।

''अरे, अभी तक जितने पैगम्बंर हुए हैं, उनकी गिनती एक लाख चौबीस हजार है।'' फिरोज ने बड़ी गम्भीरता से कहा।

''कहता तो ठीक है।'' फूफीजान सोच में डूब गयी।

''बिजनेस ठीक चल रहा है उनका, वे लोग मान जाएँगे फूफीजान।'' फिरोज चहका।

''कब से दूसरों की जेब टटोलने लगे हो? अरे, जो अपने खानदान में होता चला आया है, उसकी बात करो।'' खाला चिढ़कर बोलीं।

''लाख भी क्या ज्यादा है बाजी? जमाना अब वह तो रहा नहीं कि बीवी के निकाह की तरह तीन रुपये में मेहर बँध जाये। हजार खतरे हैं, रोज नयी-नयी कहानियाँ सुनने का मिलती हैं। लड़की की कुछ तो मजबूती होनी चाहिए, ले-देकर इकलौती तो बेटी है!'' माँ ने धीरे से कहा।

''कल शाम मौलवी इमाम आये थे। कहने लगे कि मेहर जितना ज्यादा बँधवा लो, उससे क्या फायदा! लड़के वाले शान में आकर राजी हो जाते हैं, क्योंकि उन्हें देना तो एक छदाम नहीं है। दिल को बहलाना है, जितने का बँधवा लो, वरना इस्लाम के मुताबिक तो निकाह के फौरन बाद मेहर की रकम की अदायगी का हुक्म है, मगर यहाँ सुनता कौन है! सब नये-नये कानून अपनी सहूलियत की वजह से बना रहे हैं। नाम इस्लाम का ले रहे हैं, मगर मैं सोचती हूँ, चाहे पहले या चाहे बाद में, देने वाले तो देते हैं। मेरा ही देखो, मकान मेहर के एवज में दे गये तुम्हारे बहनोई। अपने किनारे इज्जत से बैठी हूँ। यही हाल फिज्जा का है, अमरूद और आम के दोनों बाग मेहर में मिले हैं। चैन से रोटी खा रही है।'' बड़ी फुफी बोलीं।

''वह तो पचास, पचहत्तर जितनी रकम हम चाहेंगे, वे उस पर राज़ी हो जाएँगे। इतना पीछे पड़े हैं, कहते हैं, असगर मास्टर की इतनी इज्जत है, लड़की पढ़ी-लिखी है। हमें ऐसा ही घर चाहिए था, जिससे हमारी शान बढ़े। पैसा तो हाथ का मैल है। इसलिए दहेज में फूटी कौड़ी नही चाहिए।'' इरशाद ने कहा।

''ऐ है, उनके चाहने से क्या होता है। क्या हम अपनी लड़की नंगी-बुच्ची रुखसत करेंगे...अरे वाह!'' बड़ी फूँफी तमक उठीं।

''मुझे लगता है शम्मो, पचास हजार मुनासिब रहेगा। फिर, आपस में एतमाद की

बात भी होती है। बाकी खुदा भरोसे छोड़ते हैं।'' खाला बोलीं।

''ठीक है...पचास हजार मुनासिब गिनती है...एक लाख पर शायद वे राजी न हों। बेकार में बात खाली जाये या फिर बेकार की बदमजगी हो।'' इरशाद ने सोचते हुए कहा।

''बदमजगी कैसी? पचास हजार की औकात क्या है आज, कल तो खाक होगी।'' अम्मी ने कहा।

''फुफीजान, एक लाख चौबीस हजार...पूरे चौहत्तर हजार का घाटा है।'' फिरोज ने धीरे से कहा।

''चुप नासपीटै! हर बात में मजाक!'' बड़ी फूफी खफा होने के अन्दाज में मन्द-मन्द मुस्कराती हुई बोलीं और भतीजे का सिर गोद में रखकर सहलाने लगीं।

''मर्द-औरत के रिश्ते में मोहब्बत के अलावा अब हजार तरह की गुत्थियाँ उलझ चुकी हैं, वरना ये सब उलझनें हमें परेशान क्यों करें?'' इरशाद ने कहा।

फरजाना सब कुछ सुनकर भिन्ना रही थी। सबको रकम की पड़ी है। मेहर कितना बँधेगा, बरी में कितने जोड़े, जेवर, शक्कर और मेवे के कितने घड़े आएँगे, मगर कोई नहीं पूछता कि क्या वह मुझे आगे पढ़ने देंगे? युनिवर्सिटी जाने देंगे? आई.ए.एस. के मुकाबले में बैठने देंगे? उसका क्रोध आँसू की शक्ल में बहने लगा। कैसी शान से दोस्तों के सामने कहती थी, मैं अभी शादी नहीं करूँगी, पढ़ूँगी, मगर...

''न रो बेटी, सबको एक दिन बाबुल का घर छोड़ना पड़ता है। रंक हो या शाह, सबको बेटी बिदा करनी पड़ती है।'' कहकर खाला रो पड़ीं और उनके साथ सबकी आँखें भर आईं। फरजाना सबसे जान छुड़ा पैर पटकती कमरे की तरफ भागी और गुस्से में भर कारनिस पर रखे पुरस्कार में मिले कप और शील्ड की कतार को जमीन पर फेंका, फ्रेम किया सर्टिफिकेट उतारा। अगर चन्दा हाथ न पकड़ लेती, तो वह भी चकनाचूर हो जाता। शादी के छह-सात दिन बाकी थे। फरजाना का युनिवर्सिटी जाना बन्द हो गया था। वैसे भी परीक्षा समाप्त हा चुकी थी। घर में और बाहर सिलते कपड़ों की नाप, ज़ेवर, बरतन देखने और अपनी पसन्द की चीजें खरीदने में उसका कोई उत्साह नहीं था। एक भय उसे खाये जा रहा था कि उस नये घर में उसे नींद कैसे आयेगी? सोत-जागते में उसकी आँखों के सामने एक चेहरा कौंध जाता है। और वह चौंककर उठ बैठती है। लाख झुँझलाए तो क्या, वह चेहरा हर बार नजरों के सामने नाचता है। ख़ाला के घर बड़े भाई की शादी में उसकी मुलाकात जुबैर से हुई थी। लम्बा सुडौल और साँवले चेहरे वाला लड़का, जो बातों में और उठने-बैठने में सबसे अलग दिखता था, सभी की नजर उस पर टिकी हुई थी। उसे भी बुरा नहीं लगा था, मगर इसका मतलब यह थोड़े था कि उसका परिवार हाथ धोकर पीछे पड़ जाये?

''बिटिया रानी, का सोचत हो?''

''कुछ नहीं चन्दा।''

''एक बाँत कहें बिटिया...कल-परसों तोहरे गाँव से नायन, मिरासिन आ जाएँगी। इसलिए अपने पुरान कपड़े हमीं को देहियो...एकाध पुराना-धुराना शब्बो को दे देने से

हमका बुरा न लगिहे...'' चन्दा धीर-धीर फरजाना का पैर सहलाते हुए बोली।

''सुन रहे हैं...कलेजा नहीं भरा सारा कबाड़ ले जाये के, जो बिटिया से कपड़ा माँगे आय गयी हो?'' शब्बो झाड़ू देते-देते तमककर खड़ी हो गयी।

''तुम यहीं हो गुइयाँ, तोहरी वकालत तो करत रहे। फिर भी हमसे लड़ै का तैयार रहत हो?'' चन्दा ताज्जुब से नाक पर अँगुली रखकर कमर को झटका देकर बोली।

''तोहार चालाकी हम सब जानत हैं। चिकनी-चुपड़ी बोलकर घर साफ करे का इरादा ''चन्दा...कहाँ मर गयी, इधर आकर जाजम बिछा!'' ख़ाला की आवाज सुन चन्दा बाहर भागी।

''मुँहचढ़ी है नासपीटी!'' शब्बो इतना कह जोश में भरी झाड़ू तेजी से देने लगी। शाम से पहले घर में रिश्तेदार जमा होने लगे थे। आज फरजाना का माझा था। फुफी ने चौक पूर दी थी। उबटन खेला जाने लगा। सुहाग गीत और उछल-कूद के बीच फुफीजान औरतों से बातें बना रही थीं और बूढ़ी औरतें हाथ पर उबटन मलती इधर-उधर की उड़ा रही थीं।

''ऐ बहन, सभी उस लौंड़े पर नजर गाड़े थे। अच्छन मियाँ की बीवी ने सुना, तो जलकर कोयला हो गयी। यही हाल बतूल बीवी का हुआ।''

''कल तो तुम्हारे घर बरात उतरेगी। जलने वालों को जलने दो।''

''सुना, घर-बार से लड़का बड़ा मजबूत है?''

''हाँ, बिजनेस है....कारचोबी के कपड़ों की दुकान है ओर एक छोटी-सी फैक्टरी है प्लास्टिक की शीशी बनाने की....दो बहनें थीं, अपने-अपने घर की हो गयी। बस यही तीन भाई हैं। जिनमें सबसे बड़े जुबैर मियाँ हैं।''

''अल्लाह रखे, नाम बड़ा प्यारा है...ख़ुदा इरशाद को मुबारक करे, सब कुछ अच्छी तरह निबटै।''

बाक़ी बातें मिरासिन की ढोलक की थाप में दबकर रह गयी। नायन ने फरजाना को गोद में उठाकर कमरे में बिठा दिया। पीले कपड़े में लिपटी फरजाना अपने को बहुत बदला महसूस कर रही थी। झुंझलाहट और गुस्सा अब उदासी में बदल रहा था। उसे घर छूटने की चिन्ता थी पर सखियाँ उसे छेड़ रही थीं, मजाक कर रही थीं। उसके दिल में भी गुदगुदी-सी होने लगी थी।

शादी की चहल-पहल सुबह से घर में नजर आने लगी थी। उबटन, मालिश, मेहँदी और फिर शाम-ढले नथ और मिस्सी की सजावट और लाल दुपट्टे के संग पचास हजार के मेहर पर निकाह हुआ। अब उसका नाम बदल गया। घर और रिश्ते बदल गये। नयी जिन्दगी की शुरूआत में अब चन्द घंटे बाकी थे। रूमानी छेड़छाड़, शरारत-भरे जुमले और सजा हुआ चेहरा और सरसराते कपड़ों और उठती महक ने उसे नीमबेहोश-सा कर दिया था। दिमाग में ढेरों दृश्य गड्डमड्ड हो रहे थे। बचपन, जवानी, घर, स्कूल, युनिवर्सिटी, फिल्म में देखे सुहागरात के सीन और किताबों में पढ़े पहले अनुभव का बयान रूमानियत का सपना बुनने लगे थे। ऊपर से सबका लिपटकर रोना, जाने कब

वह जुबैर के पास कार में बिठा दी गयी थी। इस दिलासे के साथ कि उसे भाई चौथी लेने आयेगा।

"बहू क्या है, चाँद का टुकड़ा...जरूर गेंहूँ की भीख दी होगी।"

"दहेज भी ख़ूब पाया है...सुना है, डिग्री वाली है।"

ससुराल में मुँह-दिखायी के बाद उसे आधी रात में लगभग, कमरे में पहुँचा दिया गया था। पूरे दिन बैठे-बैठ गुजरा था, सुबह चार बजे बिदाई हुई थी। अब फरजाना की आँख नींद से बोझिल हो गयी थीं। छोटी लड़कियाँ, जो ननदों की बेटियाँ थीं, वे कभी गोद में बैठतीं, कभी उसका मुँह ताकती थीं। आखिर खाना लग गया, तो कमरा खाली हुआ।

उसने एक लम्बी साँस ली। तभी दरवाजा बन्द कराई नेग की माँग और हँसी-मजाक, चूड़ियों की खनखनाहट और शरारती जुमलों के साथ जुबैर अन्दर दाखिल हुआ। फरजाना का दिल बड़ी जोर से धड़का। उसने घबराकर अपने हाथ-पैर समेटे और सिर झुका लिया। उसे लगा, अब जुबैर उसका घूँघट उलटेगा और...

"आप पढ़ी-लिखी, समझदार हैं। इसीलिए आपसे मैं कुछ कहना चाहता हूँ...आप सुन रही हैं न?"

"जी!" फरजाना इस अचानक हमले से चौंक पड़ी। आँखें खोल उसने झुकी नजरों से बेहद धीमी आवाज में कहा और हाथ-पैर की पोजीशन बदली।

"बिजनेस करता हूँ। इसलिए किताबी दुनिया के अलावा जिन्दगी की हक़ीक़त को रोज देखता हूँ...आप समझ रही हैं न मेरी बात? आप 'हां' या 'न' कहें, तो बात आगे करूँ।"

"जी!" फिर वही महीन आवाज और गठरी हिली।

"मैंने मजहब की सभी कानूनी किताबों का पढ़ा है, मौलवियों से बातें की हैं। इसलिए में चाहता हूँ, बात साफ हो सके और आपके दिल में कोई खलिश बाकी न बचे...कायदे से मेहर के पचास हजार रुपये मुझे इस समय अदा करने चाहिए, तब आपका घूँघट उलटने का हकदार बनता हूँ, आपका बदन छूने...इसलिए।"

"जी!" फरजाना ने बौखलाकर कहा। उसकी समझ में कुछ नहीं आ रहा था। भाभी ने चलते हुए दूसरी बातें बतायी थीं, समझाई थीं। यहाँ तो रूमानी बातों की जगह बड़े नपे-तुले शब्दों में दूल्हा बात कर रहा है। यह कैसी सुहागरात है?

"देखिए, अगर आप मेहर के रुपये चाहती हैं तो मुझे कोई एतराज नहीं है, हम बिजनेस क्लास वाले हैं। चेक अभी काटकर आपके हवाले कर सकता हूँ, मगर बात कुछ और है। वह औरत शौहर के लिए बहुत मुबारक होती है जो पहली रात अपने शौहर का मेहर माफ कर दे। वह बड़ी पाकदामन समझी जाती है।"

"जी!" फरजाना घबरा-सी गयी। यह तो किसी ने नहीं बताया। अब वह क्या जवाब दे। उसने घबराकर नजरें उठायीं और घूँघट से जुबैर को ताका।

"यकीन कीजिए, मैं तब तक आपको छुऊँगा नहीं, जब तक आप फैसला नहीं कर

लेती हैं...मैं उन जाहिल मर्दों में से नहीं हूँ। आप मेरी हो चुकी हैं। इसलिए मुझे यकीन है, सब्र है, मैं इन्तजार कर सकता हूँ, मगर जो कदम उठाऊँगा, कानून और मजहब की नजर से, हद को कभी पार नहीं करूँगा...आप सोचेंगी, मौलवी टाइप का हूँ। दकियानूसी खयाल का हूँ। ऐसा कुछ नहीं है, मगर नयी जिन्दगी शुरू करने से पहले हर रस्म को मुनासिब तरीके से पूरी करना चाहता हूँ।"

फरजाना को जैसे चक्कर आ गया। पिता का आँसुओं में डूबा चेहरा आँखों के सामने घूम गया। मोहब्बत और मेहर के बीच उसे आज की रात किसी एक चीज को चुनना था। परीक्षा की घड़ी बड़ी कठिन थी।

"आपने कुछ कहा नहीं?" जुबेर ने कहा।

'मेहर माफ करती हूँ, तो...पहले ही दिन सब हार बैठती हूँ। कोई दावा, कोई जोर, कछ भी...मेहर माफ नहीं करती हूँ, तो मोहब्बत से हाथ धोती हूँ, जिन्दगी-भर इल्जाम ढोती रहूँगी कि मुझे रुपयों से प्यार था।' दिल ही दिल में फरजाना ने सोचा।

"आप जाने क्यों डर रही हैं...मैं चलता हूँ। आप बेफिक्र होकर सोइए, जब जवाब देना चाहें, मुझे बुला लीजिएगा।" कहता जुबेर आगे बढ़ा।

"ठहरिए!" फरजाना के मुँह से जाने कैसे निकल गया। उसका चेहरा अपमान से तमतमा उठा था।

"जी!" जुबैर जाते-जाते मुड़ा।

"आपसे बढ़कर मेहर की रकम थोड़ी होगी।" निढाल हो फरजाना ने कहा और उसकी आँखों में आँसू जमा हो गये।

"आपसे ऐसी ही उम्मीद थी। आपने मेहर माफ किया?"

"जी!" हारी-सी आवाज फरजाना के गले से निकली और उसने पूरी ताकत से आये आँसू पी लिए। उसे ईमानदारी बिना किसी अनुभव के साबित करनी थी। बिना किसी प्रतियोगिता के दूसरे पक्ष को विजयी घोषित करना था।

"अब आपको छूने और देखने का हकदार हुआ।" कहकर जुबैर ने फरजाना का घूँघट उलटा और एक बहुत खूबसूरत-सी चेन उसकी गरदन में डाली। चौथी में आयी फरजाना सबको बहुत थकी और उदास लगी। बाप के गले मिलकर वह फूट-फूटकर रोई। माँ को शक पड़ गया, लड़की खुश नहीं है। खाला, फूफी, भाभी, नायन, शब्बो, चन्दा सबने कुरेद-कुरेदकर पूछा, मगर फरजाना का यह मुरझाया चेहरा, सोचती आँखें...?

कई दिन गुजर गये। फरजाना ससुराल जाकर फिर मायके आ गयी थी। एक दिन मौका पाकर भाई से बोली, वह बहुत परेशान है, उससे कुछ कहना चाहती है।

"क्यों, क्या बात है?" फिरोज बोला।

"भइया, अब्बू को पता चला, तो जाने क्या होगा। पहले वायदा करो, किसी से कहोगे नहीं।"

"कुछ बोलोगी...आखिर बात क्या है?" फिरोज तनाव में आ गया।

"जुबैर ने..." फरजाना का चेहरा लाल पड़ गया।

''क्या लड़ाई हुई? उसने कुछ उलटा-सीधा कह दिया क्या?'' फिरोज ने बहन की नाक प्यार से पकड़कर हिलाई।

''नहीं भइया...वह मेहर की रकम...उसने मुझसे माफ करवा ली है।'' कहकर फरजाना ने गहरी साँस ली।

''क्या कह रही हो? मैं समझा नहीं...पूरी बात बताओ, ताकि मैं तुम्हारी उलझन सुलझा सकूँ और...'' फिरोज चकित-सा खड़ा रह गया, इस वाक्य से मिले सदमे को पूरी तरह आत्मसात् नहीं कर पाया।

''जुबैर का कहना था कि मेहर माफ करने से औरत शौहर के लिए मुबारक साबित होती है।'' फरजाना ने टूटी-बिखरी आवाज में कहा।

''इस चापलूसी पर शान में आकर तुमने...यह हमारे घर की सारी औरतें मनहूस हैं, जो...तुम्हारा बचपना...तुम लड़कियाँ कुछ नहीं समझतीं।'' फिरोज आगबबूला हो उठा।

''नहीं भइया, इसमें मेरी गलती नहीं है...उसने शर्त लगायी थी कि वह मेरा घूँघट तब तक नहीं खोलेगा, जब तक नकद मेहर की रकम अदा न करेगा या फिर मैं उसे माफ कर दूँ...''

''ओह मेरे ख़ुदा! यह तो पहली बार सुन रहा हूँ। हमारे समाज में ये सब भी हो रहा है, मुझे यकीन नहीं आ रहा है। अम्मी से बात हुई?'' फिरोज की मुट्ठी दुःख और क्रोध से बँध गयी।

''डरकर किसी से कुछ नहीं कहा अभी तक...अब्बा का ख़याल आता है। वह पहले भी मेहर को लेकर परेशान थे। अम्मी का पता नहीं, क्या हाल होगा?'' एकाएक फरजाना की की आँखें भर आयीं। चेहरे की उदासी गहरी हो गयी।

''खैर, तुम परेशान न हो। मैं मौलवी अली इमाम से मिलता हूँ। तुम्हें भी साथ ले जाऊँगा, मुझे कुछ चालाकी की बू आ रही है। इसमें...मैं उसका खून पी जाऊँगा, चालबाज कहीं का।'' फिरोज ने दाँत किचकिचाकर कहा।

''मैं पहले ही कहती थी, मुझे आगे पढ़ना है, मगर...'' रुआँसी होकर फरजाना बोली।

थोड़ी देर फिरोज बहन को घूरता रहा। फिर संयत हो कहने लगा, ''देखो फरजाना, अक्ल से काम लो तुम्हारे पास निकाहनामा है न, सारी शर्तें लिखित हैं। फिर डरना कैसा? तुमने जबानी माफ किया है, लिखकर तो कुछ नहीं दिया है न?'' फिरोज ने इस तरह कहा, जैसे खुद को समझा रहा हो।

''नहीं।'' फरजाना ने गालों पर लुढ़क आये आँसू पोंछते हुए कहा।

''जब जरूरत पड़ेगी, तो लड़ाई लड़ ली जाएगी। खुदा न करे ऐसा हो, मगर इत्मीनान रखो, कानून सबूत चाहता है। वहाँ कागज देखा जाता है। जबानी बात काई नहीं मानेगा। इसलिए आराम से रहो, खुश रहो, जबानी बातें, अच्छी-बुरी हम एक-दूसरे से करते रहते हैं। उस बात को भूल जाओ!'' फिरोज ने बहन को समझाया और खुद भी राहत की साँस ली कि मुसीबत फिलहाल टल गयी है।

भाई से बात करके फरजाना के चेहरे पर छाई उदासी छँट गयी थी। आँखों का

ठहराव भी चमक में बदल चुका था। फिरोज ये बातें जानकर बहुत परेशान हुआ। उसने जिन्दगी में ऐसा कभी नहीं सुना था। खानदान में देर-सबेर मेहर की रकम उसने अदा होते देखी थी, मगर पढ़े-लिखे खुशहाल लड़के ऐसा करेंगे और सोचेंगे, उसे यकीन नहीं आ रहा था। बस एक ही सन्तोष की बांत थी कि बहन से उसने हस्ताक्षर नहीं कराये, जबानी तौर पर कहकर उधर फरजाना वक्ती तौर पर खुश हो गयी थी, मगर दिल में नन्हीं-सी फाँस गड़ी हुई थी कि आखिर मेरा अधिकार मुझसे इस तरह क्यों छीन लिया गया? कल मेरा क्या होगा? खंदक और खाई के बीच खड़ा करके मझसे मेरी सुरक्षा किसलिए छीन ली गयी?

ससुराल में सारा दिन बिना काम में गुजारना फरजाना के लिए मुश्किल था। युनिवर्सिटी, सहेलियाँ, टीचर्स और घर बहुत याद आता था। एक दिन आदत के अनुसार उसने ससुर की बिखरी मेज समेट दी। कागज, बिल फाइलों में नत्थी कर दिये। पिता की किताबों को सजाना उसका बचपन का शौक था। शाम को लौटकर ससुर ने जो साफ-सुथरी मेज देखी तो समझे, सारे कागज-पत्र सफाई के नजर हो चुके हैं। उनका क्रोध देख बेगम हलके से मुस्कराई। उनका पानदान भी तो आज सजकर अलग लग रहा था। सास-ससुर के मन में इस छोटी-सी बात ने फरजाना के प्रति ऐसा प्यार भरा कि स्वयं फरजाना न जान पाई। वह तो खुरपी लेकर गमलों को गोड़ती सूखी पत्तियाँ साफ कर रही थी।

शादी हुए दो माह गुजर गये थे, आज हँड़िया डोई छुलवाने की रस्म थी। दोनों ननदों ने चुपचाप सुबह ही कछ मीठा, नमकीन बनाकर रख दिया था, ताकि फरजाना की बदनामी न हो कि पढ़ी-लिखी भाभी के शौक में एक फूहड़ काहिल लड़की घर आ गयी है। इसलिए सास भी मेहमानों के बीच बैठी गर्व से गरदन उठाये थी कि अन्दर-अन्दर सब कुछ सँभाला जा चुका है। इन सारी बातों से बेपरवाह फरजाना बड़े आराम से 'प्याज की खीर' बनाने में मग्न थी। कई बार देवर उसे छेड़ चुके थे–"भाभी, खीर में शक्कर की जगह कहीं नमक न डाल देना!" उसका सलीका देखकर काम करने वाली मामा सौ जान से बहूरानी पर निछावर हो गयी। धीरे से बोली, "पढ़ाई के साथ ई सब कब सीख लियो दुलहिन?"

"स्कूल में होम-साइंस पढ़नी पड़ती है न बुआ! घर में तो अम्मी को पकाते देखती थी।" पसीना पोंछती फरजाना बोली। उसे डर लग रहा था कि सब कुछ खैरियत से गुजर जाये। फूफीजान ने शादी से पहले कई बार उससे प्याज की खीर पकवाई थी, ताकि ससुराल में यह रस्म इज्जत से निबट जाये। एक नयी चीज थी। सबने जी भरकर फरजाना की तारीफ की। बहुतों को तो इसी पर हैरत थी कि प्याज जैसी बदबूदार चीज से खुशबदार मीठी खीर भी बन सकती है। यह कमाल तो पढ़ी-लिखी लड़कियाँ ही कर सकती हैं।

अगले सप्ताह जुबैर की खाला के घर शादी थी। पूरे परिवार को जौनपुर जाना था। ट्रेन में जैसे पूरा डिब्बा इन्ही लोगों के रिजर्वेशन से भर गया था। ननदें, ननदोई, बच्चे, सास-ससुर, देवर का हँसी-मजाक, खाने-पीने में वक्त इस तरह कटा कि पता ही न चला, जौनपुर कब आ गया। फरजाना का दिल फूल की तरह खिल उठा था।

खाला के घर नयी दुल्हन तो आकर्षण का केन्द थी, पर फरजाना भी कौन सी पुरानी दुल्हन थी। सो उसे मुँह-दिखाई उन औरतों से मिल रही थी, जो शादी में नहीं

पहुँच पाई थीं। रात को जमीन पर मोटे गद्दों के फर्श पर सब लड़कियाँ-औरतें पास-पास लेटी गप्पें मार रही थीं। हँसी-मजाक, कहानी-किस्से चल रह थे। एकाएक अफसाना ने कहा ''भाभी आपको तमाशा दिखाती हूँ।'' कहती हुई वह उठकर अलग बैठी एक औरत के पास जाकर बैठ गयी और उनको बटुवे से तम्बाकू खाते पलभर देखती रही। फिर बोली, ''नानी अम्मा, आपका निकाह कब हुआ था?''

''मेरा निकाह...निगोड़ी क्या पूछती हो, पूरे पचास साल...नहीं, नहीं, पूरे पैंसठ साल गुजर गये हैं...क्या खाक याद करूँ, कुछ तो बचा नहीं, न रूप, न उम्र, न जवानी!'' आह भरकर बोली और बटुवे की डोरी खींच चूना चाटा।

''कुछ बताइए न!'' औरतों-लड़कियों ने इसरार किया। सबके चेहरे पर शरारत का भाव उभर आया था।

''यह हमारी पुरानी दाई हैं अन्ना बुआ...इनके हाथों घर के सारे बूढ़े पल थे।'' धीरे से फरजाना के कान में किसी ने कहा।

''बताइए न, नाना ने आपको कैसे देखा?''

''आप बहुत हसीन लग रही होंगी?''

''और नहीं क्या बीवी, वह जमाना ऐसा था कि जहाँ पैर मारती, वहीं की जमीन धँस जाती थी। बड़े चर्चे थे। तुम्हारे नाना लट्टू हो गये। बोले, शादी करेंगे, तो मुझसे ही। बस, चट मँगनी, पट ब्याह, मगर भइया, मुझे तो उन्होंने डरा ही दिया था। शादी की रात अच्छी-अच्छी बातें करते-करते एकदम से बोले, 'मेहर माफ न किया, तो कुएँ में कूद जाऊँगा। मैं भी चंचल थी। इतराकर बोली, 'जाइए, नहीं माफ करती।' मुझे क्या पता था कि घर के आँगन में कुआँ है। मेरी बात सुन वह लपके और जगत पर जा बैठे। बोले, 'माफ करती हो या नहीं?' मजाक यहाँ तक पहुँच जाएगा, मैं सोच नहीं सकती थी। दहाड़ें मारकर रोती भागी और उन्हें मनाकर ले आयी। वह हँस रहे थे, मैं रो रही थी। अल्लाह बख्शे, बड़े हँसोड़ तबीयत के थे। जब कभी उन्हें कुछ मनवाना होता, बस, उसी कुऐं की जगत की तरफ भागते...बहुत महीनों के बाद एक दिन मैंने देखा कि वह कुआँ तो कूड़े से लगभग पट चुका है। तब जाकर मेरी जान में जान आयी।''

''फिर...?'' किसी ने पूछा।

''फिर क्या, मेहर तो मैंने माफ कर दिया था...चलो भागो, मुझे लेटना है।'' अन्ना बुआ के पास से लड़कियाँ हँसती हुई उठ गयीं, मगर फरजाना उदास हो गयी।

ससुराल में सब कुछ था, उसे किसी बात की तकलीफ नहीं थी। उसने ससुर से आगे पढ़ने की इजाजत भी ले ली थी। सास की खिदमत कर उनका दिल भी जीत लिया था मगर...अभी तक वह मर्दानगी के आगे अपनी जनाना जीत का परचम नहीं लहरा पायी थी। उसका दिल चाहता था, किसी तरह वह मेहर वाली बात की असलियत समझ सके कि वास्तव में सच क्या है? बहुत सोचने पर उसे एक रास्ता दिखा। मजहबी किताबों को उसने पढ़ना शुरू किया, तो घर में सास-ससुर की खुशी का अन्त न रहा, मगर वे नहीं जानते थे कि इन दीनी किताबों के पीछे कौन-सी छानबीन चल रही है।

ईद पर जब वह मायके गयी, तो भाई ने फूफी के देवर के मित्र मौलवी अली इमाम को उसके कहने पर बुलवाया और खाना खाने के बाद जब चाय की मजलिस आधी रात को सूखे मेवों के साथ जमी तो फिरोज ने बात छेड़ दी। सुनकर पालिटिकल साइंस में एम.ए. और हुज्जत में नज्जफ से डिग्री लिए मौलवी एकाएक क्रोध से उबलकर बोले, "लाहौल...क्या जिहालत है...यह तो सरासर मर्द समाज में मर्द की एक चाल है, ताकि वह औरत का हर हथियार छीन ले, कहीं प्यार से, कहीं कानून से, कहीं जुल्म से...पता नहीं, पैसे के लालच में और औरतों की आजादी से खौफजदा मर्दों ने जाहिल मौलवियों को अपना रहबर क्यों मान लिया है...इन्हीं सारी बातों को लेकर मेरा झगड़ा इनसे होता है। मैं हदीस शरीयत और कुरान खोलकर दिखाता हूँ, तो पता चलता है, कमबख्तों को कुछ आता नहीं है। न पढ़ते हैं, न सीखते हैं।"

"और जो यह पढ़े-लिखे लड़के ऐसा करते हैं?" फिरोज ने बात खोलनी चाही।

"मतलबपरस्त हैं, ख़ुदग़र्ज हैं, नामसमझ, पढ़े-लिखे जाहिल हैं। औरत से हर शक्ल में सुख हासिल करना चाहते हैं, मगर बदले में देने वाला दिल नहीं रखते। पढ़ी-लिखी लड़कियों से डरते हैं। मैं तो कहता हूँ, कानून और औरतों की मदद इन दोग़ले मौलवियों और क़ानूनदाँ के जरिए नहीं होगी। औरत को खुद हदीस और कानून समझकर अपनी लड़ाई लड़नी पडेगी...मेरे ऐसे ख़यालात हैं। इसलिए सरकार हो या आम आदमी, मुझसे कतराता है...किसी सलाह-मशवरे के वक़्त जाहिलों की फौज हर समाचार-पत्र में तस्वीर के संग छपी नजर आती है। नॉन इशू बनाकर लोग लुत्फ लेते हैं।"

मौलवी इमाम का तस्वीह वाला हाथ गुस्से में काँप रहा था। फिरोज ने बात वहीं ख़त्म करना मुनासिब समझा। सो चाय की नयी ताजा प्याली उनकी तरफ बढ़ा बहन को इशारा किया कि वह कोई सवाल न पूछे। कुछ देर ख़ामोशी छायी रही।

"चचाजान, मेहर और शादी का क्या रिश्ता है, जो मेहर को लेकर इतनी बातें बनती हैं? कहा जाता है, मेहर औरत की कीमत है जो मर्द अदा करता है?" कुछ देर बाद फरजाना ने पूछा।

"ग़लत, बिलकुल ग़लत...मेहर का मतलब है—प्यार-मोहब्बत, न कि...लाहौल...ये सारी बेकार की बातें हैं। सचाई से इनका दूर का भी वास्ता नहीं है।" अली इमाम ने खँखारा, फिर कहा, "शादी कानूनी तौर पर यानी इस्लामी तौर पर वैध मानी जाये, इसके लिए चार चीजों का होना जरूरी है—पहला, लड़की की मरजी पूछी जाये, वह शादी के लिए राजी है? दूसरे, दो गवाह हों, जो मर्द हों। यदि मर्द नहीं हैं, तो फिर एक मर्द के बराबर दो औरतों की गवाही मानी जायेगी। निक़ाह सबके सामने होना जरूरी है, मेहर का होना तो अत्यन्त जरूरी है, क्योंकि वह उस वायदे की 'टोकन मनी' या शगुन है, जो उसने पूरी जिन्दगी औरत की देखभाल के लिए किया है। यदि इनमें से कोई एक बात पूरी नहीं, तो निकाह या शादी अवैध करार दी जा सकती है। यहाँ तक कि यदि किसी ने हैसियत से ज़्यादा मेहर रखा और अदा करने की बिसात उसमें नहीं, तो वह भी अवैध है, क्योंकि शादी की बुनियाद झूठ पर होगी। इसीलिए कम-से-कम 'मेहर हो', कायदे से खजूर की गुठली के बराबर सोना या सोने की

कीमत भर...जो फौरन अदा करने में मददगार साबित हो। यही वह 'गारन्टी' है कि मर्द औरत की दौलत पर तकिया नहीं करेगा, बल्कि खुद कमाकर खिलाएगा, उसके आराम का ख़्याल रखेगा। हमारे यहाँ शादी एक 'अनुबन्ध' का नाम है। एक भी क्लॉज छूटा तो अनुबन्ध टूटा या शादी अवैध मानी जा सकती है। लड़की अपने अधिकार का प्रयोग कर सकती है। यदि शादी उसकी मरजी बिना हुई है, तो वह इनकार कर सकती है। तभी निकाह छुपाकर नहीं, सबके सामने करने की हिदायत दी गयी...कुछ किताबें भिजवा दूँगा...पढ़ना और समझना... वैसे, तुम ये सब क्यों पूछ रही हो, कोई परेशानी या फिर...?''

फरजाना के चेहरे पर एक रंग आ रहा था, दूसरा जा रहा था। अपमान से उसके कानों की लवें सुर्ख हो गयी थीं। एक बग़ावत सिर उठाने लगी कि ऐसे झूठे, जाहिल शौहर के घर लौटकर क्या जाना। यहीं मायके में रहकर माँ-बाप को भी सीख देनी चाहिए कि मुझे आगे पढ़ाने की बजाय मेरी शादी क्यों कर दी? यदि शादी इतनी महत्त्वपूर्ण थी, तो फिर शादी, तलाक, मर्द-औरत के सम्बन्ध पर धर्म और कानून का ज्ञान क्यों नहीं दिया? क्यों अन्धे कुएँ में धकेल दिया?

''इसका मतलब यह हुआ कि 'मेहर' उस ईमानदारी की 'सिक्यौरिटी' है जिसको आगे की शादीशुदा जिन्दगी में शौहर को अपने बर्ताव और व्यवहार से साबित करना है। या यूँ कहा जाये कि मेहर औरत की कीमत न होकर मर्द की जमानत है।'' फिरोज ने गहरी सोच में डूबते हुए कहा।

''बिलकुल सही समझे हो। काश, यह बात सबके समझ में आती। अकसर लोग 'मेहर' को औरत के गुजर-बसर या स्त्री-धन समझने की ग़लती करते हैं। सच पूछो तो एक खुशहाल और बराबरी से जी जाने वाली जिन्दगी का वायदा है, जो मर्द 'मेहर' की शक्ल में पेशगी अदा करता है। हाँ, जब रिश्ते टूटते हैं, तलाक की नौबत पहुँचती है, तो वहाँ 'मेहर' का कोई रोल नहीं होता, बल्कि 'गुजारा-भत्ता' का मसला खड़ा होता है। वह बिलकुल अलग मसला है।''

''मेहर जब नक़द सिक्कों में उसी वक्त अदा होनी चाहिए, तो फिर अकसर लोग बुढ़ापे में या मरते वक्त मकान, दुकान, बाग वग़ैरह मेहर में क्यों देते हैं?''

''इसलिए कि उनकी मौत के बाद बीवी दर-ब-दर की ठोकर न खाए। इसीलिए वे नक़द की जगह उसी कीमत की अंचल जायदाद के रूप में भुगतान करते हैं। यह उन शरीफ़ मर्दों का इजहार-ए-मोहब्बत है, जिनके दिलों में बीवियों के लिए नर्मगोशा होता है, अपनी जिम्मेदारी का एहसास होता है।''

''यह काम तो फिर पहले भी किया जा सकता है?'' फिरोज ने पूछा।

''हाँ, मगर तब वह कमाना शुरू कर रहे होते हैं। विरासत की जमीन उनके नाम तब तक नहीं होती। फिर, उसके भी कई हकदार होते हैं। बैंक में कुछ जमा पैसा होता नहीं। अगर मेहर उनकी हैसियत के मुताबिक बँधे, तो वह फौरन अदा कर सकते हैं। कितने निकाह मैंने इसी मुल्क में पढ़वाए हैं ऐसे दौलतमन्द घरानों के, जिनका यकीन हदीस पर था, रुपये के लेन-देन पर नहीं। इसीलिए उन्होंने सिर्फ डेढ़ रुपये या तीन रुपये या फिर

सोने की एक गिन्नी पर मेहर बँधवाया, जो फौरन दूल्हें ने दुल्हन को अदा कर दिया। दूसरी तरफ मामूली घरों के लड़कों का मेहर लाख-डेढ़ लाख बँधा। दहेज मना है इस्लाम में तो भी दुनिया को दिखाने के लिए दहेज दिया गया। बुनियादी बातों को भुलाकर दुनियावी बातों पर ध्यान दिया गया। अकसर नतीजा देखने में आया कि लड़की मायके गयी तो बुलाई नहीं गयी और लड़के ने दूसरी शादी कर ली। पहली और दूसरी बीवी के दहेज से उसका घर भर गया। इस तरह की शैतानत का काम अब होने लगा, क्योंकि लोगों ने सीधा रास्ता चलना बन्द कर आसान और ग़ैरकानूनी रास्ता अपनाना शुरू कर दिया है। उन बातों का इस्लाम से क्या लेना-देना, मगर अपने बचाव में इलजाम उस पर थोप दिया जाता है।'' कहते हुए अली इमाम ने लम्बी साँस ली और चलने की तैयारी करने लगे।

''आप सोचते हैं कि हदीस में लिखी हर बात पर चलने से सुकून और इंसाफ मिल जाता है?'' फिरोज ने गम्भीर स्वर में पूछा।

''बात सिर्फ हदीस की नहीं, बल्कि ईमानदारी से एक रास्ता चुनने की है। जिन्दगी का कोई नजरिया तो होना चाहिए। जब आप उस पर चलते हैं, तो भटकन कम हागी और सुकून और इंसाफ भी तयशुदा कानून के मुताबिक आपको मिलेगा, वरना जंगल का कानून आपको मानना पड़ेगा और इंसानी दुखों का कोई अन्त नहीं होगा।'' अली इमाम ने जूते के फीते बाँध काली अबा-क़या को ठीक किया और सिर पर काला इमामा रखा।

''एक तो अरबी जबान आती नहीं और सारी मजहबी किताबें उसी जबान में हैं।'' फिरोज ने कहा।

''ऐसा नहीं है। अंग्रेजी, उर्दू में खूब तर्जुमा हुआ है। बात दिलचस्पी की है, खुद को जानने-समझने की है। जब तक जड़ को नहीं समझोगे, फैलाव पर तुम्हारी नजर नहीं पहुँचेगी और ग़लत मालूमात पर भरोसा कर अपने को कमजोर समझोगे।'' अली इमाम ने फिरोज के कन्धे पर हाथ रखते हुए कहा।

''आपसे बातें कर लुत्फ़ आ जाता है।'' फिरोज ने हँसकर कहा।

''लुत्फ़ आता है, वह तो ठीक है, मगर मियाँ साहबजादें, अपनी शादी में इन बातों का ध्यान रखना।'' कहकर ठहाका लगा बैठ मौलाना।

''जी, सही इम्तहान की घड़ी वही है।'' फिरोज भी हँस पड़ा।

''जो कुछ करना, तैश में आकर मत करना...गुस्सा किसी भी जंग में हारने का सबसे नादान ऐलान होता है। सही मंजिल को पाने के लिए औरत के पास वे सारे हथियार हैं जो मर्द के पास नहीं हैं।'' अली इमाम ने फरजाना के सलाम का जवाब देते हुए कहा और उसके सिर पर प्यार से हाथ रखा।

''जी!'' चौंक पड़ी फरजाना। समझ गयी कि मौलवी इमाम साहब सब कुछ ताड़ गये हैं।

''किरदार का हथियार दौलत, ताकत, शोहरत के हथियारों से कहीं ज्यादा तेज और चमकदार होता है, क्योंकि वह इंसानी वजूद को कायम रखता है।'' इतना कहते हुए अली इमाम कमरे से बाहर निकल गये और फरजाना को एक नयी जमीन पर

सोचने के लिए मजबूर कर गये। अन्दर चाहे ज्वालामुखी फट रहे हों, ऊपर से फरजाना दूसरों के सामने अपने को सहज बनाये रखने की पूरी कोशिश करती थी, मगर उसका सन्ताप किसी तरह कम नहीं होता था कि उसकी शादी आधी कानूनी और आधी ग़ैरकानूनी है। जब कभी जुबैर के हाथ उसके करीब आते, उसे महसूस होता कि उसके साथ बलात्कार हो रहा है। वह कभी-कभी अन्दर से इतनी हिंसक हो उठती कि लगता, कहीं कुछ कर न बैठे। अपनी चालाकी से उसने औरत को पहले निहत्थी बनाया, फिर उससे प्रेम किया, मगर मैं इस फाँस की तपकन को खत्म करके रहूँगी, उसी चालाकी और कूटनीति से, जैसे जुबैर ने मुझे पहली रात छला था। यह ख़ामोश लड़ाई तब तक चलेगी, जब तक मेरी जीत नहीं होगी।

पूरे वक्त खाली समय में कमरे में अकेली पड़ी छत ताकती, अनेक मनसूबे बनाती, तनाव में मुट्ठियाँ जकड़ती और तेज साँसों के संग वह जाने कितनी दूर निकल जाती थी। अब वह दो जिन्दगी जी रही थी—एक ख़यालों में जुबेर की दुश्मन बन और एक हक़ीक़त में उसकी पत्नी बनकर उसकी हर बात मानती हुई। उसका पूरा ध्यान इस बात पर केन्द्रित हो गया था कि साँप मर जाये और लाठी भी न टूटे, वरना जुबैर का क्या? वह रूठकर मायके बैठी, तो दसवें महीने वह एक और ले आएगा और इस्लाम के नाम पर हर तरह की सहूलियतें हासिल करेगा और वह नाक पर मक्खी न बैठने की जिद में नाक कटवा लेगी, जो उसे मंजूर नहीं। बात तो तब बनेगी जब सहूलियतों के इस बाँध का पानी उलटी दिशा की तरफ मोड़ सके, जुबैर को सबक सिखा सके, उस जाहिल मौलबी की दाढ़ी कुतर सके, मगर कैसे? आख़िर कैसे?

गरमी के दिन थे। फरजाना ससुराल लौट आयी थी। जुबैर सारे दिन धूप से तपा जब घर लौटता तो फरजाना के हाथों मिला ठंडा शरबत अजीब राहत का एहसास देता था। रात जब वह पास लेटी फरजाना की तरफ हाथ बढ़ाता, तो वह करवट बदलकर बड़े नरम स्वर में कहती, 'प्लीज जुबैर, आज बहुत गरमी है।'

उसके इस जुमले को सुन जुबैर को कूलर की ठंडी हवा लू के थपेड़े जैसी और रात धूप से भरा सफर लगने लगती। उधर फरजाना को जुबैर का हर प्रेम-स्पर्श फंदा और वह खुद एक बहेलिया लगता। उसके अन्दर चिंघाड़ता तूफान शान्त नहीं हुआ था। वह जुबैर के मलिन पड़ते चेहरे को ताकती और जबान पर आई कड़वाहट को निगल लेती कि आज बस, इतना, वरना मरीज को सारी खुराक एक साथ देना कोई समझदारी नहीं है।

एक दिन दोपहर में फरजाना यह देखकर शर्मिंदा हो गयी कि फैक्टरी के आदमी के साथ दो अन्य लोग उसके कमरे में ए.सी. लगाने आये हैं। घर में खुशी की लहर दौड़ गयी। दोनों देवर उसके कमरे में जमा होकर ए.सी. को लगता देखने लगे। उसे भी कहीं अच्छा लगा कि जुबैर को उसके आराम का कितना ध्यान है। उसने स्वादिष्ट पकवान बनाये। कमरे के पर्दे, कुशन, बेड-कवर बदले और पूरे घर को उत्सव के रंग में डुबो दिया। शाम को जुबैर ये सब देखकर मगन हो उठा और पूरे परिवार को कार में बिठाकर लम्बी ड्राइव पर ले गया।

रात की नीली रोशनी से भरा कमरा एक बर्फीली सरसराती ठंड में डूबा, रजनीगंधा

की महक से गमक रहा था। जुबैर के चेहरे पर एक अलग तरह का आकर्षण फरजाना को अपनी तरफ खींच रहा था। यह सारा भीना-भीना माहौल उसी के द्वारा पैदा किया हुआ है। फिर वह झिझक क्यों रही है? कितना अजीब है सब कुछ? एक तरफ सम्बन्ध मोहब्बत की पुख़्ता जमीन पर खड़ा हो रहा है, तो दूसरी ओर आत्मसम्मान, तर्क की छैनी-हथौड़ी से संवेदना पर प्रहार कर उसे व्यथा के समन्दर में धकेल रहा है। दिल कह रहा है कि आज की खूबसूरती जी लो, प्यार को दोनों हाथों की अंजुली में भरकर पी लो, न जुबैर को निराश करो, न खुदा को दुखी, मगर चेतना उसे रोक रही है—भावना में मत बहो, ऐसी हजार हसीन रातें आएँगी, जरा इंतजार करो। आज के सुख के लिए कल का समझौता बहुत महँगा पड़ेगा, जहाँ दर्द के गलियारों में भटकन होगी। इबादत का सूरज बीच में ही डूब जायेगा। सारी रातें सियाह पड़ जाएँगी।

"मैं किसकी सुनूँ?" फरजाना ने तंग आकर अपने बालों में उँगली फँसाई। वह टूट रही थी। वह कमजोर पड़ रही थी।

"क्या हुआ?" ब्रश करके नाइट गाउन पहने, कमरे में दाखिल होते जुबैर ने फरजाना को ताज्जुब से देखा।

"कुछ नहीं।" आँखों में भर आये बादलों को फरजाना ने उड़ाकर फीकी मुस्कान से जवाब दिया।

"सिर में दर्द है?" जुबैर ने उसका मुरझाया चेहरा देखा और उसके इकरार पर पास लेटकर उसका माथा हलके-हलके सहलाने लगा।

एक खूबसूरत रात दबे पैर गुजरने लगी। जुबैर जाने कब उसका माथा सहलाते-सहलाते सो गया। उसने जुबैर का हाथ धीरे से हटाकर होंठों पर, फिर उसे आहिस्ता से सीने पर रखकर दबाया।

'आखिर ये सब इस तरह कब तक चलेगा? मेरे प्रतिरोध की यह अभिव्यक्ति कहीं गलत अर्थ में कोई गुल न खिला बैठे। अब मुझे बोलने की हिम्मत जमा करनी पड़ेगी, वरना खामोश शहादत व्यर्थ जाएगी'—फरजाना सोच रही थी। उसकी आँखों में नींद नहीं थी। कभी वह प्यार से पति के चेहरे और बदन को ताकती थी, तो कभी अपनी डबडबाई आँखों को तकिये में छुपा लेती थी।

जुबैर फरजाना के रोज-रोज के बहाने से सोचने पर मजबूर हो गया था। वह फरजाना के प्रति अपने अनुराग और आकर्षण के पर्दे को हटाकर कुछ देखना चाहता भी, तो उसे कुछ नजर नहीं आता था। रोज-व-रोज वह रूहानी तौर से फरजाना के जितना समीप आ रहा था, जिस्म से उतना ही दूर हो रहा था। उसे जाने क्यों लगने लगा था कि फरजाना उसके सम्मोहन से मुक्त होती जा रही है। यह हार उसकी है या..."यह तुम हरदम किताबों में डूबी क्या तलाश करती हो?" जुबैर ने बिस्तर पर से किताबों का ढेर सरकाते हुए पूछा।

"आपको।" हँसकर फरजाना ने मियाँ को ताका।

"मुझे?" जुबैर बिस्तर पर लेटते-लेटते चौंका। उसके और फरजाना के दरमियान किताबें पड़ी थी।

"हाँ, आपने पहली मुलाकात में बताया था कि आपने बहुत पढ़ रखा है, मजहब के बारे में बहुत कुछ जानते हैं, तब से मुझे भी शौक हो गया कि आपकी दिलचस्पी जारी रखूँ, मगर अभी तक, इतना पढ़ने के बाद मुझे किसी हदीस, किसी सुन्ना में मेहर को पहली रात औरत से माफ कराने की बात नहीं मिली है..." किताबें समेटते हुए फरजाना ने भोलेपन में कहा।

"वह...वह तो बस..." जुबैर हकलाकर रह गया। उसे इस तरह की बात, वह भी इतने अरसे बाद सुनने की उम्मीद नहीं थी।

"मेरी तो अच्छी गुजर रही है। यदि मेरी बेटी को कल किसी तरह की परेशानी हुई...मसलन मेहर माफ करने के बाद शौहर के संग उसकी निभ न सकी और हक के नाम पर मेहर भी न रहा...इस बीच आपका बिजनेस भी किसी वजह से...या फिर हमारे इतने बच्चे हो गये कि हम उन्हें बिठाकर खिला न सकें...हजार तरह की फिक्र मुझे घेरे रहती हैं। इसलिए मैं कुछ बातों की तह में जाना चाहती हूँ, ताकि कल मेरी होने वाली बेटियों को तकलीफ न हो।" उदास चेहरा बनाकर फरजाना ने चिन्तित स्वर में कहा।

"वह तो ठीक है, मगर अभी हमारे बच्चे हैं कहाँ? तुम तो वही बात कर रही हो कि न सूत, न कपास, जुलाहों में लट्ठम-लट्ठा"—खिसियानी हँसी हँसता जुबैर बोला।

"बलात्कार से उपजे बच्चे को मैं जन्म नहीं दूँगी, चाहे बाँझ ही क्यों न कहलाऊँ..." फरजाना ने दाँत पर दाँत जमाकर कहा।

"कुछ कहा तुमने?" जुबैर चौंका।

"नहीं तो।" फरजाना मुस्कराकर पलटी।

"अच्छा! मेरे कान बजे होंगे।" जुबैर चकराया-सा बोला।

"मैं चाहती हूँ, आप उस मौलवी से मुझे मिलवाएँ, जिसने आपको ऐसा कानून बताया है, ताकि मैं किताब में न मिलने वाले कानून को समझ सकूँ, जो रिवाज पकड़ रहे हैं" बड़ी अदा से फरजाना ने कहा और गहरी नजरों से जुबेर को ताकती हुई हँस पड़ी।

"मैं किसी मौलवी को नहीं जानता हूँ। मुझे इन बातों पर जरा भी यकीन नहीं है।" उलझकर बोला जुबैर।

"फिर उस रात आपने मुझसे झूठ बोला था?" फरजाना की नर्म उँगलियाँ मियाँ के बालों में उलझ गयीं।

"आधा, पूरा नहीं।" जुबैर हलके से मुस्कराया। वह जाल में फँस गया था, उसे पता नहीं था।

"क्यों?" फरजाना चौंकी और बड़े अन्दाज से आँखें झपकाई।

"क्योंकि मेरे दोस्तों ने मुझे सलाह दी थी कि मेहर की मुसीबत से पहले ही दिन निपट लेना, वरना..." खिलखिला पड़ा जुबैर अपनी जीत पर।

"वरना क्या?" एकाएक फरजाना के चेहरे के भाव बदल गये।

"छोड़ो भी, उस पचास हजार में क्या रखा है? एक लाख का तो तुम इस समय सेट पहने हो, मेरी जान!" जुबैर ने उसकी तरफ हाथ बढ़ाया कि उसे बाँहों में भर ले।

‘‘नहीं जुबैर...मुझे जवाब दो पहले, वरना क्या?’’ छिटककर फरजाना दूर हट पलंग के कोने पर जा बैठी।

‘अरे, बस यूँ ही, पहली रात ही अपनी बात मनवाकर जिन्दगी शुरू करने का मतलब था, हमेशा नकेल मेरे हाथ होगी, वरना फिर तुम मुझ पर धौंस जमाओगी।’’ जुबैर ने पैर सीधा कर पलंग पर चित लेटते हुए आराम से कहा।

‘‘मगर क्या तुम यह नहीं सोच पाये कि जब सच का पता चलेगा, तो क्या होगा? तुम मेरी नजर में कहाँ टिकोगे?’’ फरजाना का लहजा बदल चुका था।

‘‘औरत को इन बातों की खबर नहीं होती। वह शौहर और मौलवी की हर बात को सच मानती है।’’ जुबैर हँस पड़ा।

‘‘औरत को इन बातों की खबर नहीं होती है।’’ फरजाना का लहजा तल्ख हो उठा।

जुबैर ने बीवी को पहली बार इस तेवर में देखा था। इसलिए वह पूरी तरह बात की तह तक नहीं पहुँच सका तो भी मामला भाँपकर उसने लहजा दबंग बनाकर कहा–‘‘हाँ, वह तुम्हारी तरह सच को तलाश नहीं करती, बल्कि शौहर की कही बात को सच मानती है, इसलिए सुखी रहती है। तुम खुद अपनी जन्नत में आग लगाने पर उतारू हो। मुझे जलील कर झूठा साबित कर क्या तुम मेरा प्यार पा सकोगी?’’

‘‘अब यह तुम्हारी दूसरी शर्त है?’’ फरजाना कटाक्ष-भरी मुस्कान बिखेरकर बोली।

‘‘नहीं, शायद हाँ या मैं कुछ नहीं जानता...’’ जुबैर उलझकर बोला।

‘‘देखो जुबैर, मैं रोज तुम्हारे साथ मरती हूँ। मुझे डर है कि कहीं मैं पागल न हो जाऊँ। मुझे पहली रात की वह शर्त, तुम्हारी वे बातें, सदा कोंचती रहती हैं। लाख भूलने की कोशिश करूँ, तो भी भूल नहीं पाती। शायद इसलिए कि वह धार्मिक दृष्टि से गलत था, झूठ था–हमारे प्यार की बुनियाद एक झूठ पर, एक फरेब पर शुरू हुई थी। इसकी कसक मुझे तड़पाती है। मेरा दर्द समझने की कोशिश करो...वह दर्द लाख या करोड़ के जेवर पहनने से खत्म नहीं होगा...’’ फरजाना की आँखें डबडबा आयीं।

‘‘तुम पागल हो रही हो। ऐसा कुछ भी नहीं है। मैं तुमसे बेपनाह मोहब्बत करता हूँ। भूल जाओ।’’ एकाएक जुबैर के चेहरे पर छाया गुस्सा गुबार की तरह बैठने लगा।

‘‘मगर मैं मोहब्बत करना चाहूँ भी, तो नहीं कर पाती हूँ। हरदम उस रात की बातें मुझे हथौड़े की तरह पीटती हैं, मुझे बताती हैं कि तुमने मेरी मजबूरी, मेरी मासूमियत से फायदा उठाया है। खुदा के बाद शौहर के आगे सिजदा वाजिब है, मगर बताओ, क्या मैं सच्चे दिल से तुम्हारे आगे माथा टेक सकती हूँ? उस खुदा के आगे तुम माथा टेक सकते हो, जो तुमसे झूठ बोले?’’

‘‘बस करो फरजाना...मैंने ये सब जानकर, इतना कुछ समझकर यह नहीं किया था। एक मर्दाना नशा था, ताकत का, घमंड का, अपने को बरतर समझने का। उसी नशे में मुझसे यह गलती हो गयी। तुम जो चाहो, सजा दे सकती हो, मगर मुझे छोड़कर मत जाना।’’ जुबैर ने फरजाना को अटैची खोलते देखकर कहा।

‘‘फिर एक नया फरेब, एक नया जाल मोहब्बत के नाम पर बुन रहे हो? पछता

रहे हो, तो प्रायश्चित भी करना जानते होगे। मैं तो अपने को सजा दे रही हूँ अपनी हिमाकत की...यह कोख हमेशा सूनी रखूँगी, उस मर्द का बच्चा हरगिज कोख में नहीं पलने दूँगी, जो मोहब्बत के नाम पर सत्ता का परचम लहराये, जो औरत के अधिकार को अपनी चालाकी से छीन ले और उसे निहत्था बनाकर अपनी जीती जमीन का ऐलान करे...वह जमीन अंकुर नहीं फोड़ेगी, कभी नहीं।'' फरजाना के चेहरे पर एक तमतमाती-सी जिद अकड़कर बैठ गयी।

''मैं शर्मिंदा हूँ।'' जुबैर के चेहरे पर उठी संगीनें धराशायी हो गयी।

''यदि तुम्हें रस्में तोड़नी थीं, बगावत करनी थी, तो एक नयी जिन्दगी की बुनियाद डालते, जिसके नियम नये होते। धर्म के बनाये कानून को नकारना था, तो नास्तिक बन क्रान्ति करते, मगर वे खतरे तुम मोल नहीं ले सकते थे। नियम और कानून से बँधी जिन्दगी को कुबूल करके उसमें से उन नियमों को छाँटना, जो तुम्हारे लाभ में जाते हैं और उनको रद्द कर देना, जो दूसरों के फायदे में जाते हैं, क्या यह गुनाह नहीं है?''

''तुम सब कुछ बर्बाद करने पर तुली हो...अपना गुस्सा ठंडा करो...इन बातों से क्या फायदा? हम खुश हैं, खुश थे, खुश रहेंगे।''

''मैं खुश नहीं थी, एक बनावटी जिन्दगी जी रही थी, हौसला जमा कर रही थी, सचाई की तलाश कर रही थी और आज में फैसला करना चाहती हूँ कि मुझे तुम्हारे साथ रहना है या अकेले जीना है।'' फरजाना ने अटैची में सामान रखते हुए कहा।

''पागल हो गयी हो क्या?'' जुबैर तैश में आ गया।

''अब होश में आयी हूँ, नींद से जागी हूँ। मुझे अब समझौते-भरी यह जिन्दगी पसन्द नहीं, जहाँ खुदा और रसूल का दिया हक भी मुझसे छीनकर जीने पर मजबूर किया जाये। कल का क्या भरोसा। इस दलदली जमीन पर कौन-से घर की बुनियाद पड़ेगी?'' जज्बात की शिद्दत से फरजाना की आवाज बुलन्द हो उठी।

''धीरे बोलो, दालान में कोई है...बेकार में...'' जुबैर ने घबराकर उसके मुँह पर हाथ रखा। कुछ पल खामोशी रही।

''चाहती तो मैं भी यही हूँ कि हमारे बीच जो हुआ, उसका पता दूसरों को न चले, क्योंकि दूसरों की कोई गलती नहीं है।'' थोड़ी देर बाद फरजाना ने कहा।

''मैं तुम्हें बहुत प्यार करता हूँ, तुम्हारी इज्जत करता हूँ।'' जुबैर ने प्यार से सराबोर हो उसका हाथ पकड़ना चाहा।

मुझे हाथ मत लगाना...मैंने इतना तनाव सहा है कि अब मैं टूटकर बिखर जाऊँगी। अभी तक चुप थी, सहने की ताकत थी। आज जबान खुल गयी है, तो मेरे सब्र का पैमाना लबरेज हो चुका है। मुझे कुछ दिन आराम चाहिए, फैसले से पहले का सन्नाटा। मुझे मेरे घर छोड़ आओ। जब तक मैं तुम्हें बुलाऊँ न, तुम मुझे लेने मत आना।'' अटेची बन्द करते हुए फरजाना ने अन्तिम फैसला सुनाया।

फरजाना चली गयी। ससुराल का घर सूना हो गया। फरजाना की रणनीति कुछ हद तक सफल हुई। अपनी सेवा से जो उसने सबका दिल जीत लिया था, वे अब उसके लिए

तड़पते। अपनी खिदमत से जो उसने सबकी आदतें बिगाड़ दी थीं, उससे हर पल उसका नाम जबान पर रहता और घर की यह हालत, माँ-बाप का इसरार तथा छोटे भाइयों के प्रश्नों से जुबैर घबरा चुका था। अभी तक केवल एक रट थी—कई महीने गुजर गये, मगर बहू की गोद हरी नहीं हुई। उसका भेद भी फरजाना ने फाश कर दिया। अब पूछा जा रहा है कि वह ससुराल क्यों नहीं जा रहा है? क्यों नहीं फरजाना को बिदा करवाकर ला रहा है? इस बात की गाँठ फरजाना ही खोल सकती है। कभी-कभी वह माथा पीटता कि कानून, शिक्षा, मेडिकल सहूलियतें इंसान की जिन्दगी को आसान नहीं, बल्कि पेचीदा बना रही हैं।

इस बीच कई बार छोटे बेटों के संग सास-सुसर बहू को देख आये थे। कुरेदकर मामला जानना भी चाहा, तो कुछ हाथ न लगा, सिवाय इस बात के कि फरजाना की माँ की तबीयत ठीक नहीं है, डॉक्टर ने पूरा आराम करने की सलाह दी है। इस तरह की उलझन में एक महीना गुजर गया। जुबैर को फरजाना की तरफ से कोई संदेशा नहीं मिला।

जुबैर को कभी फरजाना पर गुस्सा आता, कभी प्यार, मगर अपनी गलती समझ में नहीं आती थी। उसे महसूस होता कि तिजोरी जिसमें जेवर भरे हों, बैंक जिसमें रुपये हों घर की सारी चाबियाँ माँ ने फरजाना को सौंप रखी हों, उसे पचास हजार रुपये क्यों इतनी महत्त्वपूर्ण रकम लगती है? उससे चौगुने की वह तन्हा मालिक है। आखिर किस बात की कमी है? फिर भी जाते-जाते सारे जेवर यहीं छोड़ गयी है? उधर यार-दोस्त उसे समझाते, 'छोड़ यार, औरतों के चोंचले हैं, इनके गाल पर एकाध जड़ा नहीं कि अक्ल ठिकाने आ जाएगी। हमारी बीवियों ने तो सिर्फ मेहर ही माफ नहीं किया, बल्कि रोज हमारी गलती को भी माफ करती हैं। मैं तो यह जानता हूँ कि ढोलक कसी न गयी, औरत दबाकर रखी न गयी, तो बड़ी बेतुकी आवाजें निकालती हैं। मेरी साली की अभी शादी नहीं हुई है। कहो तो बात चलाऊँ?

सब कुछ सुन-देखकर जुबैर का साथ दोस्तों से छूटता गया। उनके घर में बिखराव, फूहड़पन और रिश्तों की बेकसी थी। यदि फरजाना ने सब कुछ सही तरीके से सँभाला न होता तो उसको यह फर्क महसूस न होता कि फरजाना दूसरों की पत्नियों से बेहतर पत्नी है। वह एक बेहतर बहू और बेहतर इंसान है। मगर? मैंने तो उसे दिल के साथ अपने को उसके कदमों पर डाल रखा था। हर बात मानना, हर ख्वाहिश को पूरा करना...फिर एक जरा-सी बात को लेकर बतंगड़ बना लेना...शायद उसका दिमाग खराब हो गया हो। अगर उसका बर्ताव ऐसा रहा, तो कल मेरी चाहत में कमी आएगी। मेरी बेरुखी देख उसकी अक्ल ठिकाने आ जाएगी। मैं भी बिजनेस का बहाना करके कुछ दिन पहाड़ों की सैर को निकल जाता हूँ। कम-से-कम अब्बा-अम्मा के सवालों से तो छुटकारा मिलेगा। उसे भी खबर लग जाएगी कि मैं उसको मनाने और खुशामद करने की बजाय सैर को निकल गया हूँ।

उधर फरजाना हर दिन जुबैर का इंतजार करती हुई सोचती कि जुबैर क्या इतना नासमझ है कि सब कह देने के बाद भी वह मेरे दिल व दिमाग में धंसी उस नन्हीं-सी फाँस को निकालकर मुझे निहाल नहीं कर सकता है? कहाँ गया उसका प्यार? क्या वह मुझे भूल गया? या मर्दानी शान का नशा फिर चढ़ गया? औरत-मरद एक-दूसरे

को इज्जत न दें, प्यार में एक-दूसरे के सुख का ध्यान न दें, तो फिर जीने का मकसद और मजा ही खत्म हो जाता है...यह बात शायद मैं नहीं समझा पाई उसे, और उसे तो समझना ही नहीं था। पूरी मर्द कौम न सही, आधी तो खुद के नशे में डूबी रहती है।

दूसरा महीना भी जब खत्म होने लगा, तो फरजाना को यकीन हो चला कि उसे अब सारी जिन्दगी मायके में गुजारनी होगी और यदि वह सब कुछ समझकर जुबैर को बुलाती है, तो वह आकर क्या करेगा? वह उसके साथ जाकर क्या करेगी? वही रात-दिन का संताप सहेगी? जमानत जब्तशुदा इंसान की तरह सिर झुकाए एक झूठी मोहब्बत जीती रहेगी?

इधर घर में माँ-बाप को भी शक होने लगा। माँ उठते-बैठते समझाती कि खुदा के बाद अगर किसी के सामने माथा टेकने की इजाजत दी गयी है, तो वह शौहर है जो तुम्हारा 'मजाजी खुदा' है उस दुनियाबी खुदा से क्या रुठना? इस तरह की बातें कर उन्होंने भी बहाने-बहाने से बेटी को ससुराल जाने की हिदायत दी, तो उसने बड़ी चालाकी से तबीयत की खराबी और आराम का बहाना बना उनका ध्यान दूसरी तरह से अपनी ओर आकर्षित कर लिया, मगर फिरोज से बचकर वह कहाँ जाती? उसने एक दोपहर बहन को बातों से घेर लिया।

"बात क्या है?" फिरोज ने सीधे उसे घूरा।

"कुछ नहीं भैया।" थके स्वर में फरजाना बोली।

"जुबैर का ट्रेनिंग पीरियड चल रहा है क्या?" फिरोज की आँखें शरारत से चमकी।

"शायद।" खिलखिला पड़ी फरजाना।

"हँसकर बात मत टालो, जवाब दो बहन। अम्मी-अब्बू परेशान हैं, उधर तुम्हारे सास-ससुर बेचैन हैं।"

"भैया, वह बात मुझे जीने नहीं दे रही है, अन्दर-अन्दर मुझे तबाह कर खोखला बना रही है। हरदम भविष्य नंगी तलवार जैसा सिर पर लटकता रहता है जो मिला है, वह भी जैसे..."

"जुबैर को पता है तुम्हारी बेचैनी?"

"हाँ, एक दिन खुलकर बात हुई। वह शर्मिंदा भी है और सबसे भयभीत भी, मगर..."

"मगर क्या?"

"उसे मुझ तक पहुँचने का रास्ता नहीं पता..."

"फिर? उसे कौन बताएगा।"

"उसे खुद तलाश करने दो, भैया! चलते समय मैं मना कर आयी थी कि जब तक मैं न बुलाऊँ, तुम मत जाना।"

"वह मान गया अहमक?" हँस पड़ा फिरोज।

"उस अहमक को मैं इस सिलसिले से अक्ल उधार देकर समझौते वाली जिन्दगी कबूल नहीं करूँगी। दिन गुजरने के साथ उसे बात समझ में आ जानी चाहिए।" हलके परिहास के स्वर में वह बोली।

"तुम जैसी अगर दो-चार औरतें और पैदा हो जाएँ, तो मर्दों के दाँत खट्टे कर

मौलवियों के चंगुल से छुड़ा अपने शौहरों को नॉर्मल इंसान बनने में मदद करें। मगर फरजाना, होगा इसका उलटा ही, सारा नजला तुम पर गिरेगा। इल्जाम तुम पर आएगा, वह दूसरी व्याह लाएगा। इसलिए जरा धीमे चलो, हालात देखकर चोट करो। मेरा कहा मानो, तो मैं बीच में पड़कर हालात में सुधार ला सकता हूँ।''

''हरगिज नहीं भैया! मुझे मदद नहीं चाहिए, जुबैर को खुद सँभलना है और मैं इतनी आगे चली आयी हूँ कि वापसी मुश्किल है।''

''फिर मैं तुम्हारे लिए क्या करूँ?''

''थोड़े दिन सब्र और इस घर में रहने की इजाजत।''

फरजाना का अन्तिम वाक्य सुन फिरोज की आँखें भर आयीं। बहन के सिर पर हाथ रख वह कमरे से बाहर निकल आया। उसके दिल में कई तरह के सवाल उभर रहे थे, जैसे औरत हर रिश्ते में एक भूमिका निभाती नजर आती है, वह है मोहब्बत की, चाहे रिश्ते के रंग, नाम अलग हों, मगर मर्द अपने रिश्तों में कितनी तरह की भूमिका निभाता है, जालसाजी, चालाकी, गुरूर की। ताकत के नशे में वह किसी को कुछ नहीं समझता है, न बहन को, न माँ को, न पत्नी को। मगर जब बेटी का बाप बनता है तो एकाएक उसका व्यक्तित्व कैसा विनीत, बेचारा और गमगीन हो उठता है। उसे सारी दुनिया जालिम दिखती है। जब तक जिन्दगी के रिश्तों को लड़की के दुख के जरिए समझता है, तब तक जिन्दगी की शाम घिर आती है और वह हासिल किया अनुभव किसी को नहीं दे पाता है। चाहे अपने कर्मों पर अन्दर-अन्दर पछताता हो, मगर ऊपर से सारा दोष व्यवस्था और समाज के सिर मढ़ता है। वाह रे मर्द जात।

जुबैर घूम-फिरकर जब घर लौटा, तो सारी थकन उदासी में बदल गयी। फरजाना का कोई खत, काई पैगाम उसका इंतजार नहीं कर रहा था। वह टूट-सा गया। माँ-बाप अलग रूठे-रूठे थे। भाइयों को भी मनमौजी सवार थी। देर से आना, काम में लापरवाही, कारखाने की बदहाली देख उसे लगा, उसका जहाज डूब रहा है। सब कुछ खत्म हो रहा है। कई दिनों तक वह तबाह हाल अपने से लड़ता रहा। फिर टूटकर, बिखरकर जब चूर-चूर हो गया, तो उसके दिल में खयाल उभरा, फरजाना ने मुझे बुलाने की बात की थी, मुझे आने को मना तो नहीं किया था, मगर मैं क्यों सब कुछ मान गया? वहाँ जाऊँगा, जरूर जाऊँगा। उसका कहना नहीं मानूँगा। आखिर मेरा भी कुछ अधिकार है। मुझे उसकी जरूरत है। मैं उसके बगैर अब नहीं रह सकता हूँ।

फरजाना का उदास चेहरा, इंतजार करती आँखें भाई को कचोटती रहती थीं। दिन जैसे-जैसे गुजर रहे थे, फरजाना अपने पैरों के नीचे से जमीन खिसकती महसूस कर रही थी। नयी-नयी पत्रिकाएँ और उपन्यास लेकर फिरोज आता, तो वह उनके पन्ने उलट-पलटकर मेज पर रख देती। बस, उसकी सारी रुचि उसी केन्द्र पर टिक गयी थी, जो उसकी सारी ऊर्जा चूस रही थी। तंग आकर फिरोज ने मौलवी अली इमाम—फूफी के देवर और दिल्ली से आये उनके मित्र मौलाना वहीदउद्दीन साहब को बुलाया। फुफी और खाला भी आ गयी थीं। इधर-उधर की बातों के बाद जाने कैसे मौलवी अली

इमाम ने पूछ लिया, ''बेटी, तब से ससुराल नहीं गयी?''

''जी...जी, गयी थी।'' अकबका गयी फरजाना, जैसे चोरी पकड़ी गयी हो। उसकी घबराहट और उतरे चेहरे को मौलाना वहीउद्दीन साहब ने बहुत गौर से देखा।

''यह तुम्हारे हँसने-खाने के दिन हैं। फिर जिन चीजों में तुम्हारी दिलचस्पी है, उसके बाद तो तुम्हारा चेहरा खिला रहना चाहिए। इल्म बड़ी दौलत है, दिल व दिमाग के अँधेरे को खत्म करती है। ये हमारे दोस्त हैं और इनकी कई किताबें इस्लामी दौर की औरतों पर हैं...इनसे बात करो।'' मौलवी अली इमाम बोले।

''मेरा दोस्त है, क्या कहूँ...हाँ, थोड़ा-बहुत लिखने-पढ़ने का शौक है। यह बताओ, तुमने 'हाजरा' का नाम कभी सुना है?''

''जी...'' इतना कहकर फरजाना चुप हो गयी।

''खैर, कोई बात नहीं...हाँ, एक अंग्रेजी कहावत है 'सारी बड़ी चीजों के पीछे औरत का हाथ है। इसके बाद अब सुनो...हाजरा और सारा हजरत इब्राहीम की दो बीवियाँ थीं। हाजरा अपने दो बच्चों के साथ मिस्र छोड़कर सहरा में जाकर रहने लगीं। उन्हें इब्राहीम वहाँ तन्हा छोड़कर वापस आ गये। खयाल था—शहर इंसानी खूबियों को मारता है। इसलिए सहरा में रहकर भूख-प्यास बर्दाश्त करना, हर ख्वाहिश को कुरबान करना आ जाता है इसलिए बच्चे की परवरिश वहीं की जाएगी। वह नन्हा बच्चा इस्माइल पलकर बड़ा होने लगा और फिर उसी सहरा में इस्माइल के जरिए आबादी बढ़ी, जो बाद में 'साहेबा गिरोह' कहलाया। उसी से हमारे पैगंबर रसूल हुए। हाजरा और रसूल में पूरे ढाई हजार साल का फर्क है। अब तुम 'औरत' की अजमत का एहसास करो कि उसने रेगिस्तान की तकलीफों को सहकर न सिर्फ बच्चे को जवान किया, बल्कि एक पूरी आबादी अपने बेटे के नस्ल और अपने उसूलों पर कायम की...''

''जी।'' फरजाना ने गरदन हिलाई। बाकी औरतें, जिनमें स्वयं उनके परिवार की महिलाएँ भी शामिल थीं, दूर बैठकर उन्हें पूरी तन्मयता से सुन रही थीं।

''उस सहरा में सफा मरवा दो चट्टानें थीं, जिनके बीच बच्चे के लिए पानी की तलाश में हाजरा सात बार इधर से उधर परेशान भटकी थीं। उनकी उस कुरबानी को याद करके, जिसकी बदौलत बेहतर इंसान वजूद में आये, आज हज करने वालों पर वाजिद है कि वह उन चट्टानों के बीच की दूरी की सात बार चक्कर लगाकर तय करें। इस घटना को बताने से मेरी मुराद सिर्फ इतनी है कि जिस औरत की तकलीद खुदा का रसूल कराता हो और आज तक पैरवी होती आ रही हो, उसकी नस्ल को आज नाउम्मीद होने की जरूरत नहीं है। मुझे तुम्हारी परेशानी से दिलचस्पी नहीं है, मगर तुम अपनी ताकत को, अपनी अहमियत को पहचानो, इसमें जरूर दिलचस्पी है।'' वहीउद्दीन साहब ने कहा।

फरजाना ने चौंककर वहीद साहब का चेहरा ताका, तो वह हलके से मुस्कराये और बोले, ''मुझे लोग लिबरल कहते हैं। मैं लिबरल कतई नहीं हूँ। हदीस में जो लिखा है वही सच मेरा है। किस्से, कहानी, अफसाना गढ़ना और सच को झूठ बनाकर फायदा उठाना, गैरजरूरी मिसालें देना मेरा काम नहीं है। मैं खालिस धार्मिक विचारों वाला बेहद

कट्टर मौलाना हूँ, जो 'हदीस' को मानता है।"

"क्या बेहतरीन बातें हैं दिल व जिगर को मजबूत करने वाली।" फरजाना की माँ बोली।

"हम औरतों को कुछ पता हो, तब न?" फूफी ने कहा।

"जब आप पढेंगी अपने बार में, तभी तो जानेंगी, वरना..." वहीद साहब बोले।

"हर मौलवी वहीदउद्दीन थोड़े होता है।" बीच में बात काटकर अली इमाम ने कहकहा लगाया, जिसमें सब शामिल थे।

फिरोज को उस रात के बाद लगा कि फरजाना में अलग तरह का विश्वास जागा है। एक बार फिर उसमें जोश आया है। किसी ने सच ही कहा है—जहर ही जहर को काटता है। मैं उसे दूसरी चीजों में बहलाना चाहता था। यह नहीं समझ पाया कि जिस हथियार से वार हुआ है वही उसकी दवा बनेगा, तभी जख्म भरेगा।

फिरोज कई धरातलों पर बहन के लिए परेशान था। उसका खाना-पीना, हँसना-बोलना छूट गया था। उसे साफ समझ में आ रहा था कि जुबैर के यहाँ पैसा भले आ गया हो, मगर इल्म से जो तहजीब आती है, अक्ल और समझ बढ़ती है, उसकी कमी है और फरजाना के पास अक्ल, समझ कुछ ज्यादा ही है। एक खास तरह से उसने परवरिश पायी है। कहीं इस फर्क के चलते इन दोनों की जिन्दगी जहन्नुम न बन जाये। इससे तो कहीं अच्छा था कि फरजाना एम.ए. करती और कॉम्पटीशन की तैयारी करती। अब तो यह साँप के मुँह का छछूँदर बनकर रह गयी है। शायद सारी जिन्दगी उसे तन्हा गुजारनी पड़े। सब कुछ कैसा उलझ गया है। जुबैर क्या सुलझा पाएगा। फरजाना का यह एतमाद उसे कब तक जिन्दा रखेगा?

फरजाना सुबह छत पर किताब खोलकर बैठती। पैंसिल से निशान लगाती। हजरत मूसा ने प्यास की शिद्दत में जिस तरह पानी माँगकर अपनी प्यास बुझाई थी, उस अनुशासन की तारीफ बेटी ने घर लौटकर अपने बाप को बताई थी। उस मुसाफिर को देख अपनी लड़कियों में से एक का विवाह हजरत मूसा से करने का इरादा बाप ने बनाया, मगर मूसा के पास मेहर के पैसे नहीं थे। सो बात तय हुई कि वह बदले में दो वर्ष ससुराल की बकरियाँ चराएँगे...पढ़ते-पढ़ते फरजाना रुक जाती और नजर उठाकर सड़क को ताकती जैसे जुबैर किसी फरिश्ते की तरह पंख लगाकर उड़ता हुआ उसके सम्मुख आ खड़ा होगा।

'जानती तो हो तुम, मेहर दो तरह के होते हैं—एक फौरी और दूसरा बाद में मैं बाद में अदा करने वाला था, मगर तुम जल्दबाज निकली। यह लो अपनी अमानत...'।

फरजाना की आँखें भर आतीं, दिन का सपना तारा बन आँखों से टपकता और वह नीले आसमान पर शाहीन से बाजी लगाती रंग-बिरंगी पतंगें देखने लगती।

जुबैर के कदम जब फरजाना के घर की तरफ उठते थे, तो उसको फरजाना की कही बातें याद आने लगती थीं। उसका जोश किसी थके घोड़े की तरह थमने-सा लगता था। वहाँ गया और फरजाना ने फिर खरी-खोटी सुनाई, तो...? उनके आपस की तकरार दूसरों के कानों तक पहुँची तो उसकी इज्जत खाक में मिल जाएगी। क्या सोचेंगे

सब उसके बारे में? पहले ही उसकी मँगनी के समय बहुत-से रिश्तेदारों ने ऊँच-नीच समझाते हुए कटाक्ष किया था कि ला तो रहे हो पढ़ी-लिखी बहू, मगर निभा पाओगे? हमारे यहाँ तो आज तक कोई लड़की युनिवर्सिटी गयी नहीं...वह तो युनिवर्सिटी क्या, रेडियो-टी.वी. में तमाम प्रोग्राम देती फिरती है। फर-फर अंग्रेजी बोलती है। नाखून अलग तेज और नुकीलें हैं। सिर पर दुपट्टा डाले या न डाले...

जुबेर समस्या को सुलझाने की जगह उससे फरार ढूँढ़ने लगा। उसे फरजाना से अनजाना-सा भय महसूस होने लगा। इस बात से भी दहशत होती कि फरजाना न लौटी तो उसके रिश्तेदार उसका मजाक उड़ाएँगे कि छछूँदर के सिर में चमेली का तेल...आखिर रास नहीं आया। क्या करे वह? कहीं भाग जाये दूर, बहुत दूर, जहाँ कोई पदचाप उसे परेशान न करे, न जवाब माँगे...बचपन से सुना कि पैसे की तंगी है, हर जरूरत के लिए दूसरों का मुँह ताकना। तब उसने पैसा कमाने की ठानी थी। बीच में पढ़ाई छोड़कर दुनिया का हर सामान घर में जमा किया था। उससे मिला क्या? अब किताबें चुनौती बन सामने खड़ी हैं। उधर सारी रात जागने के बाद सुबह का तारा जब डूबता, तो फरजाना की आशा का सूरज निकलता कि आज जुबैर जरूर आएगा। आईना देखते हुए वह आँखों में सुरमा लगा पलक झपकाती, तो उसकी निगाहें कह उठतीं, 'मुझे तुम्हारा इंतजार क्यों रहता है जुबैर? क्यों दिल मचलता है कि तुम मेरे मना करने के बावजूद सारी बंदिशों को तोड़ एक नये तर्क के साथ सामने आन खड़े हो...लौटने के हजार बहाने हैं। बात सँभालने की हजार दलीलें हैं। मेरी ख्वाहिश, मेरे एहसास के महल में तुम दाखिल तो हो...

दोपहर ढलने के साथ जब वह अपने को कमरे में कैद कर लेती, तो सोचती, 'स्वाभिमान का ताज उतारकर अधिकार की तलवार म्यान में खोंसकर वह आत्मसमर्पण क्यों नही कर देती? कानून की बनाई शताब्दियों पुरानी जंजीरों को छोड़कर वह जो है, उसी को स्वीकार क्यों नहीं कर लेती? अकेली मुँडेर पर बैठी कब तक जोड़े का इतजार करेगी? क्या मिलेगा उसे ये सब करके? अभी तो उन दोनों के बीच इस खींचातानी का किसी को पता नहीं। जो लौट गयी, तो सब ठीक हो जाएगा। बहुत कुछ पीना पड़ता है कुछ बनाये रखने के लिए...अपनी जन्नत को छोड़कर दोजख की आग को गले लगाना कहाँ की अक्लमन्दी है? सब औरतें जी रही हैं। वह दुनिया से निराली तो नहीं, जो भ्रम पाल बैठी है कि उसका रिश्ता रेत की जमीन पर है, जिसकी न कोई जड़ है, न बुनियाद। उस जमीन पर लौटकर क्या करेगी?

जुबैर हालात से फरार चाहता था। उसे अवसर मिल गया। उसने पाँच साल के अनुबन्ध पर हस्ताक्षर कर दिये। घर पर बताने की जरूरत नहीं समझी। सिर्फ इतना कहा कि वह हफ्ते-भर के लिए सऊदी अरब जा रहा है। जगह ठीक लगी, काम बना तो वह वहाँ रुकने की सोच सकता है, जहाज में बैठकर, जहाँ उसे लगा कि वह कई खन्दकें पार करने में कामयाब हो गया, वहीं पर एक घबराहट भी उसे घेरे हुए थी कि इस तरह जाना क्या ठीक है? फरजाना को जब पता चलेगा, तो वह क्या सोचेगी? शायद कुछ भी नहीं। इस बीच मैं लगातार यात्रा में रहा, तो भी उसे क्या फर्क पड़ा?

मगर इस बार मैं पूरे पाँच साल के लिए जा रहा हूँ...फरजाना का चेहरा सामने घूम गया। अभी भी समय है। वह उतर सकता है। फरजाना से भय, हो सकता है, उसका भ्रम हो। एक झटका लगा। उसने खिड़की से बाहर देखा। हवाई पट्‌टी पर जहाज ने दौड़ लगा पंख पसारकर नीले आकाश पर उड़ान भरी। बादलों के करीब पहुँचकर उसे रात का एहसास हुआ, जो था—वह पीछे छूट गया। कल जो होगा, देखा जाएगा। उसने जलती आँखें बन्द कर लीं। फरजाना रोज रात में सपना देखती कि जुबैर लौट आया है।

"तुम्हें बुरा लगा कि मैंने तुम्हारे साथ ऐसा बर्ताव किया?"

"नहीं, मैं इस बर्ताव के काबिल था। तुम मुझे होश में लाने में मददगार साबित हुई।" जुबैर धीरे से कहता।

"तुम्हारी मर्दाना शान?" फरजाना अविश्वास से आँखें झपकाती।

"अभी भी मौजूद है, मगर दुनिया से लड़ने के लिए; अपनी बीवी, अपने खानदान पर जुल्म तोड़ने के लिए नहीं। इतने दिनों अकेला रहकर मैंने बहुत कुछ देख लिया है। अब समझ चुका हूँ कि ताकत का गलत इस्तेमाल, गलत जगह पर खुद को कमजोर बनाता है।"

"जुबैर! मुझे यकीन नहीं आता कि तुम्हारे दिमाग पर छाया जाला साफ हो गया। क्या सचमुच तुम बदल गये हो?"

"हाँ, फरजाना, यकीन करो, मैं सचमुच बदल गया हूँ। तुम खुद सोचो! खुदा रहीम है, तो फिर दुनियाबी खुदा कैसे जालिम हो सकता है? देर में ही सही, समझ तो गया कि इंसान को सिर्फ अपने ही नहीं, बल्कि दूसरों के हक और खुशी का भी ध्यान रखना चाहिए...इसलिए वापस आया हूँ।"

"फिर तो तुम्हारी वापसी पर इस बन्दी पर सिजदा वाजिब हुआ।"

"मैं तुम्हारे पास खुदा बनकर नहीं, इंसान बनकर लौटा हूँ और इंसान ही बना रहना चाहता हूँ।" जुबैर हँसा।

"ओह जुबैर! तुम बदले, तो लगा—आधी दुनिया बदल गयी।" फरजाना सपने में खिलखिला पड़ी।

अपनी ही आवाज से चौंक उठी फरजाना। अँधेरे में डूबे कमरे को आँख फाड़-फाड़ कर देखने लगी। कई पल यही समझने में लगे कि वह कहाँ है। दिल पर जाने कितने थके परिन्दे हाँफते आन बैठे, जैसे सवाल कर रहे हों कि जो बसेरा छोड़ आयी, उसकी आस क्या? वहाँ तुझे समझने वाला कौन बैठा था?

3. विमर्शमूलक कविता

(क) दलित कविताएँ

अछूतानन्द

उत्तर प्रदेश के निवासी स्वामी अछूतानन्द का जन्म 6 मार्च सन् 1876 ई. को फर्रुखाबाद जिले के सौरख गाँव में हुआ था। इनके बचपन का नाम हीरालाल था। ये जाति से चमार थे और इनके पिता व्यवसाय से चर्मकार थे। प्रारम्भिक शिक्षा अंग्रेजों के ईसाई मिशनरी स्कूल में हुई। इन्हें संस्कृत, हिन्दी, बंगला, मराठी, पंजाबी, उर्दू, फारसी सात भाषाओं का ज्ञान था। हिन्दूवादी वर्ण-व्यवस्था से परेशान होकर वे समाज-सुधार हेतु घर से निकल पड़े थे और जीवन-भर दलित समाज को आन्दोलित करते रहे। सन् 1905 में उन्होंने आर्य समाज में शामिल होकर अजमेर, आगरा, सिरसागंज आदि स्थानों में स्कूल खोले। सात वर्ष तक आर्य समाज में रहे लेकिन वहाँ भी उन्होंने अछूतों के साथ अस्पृश्यता का बर्ताव होते स्वयं देखा। तब 'आर्य समाज' को त्याग दिया।

स्वामी अछूतानन्द ने सन् 1922 में दिल्ली से अछूत (पवित्र) अखबार निकाला। 1917 में स्वामी जी दिल्ली चले गये और वहाँ के अछूत नेता श्री वीररत्नप देवीदास जटिया तथा पं. जगतराम जटिया कवि के सहयोग से अखिल भारतीय "अछूत महासभा" की स्थापना की तथा एक अछूत पत्रिका का भी सम्पादन किया। उन्होंने सन् 1925 ई. में कानपुर से 'आदि हिन्दू' नाम से एक अन्य अखबार निकाला। इस पत्र की फोटो प्रति उपलब्ध है। इस अखबार में गीत, गजलें, कविताएँ और लेख छपते थे।

दलित कहाँ तक पड़े रहेंगे

ये आदि-हिन्दू, अछूत, पीड़ित, दलित कहाँ तक पड़े रहेंगे?
प्रबल अनल के प्रचंड शोले, जमीं में कब तक गड़े रहेंगे?
स्वभाव आखिर अनल तो अपना बता ही देगा, बता ही देगा।
धधकती आगी में धुधकारी सरीखे कब तक खड़े रहेंगे?
नहीं उचित है, निबल का अब तो सताना, दुःसह दुखों का देना।
विसूवियस गिरि समान ज्वालामुखी तड़पकर उड़े रहेंगे?
हे आत्म-ज्ञानी, ऐ सन्त-पुत्रो, जरा न तुमको हया-शरम है।

गुलामी करने को आँख मूँदे, बताओ कब तक अड़े रहेंगे?
तुम्हारे मत से यह शुद्र कब से? बताओ किसने बनाया इनको?
तुम्हारी खातिर गरीब मानव कहाँ लो कब लौं सड़े रहेंगे?
जिसे पुकारें समान-दर्शी वह जुल्म कैसे करेगा इन पर?
तो कैसे उसके अनन्त लोकों के जर्रे जर्रे घिरे रहेंगे?
जरूर ही ये तुम्हारे खुद के रचे हुए हैं तमाम पाखँड।
दयालु प्रभु के विधान भी क्या ऐसे कड़े रहेंगे?
खुदी में आकर तुम्हीं ने इनको शहर-वदर भी करा दिये हैं।
ये ऊँचेपन के गुरूर कब तक तुम्हारे दिल में भरे रहेंगे?
इन्हीं की हस्ती मिटाने वालो, मिटोगे आखिर इन्हीं के आगे।
गरीब निर्बल सता के किसके सुमन हमेशा हरे रहेंगे?
दलित प्रवंचित अछूत जिस दिन तमाम हिलमिल के एक होंगे।
मनुस्मृति के अमानुषी ये विधान तब क्या धरे रहेंगे?
ये सारी दुनिया की आज कौमें हकों को अपने बता रही हैं।
अछूत भारत के क्या हमेशा इसी तरह से डरे रहेंगे?
जो एक नेशन है कौम हिन्दू, तो नीच क्योंकर इन्हें बताते?
ये हीरा-मोती समान सिर पर तुम्हारे एक दिन जड़े रहेंगे।
जो काटते खुद हैं जड़ को अपनी, फलों के चखने की आशा करते।
तुम्हीं बताओ, वह कैसे जीवित और लहलहाते हरे रहेंगे?
तुम अपनी खातिर स्वतन्त्रता को समझ रहे हो अवश्य लाजिम।
मगर करोड़ों ही आदि-हिन्दू गुलामी में क्या जड़े रहेंगे?
जो चाहते हो कि शक्तिशाली हो एक दुनिया का देश भारत।
तो रोटी-बेटी से फ़िर 'विहारी' कहो तो कब तक फिरे रहेंगे?

डॉ. नगीना सिंह

जन्म : 1 जनवरी, 1956, जनपद सहारनपुर (उ.प्र.) के चतरसाली ग्राम में।

शिक्षा : एम.ए. (हिन्दी), पीएच.डी. आचार्य पद्मसिंह शर्मा, व्यक्तित्व एवं कृतित्व' विषय पर मेरठ विश्वविद्यालय, मेरठ से सन् 1980 में।

प्रकाशित कृतियाँ : 1. सन्त कवि रैदास : मूल्यांकन और प्रदेय (आलोचना), 2. सतह से उठते हुए (काव्य-संग्रह), 3. विचार यात्रा में (लेख-संग्रह), 4. मेरा दलित चिन्तन (लेख-संग्रह), 5. कठौती में गंगा (नाटक), 6. आचार्य पद्मसिंह शर्मा और हिन्दी आलोचना (शोध), 7. व्यक्ति और विमर्श (लेख-संग्रह)।

सम्पादित कृतियाँ : 1. सम्पुट, 2. दर्द के दस्तावेज, 3. दलित साहित्य : चिन्तन के विविध आयाम, 4. काले हाशिए पर, 5. चेतना के स्वर, 6. शिखर की ओर, 7. रैदास ग्रन्थावली, 8. कितनी व्यथा 'कविता', 'सतह से उठते' (कविता संग्रह)।

सम्मान : 1. भारतीय दलित साहित्य अकादमी, नयी दिल्ली का 'डॉ. अम्बेडकर विशिष्ट सेवा पुरस्कार (1995), 2. 'मेरा दलित चिन्तन' पर 'म.प्र. दलित साहित्य अकादमी' उज्जैन का प्रथम पुरस्कार (1998), 3. 'विचार यात्रा में' पर 'उ.प्र. हिन्दी संस्थान' लखनऊ का 'सर्जना पुरस्कार' (1998)।

कितनी व्यथा

कितनी व्यथा झरी आज तक बदली से,
रोक सका है कौन अरे मधुमास को?
जाने कितने टूटे हैं अहसास मगर,
तोड़ सका है कौन अनश्वर आस को?

मत ठोकर खाकर ठहर पथिक पथ शेष है,
हर ठोकर आभास है तेरी मंजिल का!
शक्ति हो! मत बैठ कूल पर ओ माँझी,
तेरी यह पतवार रूप है साहिल का
यह तो सच, हर भोर सांध्य सन्दश है,

रोक सका पर कौन प्रचण्ड प्रकाश को?

आज कल्पना विचर रही हेमालय में,
दीख रहा प्रासाद कुटी के छेद से!
वैभव मिले सरलता से तो ठीक है,
वैभव नहीं मिले जो, अरे विभेद से।
कितने सावन आये, आकर लौट गये,
कौन बुझा पाया प्यासे की प्यास को?

भरा नहीं जो आज आँसुओं से दामन
कल सिहरेगा देख अतुल मुस्कान को!
यदि चाहते हो शैल शिखर निज पाँव में,
चढ़ना होगा तुम्हें हर एक सौपान को!
श्रम, बस श्रम अनमोल निधि है जीवन की,
और अधिक दृढ़ करो इसी अहसास को!

डॉ. काली चरण 'स्नेही'

पिता : श्री गंगू लाल

माता : श्रीमती रानीबहू

जन्म तिथि : 20 मार्च, 1957 ई.

वर्तमान पद : प्रोफेसर, हिन्दी विभागाध्यक्ष, लखनऊ विश्वविद्यालय

विशेषज्ञता : हिन्दी दलित साहित्य बुन्देली साहित्य एवं संस्कृति

प्रकाशित ग्रन्थ : 1. पं. बनारसी दास चतुर्वेदी : व्यक्तित्व और कृतित्व 2. सर्वेश्वर और उनका साहित्य 3. हिन्दी साहित्य में दलित अस्मिता 4. चम्बल के आस-पास 5. डॉ. भीमराव अम्बेडकर 6. शताब्दी सन्दर्भ 7. आधुनिक बुन्देली काव्य 8. धनुर्वशीय चेतना 9. हिन्दी दलित कहानी संकलन 10. हिन्दी दलित काव्य संकलन

शोध संगोष्ठियों में सहभागिता : यू.जी.सी. की राष्ट्रीय शोध-संगोष्ठियों में लगभग 40 शोध पत्र प्रस्तुत, यू.जी.सी. द्वारा मेजर प्रोजेक्ट स्वीकृत हिन्दी दलित साहित्य का इतिहास लेखन, हिन्दी दलित काव्य : संवेदना और शिल्प शीर्षक से डी.लिट. उपाधि हेतु शोधरत

विदेश यात्रा : 1. लंदन/बर्मिंघम ग्रेट ब्रिटेन में आयोजित संगोष्ठियों में शोध-पत्र वाचन। 2. बी.बी.सी. लंदन हिन्दी सर्विस द्वारा साक्षात्कार प्रसारित 3. नेपाल (सुनसरी–धरान) में शोधपत्र प्रस्तुत 4. न्यूयार्क (अमेरिका) में आयोजित आठवें विश्व हिन्दी-सम्मेलन में सहभागिता।

पुरस्कार/सम्मान : डॉ. अम्बेडकर राष्ट्रीय पुरस्कार, नयी दिल्ली, 1994 दलित लेखक सम्मान, सुनसरी धरान, नेपाल, 1994 म.प्र. शिखर सम्मान, भोपाल, म.प्र. 1994 कबीर सम्मान, उज्जैन (म.प्र.) 1995 भारतीय दलित साहित्य अकादमी, लंदन (यू.के.) द्वारा सम्मानित, आंबेडकर महासभा द्वारा 'बाबा साहेब आंबेडकर रत्न अवार्ड' 2015 से सम्मानित।

पत्राचार : 203, अध्यापक आवास, (द्वितीय परिसर) लखनऊ विश्वविद्यालय, सीतापुर रोड, जानकीपुरम लखनऊ-226021 (उ.प्र.) भारत।

दलित विमर्श

दलितों की इस देश में, नहीं कोई औकात।
बे ऊँचे हर बात में, जिनकी ऊँची जात ॥01॥

जाति-धर्म कुल गोत्र का, पहरा है सब ओर।
जात-पाँत ने कर दिया, भारत को कमजोर ॥02॥
तने फिरत हरदम इतै, बने फिरत कविराज।
कैसी तेरी सभ्यता?, कैसा सभ्य समाज?॥03॥
छापें तिलक ललाट पै, बने फिरत निर्दोष।
औरन के माथे मढ़त, जात-पाँत कौ दोष ॥04॥
जात-पाँत इस देश में, धारे रूप प्रचण्ड।
खेल रही खुलकर यहाँ, पेल रही भुजदण्ड ॥05॥
भागा अभी न देश से, छुआ-छूत का भूत।
जात-पाँत फैला गए, ऊँचे कुल के पूत ॥06॥
कैसे गुरू उस दौर के, करो आज पहचान।
वर्ण, जाति, कुल जाँचकर, देते थे जो ज्ञान ॥07॥
मनुवादी रख दें जहाँ, सत्ता की बुनियाद।
दलितों की उस देश में, सुनै कौन फरियाद ॥08॥
ठाकुर ने पीटा हमें, दै-दै घूँसा-लात।
नहीं गुजारा गाँव में, मचौ विकट उत्पात ॥09॥
हिरा गऔ हँस-बोलबौ, उमर कटी नित रोय।
गुन की कदर न गाँव में, यह जातन सब कोय ॥10॥
हिंदू हिंसक हो गए, धरें विकट उत्पात।
दलितों की जो गाँव में, लौटा देत बरात ॥11॥
कसें लँगोटी कमर में, बसें झोपड़ी डार।
अपने कहाँ नसीब में, भारत माँ का प्यार ॥12॥
राम-राम कर पाइ ना, परे न उनके पाँव।
बस इतनी सी बात पै, छूटौ अपनौ गाँव ॥13॥
पाँड़े कौ रूतवा उतै, कै ठाकुर कौ नाम।
दलितों का देहात में, जीना हुआ हराम ॥14॥
साख रही ना गाँव की, होत बुरौ बर्ताव।
खोंट-खोंट गहरौ करौ, छुआछूत कौ घाव ॥15॥
पड़े रहो यों ही वहाँ, झेलो नित अपमान।
गाँव, दलित को नर्क हैं, वहाँ कहाँ मुस्कान ॥16॥
सितम हजारों झेल गई, फिर भी सदा बहार।
झेंपी-झुकी न झोपड़ी, राजमहल के द्वार ॥17॥
कुटी पिटी लूटी गई, बेर-बेर भइ राख।
तौउ घटाएँ न घटी, परनकुटी की साख ॥18॥

जगन लगीं अब झोपड़ीं, ऊँगन लगीं अटाइँ।
गरब गलीचन के घटे, चमकन लगीं चटाइँ ॥19॥
आवारा रइँ कोठियाँ, बदले तनक न ढंग।
और-और बदनाम भइँ, लाटसाब के संग ॥20॥
रोटी के लाले पड़े, सूखौ अपनौ गात।
उनकी खातिर नित्य नव, जिस्म परोसे जात ॥21॥
अपने सबरे झोपड़ा, गई हवेली लील।
सुनें कौन फरियाद अब, किससे करें अपील? ॥22॥
डरे गाँव के गेंवड़ें, रहे बिटमना भोग।
आए, गए दहेज में, सदियों तक हम लोग ॥23॥
पाँड़े नित मारत हमें, छूआछूत के बेंत।
गुनवारे बाहर करे, औगुन राखे सेंत ॥24॥
जागीरें अब जा चुकीं, फिर भी गई न ऐंड़।
गाँव-गाँव अब भी बनी, ऊँच-नीच की मेंड़॥25॥
किस कारण बदनाम है, अपना भारत देश ?
किसने दूषित कर दिया, यह सारा परिवेश ॥26॥
परशुराम ने 'कर्ण' को, दिया किसलिए शाप ?
हम भी तो जानें पढ़ें, उनका वह इतिहास ॥27॥
किसने अब तक किए हैं ? देश-द्रोह के काम।
दंगों में हरदम यहाँ, कौन हुआ बदनाम ॥28॥
हिरदे में औगुन बसें, भजें नित्य भगवन्त।
हिंसा पर आए उतर, कैसे सन्त-महन्त ॥29॥
इस धरती पर हो गए, अनगिन सन्त फकीर।
चाल-चलन की खींच गए, अद्भुत एक लकीर ॥30॥
अनहौनी भई अवध में, ध्वस्त हुआ ईमान।
अब हम कैसे कहि सकत, मेरा देश महान ॥31॥
बा बखरी के छोकरा, कर गए काम तमाम।
सेंत-सेंत में हो गया, अपना घर बदनाम ? ॥32॥
सदियों से होता रहा, धोखा अपने साथ।
कभी अगूँठा छिन गए, कभी गँवाए हाथ ॥33॥
जिस चौखट पै अपन खों, सुलभ सभी आराम।
उस चौखट पै जा डटे, अपने मंशाराम ॥34॥
जिस चौखट से आज तक, परौ न कौनऊँ काम।
बइ चौखट अब कर गई, अपनी नींद हराम ॥35॥

अबै उनइँ को राज है, चलै उनइँ कौ मन्त्र।
कैबे-सुनबे हो गए, हम सब आज स्वतन्त्र ॥36॥
नैतिकता अब लुप्त भइ, सुप्त हुआ ईमान।
राजनीति अब हो चली, पसरट की दुकान ॥37॥
उठत भोर लै लेत बे, जाड़े की सब धूप।
घुसे भेड़िया भीड़ में, धरें भेड़ कौ रूप ॥38॥
अजब शहर दिल्ली यहाँ, मड़रावें नित बाज।
दिलवालों की थी कभी, दलवालों की आज ॥39॥
सत्ता सुखके वास्ते, बेच दिया ईमान।
मुल्क भाड़ में झोंककर, भोंक रहे श्रीमान ॥40॥
अजब आज का आदमी, पल-पल बदलत रंग।
बचै कौन विधि आबरू, छिनरा डोली संग ॥41॥
छले जात ईमान जब, न्याय कुचर कें खात।
छीन लेंत दो कूँड़ तब, बागी हो-हो जात ॥42॥
होत निरादर जौन दिन, टूटत सबई करार।
इतै तनक सी बात पै, बीरन होत फरार ॥43॥
पानी पानीदार है, भई जग जाहिर बात।
काँधे पै बन्दूक धर, बीहड़ बीच दिखात ॥44॥
सत्ता की खातिर हुए, वे सब आज अधीर।
बँटवारे की खींच रए, फिर से एक लकीर ॥45॥
वोट क्लब पै बैठ कें, ऐसौ भाषण देत।
इतै-उतै ऊ ठौर पै, खून हिलोरें लेत ॥46॥
खुदइँ बिटमना करा रए, कर-कर उनकौ शोर।
जात-पाँत मजबूत भइ, भइ संसद कमजोर ॥47॥
जिदना सें बे जान गए, वोटन की बा बात।
उदना सें एरी सखी, देरी खूँदें खात ॥48॥
जीते काल चुनाव वे, छू-छू सबके पाँव।
आज सवासा हो गए, पूजत पूरौ गाँव ॥49॥
जब-जब बाहर होत हैं, तब-तब पुटयालेत।
पोंचत जब दरबार में, सबखों बिसरा देत ॥50॥
दर्ज हुआ इतिहास में, रए जितने गद्दार ।
गट्टी कूटत सड़क पै, भारत के खुद्दार ॥51॥
दिल में पड़त दरार जब, टूट जात हैं गोत।
कुरूक्षेत्र बन जाता है, जब-जब फूटन होत ॥52॥
करी सफाई जतन से, हमने सौ-सौ साल।

मेहनत से खाते रहे, खुद की रोटी-दाल ॥53॥
उनकी पूरी कौम नित, बिना करे कौ खात।
तितर-बितर कर देत जे, गढ़-गढ़ झूठी बात ॥54॥
रोज़-रोज़ बदलाव भए, बदल गए सब ढंग।
बदल सके न आज तक, स्मृति-वेद प्रसंग ॥55॥
जिनैं भोग का हक़ नहीं उनखों छप्पन भोग।
रोटी खों गिगयात रए, गली-गली हम लोग ॥56॥
जो उत्पादन करत रए, कर न सके उपभोग।
मठाधीश बन बैठ गए, इसीलिए वे लोग ॥57॥
का-का करौ अतीत में, का आगे कौ योग।
उनके दिल की बात अब, जान गए सब लोग ॥58॥
सोच-समझकर दीजिए, यारो अपना बयान।
हुए आजकल जान लो, दीवारों के कान ॥59॥
जात-बिरादर में बँटा, अपना दलित समाज।
हो जाओ अब एकजुट, तभी मिलेगा राज ॥60॥
अब उनके हर कथन को, जाँचो सौ-सौ बार।
मिथ्या वेद पुराण से, रहो सदा हुश्यार ॥61॥
सन्नाटे से भर गया, सब का सब परिवेश।
हाय! हमारा हिन्द अब, हत्याओं का देश ॥62॥
शिक्षक था जो जगत का, करूणा का अधिवास।
उसी मुल्क में आजकल, हत्या और विनाश ॥63॥
जिनके पुरखा देत रए, सारे जग को सीख।
आज उनँई के लाडले, माँगें सबसे भीख ॥64॥
जिनके पुरखों ने गढ़ी, शिशु मंदिर की 'थीम'।
वही कहत अब गर्ज़ पै, गर्ज़-गर्ज़ जय भीम ॥65॥

[**नोट** : 'दलित विमर्श' पूरी कविता 'जय भारत जय भीम' नामक कविता संग्रह में पढ़ सकते हैं।]

माता प्रसाद

जन्म : 11 अक्तूबर 1925 ई.

जन्म स्थान : जौनपुर जिले के मछली शहर कस्बे में एक दलित परिवार में

रचनाएँ : दलित समाज सम्बन्धी लोकगीत

काव्य : 1. एकलव्य खण्ड काव्य 2. भीमशतक (प्रबन्ध काव्य) 3. राजनीति की अर्द्ध सतसई 4. परिचय सतसई

नाटकः 1. अछूत का बेटा 2. कर्म के नाम पर कोरवा 3. वीरांगना झलकारी बाई 4. वीरांगना ऊदादेवी पासी 5. तड़प मुक्ति की 6. प्रतिशोध 7. धर्म-परिवर्तन 8. सन्त शिरोमणि गुरू रविदास, 9. हम एक हैं, 10. जातियों का जंजाल, 11. अन्तहीन बेड़ियाँ, 12. दिल्ली की गद्दी पर खुशरो भंगी

अन्य कृतियाँ : 1. मनोरम भूमि अरूणाचल, 2. पूर्वोत्तर भारत के राज, 3. झोंपड़ी से राज-भवन, 4. भारत में सामाजिक परिवर्तन के प्रेरणा स्रोत, 5. दलित साहित्य की विधाएँ।

सम्पादन : 1. हिन्दी काव्य में दलित काव्य धारा, 2. उत्तर प्रदेश की दलित जातियों का दस्तावेज, 3. दलित समाज की दशा-दिशा, 4. सामाजिक परिवर्तन में दलित साहित्य की भूमिका, 5. लोकगीतों में वेदना और विद्रोह के स्वर

सोनवा का पिंजरा (लोकगीत)

नाम मुसहरवा है, कवनउ सहरवा ना,
कैसे बीते जिनगी हमार। (टेक)
जेठ दुपहरिया में सोढ़िया चिराई करीं,
बहै पसिनवाँ के धार।
बँहगी में बाँधि लेइ चललीं लकड़िया,
आधे दाम माँगे दुतकार।1।

रहइ के जगह नाहीं, जोतइ के जमीन कहाँ,
कहैं देबे गाँव से निसार।
घरवा के नमवाँ पै एकही मड़ैया में,
ससुई पतोहु परिवार।2।

मेघा औ मगर गोह, साँप मूस खाई हम,
करी गिलहरिया शिकार।
कुकुरा के साथ धाई जुठली पतरिया पै,
पेटवा है पपिया भड़ार।3।

तनवा पै हमरे तो, फटहा बसनवा बा,
ओढ़ना के नाही दरकार।
जड़वा कइ राति मोरि, किकुरी लगाइ बीते,
कउड़ा है जीवन अधार।4।

अब ढकुलहिया में पतवा मिलत नाहीं,
कैसे बनई पतरी तोहार।
दुलहा दुलहिनी के डोली लै धावत रहे,
उहौरोजी छीनी मोटर कार।5।

मारे थानेदरवा बोलाइ, घरवा से हमें,
झूठइ बनावें गुनहगार।
जेलवा में मलवा उठावै मजबूर करैं,
केउ नहिं सुनत गोहार।6।

देशवां आजाद अहै हम तो गुलमवाँ,
हमरे लिये न सरकार।
एस कौनउ जुगुति लगावा भइया मितई',
हमरउ करावा उरधार।7।

(ख) स्त्री कविता

कीर्ति चौधरी

जनवरी 1935 में उन्नाव जिले के नईमपुर गाँव में इनका जन्म हुआ। इनका बचपन गाँव में बीता जहाँ पैतृक जमींदारी थी। फिर उन्नाव आना हुआ। उच्च शिक्षा के लिए कानपुर गयी। सन् 1954 में एम.ए. परीक्षा पास की। इनके पिता जमींदार रहे पर जमींदारी जाने से बहुत पहले ही उन्होंने उधर से मन हटाकर पुस्तक प्रकाशन की ओर लगाया। माँ कवयित्री और कहानी लेखिका थी। वे स्वयं अपनी अभिरुचियों का परिचय देती हुई लिखती हैं–

पढ़ने को छोड़ ''शौक बदलते रहते हैं'', नये लोगों से मिलना, भीड़ में चुपचाप चलना, छोटे बच्चों के बीच खेलना और वस्तुओं की सज्जा करना प्रिय है–वस्तुएँ चाहे ड्राइंगरूम की हों चाहे भोजन की थाली की। ''पर भावों या शब्दों की सज्जा करने में संकोच होता है–वे तो 'सही हो जाते हैं मेरी भूल से'।''

कविता में विशेष रुचि है, पर कहानी-उपन्यास लिखने की भी प्रवृत्ति है। ''उन्नाव में कविता का तनिक भी वातावरण नहीं है–कोई चाहे तो इसलिए कह सकता है कि उन्नाव का वातावरण बहुत अच्छा है।''

नाम कायदे से कीर्तिबाला सिन्हा होना चाहिए, पर रचनाएँ कीर्ति चौधरी नाम से ही प्रकाशित होती रही हैं।

सीमा रेखा

मृग तो नहीं था कहीं
बावले भरमते-से इंगित पर चले गए
तुम भी नहीं थे
बस केवल यह रेखा थी
जिसमें बँधकर मैंने दुस्सह प्रतीक्षा की
सम्भव है आओ तुम
अपने सँग अंजलि में भरने को
स्वर्णदान लाओ

इन चरणों से
यह सीमा-रेखा बिलगाओ।

पर
बीते दिन, वर्ष, मास
मेरी इन आँखों के आगे ही
फिर-फिर मुरझाए ये निपट काँस

मन मेरे!
अब रेखा लाँघो
आए तो आए

वह वन्य
छद्मधारी
अविचारी
कर खंडित कलंकित
ले जाए तो ले जाए
मंदिर में ज्योतित
उजाले का प्रण करती
कंपित निर्धूम शिखा-सी
यह अनिमेष लगन

कौन वहाँ आतुर है
किसे यहाँ देनी है
ऊँचा ललाट रखने को
अग्नि की परीक्षा वह!

कात्यायनी

जन्म :7 मई 1950, गोरखपुर (उ.प्र.)

शिक्षा : एम.ए. (हिन्दी), एम.फिल.।

निम्नमध्यवर्गीय परिवार में जन्म। परम्परा तोड़कर प्रेम और विवाह एक सांस्कृतिक-राजनीतिक कार्यकर्ता से। 1980 से सांस्कृतिक-राजनीतिक सक्रियता। 1986 से कविताएँ लिखना और वैचारिक लेखन प्रारम्भ। कुछ वर्षों तक अंशकालिक पत्रकारिता भी।

हिन्दी की लगभग सभी प्रमुख पत्रिकाओं में रचनाएँ प्रकाशित। अंग्रेजी, जर्मन और स्पेनिश में कविताएँ अनूदित। मराठी, पंजाबी, गुजराती, मैथिल में भी अनूदित-प्रकाशित।

प्रकाशित कृतियाँ : 'चेहरों पर आँच', 'सात भाइयों के बीच चम्पा', 'इस पौरुषपूर्ण समय में', 'जादू नहीं कविता', 'राख-अँधेरे की बारिश में', 'फुटपाथ पर कुर्सी' *(कविता-संकलन)* 'दुर्ग द्वार पर पुस्तक', 'षड्यन्त्ररत भूतात्माओं के बीच 'कुछ जीवन्त कुछ ज्वलन्त', 'प्रेम परम्परा और विद्रोह *(स्त्री-प्रश्न, समाज, संस्कृति और साहित्य पर केन्द्रित-निबन्धों के संकलन)*

सात भाइयों के बीच चम्पा

सात भाइयों के बीच
चम्पा सयानी हुई।
बाँस की टहनी-सी लचक वाली,
बाप की छाती पर साँप-सी लोटती
सपनों में
काली छाया-सी डोलती
सात भाइयों के बीच
चम्पा सयानी हुई।
ओखल में धान के साथ
कूट दी गयी
भूसी के साथ कूड़े पर
फेंक दी गयी।
वहाँ अमरबेल बनकर उगी।

झरबेरी के सात कँटीले झाड़ों के बीच
चम्पा अमरबेल बन सयानी हुई।
फिर से घर आ धमकी।
सात भाइयों के बीच सयानी चम्पा
एक दिन घर की छत से
लटकती पायी गयी।
तालाब में जलकुम्भी के जालों के बीच
दबा दी गयी।
वहाँ एक नीलकमल उग आया।
जलकुम्भी के जालों से ऊपर उठकर
चम्पा फिर घर आ गयी,
देवता पर चढ़ायी गयी
मुरझाने पर मसलकर फेंक दी गयी,
जलायी गयी।
उसकी राख बिखेर दी गयी
पूरे गाँव में।
रात को बारिश हुई झमड़कर।
अगले ही दिन
हर दरवाजे के बाहर
नागफनी के बीहड़ घेरों के बीच
निर्भय-निस्संग चम्पा
मुस्कुराती पायी गयी।

सविता सिंह

जन्मः फरवरी 1962 आरा (बिहार)।

शिक्षाः राजनीतिशास्त्र में एम.ए., एम.फिल., पीएच.डी. (दिल्ली विश्वविद्यालय)। मांट्रियाल (कनाडा) स्थित मैकूगिल विश्वविद्यालय में साढ़े चार वर्ष तक शोध व अध्यापन।

शोध का विषयः 'भारत में आधुनिकता का विमर्श'।

सेंट स्टीफेन्स कॉलेज से अध्यापन का आरम्भ करके डेढ़ दशक तक दिल्ली विश्वविद्यालय में पढ़ाया। सम्प्रति इन्दिरा गाँधी राष्ट्रीय मुक्त विश्वविद्यालय (इग्नू) में प्रोफेसर, स्कूल ऑफ जेण्डर एंड डेवलेपमेंट स्टडीज की संस्थापक निदेशक रहीं।

हिन्दी व अंग्रेजी में सामाजिक-राजनीतिक परिदृश्य, स्त्री-विमर्श और अन्य वैचारिक मुद्दों पर निरन्तर लेखन। अनेक शोध पत्र और कविताएँ अन्तर्राष्ट्रीय पत्र-पत्रिकाओं में प्रकाशित। पहला कविता संग्रह 'अपने जैसा जीवन' (2001) हिन्दी अकादमी, दिल्ली द्वारा पुरस्कृत। दूसरा कविता संग्रह 'नींद थी और रात थी' (2005) पर रजा सम्मान। दो द्विभाषिक काव्य संग्रह 'रोविंग टुगेदर' (अंग्रेजी-हिन्दी) तथा 'ज स्वी ला मेजों दे जेत्वाल (फ्रेंच-हिन्दी) 2008 में प्रकाशित। अंग्रेजी में कवयित्रियों के अन्तर्राष्ट्रीय चयन 'सेवेन लीब्स, वन ऑटम' (2011) का सम्पादन जिसमें प्रतिनिधि कविताएँ शामिल। 2012 में प्रतिनिधि कविताओं का चयन 'पचास कविताएँ' नयी सदी के लिए चयन' शृंखला में प्रकाशित। फाउंडेशन ऑव सार्क राइटर्स ऐंड लिटरेचर के मुखपत्र 'बियांड बोर्डर्स' का अतिथि सम्पादन।

कनाडा में रिहाइश के बाद दो वर्ष का ब्रिटेन प्रवास। फ्रांस, जर्मनी, बेल्जियम, हॉलैंड और मध्यपूर्व तथा अफ्रीका के देशों की यात्राएँ जिस दौरान विशेष व्याख्यान दिये।

मैं किसकी औरत हूँ

मैं किसकी औरत हूँ
कौन है मेरा परमेश्वर
किसके पाँव दबाती हूँ
किसका दिया खाती हूँ
किसकी मार सहती हूँ...
ऐसे ही थे सवाल उसके

बैठी थी जो मेरे सामनेवाली सीट पर रेलगाड़ी में
मेरे साथ सफर करती

उम्र होगी कोई सत्तर-पचहत्तर साल
आँखें धँस गयी थीं उसकी
माँस शरीर से झूल रहा था
चेहरे पर थे दुख के पठार
थीं अनेक फटकारों की खाइयाँ

सोचकर बहुत मैंने कहा उससे
'मैं किसी की औरत नहीं हूँ
मैं अपनी औरत हूँ
अपना खाती हूँ
जब जी चाहता है तब खाती हूँ
मैं किसी की मार नहीं सहती
और मेरा परमेश्वर कोई नहीं।
उसकी आँखों में भर आई एक असहज खामोशी
आह! कैसे कटेगा इस औरत का जीवन।
संशय में पड़ गयी वह

समझते हुए सभी कुछ
मैंने उसकी आँखों को अपने अकेलेपन के गर्व से भरना चाहा
फिर हँसकर कहा 'मेरा जीवन तुम्हारा ही जीवन है
मेरी यात्रा तुम्हारी ही यात्रा
लेकिन कुछ घटित हुआ जिसे तुम नहीं जानतीं—
हम सब जानते हैं अब
कि कोई किसी का नहीं होता
सब अपने होते हैं
अपने आप में लथपथ-अपने होने के हक से लकदक

यात्रा लेकिन यहीं समाप्त नहीं हुई है
अभी पार करनी हैं कई और खाइयाँ फटकारों की
दुख के एक दो और समुद्र
पठार यातनाओं के अभी और दो चार

जब आखिर आएगी वह औरत
जिसे देख तुम और भी विस्मित होओगी
भयभीत भी शायद
रोओगी उसके जीवन के लिए फिर हो सशंकित
कैसे कटेगा इस औरत का जीवन फिर से कहोगी तुम
लेकिन वह हँसेगी मेरी ही तरह
फिर कहेगी—
'उन्मुक्त हूँ देखो,
और यह आसमान
समुद्र यह और उसकी लहरें
हवा यह
और इसमें बसी प्रकृति की गन्ध सब मेरी हैं
और मैं हूँ अपने पूर्वजों के शाप और अभिलाषाओं से दूर
पूर्णतया अपनी'।

शुभा शर्मा

1954 अलीगढ़ में जन्म, राजकीय महाविद्यालय सांपला, रोहतक से प्राचार्या के तौर पर सेवा निवृत्त। महिला आन्दोलन, सामाजिक-सांस्कृतिक क्षत्र में पिछले 35 वर्ष से जमीनी स्तर पर सक्रिय। स्त्री विमर्श पर लेख व कविताएँ। कुछ कविताओं का मराठी में अनुवाद, 'तीन बटियों की माँ' पुस्तिका का मलयालम, उर्दू, मराठी में अनुवाद। 'पहल', 'नया पथ', 'जलसा', 'पल-प्रतिपल', 'शुक्रवार', 'वर्तमान साहित्य', 'मुक्तनाद', 'युद्धरत आम आदमी', 'दस्तावेज' आदि पत्रिकाआं में लेख व कविताएँ प्रकाशित। राज्य संसाधन केन्द्र, हरियाणा के लिए जनवाचन आन्दोलन के तहत अनेक पुस्तिकाओं का सम्पादन किया और यहीं से स्वरचित पुस्तिका 'अपना दोस्त हाली', 'स्त्रियां की छवि और वास्तविकता', 'हरियाणा में महिलाओं की स्थिति' आदि पुस्तिकाएँ भी प्रकाशित हुई।
'साम्या', 'प्रयास', 'जतन', 'राष्ट्रीय साक्षरता मिशन' आदि पत्रिकाओं के सम्पादक मण्डल के सदस्य के तौर पर कार्य किया।
1982 में 'औरत' शीर्षक के तहत लिखी गयी सिरीज में कई कविताएँ हैं। यह सीरीज़ 1982 में 'कथन' में पहली बार छपी उसके बाद साक्षरता अभियान व जनवाचन आन्दालन के तहत पुस्तिका रूप में छपी, महिला आन्दालन और साक्षरता अभियानों में यह लोकप्रिय हुई। इसके सैकड़ों नाटकीय मंचन भी हुए।

औरत के हाथ में न्याय

औरत कम से कम पशु की तरह
अपन बच्चे को प्यार करती है
उसकी रक्षा करती है

अगर आदमी छोड़ दे
बच्चा माँ के पास रहता है
अगर माँ छोड़ दे
बच्चा अकेला रहता है

औरत अपने बच्चे के लिए

बहुत कुछ चाहती है
और चतुर गुलाम की तरह
मालिकों से उसे बचाती है
वह तिरिया चरित्त रचती है

जब कोई उम्मीद नहीं रहती
औरत तिरिया चरित्तर छोड़कर
बच्चे की रक्षा करती है

वह चालाकी छोड़
न्याय की तलवार उठाती है

औरत के हाथ में न्याय
उसके बच्चे के लिए जरूरी
तमाम चीजों की गारन्टी है।

4. विमर्शमूलक अन्य गद्य विधाएँ

प्रभा खेतान

जन्म : 1 नवम्बर, 1942

शिक्षा : एम.ए., पीएच.डी. (दर्शनशास्त्र)।

प्रकाशित कृतियाँ : अपरिचित उजाले, सीढ़ियाँ चढ़ती हुई मैं, एक और आकाश की खोज में, कृष्णधर्मा मैं, हुस्न बानो और अन्य कविताएँ, अहिल्या (सभी कविता-संग्रह); सार्त्र का अस्तित्ववाद, शब्दों का मसीहा (चिन्तन ग्रन्थ); स्त्री उपेक्षिता ('द सेकेंड सैक्स' का हिन्दी रूपान्तर); आओ पेपे घर चलें, तालाबन्दी, अग्निसम्भवा, पीली आँधी, छिन्नमस्ता (सभी उपन्यास); अन्या से अनन्या (आत्मकथा)।

'अन्या से अनन्या'

मैं स्मृतियों की पगडंडी पर सँभाल-सँभालकर कदम रख रही हूँ। कभी आँचल झाड़ियों में उलझता है, कभी पैरों में नुकीले पत्थर चुभते हैं...कभी सामने कोहरे के बादल... सामने कुछ भी दिखाई नहीं पड़ता...और कभी पैरों के नीचे ठंडी ओस की बूँदें, मुझे मेरे आँसुओं की याद दिलाती हुईं।

कहीं दूर पीछे छूटा हुआ अतीत ठंडी साँसें भर रहा है। दो, बड़े-बड़े काले कौवे फड़फड़ाते हुए सर के ऊपर से निकल गये। अचानक एक खामोशी चुपचाप पत्तों पर ठहर गयी। मेरी आँखें चौंककर कौवों का पीछा करती हैं। धूप की सुनहरी किरणें ओस की बूँदों को सुखाने लगी हैं।

एक छोटी लड़की शाम से जंगले पर चुपचाप बैठी हुई है। आज वह खेलने भी नीचे नहीं उतरी। सहेलियाँ आईं, उसने झिड़क दिया। खामोश निगाहें दीवार पर बड़ी होती छायाओं को चुपचाप देख रही हैं। सूरज डूब गया। वह वहीं बैठी हुई है। हवा में ठंडक बढ़ गयी है। दाई माँ स्वेटर पहना गयी। उसने पहन लिया। खाने के लिए पूछा तो फिर मना कर दिया। सामने वाले मकान में अपनी दोस्त चित्रा के घर भी खेलने नहीं गयी।

कौन है यह लड़की?

हाँ, यह मैं हूँ। मैं...!

मेरे साथ मेरा अकेलापन हमेशा रहा है, पर यह अकेलापन मुझे जीवन का अर्थ भी समझाता रहा है। मैंने अपने-आपको बचाया है, अपने मूल्यों को जीवन में सँजोया। हाँ,

टूटी हूँ, बार-बार टूटी हूँ...पर कहीं तो चोट के निशान नहीं...दुनिया के पैरों तले रौंदी गयी, पर मैं मिट्टी के लोदे में परिवर्तित नहीं हो पाई। इस उम्र में भी एक पूरी-की-पूरी साबुत औरत हूँ, जो जिन्दगी को झेल नहीं रही बल्कि हँसते हुए जी रही है, जिसे अपनी उपलब्धियों पर नाज है। दोस्ती का हाथ बढ़ाकर जिसकी गर्म हथेलियाँ हर किसी को अपने करीब खींच लेती हैं।

मेरी स्मृतियों में दाई माँ की ममता भरी हथेलियाँ तैर जाती हैं। पाड़वाली सफेद साड़ी, ढीला कुर्ते जैसा ब्लाउज, सीधे पल्ले की गाँठ में बँधी हुई खैनी और कभी-कभी अधजली बीड़ी के टुकड़े। सुबह दाई माँ के कमरे में आते ही मेरी जिन्दगी शुरू हो जाती, ''उठो, जल्दी करो ह मोर बचवा, सात बज गईल...अभी स्कूल का टैम हो जाईल...'' और दाई माँ के हाथ से दूध का गिलास लेकर गट-गट पी लेना, फिर दौड़-भाग। फ्रॉक का बटन खुला है, चोटी का फीता नहीं मिल रहा। मेरी बैल्ट कहाँ? ''दाई माँ! मेरा मोजा? मेरा नयावाला मोजा कहाँ...? दाई माँ! गीता ने मेरा नया जूता पहन लिया। गीता! निकाल मेरा नया जूता। मैं पहनूँगी।''

''नहीं देती, जा, जो करना है कर ले।''

''दाई माँ?'' मैं रोने बैठ जाती। ''पुराना जूता पहन ले बिटिया। का फरक?'' गीता, अम्मा की लाडली। क्योंकि उसकी चोटियाँ ठीक से गूँथी हुई होतीं, फीते का फूल सुघड़ तरीके से बुना हुआ होता। मेरी चोटियाँ एक ऊपर एक नीचे। जीजी लोगों के पास जाने की हिम्मत नहीं। अभी मार पड़ेगी...और दाई माँ को चोटी ठीक से गूँथना नहीं आता। साटन का फीता तुड़ा-मुड़ा रहता। बालों में दाई माँ ढेर-सा तेल चुपड़ देती और आँखों में मोटा-सा काजल। स्कूल में विधु चिढ़ाती, ''तू बिलकुल मिसरानी लगती है।'' स्कूल खाना खाकर जाना पड़ता। वही दाल, चावल, आलू की सूखी सब्जी...जल्दी करो लड़कियों बस आ गयी। गीता और पुष्पा हमेशा सबसे पहले तैयार रहती। लेकिन सारी गड़बड़ी मेरे ही साथ क्यों होती थी? सफेद फ्रॉक पर बचाते-बचाते भी दाल-चावल गिर गये। दाग छुड़ाने में दाई माँ ने फ्रॉक और गीला कर दिया। कल जूतों पर पॉलिश करना भूल गयी थी। दाई माँ का कहना था, ''अईसे ही पहने जाओ।'' और नीचे दौड़ते-दौड़ते यह लो, बस हॉर्न बजाती हुई निकल गयी। मैं रुआँसी ऊपर लौट आयी थी। मुझे देखते ही अम्मा का पारा सातवें आसमान पर था—''फिर बस छूट गयी ना? पड़ी रह घर में, अब कौन छोड़कर आयेगा स्कूल तक?''

''तनी दरबानजी से कह दो ना बहूजी! अभ्भी टैक्सी में छोड़ अइहैं।''

''पैसे नहीं लगते क्या टैक्सी के?''

दाई माँ की चिरौरी, मेरा उदास चेहरा, खैर, किसी तरह स्कूल पहुँच जाती। बचपन से ही मुझे बरामदे में बैठे-बैठे चिड़ियों से संवाद या एकालाप करना अच्छा लगता था। मैं खुद ही प्रश्न करती, खुद ही उसका उत्तर देती। रेलिंग पर बैठी गौरेया से मैं न जाने क्या-क्या बातें किये जा रही थी। मैं गौरेया से बतिया रही थी, 'अले अले गौलेया! बता तो, तू आज कहाँ-कहाँ होकर आई? औल उस कौवे को देखकर क्यों डल गयी थी? कुछ खाया तूने? क्या खाती है

तू? बोल न मेली चिड़िया, मेली अच्छी-सी गौलेया? अले बोल न भाई? तू भी नहीं बोलती...' और इतने में जोरों का ठहाका—हो-हो-ही-ही! पीछे छोटे भैया, गीता, पुष्पा और किशन।

"देखो-देखो, इस पागल को!" छोटे भैया सबसे बदमाश किसी की नकल करने में नम्बर एक। हो-हो करते हुए मुझे चिढ़ाते हुए बोले, 'अले अले बोल ना मेली चिड़िया! मेली दन्तोलानी...इसीलिए तो तेले भी दाँत बाहल निकले हुए हैं, चिड़िया के चोंच जैसे।'

मैं फफक-फफक रो पड़ी। मैं रोए जा रही थी और मेरे भाई-बहन पेट पकड़कर हँसे जा रहे थे। तब तक भगवती बाई आ गयी, मुझे रोता देख उनका मन पिघला। आगे बढ़कर पुचकारा, फुसलाया। मैं जरा-से-स्नेह से तुरन्त चुप भी हो जाती थी। जीजी कितनी अच्छी हैं।

मेरी स्मृतियों में दाई माँ की यादें और यह उभरती हुई पीली शाम, साथ-साथ घुलकर नीली होती जा रही है। अभी, बस अभी कुछ ही क्षणों में सूरज डूब जाएगा और यह सारा दृश्य काला हो जाएगा।

कैसा अनाथ बचपन था। अम्मा ने कभी मुझे गोद में लेकर चूमा नहीं। मैं चुपचाप घंटों उनके कमरे के दरवाजे पर खड़ी रहती। शायद अम्मा मुझे भीतर बुला लें। शायद...हाँ, शायद अपनी रजाई में सुला लें। मगर नहीं, एक शाश्वत दूरी बनी रही हमेशा हम दोनों के बीच। अम्मा मेरी बातों को समझ नहीं पाती स्कूल में पार्वती बहनजी को, मारवाड़ी लड़कियों से बेहद चिढ़ थी। अधिकतर टीचर बंगाली थीं, बड़ी बहन जी तो अच्छी-खासी हिन्दी बोल लेतीं। लेकिन संगीत की टीचर, सेवा बहनजी और गणित की टीचर पार्वती बहनजी मुझसे बहुत चिढ़तीं। मैंने एलान किया—"मैं गाना नहीं सीखूँगी, मैं गा नहीं सकती।"

"सीखो।"

"मेरा गला खराब है।"

"गधी भी तो रेंकते हुए स्वर निकालती है।"

"मैं गधी नहीं।"

और मैं कभी गा नहीं सकी।

वन्दना, स्वर्णलता, उषा के साथ मैं घूमती रहती। स्कूल से लेक, लेक से वापस घर, कभी निर्मला विहार दोसा खाने, कभी झाल मुड़ी, ये गैर बंगाली लड़कियाँ थीं, मेरे जैसी...स्वाति अकेली बंगाली लड़की थी, क्लास में प्रथम, विधु द्वितीय, मैं तृतीय, तीसरे नम्बर पर होने का अपना सुख है, किसी की आपसे ज्यादा अपेक्षा नहीं रहती।

स्कूल में हमें सलवार-कमीज पहनना पड़ता। घर लौटकर मेरी अन्य सहेलियाँ भी स्कर्ट-ब्लाउज या सलवार-कमीज ही पहनतीं। मगर अम्मा का कहना था कि घर आकर कपड़े बदल साड़ी पहनो। लेकिन क्यों...?

इसलिए कि अब बड़ी हो गयी हो।

पर मैं तो कुल नौ साल की हूँ, बड़ी कहाँ हुई?

धापी मिसरानी, तीज-सन्धारे में मेहँदी लगा जाती। गणगौर के दिनों में गौरा की पूजा करवाती, और कानों के पास हाथ रखकर फटै बेसुरें गले से चीख-चीखकर गाती—'इसरजी तो पेचों बाँध गोरा बाई...ऊ...फ...।' "अम्मा धापी बाई को चुप कराइए ना, भला यह

कैसी पूजा हुई?'' लेकिन अम्मा की कुछ कहने की ही हिम्मत नहीं होती। धापी बाई आँखें बन्द कर गला फाड़े गा रही है। पर इसी बीच हड़बड़ी में इसरजी का पेंचा खुल गया। तीलियों से अटकाया गया गौरा का सर लुढ़क गया। ''अरे बाप रे। प्रभा! तू ने यह क्या किया?'' गीता चीखी। अम्मा की खड़ाऊँ की आवाज सुनायी दे रही है। मेरा कलेजा मुँह को...जल्दी-जल्दी मैं गौरा का सर उनके धड़ से चिपकाने की कोशिश करती हूँ। चलो कोई बात नहीं सब कुछ ठीक हो गया, जान बची, अम्मा आकर पीढ़े पर बैठ गयी, ''ए छोरियो हाथों में दूब लो और गौर माता को छींटे दो सात बार। हाँ अब हाथ जोड़ लो, और प्रार्थना करो...हे गणगौर माता जैसा वर तुमको मिला...'' अचानक अम्मा की नजर गणगौर पर...'हैं...यह क्या? किसने किया यह सब?''

''के होयो बहूजी ?...'धापी बाई ने घबराकर पूछा।

''धापी बाई थान सूझ कोनी? गणगौर को मूंडो (चेहरा) उलटो कईयाँ है, किसने किया ये करम?'' गीता उठकर भाग चुकी थी, और मैं वहाँ रूँआसी, भय-कातर। वैसे अम्मा कभी मार नहीं पाती थीं। बहुत नाज़ुक थीं मेरी माँ...उस दिन भी मेरी पीठ पर धौल जमाते हुए उन्होंने थककर कहा—''इसका कुछ नहीं बिगड़ेगा, भाट्टो पत्थर पड़ी है, इसे मारने से मेरे हाथ और दुखने लगे।'' उस दिन के बाद मैंने कभी गणगौर की पूजा नहीं की। पाथर पूजै हरि मिले तो मैं पूजु पहाड़। वैसे गौरा जरूर मुझ पर नाराज हुई होगी, गलती मेरीं थी कि मैंने माटी की मूरत का सर उलट दिया था। सम्भव है गोरा की नाराजी से ही मुझे अच्छा घर-वर नहीं मिला। खैर मैं बड़ी हो रही थी और अपने में सीमित होती चली जा रही थी। नहीं खेलना इन लड़कियों से, नहीं जाऊँगी लीली पुल और झूला पार्क, एक सुरक्षित जगह है मेरी कल्पना की दुनिया, आँखें बन्द किये घंटों पड़ी रहती...और कल्पना करती रहती। मेरी माँ अन्य और लड़कियों की माँओं की तरह स्मार्ट और पढ़ी-लिखी क्यों नहीं? वे तो केवल चेक पर हस्ताक्षर करती हैं, 'पुरनी देवी खेतान'। बाद के दिनों में तो अम्मा वह भी नहीं कर पातीं। हाँ अपनी इस कमी के लिए उनके दिल में कसक जरूर थी। किसी भी पढ़ी-लिखी स्वावलम्बी स्त्री को देखतीं तो अम्मा यही कहा करतीं, ''तुम लोग खूब रुपया कमाना, अपने पैरों पर खड़ी होना। आखिर हमें क्या मिला? बस बच्चे पैदा करती रही।'' अम्मा ने कभी नहीं कहा मेरी तरह बनो। जन्म से वे विद्रोही थीं और विरासत में मुझे उनका विद्रोही स्वभाव मिला।

बाबूजी को व्यापार में जोरों का घाटा लगा, और उन्हें अपनी जूट मिल बेचकर सेठिया के यहाँ वर्किंग पार्टनरशिप स्वीकारनी पड़ी। बड़े चाचा ने व्यंग्य किया, ''भैया! आप सेठ से बाबू हुए और अब बाबू से नौकरी पर उतर आये।'' खैर, सेठिया के यहाँ वह बस कहने भर को ही नौकरी थी। बनवारी लालजी सेठिया ने बाबूजी के किसी निर्णय में कभी दखल नहीं दिया। उनके अनुभव का लाभ उठाकर जूट के काम में सेठिया ने कसकर पैसा बनाया, पर रुपये की हिस्सेदारी में सेठिया की नीयत डोल गयी। बात गरमागरमी पर आ गयी थी। जूट बाजार को भी इस आपसी वैमनस्य की खबर थी। मामा जी खुद जूट-मिलवाले थे। उन्होंने अम्मा से कहा, ''बाई, जीजाजी से

कहो जल में रहकर मगरमच्छ से वैर कर रहे हैं। परिणाम अच्छा नहीं होगा।" आखिर हुआ वही। बाबूजी को उनके जिगरी दोस्त और समधी बालूरामजी और बनवारी लाल सेठिया ने जहर देकर मार डाला। दूसरे दिन अखबार में सुर्खियाँ थीं—'प्रसिद्ध उद्योगपति श्री लादूरामजी खेतान की रहस्यमयी मौत। मृत देह सोनागाछी के बाथ हाउस में मिली।' अम्मा तड़प उठीं, "जालिमो! एक तो मेरे पति का खून किया, फ़िर ऐसे देवता जैसे आदमी पर यह इल्जाम...? न मालूम अम्मा में कहाँ से इतनी ताकत आ गयी थी? तीज-त्यौहार या शादी-ब्याह के अवसर के अलावा हमेशा खाट पर पड़ी रहने वाली अम्मा, जिनके लिए हर दूसरे दिन डॉ. गाँगुली को चेक-अप के लिए आना पड़े, कोई बच्चा यदि गलती से भी उनके सर को हाथ लगा दे तो अम्मा बीमार हो जाएँ, दिन में चार-चार सैरिडॉन खाने वाली अम्मा, शेरनी-सी दहाड़ उठीं, "नहीं, वे मरे नहीं, उन्हें मार डाला गया। मेरा घर उजाड़नेवालो! तुम सब भी तड़प-तड़पकर मरोगे।"

शायद ऊपरवाला हिसाब ठीक ही करता है। बालूरामजी अन्धे होकर मरे और बनवारी लालजी सेठिया अपने कमरे से बीस बरस तक बाहर नहीं निकल पाये। उनको फेफड़े की कोई खतरनाक बीमारी हो गयी थी। उन्हें प्रायः ऑक्सीजन पर रहना पड़ता था।

दहशत भरी वह रात कभी भूली नहीं जा सकती। अम्मा एक-एक कर अपने पाँचों हीरों के गहने खोल रही थीं। पास में केवल भगवती बाई थी।

"ले, ये लौंग-अँगूठी उठाकर रख। ताई को मालूम नहीं पड़ जाये कि मैंने गहना खोला था।"

मैं हक्की-बक्की अम्मा के सामने खड़ी गीता से पूछ रही थी, "क्या हुआ? गीता हार्ट फैल क्या होता है?" उत्तर मिला, "चुप रहो अभी।" सुबह बड़े भैया भी आ गये। अखबार की सुर्खियों को पढ़कर सारा मारवाड़ी समाज स्तब्ध रह गया था। जो आदमी मुँह में सुपारी भी नहीं रखता था, उसकी ऐसी मौत! जहर से बाबूजी की मौत हुई थी। मँझले चाचा गरजे, "हम भाईजी की मौत का बदला लेंगे।" पर कौन बदला ले पाता है? और किसके अपराध का? मुझे वह दिन कभी नहीं भूलता जब बाबूजी का शव ले जाया गया। वे अपने चारों भाइयों के कन्धों पर थे। पीछे-पीछे दोनों भैया और जीजाजी लोग। इतनी भीड़! सैकड़ों गाड़ियाँ। मैं खिड़की की सलाखें पकड़े स्तब्ध सब कुछ देख रही थी। हम लोगों में कुँआरी लड़कियाँ श्मशान घाट नहीं जातीं। मैं और गीता पीछे अकेली रह गयीं। मैं खुद से कह रही थी, 'नहीं, यह बाबूजी नहीं, बाबूजी को नहीं ले जाया गया। यह तो और किसी की मृत देह है, चेहरा भी तो ढँका हुआ है।'

"दाई माँ! दाई माँ! क्या बाबूजी लौट जाएँगे? दाई माँ! जरूर वे लोग किसी और की लाश ले गये हैं। झूठी खबर है दाई माँ खुद रो-रोकर बेसुध हो रही थी।

"अरे भगवान! ई का किये? हमार देवता क ले गये? ई का न्याय किये?"

दाई माँ ने मुझे और गीता को नहलाया। रोते-रोते मैं सो गयी थी। फिर रुलाई की आवाज से नींद खुली। देखा, घाट से सब लौट आये हैं। डॉ. गांगुली अम्मा की नब्ज पकड़े बैठे थे और अम्मा बोलती जा रही थीं, "मैं बोलती हूँ गाँगुली बाबू! उनका खून किया गया। वे देवता थे। उन्हें मार डाला जालिमों ने। कसाइयों ने मेरा सुहाग लूट लिया।"

"भाभी! शान्ति रखिये। हम लोग बदला लेंगे।" छोटे चाचा बोले।

"क्या बदला लोगे देवरजी? मैं अब अपने बच्चों का पेट भरूँ या फिर घर-द्वार बेचकर मामला-मुकदमा लड़ूँ?"

हाँ, बहुत दिनों बाद कभी बातों ही बातों में भगवती बाई ने मुझे बताया कि उस दिन अम्मा की आलमारी में कुल पाँच सौ रुपये थे। बाबूजी अचानक गये थे। सारा रुपया तो बालू ताऊजी की गद्दी में जमा था। और न जाने कितने रुपये कहाँ-कहाँ पड़े थे, किसी को मालूम ही नहीं था। काफी रुपया तो बाबूजी के जिगरी दोस्त बालू ताऊजी डकार गये।

"क्या होगा? कल क्या होगा? कैसे मेरे बच्चे पलेंगे?" अम्मा बस एक ही बात सोचती रहतीं। बड़े चाचा ने कहा, 'भाभी अब यह रईसी नहीं चलेगी। बड़े बाजार चलकर रहो। यह दाई-नौकरों का ठाठ नहीं चलेगा।"

अम्मा की जिद्द, "मैं उनकी इज्जत मिट्टी में नहीं मिलाऊँगी। सब कुछ ऐसे ही चलेगा।"

"रुपया कहाँ से आएगा?"

"देने वाला देगा। स्वर्ग में बैठे हुए क्या वे अपने बच्चों का इतना भी ख्याल नहीं रखेंगे?"

"अब तुम जैसी फूहड़ औरत को कौन क्या समझाए?" बड़े चाचा नाराज हो गये।

"मामला-मुकदमा के लिए भी तो रुपया चाहिए?" ताऊजी ने अम्मा को समझाना चाहा।

ठंडे स्वर में अम्मा ने कहा, "मैं घराने की बेटी हूँ, कोई देहातन नहीं। मुझे अपने बच्चों को पालना है। मेरा अनमोल रतन लौटेगा तो नहीं। कसाइयों से बदला लेने के लिए मुझे कोट-कचहरी में पैसा नहीं फूँकना।"

"अरे भाभी! हम लोगों के पास सारे सबूत हैं। उस साले सेठिया को फाँसी की सजा दिलवा सकते हैं। भाईजी हमारे खानदान की नाक थे।"

"देवरजी! वे मेरे देवता थे, पर मामला-मुकदमा मैं नहीं लड़ूँगी। क्या पता मेरे बेटों पर हाथ उठा दें?"

"तुम्हारे बच्चे अकेले हैं क्या? हमारे कुछ नहीं लगते? ठीक है, अब मैं बीच में नहीं बोलूँगा।" ताऊजी भी चुप हो गये। मामाजी ने अम्मा को सलाह दी, "बाई, तुम्हारे मकान की बगलवाली जमीन खाली पड़ी है। तुम अपने हीरों को तो बेच दो और एक मकान खड़ा करके किराये की व्यवस्था करो ताकि महीने के महीने रोटी-खर्चे की तो तुम्हें चिन्ता नहीं करनी पड़े।"

"भाया, इतना रुपया मैं कहाँ से लाऊँगी?"

"बाई, सलाह तो लाख रुपये की मैंने दी। रुपया तो मेरे पास भी नहीं। तुम तो जानती हो, मेरा सोदपुर वाला कारखाना बन्द है।" कहकर मामाजी चुप हो गये।

"भाया! मैंने आपसे रुपया माँगा थोड़े ही था।"

उस रात बड़े भैया को सपने में बाबूजी दिखे और बोले कि बड़ीवाली तिजोरी का

दाहिना ड्रॉअर खोलकर देखो। भैया हड़बड़ाकर उठे। अम्मा के पास आये। बड़ीवाली तिजोरी खोली गयी। दाहिने ड्रॉअर में एक बैंक की पासबुक थी, जिसमें दस लाख रुपये जमा की रसीद थी और जिसमें बड़े भैया की सही भी चल सकती थी। सुबह पहले भैया ने बैंक से रुपया निकालकर चुपचाप दूसरे बैंक में जमा कर दिया। अम्मा ने अपनी हीरे की चारों चूड़ियाँ बेचीं। लौंग, अँगूठी भी बेच डालीं। बाबूजी के श्राद्ध और छमाही तक कोई कसर नहीं रखी गयी। वह एक उदास दिवाली थी, और दिवाली के बाद ही बगलवाला मकान बनना शुरू हो गया था। पता नहीं क्यों आज इतने वर्षों बाद, यहाँ सीढ़ियों पर बैठी मैं अपनी स्मृतियों को टटोल रही हूँ। रोशनी के इस जादुई माहौल में यह शाम कितनी खूबसूरत लग रही थी। सितारे कैसे चटख-चटखकर खिलते जा रहे थे। दूर नारंगी रोशनी की उछलती हुई लहरें! मैं फिर आँखों से सारे दृश्य को पीने लगती हूँ। यह पीना जरूरी है क्योंकि इसी नशे में मैं अपने अतीत के छिलके उतार पा रही हूँ..जैकसन हाइट की चौड़ी सड़कों पर गाड़ियाँ फर्राटे से निकल रही हैं, लेकिन फिर भी एक शान्ति है यहाँ। मेरे ख्यालों को एक झटका लगता है। क्या सोच रही थी अब तक?

हड्डियों के भीतर तक धँसे इस दर्द के बारे में सोच रही हूँ, पर इस दर्द का कोई इलाज नहीं, लेकिन मैं चुप तो नहीं रहूँगी, अपनी बात कहूँगी जरूर, हालाँकि बार-बार कोई अदृश्य वहशी पंजा मेरे मुँह को दबोच लेता है और मैं दर्द से बिलबिला उठती हूँ।

कल रात मैंने बहुत दिनों बाद फिर वही सपना देखा। एक अजीब-सा सपना था। मैंने सपने में देखा—मैं एक बड़े कमरे में बन्द हूँ। और अचानक कोई मेरी ओर झपटता है। मैं एक छलाँग में होटल के कमरे से बाहर लॉबी में भागती चली जा रही हूँ। मुझे एक्जिट दिखता है। मैं धड़धड़ाती हुई घुमावदार सीढ़ियाँ उतरती चली जा रही हूँ, मानो दसो मंजिलें एक मिनट में मैंने तय कर ली हों। बुरी तरह हाँफ रही हूँ। नींद में भी एक गहरी पीड़ा का अहसास लगता है जैसे मेरे सीने को कोई रस्सियों में बाँध रहा हो...फिर एक स्वीमिंग पूल...नहीं, यह तो हरिद्वार की गंगा है। पानी के तेज बहाव में ठहरना मुश्किल। अचानक मुझे एक छोटी लड़की दिखती है...चार-पाँच साल की। उसे तैरना नहीं आता। वह लहरों में डुबकियाँ ले रही है। अरे! यह तो डूब रही है! कहते हुए बड़े हौले से मैं उसे अपनी दोनों हथेलियों पर उल्टा लिटा देती हूँ। और वह तैरने लगती है। पानी बहे जा रहा है...पर वह बच्ची अब खिलखिलाकर हँसती है, 'आंटी! देखो मैं तैर रही हूँ।' मुझे एक अद्भुत आनन्द मिलता है। सुख की साँस लेकर कहती हूँ, 'हाँ बेटे! ऐसे ही तैरा जाता है, तुम पहले गलत तैर रही थी।'

सुबह नींद खुली। अपने ख्यालों में खोई हुई मैं खिड़की से बाहर दूर-दूर तक हडसन नदी का फैलाव देखती हूँ। मैं फिर रात को देखे गये सपने के बारे में सोचती हूँ। मुझे अपने भीतर के द्वन्द्व से निकलना होगा। लेकिन कैसे? क्या अर्थ हो सकता है इस सपने का? कलकत्ता लौटकर कभी झरना बोउदी से पूछूँगी जरूर कि तुम्हारी साइक्रियाट्री में इस सपने का कौन-सा विश्लेषण होगा? क्या अब भी मेरे भीतर अतीत की वह दहशत जमी हुई है? या फिर मैं जीवन में तैरना सीख गयी हूँ?

बाबूजी की मृत्यु के समय मैं साढ़े नौ साल की थी। उनके जाने के बाद घर की गिरती हुई आर्थिक अवस्था का दबाव हम सब पर था। ऊपर से दिखावे के सारे आवरणों को, झालरों को, तोरणों से सजाकर यथास्थिति बनाए रखने की जी-जान से कोशिश में लगी हुई अम्मा। एक ओर वे बड़ी कठोर और तिक्त हो गयी थीं, तो दूसरी ओर कहीं अपने बच्चों के लिए बड़ी स्नेहिल।

मैं घंटों चुपचाप बरामदे के कोने में बैठी रहती। धुएँ भरा नीला आकाश बड़ा धुँधला लगता। मैं अब भी अपनी गौरेया से चुपचाप बातें किया करती। क्या पता फिर भैया लोग सुन लें। और फिर ये बातें तो मैं किसी से कर भी नहीं सकती थी। मैं गौरेया से पूछा करती–"बोल न! मेरी गौरेया कब आएँगे मेरे बाबूजी?" कभी स्कूल से लौटकर सीढ़ियाँ चढ़ती हुई सोचती–अभी बाबूजी गद्दी वाले कमरे में कान पर टेलीफोन लगाये मिल जाएँगे। पर नहीं, छह महीने में मुझे विश्वास होने लगा था कि बाबूजी सच में चले गये।

स्वभाव से अम्मा चिड़चिड़ी थीं। वैसे अम्मा के क्रोध का शिकार सबसे अधिक मैं होती। मुझे लगता–स्त्री होना मात्र अम्मा की नजर में पाप है, एक हीन स्थिति है, गुलामों का जत्था है जो बिना मालिक के जी नहीं पाएगा। एक मालिक असमय चले गये। सिंहासन खाली था। युवराज, बड़े भैया को युवराज के रूप में ही सबके सामने अम्मा ने रखा हुआ था, और अम्मा की आखिरी जिम्मेदारी गीता और मैं, दो लड़कियाँ थीं, जिनके ब्याह की चिन्ता उन्हें दिन-रात खाये जा रही थी। कैसे होगा, इन छोरियों का ब्याह, कहाँ से लाऊँगी इनका दायजा? गीता सुन्दर है, उसको तो फिर भी कोई ले जाएगा, लेकिन यह परभली, यानी प्रभा यानी मैं–अम्मा को मेरा चेहरा, मेरे लम्बे-लम्बे बाल, मेरा बढ़ता हुआ कद, शरीद पर उभार और दसवाँ लगते ही पीरियड्स का शुरू हो जाना, कुछ भी तो नहीं सुहाता। "ठीक से चलो, क्या पैरों की धम-धम आवाज करती चलती हो? शऊर से बैठ...कूबड़ क्यों निकाल लेती हो? क्या खो-खो लगा रखी है? खाँस रही हो तो खाँसे ही जा रही हो..." और यदि मैं खांसी दबाने की कोशिश करती तो, "क्या गाय की तरह गरगरा रही है...?"

मुझे आज भी याद है। अम्मा की पानी पीने की काँच की एक केतली थी, बड़ी नफीस-सी...जो मेरे हाथों गिरकर टूट गयी। उनका चिल्लाकर पूछना, "अरे क्या तोड़ा?" और तब तक मैं भागकर पीछेवाले बरामदे में, एकदम रेलिंग के ऊपर चढ़ गयी। रेलिंग के इस ओर एक पैर तथा दूसरा पैर उठने की तैयारी में। मैंने नीचे झाँकर देखा, पथरीली जमीन थी। मैं मर जाऊँगी...? अच्छा होगा...लेकिन मेरे मरने पर कौन रोएगा? केवल दाई माँ और शायद गीता और पुष्पा...नहीं किशन भी। बाबूजी रहे नहीं और अम्मा, वे तो मेरे मरने पर बेहद खुद होगीं। बरामदे की रेलिंग पर बैठी एक पैर बाहर की ओर झुलाये हुए मैं सोचे चले जा रही थी। अच्छा, मैं जाऊँगी कहाँ? किस लोक में, क्या बाबूजी के पास? बाबूजी तो स्वर्ग में हैं, और दाई माँ कहती हैं कि जो आत्महत्या करके मरते हैं, वे ही प्रेत हो जाते हैं। तब तक...

"अरी दइया री, ई का करत हो मोर बिटिया...?" दाई माँ ने दौड़ते हुए आकर मुझे खींचकर उतारा।

आज सोचती हूँ तो लगता है कि कैसा अनाथ और असहाय बचपन था।

लेकिन अम्मा भी मेरी तरह असहाय और अकेली थीं। इसलिए अम्मा निरन्तर किसी-न-किसी को पास बैठाये रहतीं या फिर फोन पर बातें करती रहतीं। मुझे अम्मा की जैसी जिन्दगी नहीं चाहिए। अम्मा कहतीं, उन्हें जिन्दगी मैं क्या मिला? ज्यादा बच्चों के कारण औरत का शरीर खोखला हो जाता है। पहले बच्चों का करो, फिर उनके बच्चों का करो। अम्मा का इशारा बड़ी दीदी के लड़के-लड़की किशन और पुष्पा की तरफ होता या फिर भगवती बाई के बच्चों की ओर। आये दिन के तीज-त्यौहार, बेटियों के ससुराल नेग भेजना...आज यह तो कल वह नेग। खर्चे का कोई अन्त नहीं।

एक शाम मुझे याद है। वैसे बचपन में अनेक शामें इसी तरह बीतती थीं। छुट्टियों की हर दुपहरिया अम्मा को समर्पित करनी पड़ती थी। पास बैठो, सजग रहो। न जाने अम्मा को कब किस बात की जरूरत पड़ जाये? हाँ, तो शाम हो रही थी। पीछे वाले बरामदे में अम्मा अपनी कुर्सी पर बैठी थीं। बगल में मोढ़े पर बैठी भगवती बाई स्वेटर बुन रही थीं। नीचे से गीता, पुष्पा और किशन की आवाजें आ रही थीं। साथ में पड़ोस के और बच्चे। हवा के झोंकों के साथ आवाजें कानों से टकरा रही थीं..."आलकी पालकी जय कन्हैया लाल की..."

"अम्मा! मैं खेलने जाऊँ?"

"क्या एक दिन खेले बिना जान निकल जाएगी?"

भाटा, पत्थर, बोकी, गधी, भंगन उपाधियों से विभूषित होकर मैं कपड़े बदलने गयी। समझ में आया कि पीरियड्स हो गये हैं। हाय! अभी यदि अम्मा से कहूँगी तो वापस चार बोल और सुनने को मिलेंगे। पर एक राहत थी कि चलो आज का दिन पहला दिन कहलाएगा और परसों तीसरे दिन सर से नहा लूँगी। कुल-मिलाकर कल का ही दिन तो अलग बैठना होगा? डरते-डरते अम्मा से कहा, "अम्मा! मुझे पीरियड्स..."

बस, एक भयानक विस्फोट था। "मरणजोगी! आज ही तुझे यह सब होना था...? कल तेरे बाबूजी की बरषेदी (वार्षिकी) है। ताई-चाची सब आएँगी और ताई की गिद्ध दृष्टि से कुछ छिप नहीं सकता—भगवती, यह तो साढ़े दस की उमर में ही चौदह की लगने लगी।" अम्मा ने असहाय भाव से भगवती बाई की ओर देखा। बाई धीमे स्वर में अम्मा से कुछ कह रही थी। उनकी बातें मेरे कानों में नहीं उतर रही थीं। मैं कुछ नहीं सुन पा रही थी। बस भीतर कुछ उमड़-उमड़कर पूछ रहा था। इसमें मेरा अपराध क्या है अम्मा? तुम बोलो मेरा अपराध क्या है? पर बिना अपराध के भी अपराधबोध। अपनी ही मासूमियत खोने की यह कैसी निर्मम सजा मुझे मिल रही है? दूसरे दिन, सुबह से शाम तक पीछेवाले बरामदे में बन्द रहना पड़ा। बीच में एक बार दाई माँ चुपचाप आकर खाने की थाली सरका गयी, "खा ले बिटिया, अउर इ तनिक चूल्हा के राख ले, इसमें मल दियो, बाद में आऊब।"

“दाई माँ! बाथरूम जाना है।”

“अरे मोर बिटिया, एतना लोगन के बीच हम कईसे तोहके ले जाई? बहूजी तो हमके चीरकर रख देइहँ। तनिक धीरज धर बिटिया। तोहर ताईजी अउर बुआजी के जाते ही हम तोहके छत पर ले जाऊब।”

वह भादों की उमस भरी दुपहरिया और चुपचाप बैठे रहना। सारा अस्तित्व हिचकोले खा रहा था। अम्मा मेरा अपराध क्या है? क्या महीने-के-महीने टाँगों के बीच रिसता हुआ खून मुझे अच्छा लगता है? और इसके कारण कैसी अजीब-सी आत्मग्लानि, अपराधबोध से मन खारा क्यों हो जाता है? गीता को तो अभी तक कुछ नहीं हुआ। फिर मुझे ही क्यों? पाँच बजे शाम को दाई माँ ने बरामदे का दरवाजा खोला। अम्मा ने धीरे से हिदायत दी, “सब पूर-पल्ला धोकर फेंकना, किसी की नजर नहीं पड़े।” गीता, किशन, पुष्पा और छोटे भैया मानोपली खेल रहे थे। किशन ने मुझे देखते ही चिढ़ाया, “हे...हे...अछूत कन्या...अछूत कन्या।” शर्म से सारा शरीर झुक गया। तो इन लोगों को भी मालूम था। छत पर फिर एक करमकांड। खून से सने कपड़े को धोना।

“दाई माँ! यह मेरे शरीर से हर महीने खून क्यों निकलता है?

“तू जरा जल्दी बड़ी हो गयी बिटिया।”

“क्यों दाई माँ?”

“अब हम का बताई?” दाई माँ की असहाय ठंडी साँस थी।

उस दिन की उस घटना से भी तो पैंटी में खून लगा था? मेरा सारा शरीर थर्रा उठा। सर के ऊपर से एक झोंक कव्वों का काँव-काँव करता हुआ निकल गया। मैं खामोश, नल के नीचे रखे हुए खून से भरे हुए कपड़े को देख रही थी। पानी के साथ नाली की ओर बहता हुआ गाढ़ा खून। और अब इस कपड़े को साबुन से धोकर सुखाना होगा।

“दाई माँ! अम्मा मुझसे चिढ़ती क्यों हैं? क्या इसीलिए...?”

“ई तो कहो कि शहर है, हमार गाँव में तो बियाह के पहिले कवनों लड़की का ई महीना सुरू हो जाय तो माँ-बाप का सर पर पाप का बोझ बढ़त है।”

पाप? क्या हर लड़की, हर महीने पाप का बोझ बढ़ाती है? उस दिन पूरी बात समझ में नहीं आयी थी। बस जीवन में कहीं कुछ बहुत गलत घट गया। अपराध? पाप? नहीं तो अम्मा मुझसे इतनी नफरत नहीं करतीं। उन्हें मेरा कुछ भी क्यों नहीं अच्छा लगता? जरा-सी हरारत, हल्की-सी खाँसी और उनके दिमाग से चिनगारियाँ क्यों फूटने लगती हैं। कहीं कुछ शॉर्ट सर्किट हो जाता है। भगवान! मेरी माँ मुझसे क्यों इतनी घृणा करती हैं? मेरा कद लम्बा क्यों होता जा रहा है? मेरे दाँत बाहर क्यों निकलते हुए हैं? अम्मा इतनी गोरी, बाबूजी इतने गोरे थे। दोनों भैया लोग, जीजी लोग भी गोरे, फिर खाली मेरा रंग साँवला क्यों? हाँ, बड़ी जीजी का रंग भी थोड़ा दबता हुआ है, पर मुझसे वे साफ हैं। बाहरवालों को चाय का कप पकड़ाते हुए मेरे हाथ काँपने क्यों लगते हैं? चलते समय पैरों की धमधम आवाज क्यों होती है? मैं हमेशा उस परी की कल्पना करती जो अपनी जादुई छड़ी से मुझे छूकर सिंड्रेला बना देगी। मगर नहीं, याद नहीं आता कि बचपन में

मैं कभी उनकी गोद में सर रखकर सोई हूँ। लेकिन आज अपनी माँ का दर्द समझती हूँ। बहुत दुख झेला था मेरी माँ ने। चालीस की उम्र में विधवा हो जाना, सफेद साड़ी में जिन्दगी बिताना क्या अम्मा को रुचिकर था? अम्मा के वे गहने, वे बनारसी साड़ियाँ, बाबूजी के बिना तमाम सामाजिक दबावों को झेलती हुई अम्मा। वे तो खुद विद्रोही थीं, औरत होने की नियति को अस्वीकारती हुईं। बहुत याद आती हैं वे! भूख लगती, पेट में दर्द होता, कहीं गिर-पड़ जाती, घुटने छिलते...अम्मा की एक ही आवाज चमेलिया की माँ को पुकारती हुई, ''जा, ले जा अपनी बेटी को। तू ही कर इसकी दवा-दारू।'' यह दाई माँ का काम था कि मुझे खाना खिलाए, खाँसी हो तो पान का रस पिलाए। यह दाई माँ थी जो बुखार होने पर रात-रात-भर मेरे सिरहाने बैठी रहती और यदि दो-तीन दिनों में बुखार नहीं उतरे तो जाकर अम्मा के सामने रिरियाए, ''ए बहूजी! तनिक गांगुली बाबू को बुलाय देव। हमार बिटिया के लिए तोहार मन में तिनिको दरद नाहीं? अभी गीता बाई के जरा-सी खाँसी हो जहिए तो तुम मिनट-भर में डॉक्टर बुला लेत हो।''

मैं बड़ी हो रही थी। दाई माँ के पास मेरा मन उतना नहीं लगता था। मेरे पास अब किताबें थीं और थीं मेरी सहेलियाँ। दाई माँ अब साल में दो बार महीने-भर के लिए घर भी हो आती। बस रात को मेरी चोटी किए बिना और मेरे तलवों में तेल लगाये बिना दाई माँ की ममता नहीं मानती।

ग्यारहवीं कक्षा के बाद एक-एक कर मेरी सहेलियों की शादी होने लगी। सबसे पहले उषा इन्दौर चली गयी। वन्दना बम्बई चली गयी। विधु पढ़ने के लिए दिल्ली। और सुधा की भी शादी हो गयी थी। ज्यादातर मारवाड़ी सहेलियों की शादियाँ हो गयी थीं। एक मैं ही अकेली मारवाड़ी लड़की थी जिसने प्रेसिडेंसी कॉलेज में दाखिला लिया था। नयी सहेलियाँ, नया माहौल, प्रेसिडेंसी कॉलेज, जहाँ लड़के-लड़की साथ पढ़ते। विद्वान प्रोफेसर। पहली बार लगा कि बालीगंज शिक्षा सदन में मेरी बहनजी लोग कितना कम जानती थीं! स्कूल तो मेरा घर था। बाहर की दुनिया में तो मैंने अब कदम रखा है। एक बार मैं फिर सड़क के दूसरी ओर देखती हूँ। वहाँ खरीदारी का शोर है। सूरज खो गया शहर के उफनते फेनिल शोर-शराबे में और शाम...न्यूयॉर्क की शाम अभी तक पूरी तरह डूबी नहीं है। मैं स्तम्भित-सी अचानक सड़क पर नीले और लाल रंगों का छिड़काव देखने लगती हूँ। गोधूलि वेला और लाल बत्ती के जलते ही तेज रफ्तार से दौड़ती हुई गाड़ियों का रुकना और फिर थोड़ा दम लेकर अजाने निकलती हुई साँसों के साथ हवाओं का आँचल पकड़ क्षितिज की ओर दौड़ जाना, मुझे और अकेला कर जाता है। मेरे भीतर एक आदिम वेदना सिसक उठती है। आखिर इतना भी क्या गुस्सा कि यों बीच बाजार में मुझे अकेला छोड़ डॉक्टर साहब चले गये। मैं वापस होटल भी नहीं लौट सकती, सारे पैसे तो उनके पास जो थे।

एक ठंडी साँस के साथ मेरी आँखें दूर अँधेरे में कुछ टटोलने लगती हैं। स्मृतियों का एक पर एक मन की सतह पर तैरना। पहले क्या सोचूँ? और किसे पीछे ढकेलूँ?

डॉ. तुलसीराम

प्रसिद्ध दलित साहित्यकार डॉ. तुलसीराम का जन्म आजमगढ़ जनपद के धरमपुर गाँव में हुआ था। वे सेंटर फॉर रशियन एंड सेंट्रल रशियन स्टडीज, स्कूल ऑफ इंटरनेशनल स्टडीज, जवाहर लाल नेहरू विश्वविद्यालय में प्रोफेसर के पद पर कार्यरत थे। तथा इस सेंटर के अध्यक्ष भी रहे। वे विश्व कम्युनिस्ट आन्दोलन तथा रशियन मामलों के विशेषज्ञ रहे। उक्त विषयों के साथ-साथ ट्रांस काकेशिया एवं बाल्टिक राज्यों की राजनीति पर उनके निर्देशन में लगभग 50 छात्रों को एम.फिल., पीएच.डी. कर चुके हैं।

डॉ. तुलसी राम अन्तर्राष्ट्रीय बौद्ध आन्दोलन, दलित राजनीति तथा साहित्य के भी विशेषज्ञ रहे हैं। उन्होंने इन विषयों पर सैकड़ों लेख लिखे। एक कट्टर धर्मनिरपेक्ष विद्वान के रूप में मार्क्स, बुद्ध तथा डॉ. अम्बेडकर उनके हीरो थे। वे 'अश्वघोष' नामक प्रसिद्ध बुद्धिस्ट एवं साहित्यिक पत्रिका के सम्पादक रह चुके हैं।

उनकी प्रमुख रचनाओं में 'अंगोला का मुक्ति संघर्ष', 'सी.आई.ए.' राजनीतिक विध्वंस का अमरीकी हथियार', 'द हिस्ट्री ऑफ कम्युनिस्ट मूवमेंट इन ईरान', 'पर्सिया टू ईरान' (वन स्टेप फारवर्ड टू स्टेप्स बैक) तथा 'आइडियोलॉजी इन सोवियत-ईरान रिलेशन्स', मुर्दहिया, मणिकर्णिका (आत्मकथा) (लेनिन टू स्टालिन) आदि शामिल हैं।

निधन : 13 फरवरी 2015

मुर्दहिया (आत्मकथांश)

इस तरह चौधरी चाचा की मृत्यु के साथ हमारे इलाके के दलित जीवन का एक अनोखा दौर समाप्त हो गया। इसके कुछ दिन बाद पास के ही एक गाँव में गौना की बरात आयी थी। बरात के साथ जो नौटंकी आयी थी, उसका मुख्य नचनिया ही दूल्हा था। वह रंगमंच पर साड़ी पहनकर नाचने लगा। इस बीच गाँव की एक अन्य लड़की से उसकी आँखें टकरा गयीं। वह रात के अँधेरे में बरात को वहीं छोड़कर उस लड़की को लेकर भाग गया। रात में ही धरातियों तथा बरातियों में मारपीट की नौबत आ गयी। दूसरे दिन दोनों पक्ष पंचायत के लिए हमारे घर आये। चौधरी चाचा के बिना यह पहली पंचायत थी। मुन्नर चाचा ने फैसला सुनाया कि जो लड़की, नचनिया दूल्हे के साथ भाग गयी, उसे उसके साथ रहने दिया जाये तथा गौना वाली लड़की की दूसरी शादी कर दी जाये, जिसका खर्च भगोड़ा पक्ष देगा। इस तरह यह मामला हल हुआ। इस घटना के

बाद मठिया की एक अन्य लड़की श्यामा, जो हमारे ही स्कूल में सातवें दर्जे में पढ़ती थी, की शामत आ गयी। लोग कहने लगे कि वह बाल खोलकर स्कूल जाती है, वेश्या हो गयी है। अतः उसकी पढ़ाई छुड़ा दी गयी। इस बीच हमारे घर में भी एक विचित्र स्थिति पैदा हो गयी। मेरी माँ बस्ती के किसी भी व्यक्ति से बात करती, पिता जी तुरन्त उसके चरित्र पर उँगली उठाना शुरू कर देते थे। वे माँ को बहुत भद्दी-भद्दी गालियाँ देने लगते थे। उनकी गालियों से ही पता चला कि मेरे नाना का नाम सरजू था। वे हमेशा गाली में 'सरजुवा की बेटी' का इस्तेमाल करते थे। माँ के चरित्र की शिकायत वे उसी गुस्सैल नग्गर चाचा से भी करते। किन्तु नग्गर चाचा हमेशा पिता जी को बुरी तरह डाँट देते थे और कहते थे कि उनका आरोप झूठा है। नग्गर चाचा के इस व्यवहार से मुझे बड़ी राहत मिलती थी, किन्तु पिता जी एकदम चित्तविक्षेपी हो गये थे। वे अक्सर माँ को फरुही से मारने दौड़ पड़ते थे। फरुही का इस्तेमाल खेत में क्यारी बनाने के लिए किया जाता था। वह फावड़े की तरह होती थी, जो लकड़ी के फट्ठे से बनायी जाती थी। इसका बेंट लाठी की तरह लम्बा होता था। धीरे-धीरे मेरे मस्तिष्क में पिता जी के प्रति असीम घृणा उत्पन्न होने लगी। मेरी इस घृणा की पराकाष्ठा शीघ्र ही पिता जी के प्रति हिंसा में बदल गयी।

सन् 1961 के ही जाड़ों की बात है, पिता जी माँ को मारने के लिए फरुही लेकर दौड़े। मैं वहीं खड़ा था। मैंने बहुत जोर से पिता जी को एक तमाचा मारा। उन्होंने मुझे उलटकर वैसे ही मारा। उनका तमाचा इतना जोर का था कि मैं कुछ देर के लिए चौंधिया-सा गया था। मुझे कुछ पल के लिए कुछ भी दिखाई नहीं दिया। मुझे ऐसा लगा कि मानो मैं अन्धा-सा हो गया। किन्तु इस घटना का परिणाम यह हुआ कि आगे पिता जी माँ को मारने से घबराने लगे। बस्ती के लगभग सभी लोगों ने मुझे सही ठहराया। आगे चलकर पिता जी के प्रति मेरी घृणा विकराल रूप लेती चली गयी। उसी समय स्कूल में कुछ नये कमरे बनाये जा रहे थे। स्कूल से थोड़ी दूर पर ईंट का भट्ठा था जहाँ से ईंटें लाकर इमारत बनाई जा रही थी। मेरे पिता जी कहते कि स्कूल बनाना पुण्य का काम है, इसलिए वे अक्सर हरवाही बन्द कर उस भट्ठे से सिर पर ईंट लादकर स्कूल में रख देते। वे मिट्टी का गारा भी बनाते। पूरा दिन इन्हीं कामों में वे बिना किसी मजदूरी के लगा देते थे। उनका ऐसा व्यवहार अत्यन्त परोपकारी था, किन्तु माँ के प्रकरण से उत्पन्न घृणा मेरे अन्दर बढ़ती ही गयी। उनका भट्ठे से ईंट ढोना तथा गारा बनाना मुझे अपने लिए अपमानजनक भी लगता था, क्योंकि स्कूल के अधिकतर बच्चे उन्हें पहचानते थे। इस बात को लेकर पिता जी से मेरी खूब झड़प हो जाती थी। समय ज्यों-ज्यों बीतता गया, माँ और पिता जी की लड़ाई में मैं पिता जी का दुश्मन बनता गया।

अगला साल सन् 1962 देश के तीसरे चुनाव वाला साल था। इसकी दस्तक से पहले ही स्कूल में एक बार फिर विकास प्रदर्शनी लगाई गयी। इस बार के सांस्कृतिक कार्यक्रमों में पहली बार एक फिल्म दिखाई गयी। जिसका नाम था 'चक्रधारी'। सन् 1961

के नवम्बर का महीना था। खूब जाड़ा लग रहा था। स्कूल के आसपास के दर्जनों गाँवों से सैकड़ों लोग फिल्म देखने आये थे। स्कूल के सामने मैदान में एक बड़े श्यामपट की तरह सफेद पर्दा लगाया गया था जिस पर जनरेटर के माध्यम से फिल्म दिखाई गयी। मैं उस भीड़ में काफी दूर बैठा था। जनरेटर की आवाज इतनी ज्यादा शोर मचाने वाली थी कि फिल्म का कोई डायलॉग समझ में नहीं आता था। हीरो-हिरोईन का नाम भी किसी को मालूम नहीं हुआ, किन्तु उस फिल्म का एक गाना सबकी जुबान पर छा गया। गाने की पहली लाइन थी : 'चोली तू सीना सभाल के ऐ दरजी, जाना है कल ससुराल'। फिल्म की थीम बिल्कुल समझ में नहीं आयी, क्योंकि रीलें बार-बार कट जाती थीं। अन्त में सिर्फ इतना समझ में आया था कि अकाल के कारण एक कुम्हार का मिट्टी के बर्तन बनाने का कारोबार खत्म हो गया था, किन्तु कृष्ण भगवान की पूजा से तेज बारिश हुई और कुम्हार के घर खुशहाली वापस आ गयी। चूँकि हमारे उस दूर-दूर के इलाके में पहली बार किसी फिल्म का प्रदर्शन हुआ था, इसलिए उसकी चर्चा गाँव-गाँव में होने लगी थी। शीघ्र ही इलाके के लफंगे जहाँ कहीं भी किसी युवती को देखते, उक्त गाने को दोहराने लगते थे। इस बीच मेरे पिता जी गृहकलह से ऊबकर आसनसोल चले गये। वे वहाँ किसी 'कोइलरी' में काम करने के लिए गये थे। किन्तु मुश्किल से 15 दिन रहने के बाद उन्हें सुदेस्सर पांडे की हरवाही छोड़ देने का 'पाप' सताने लगा। अतः अपने अन्धविश्वासी 'ब्रह्महत्या' के पाप से बचने के लिए वे गाँव वापस आ गये। अन्धविश्वासों की कड़ी में हमारे घर की एक भाभी दुलरिया जो पहलवानी सीखने वाले गोकुल भैया की पत्नी थीं, और जो बबुरा घनहुवाँ गाँव के पास वाली चमरौटी से ब्याह कर आई थीं, एक तरह के मनोरोग से पीड़ित हो गयी। उनका अक्सर पेट दर्द करता और वह तुरन्त ओझैती वाली भभूत माँगने लगतीं। उस समय पास के ही चतुरपुरा नाम के गाँव में एक दलित औरत ओझैती करती थी। उसे लोग 'चमैनिया' के नाम से पुकारने लगे थे। लगभग हर रोज ही वह भभूत लाने को कहतीं। भभूत यानी अगियारी से बनी राख लाने का काम मुझे ही सौंपा जाता था। वह चमैनिया की भभूत खाते ही, कहने लगतीं कि पेट दर्द बन्द हो गया। कुछ दिन तक तो मैं चमैनिया से भभूत लाकर उन्हें देता रहा, किन्तु बाद में मुझे एक खुराफात सूझी। मैं घर से शाम के समय भभूत लेने निकलता और मुर्दहिया के पास नटिनिया की झोंपड़ी से राख लेकर एक पलाश के पत्ते में लपेटकर कुछ देर बाद घर वापस आ जाता। इस राख को भी खाकर वह कहती कि पेट दर्द ठीक हो गया। इसके बाद मैं अनगिनत बार भभूत माँगने पर उस भाभी को नटिनिया की झोंपड़ी से राख ला लाकर देता रहा और वह ठीक होती रहीं। कभी-कभी तो मैं घर से ही राख लेकर इधर-उधर से घूमकर वापस आ जाता था, जिसे खाकर वह ठीक हो जाती थी। वह कहती कि उनका पेट दर्द भूत-प्रेत के कारण होता था। इस सन्दर्भ में मुझे याद आता है एक ढाई हजार साल पुराना भुतहा बौद्ध भिक्षु जो बीमार पड़ने पर सूअर के वध्यस्थल पर जाकर उसका कच्चा मांस खाता तथा खून

पीकर कहता कि उसकी बीमारी ठीक हो गयी। उस भिक्षु के बारे में अन्य भिक्षुओं ने बुद्ध को बताया जिसके बाद उन्होंने एक नियम बनाकर अनुमति दी कि भूतहे रोग से पीड़ित भिक्षु सुअर के कच्चे मांस तथा खून का सेवन कर सकता है। इस घटना का उल्लेख 'विनय पिटक' के 'भैषज्य स्कंधक' में किया गया है। यद्यपि बुद्ध भूत-बैताल आदि में विश्वास नहीं करते थे, किन्तु मनोरोगियों को ठीक करने के लिए वे नियमों को लचीला बना देते थे। इस सब घटनाओं से पूर्व सन् 1961 की गर्मियों में मैं स्वयं भूतों के सन्दर्भ में मतिविभ्रम का शिकार हो गया था। उन दिनों गन्ने की फसल बोई जा रही थी। जैसा कि गन्ने का कोई जौ-गेहूँ की तरह बीज नहीं होता है, उसके डंठल का ही बोझ बाँधकर एक दिन पहले पानी में डुबो दिया जाता था, जिसमें गन्ने के पोर जहाँ से अंकुर निकलते हैं, मुलायम हो जाते थे। बोने से पहले गन्ने के तीन-तीन पोर वाले डंठल को गंड़ासे से काटा जाता था।

दो पताड़ियों के बीच के बिना पोर वाले हिस्सों को अंगरी के रूप में जाना था, जिसे बच्चे बड़े चाव से चूस जाते थे। उस समय गन्ने की बोवाई से कुछ पूर्व खेतों में 'लेहड़' बैठाया जाता था। हमारे गाँव में गड़ेरियों का एक परिवार जो सैकड़ों की संख्या में भेड़ पालता था। गड़रिया परिवार कुछ शुल्क लेकर बारी-बारी से इन खेतों में रात के समय अपनी भेड़ों को बैठा देता था। ये भेड़ें रात भर उसी खेत में रहकर मूतती तथा लेड़ी करती थीं, जिससे खेत उपजाऊ हो जाता। इस प्रक्रिया को 'लेहड़' बैठाना कहते थे। पताड़ी जब भी बोई जाती, एक उत्सव का माहौल हो जाता था। दलित बस्ती के अपने-अपने सभी पट्टीदार उसमें सहयोग देते तथा बोवनीह समाप्त होने पर सभी हिस्सेदारों को 'ऊखभोज' दिया जाता। उखभोज की दावत शादी-विवाहों जैसी होती थी। उखभोज के पीछे मान्यता यह थी कि गन्ना जीवनदाई फसल है, इसलिए उसकी बोवाई का दिन त्योहार जैसे होता था। बोवाई के बाद गन्ने के खेतों में पानी की बहुत ज्यादा आवश्यकता होती थी, किन्तु सिंचाई के साधन बहुत कम थे। गाँव के एक कुएं में एक पंडित का रहट अभी नया-नया लगा था। रहट एक बैलगाड़ी के पहिए के बराबर बड़ी-सी घिर्री होती थी जिस पर से गुजरती हुई पचासों डब्बेनुमा छोटी-छोटी बाल्टियाँ कुएँ के पानी में लटकी होती थीं। इस मशीन को दो बैलों की जोड़ी के माध्यम से गन्ना की पेराई करने वाली कल (मशीन) की तरह चलाया जाता था। इस तरह रहट के चलने से बाल्टियों का लगातार कुएँ से बाहर पानी नाली में गिरकर खेतों में चला जाता था। पंडित रहट किराए पर चलाते थे। सिंचाई की व्यस्तता के कारण हमारे घर वालों की बारी रात के समय आई। अर्थात् गन्ने की सिंचाई के लिए रात भर रहट हाँकना था। वहाँ रात में लालटेन जलाकर रखना था किन्तु मिट्टी का तेल समाप्त हो गया था। अतः रात के समय मुझे टड़वाँ गाँव की एक दुकान से मिट्टी का तेल लाने के लिए भेजा गया। मैं आधा सेर जौ बाँधकर तेल लेने चल पड़ा। ऐसे किसी भी काम के लिए घर वाले हमेशा रात के समय मुझे ही भेजा करते थे, जिसका एकमात्र कारण

यह था कि अपशकुन होने के कारण मेरा चाहे जो भी अनिष्ट हो जावे, किन्तु घर के अन्य व्यक्ति का कुछ न बिगड़े। यहाँ तक कि घर का कोई आदमी बहलगंज पर जाता और लौटते समय रात हो जाती, तो हमेशा मुझे मुर्दहिया के पास भेजकर गये आदमी को जोर से चिल्लाकर पुकारने को कहा जाता था। मुर्दहिया के सन्नाट से लगाई गयी मेरी आवाज बहुत दूर तक जाती, जिसे सुनकर बाजार से लौटता आदमी मेरी ही तरह चिल्लाकर कहता : 'आवत हईं' मैं उन्हें लेकर घर वापस आता, किन्तु जब कभी मैं कहीं से रात होने पर लौटता, घर से किसी को वैसे बुलाने के लिए नहीं भेजा जाता। रहट वाले दिन मैं तेल लेने उसी मुर्दहिया से टड़वा चला गया। जाते समय जरा भी नहीं डरा। किन्तु लौटते समय चारों तरफ सोता पड़ गया था और जंगली रास्ते से गुजरते हुए मुर्दहिया यकायक डरावनी लगने लगी। रात उजाली थी, क्योंकि चाँद मुर्दहिया के ठीक ऊपर जगमगा रहा था। कुछ दूर पीपल के पेड़ पर बैठा एक गिद्ध फड़फड़ा उठा और मैं काल्पनिक भूत की आशंका का शिकार हो गया। मैंने देखा कि ठीक मुर्दहिया के बीच से एक काला व्यक्ति निर्वस्त्र बैठा हुआ लाठी के बराबर की ऊँचाई पर आसमान से मेरी तरफ चलता दिखाई दे रहा था। मैं जब खड़ा हो जाता था, तो वह आकृति आसमान में ही रुक जाती थी और जब चलने लगता था, तो वह आकृति मेरी तरफ आने लगती थी। मैं डरकर 'हनुमान चालीसा' पढ़ते हुए एक हाथ में मिट्टी के तेल वाली बोतल तथा दूसरे हाथ में लाठी को मजबूती से पकड़े हुए नटिनिया की झोंपड़ी की तरफ भागा। जब मैं भाग रहा था तो मेरे उठते कदमों से जोरदार धूल का झोंका भी उड़ने लगता था। जैसे-तैसे हाँफता हुआ मैं रहट के पास पहुँचा। मैंने इस घटना का उल्लेख किसी से नहीं किया, किन्तु सुबह होने पर चमरिया माई को धार-पुजीरा चढ़ाया। इस उड़ते हुए भूत के प्रकरण के दौरान मुझे सबसे ज्यादा चिन्ता इस बात की थी कि मिट्टी के तेल वाली बोतल गिरकर टूट गयी, तो घर पर मेरी बहुत दुर्गति होगी। यह भुतहा प्रकरण तत्कालीन भयग्रन्थि से उत्पन्न मेरा मतिभ्रम था।

इन्हीं दिनों पिता जी के भाइयों में दूसरे नम्बर वाले भंडारी चाचा कलकत्ता की एक जूट मिल से रिटायर होकर घर वापस आये। उन्हें रिटायरमेंट के बाद की कुल जमाराशि 1760 रुपये मिली थी। सभी लोग डाकुओं के डर से आतंकित थे। अतः मुन्नर चाचा जो घर के मालिक थे, इन रुपयों को डाकू-चोर के भय से एक कपड़े में बाँधकर रोज उसी भैंसउर में पड़ी चारपाई पर मेरी पीठ के नीचे रख देते थे। मैं इन्हीं नोटों पर हफ्तों सोया करता था। सुबह होते ही मुन्नर चाचा रुपयों को उठा ले जाते थे। बाद में एक बड़ा-सा आम का पेड़ खरीदा गया, जिसकी लकड़ी से पुराने घर को फिर से नया बनाया गया। उस समय आठ दस आदमियों का एक ग्रुप 'लकड़चिरवा' कहलाता था। मेरे घर के रजई भैया लकड़चिरवा थे। लकड़चिरवा बहुत कम लोग होते थे, क्योंकि उन दिनों किसी हरे पेड़ को काटना महापाप समझा जाता था। अतः लकड़चिरवा ग्रुप स्वयं कभी किसी पेड़ को नहीं काटता था। उसके लिए दस-बीस गाँव में कोई एक व्यक्ति ऐसा होता था, जो पाँच रुपये लेकर किसी बिके हुए पेड़ की जड़

को पाँच टाँगा मारकर काटता। इसके बाद लकड़चिरवा ग्रुप उस पेड़ को काटकर गिरा देता। इस पाँच टाँगा मारने वाले व्यक्ति को आम लोग बहुत बुरा समझते थे। हमारे पूरे इलाके में बैलाकोट नामक गाँव में ऐसा सिर्फ एक व्यक्ति था, जो घूम-घूमकर टाँगा मारा करता था। उसकी जीविका का वही साधन था। पेड़ों की रक्षा के प्रति हमारे इलाके के ग्रामीण जीवन की यह अनोखी संवेदनशीलता थी। किसी भी हरे पेड़ के काटे जाने के बाद गाँव की महिलाएँ बहुत दुखित हो जाती थीं, विशेष रूप से मेरी बुढ़िया दादी बार-बार ऐसे पेड़ों का जिक्र करती रहती थी। वह अक्सर कहती कि पेड़ कटने से आसमान उदास लगने लगता है। सन् 1961 का साल जाते-जाते हमारे गाँव को झकझोर गया। हुआ यह कि मैं दिसम्बर के महीने में कोल्हाड़, यानी घर के सामने जहाँ गन्ना पेरने वाली कल गड़ी हुई थी, से बँधे दोनों बैलों को हाँक रहा था, क्योंकि गन्ने की पेराई चल रही थी। पास ही में चूल्हे पर गुड़ पकाने के लिए कराहा भी चढ़ा हुआ था। अचानक दोनों बैल बाँव-बाँव कर चिल्लाते हुए खड़े हो गये और सामने बँधी भैंस खूटा तुड़ाकर भागने लगी। कराहे का आधा गुड़ हलककर चूल्हे पर गिर गया। शीर्घ ही बस्ती वाले 'भूडोल-भूडोल कहकर चिल्लाने लगे। गाँव की अनेक झोंपड़ियाँ गिर गयीं। दीवारें भी फट गयीं, किन्तु किसी की जान नहीं गयी। सन् 1906 में इटली में आये भीषण भूकम्प के दौरान खंडहरों को देखकर वहाँ उपस्थित रूस के महान लेखक गोर्की ने ठीक ही कहा था कि ऐसा लगता था कि मानो मृत पाषाण जीवित होकर प्रकृति पर मानव की विजय के विरुद्ध उससे बदला ले रहे हों।

सन् 1962 के आते ही स्कूल तथा सभी ग्रामीण इलाकों की छटा बदलने लगी थी। कारण था देश का तीसरा आम चुनाव जो फरवरी में होने वाला था। उन दिनों पार्टियों के नेता जनसभाओं पर विशेष जोर न देकर गाँव-गाँव घूमकर चुनाव प्रचार करते थे, जिसके कारण गाँवों में बड़ा गर्मजोशी का माहौल बन जाता था। इसी माहौल में पहला सामना हुआ बनारस के विख्यात साधु स्वामी करपात्री जी से, जो हमारे स्कूल में पधारे थे। हमारे स्कूल के संस्थापक बाबा हरिहर दास ने पहले ही सूचना दे दी थी कि स्वामी जी अमुक दिन आने वाले हैं। स्वामी जी के बारे में अध्यापक लोग कहते थे कि दोनों करों यानी हाथों में जितना भोजन अंटता है, उतना ही वे खाते हैं, इसलिए उनको 'करपात्री' कहा जाता है। इस तथ्य को जानकर हम सभी बहुत अचम्भित थे। उनके आने से पहले हमें स्कूल के पीछे पोखरा के किनारे आम के पेड़ों के नीचे बैठाया गया था। शीघ्र ही बाबा हरिहर दास, जो हमेशा श्वेत वस्त्रधारी रहते थे, गेरुवाधारी स्वामी करपात्री जी को अपने मन्दिर से लेकर सभास्थल पर पहुँचे। तत्काल अध्यापकों के आदेशानुसार हम सभी छात्रों ने साष्टांग लेटकर दूर से ही उनको प्रणाम किया। उस समय हम सभी स्वामी करपात्री जी के दर्शन से भावविभोर हो गये थे। वे बिना किसी प्रस्तावना के गाने लगे : 'श्री राम जै राम, जै जै राम'। हम सभी छात्र तथा अध्यापक पूरे एक घंटे तक इस जाप को दोहराते रहे। इसके अलावा वे कुछ भी नहीं बोले। बाद में बाबा हरिहर दास ने बताया कि स्वामी करपात्री जी देश में 'रामराज' लाने के

लिए काम कर रहे हैं। जाहिर है कि उनकी पार्टी 'रामराज्य परिषद' चुनाव मैदान में थी। मैं इस पार्टी के बारे में कुछ भी नहीं जानता था, किन्तु स्वामी करपात्री जी से इस बात के लिए बहुत प्रभावित था कि दोनों हाथों में जितना अंटता है, उतना ही वे खाते हैं। बाद में बनारस हिन्दू विश्वविद्यालय के छात्रजीवन में मुझे पहली बार 1968 में महापंडित राहुल सांकृत्यायन की पुस्तक 'रामराज्य और मार्क्सवाद' से पता चला कि स्वामी करपात्री जी ने 1957 में 'मार्क्सवाद और रामराज्य' नाम की एक भारी भरकम पुस्तक लिखी थी जिसमें उन्होंने सती प्रथा तथा बाल विवाह जैसी अनेक कुरीतियों का समर्थन किया था। इसके अलावा उन्होंने कम्युनिज्म का विरोध तो किया ही था। इतना ही नहीं, स्वामी करपात्री जी ने काशी के प्रसिद्ध विश्वनाथ मन्दिर में दलितों के प्रवेश का जबर्दस्त विरोध किया था जिसके चलते वे जेल भी गये थे। इससे पहले स्वामी जी ने डा. अम्बेडकर द्वारा 1951 में प्रस्तुत 'हिन्दू कोड बिल' का विरोध करते हुए कहा था कि डॉ. अम्बेडकर हिन्दू धर्म को नहीं समझते, क्योंकि उन्हें संस्कृत नहीं आती। स्मरण रहे कि डॉ. अम्बेडकर 'हिन्दू कोड बिल' के माध्यम से भारत की समस्त महिलाओं को पुरुषों के समान अधिकार दिलाना चाहते थे, किन्तु हिन्दू कट्टरपन्थियों के विरोध के चलते जवाहरलाल नेहरू ने बिल को वापस ले लिया था, जिसके विरोध में डॉ. अम्बेडकर ने कहा था कि जो योगदान वे भारतीय संविधान लिखकर नहीं कर पाये थे, उसे वे हिन्दू कोड बिल के माध्यम से पूरा करना चाहते थे। इन तमाम जानकारियों के बाद स्वामी करपात्री जी के प्रति सातवें दर्जे में पढ़ते हुए जो अगाध श्रद्धा जागी थी, वह यकायक चकनाचूर हो गयी। स्वामी करपात्री जी के बाद 'जनसंघ' पार्टी के उम्मीदवार ने, जो रानीपुर इंटर कॉलेज के प्रिन्सिपल थे, हमारे स्कूल में एक सभा की। वे बार-बार राणा प्रताप तथा रानी लक्ष्मीबाई का गुणगान करते हुए भाषण देने लगें। हमें उनकी बातें बड़ी उबाऊ सी लगती थीं। स्कूल के बड़े छात्रों का कहना था कि जनसंघ अमीरों की पार्टी है। हमारे क्षेत्र में जनसंघ के बारे में लड़के एक रोचक नारा लगाते थे। चूँकि जनसंघ का चुनाव चिन्ह 'दीया-बाती' था, इसलिए लड़कों का नारा था। 'इस दीए में तेल नहीं-चुनाव जीतना खेल नहीं'। वास्तव में इस नारे को हमारे क्षेत्र में प्रजा सोशलिस्ट पार्टी ने लोकप्रिय बनाया था। दूसरी तरफ कम्युनिस्ट पार्टी का भी काफी जोर था। एक बार फिर वही पुराने सुरजन राम, चन्द्रजीत यादव, श्रीनाथ पथरकटवा के साथ कुछ अन्य पार्टी कार्यकर्ता हमारे गाँव आये और पिछले चुनाव की तरह हमारे घर के सामने वाली दीवार पर 'हँसिया बाली' का चिन्ह गेरू से बना दिया। उनकी मंडली ने एक क्रान्तिकारी गाना गया, जो इस प्रकार था।

ललका झंडा
मोटका डंडा
कब उठइबा बलमू
जमींदरवा लुटेरवा

कब भगइबा बलमू।
ललका झंडा
मोटका झंडा
कब उठइबा बलमू।

कहरवा धुन वाला यह गाना मेरे दिमाग पर अपनी अमिट छाप छोड़ गया। इस गाने को फैजाबाद जिले के राजबली यादव नामक एक प्रसिद्ध कम्युनिस्ट लोकगायक ने लिखा था। मैं स्कूल से वापस आने के बाद बस्ती के अन्य बच्चों के साथ खलिहान में चला जाता। हम मैदान के कूड़ेदान में पड़े लोहे के टूटे गगरे को उठा लाते और उस पर नगाड़े की तरह लकड़ी से बजा-बजाकर 'ललका झंडा मोटका डंडा' वाला गाना शुरू कर देते थे। हम घंटों तक इसे गाते रहते और हमारे इर्द-गिर्द बड़े लोगों की भी भीड़ इकट्ठा हो जाती। हम गोरू चराते जब कभी मुर्दहिया पर होते, तो हमारी इस लक्कड़ध्वनि पर नटिनिया नाच-नाचकर पागल-सी लगने लगती थी। राह चलते कल्पना में मैं 'ललका झंडा मोटका डंडा' लिये लोगों का हुजूम देखता। इसी हुजूम में मैं स्वयं को ढूँढ़ता। उधर पिछले चुनावों की ही तरह रात में ब्राह्मण हमारे घर आते, कौड़ा तापते तथा गाँजा पीते हुए चुनाव चर्चा करते। कुल मिलाकर हमारे क्षेत्र में कांग्रेस, कम्युनिस्ट तथा प्रजा सोशलिस्ट पार्टी का काफी प्रभाव था, किन्तु हमारे गाँव में कोई जनसंघ का नामलेवा नहीं था। इस दौरान हमारी दलित बस्ती में एक विवाह समारोह के अवसर पर 'टुंटवा का नाच' आया। 'टुंटवा' की बेटी हमारे गाँव में ब्याही गयी थी। वे जन्म से ही एक हाथ के टूटे थे। टूटे हाथ में पंजा नहीं था तथा पूरी बाँह बड़ी पतली थी। इसलिए उन्हें टुंटवा के नाम से जाना जाता था। वे अत्यन्त हाजिर जवाब स्वांग थे। उन्होंने एक नाचमंडली खोल ली थी जिसे 'टुंटवा का नाच' के रूप में बहुत ख्याति मिली थी। वे अपने पेट पर ढेर सारा कपड़ा बाँधकर मोटी तोंद बना लेते और फटी हुई कोट पैंट पहनकर सिर पर हैट लगाकर अंग्रेज बन जाते। और लूले हाथ को दूसरे हाथ की मुट्ठी में नीचे ऊपर करते हुए वे मंच पर एक नेता का अभिनय करते हुए गाने लगते।

हम्मै देदा वोट भैया हम्मै देता वोट
दउरत दउरत फटि गइली है कोट
भैया हम्मै देदा वोट।
लेला दस रुपया कै नोट
भैया हम्मै देदा वोट।
बोलत बोलत सुखि गइलै हैं होंठ
भैया हम्मै देदा वोट।

टुंटवा के इस व्यंग्य ने हमारे पूरे क्षेत्र में धूम मचा दिया था। हम लोग इस गाने को भी गगरे की लक्कड़ध्वनि पर खूब गाते और अपना मनोरंजन करते। टुंटवा भी एक अनपढ़ खेत मजदूर थे, किन्तु उनकी सामाजिक एवं राजनीतिक व्यंग्य शैली हरिशंकर

परसाई जैसी थी। उनके मुख से निकल हुए स्वतःस्फूर्त डायलॉग श्रोताओं के मस्तिष्क में हिलती हुई लकीर जैसा कम्पन पैदा कर देते थे। उनके पास अपने संदेश को संचारित करने की अद्भुत शैली थी। उनकी एक सबसे बड़ी विशेषता यह थी कि वे पूर्वनियोजित ढंग से कोई गीत या डायलॉग तैयार नहीं रखते थे। चूँकि वे लिखना-पढ़ना नहीं जानते थे, इसलिए मंच पर आते ही सामाजिक यथार्थ को देखते हुए उनकी वाणी प्रस्फुटित हो जाती थी। शीघ्र ही श्रोता उनके स्वर में अपना स्वर मिलाने लगते थे। टुंटवा की याद आने पर याद आता है गौतम बुद्ध का समकालीन वह व्यक्ति जिसका नाम था तालपुट नाटककार। तालपुट नाटककार की एक वृहद् नाटकमंडली थी, जिसे लेकर वह गाँव-गाँव घूम-घूमकर नाटक दिखाता था, जिससे उनकी रोजी-रोटी चलती थी। एक दिन वह अपनी मंडली के साथ श्रावस्ती पहुँचा और बुद्ध का उपदेश सुना, जिसके बाद वह बौद्ध भिक्षु बन गया। चुनावों के दौरान एक अन्य दलित लोकगायक सुखई भी हमारे गाँव आये। सुखई की बहन हमारे गाँव के रामबली नामक खेत मजदूर से ब्याही गयी थी। सुखई 'किस्सा गायकी' के महान अभिनेता थे। वे रानी सारंगा, छप्पन छुड़ी, संवरू लौरिक जैसे लोकप्रिय पात्रों से सम्बद्ध प्रचलित लम्बी-लम्बी कहानियों को गा-गाकर सुनाते थे। किस्सा गायन में समय समय पर वार्तालाप शैली का भी समावेश होता रहता था। सुखई अपने आप में एक वृहद-मंडली थे। नाच मंडलियों में तो अनेक कलाकार होते थे किन्तु किस्सा गायकी में सुखई अकेले होते थे, फिर भी किस्सा समाप्त होते-होते वे दर्जनों पात्रों की भूमिकाएँ निभा चुके होते थे। सुखई भी अनपढ़ खेत मजदूर थे, किन्तु उनकी याददाश्त बेजोड़ थी। किसी एक कहानी को वे घंटों गाते रहते और श्रोता मन्त्रमुग्ध अविरल शान्त मुद्रा में आँखें फाड़-फाड़कर उनकी तरफ देखते रहते। उनकी किस्सा गायकी अक्सर रात में खाना-पीना समाप्त होने के बाद शुरू होती और सुबह मुर्गों के बोलने तक जारी रहती थी। उन्हें सुनने के लिए पूरा गाँव इकट्ठा हो जाता था। वे अपनी इस कला में किसी वाद्ययन्त्र का इस्तेमाल नहीं करते थे। वे हमेशा खड़े होकर अपने कानों में उंगली डालकर तेज स्वर में गाकर किस्सा सुनाने लगते थे। ऐसी ही गतिविधियों के बीच 1962 का आम चुनाव सम्पन्न हुआ। हमारे स्कूल पर हजारों लोगों का मजमा लगा हुआ था। सुबह से शाम तक चुनाव की सारी प्रक्रिया मैं देखता रहा। मतदान बन्द होने के बाद मैं अपने पिता तथा माँ के साथ वापस घर आ रहा था, तो पिता जी ने मुझे बताया कि बाबा हरिहर दास ने उन्हें दो रुपया दिया, इसलिए उन्होंने 'रामराज' को वोट दे दिया। 'रामराज' का मतलब स्वामी करपात्री जी की 'रामराज्य परिषद' नामक पार्टी से था। यद्यपि मुझे राजनीति का कोई ज्ञान नहीं था किन्तु मेरा स्वाभाविक झुकाव कम्युनिस्ट पार्टी की तरफ था, विशेष तौर पर 'ललका झंडा मोटका डंडा' वाले अमिट प्रभाव के चलते, मुझे पिता जी के दो रुपये वाले प्रकरण से बहुत ग्लानि हुई, लेकिन उनसे कुछ कह नहीं पाया।

आम चुनावों के शीघ्र बाद होली का त्यौहार आया। इस अवसर पर हमारी दलित बस्ती से ब्राह्मणों की एक बार फिर ठन गयी। हुआ यह कि हमारी चमरौटी और बभनौटी

के बीच एक स्थान पर होलिका दहन के लिए रेड़ का पेड़ काटकर गाड़ा जाता था। यह कार्य होलिका-दहन से सवा महीना पूर्व बसंत पंचमी के दिन सम्पन्न होता था। इसके बाद रोज ब्राह्मण इधर-उधर पड़ी लकड़ियाँ तथा झाड़-झंखार उठाकर उस गड़े रेड़ के इर्द-गिर्द रख देते थे। इस प्रक्रिया से होलिका के दिन जलाने के लिए लकड़िया का बड़ा ढेर तैयार हो जाता था। किन्तु उस होली में होलिका दहन के पूर्व कुछ दलितों की झोपड़ियाँ उठाकर ब्राह्मणों ने होलिका में डाल दीं। एक अन्धविश्वास के कारण होलिका में डाल दी गयी वस्तु को वापस उठाकर नहीं लाया जा सकता था। ब्राह्मणों की इस करतूत से दलित बस्ती में हाहाकार मच गया। इस बार दलितों ने मिलकर तय किया कि वे त्योहार के बाद वाली सुबह रात का बचा खुचा-खाना ब्राह्मणों के घर माँगने नहीं जाएँगे। स्मरण रहे कि हमारे गाँवों में यह एक सदियों पुरानी परम्परा थी जिसके तहत हर त्योहार के बाद दलित हरवाहों की स्त्रियाँ अपने-अपने जमींदारों के घर से बचा हुआ खाना लाती थी, जिस पर घर के बच्चे टूट पड़ते थे, क्योंकि ऐसे भोजन स्वादिष्ट हुआ करते थे। सन् 1962 की होली के अवसर पर इस तनातनी के कारण दलित ब्राह्मणों के घर से खाना नहीं लाये। मेरी माँ भी हर त्योहार के बाद सुदेस्सर पांडे के घर से खाना लाया करती थीं। किन्तु इस होली में खाना न लाये जाने से दलित बच्चे बहुत निराश हुए थे। सम्भवतः कुछ निराशा मुझे भी हुई थी। इस सन्दर्भ में एक खास बात यह थी कि बसन्त पंचमी के दिन होलिका गड़ते ही बभनौटी तथा चमरौटी दोनों में होली संगीत समारोह शुरू हो जाते थे जो बड़ी देर रात तक चलते रहते थे। दलित बस्ती का संगीत समारोह पारम्परिक रूप से हमारे घर आयोजित होता था। ब्राह्मणों से तनातनी के कारण दलित बस्ती की होली काफी रोचक हो गयी थी। एक तरह की होड़ मची थी कि बभनौटी और चमरौटी में किसकी होली बेहतर ढंग से मनायी जाती है मेरे पिता जी का एक मनचाहा होली का गाना था, जिसे वे नहाते-धोते हर समय जोर-जोर से गाने लगते थे। वह गाना था :

कवन बन राम लिये बनबासा
कवन बन राम लिये बनबासा।
सूखल ताल हिलोरन लागे
ठूँठी-ठूँठी डरिया से निकरैला गाँसा
कवन बन राम लिये बनबासा।

चूँकि हमारे गाँव के पूरब में मुर्दहिया का जंगल तथा पश्चिम में ताल था; इसलिए पिता जी के गाते ही एक अजीबोगरीब दृश्य प्रस्तुत हो जाता था। बसंत पंचमी के आते ही जंगल के सूखे पत्ते झड़ जाने के बाद अत्यन्त कोमल अरुणिमा लिए डाली-डाली पर गाँसे फूटने लगते थे तथा आसमान में बादलों के आते ही त्रिकोण आकृति में उड़ते हुए बगुलों का झुंड ताल की ओर मुड़ने लगता था। बंसू पांडे अक्सर इन बगुलों पर अपनी बन्दूक चला देते थे, जिससे उनकी पंक्तियाँ बिखर जाती थी। बंसू पांडे बगुला मारकर खा जाते थे। दलित बस्ती की मजदूरिनें बंसू को बगुला मारने पर अक्सर गालियाँ देती

रहती थीं, क्योंकि दलित कभी बगुलों को मारकर नहीं खाते थे। पिछले अकाल की भुखमरी में भी किसी दलित ने बगुलों को कभी नहीं मारा। एक खास बात यह थी कि नये-नये गाँसों के निकलते ही मुर्दहिया के जंगल में वे सारे पक्षी कलरव करने लगते थे, जिनका वर्णन युग-युग के कवियों ने अपनी रचनाओं में किया है। उस होली की तनातनी में ऐसा लगता था कि मानो बभनौटी के पास पोखरे पर स्थित घने पेड़ों पर बसेरा बनाये पक्षी कुछ अन्य राग अलापते थे तथा दलित बस्ती के पास मुर्दहिया के पक्षी उनसे भिन्न कोई दूसरा राग। ऐसे माहौल में होली आई। एक परम्परा के अनुसार गाँव में जब भी होली जलती थी, खूब तेज दौड़ने वाले युवक होली की आग से 'बीण' जलाकर दौडते हुए गाँव की सीमा के बाहर किसी अन्य गाँव की सीमा में फेंक देते थे। 'बीण' जलाकर दौड़ने वालों में दलित भी शामिल होते थे। बीण रेड़ के पेड़ से बनायी जाती थी। रेड़ काटकर उसकी पुनगी पर कपड़ा बाँधकर मिट्टी के तेल में डुबा दिया जाता था, जिसे बीण कहते थे। हमारी बस्ती के दलित युवक भी बीण जलाने जब पहुँचे, तो ऐसा लगता था कि ब्राह्मणों से मारपीट शुरू हो जाएगी। इसकी आशंका पहले से थी, इसलिए दलित महिलाएँ गाय-बैलों की तलवारनुमा पसलियाँ लेकर तैयार बैठी थीं। संयोगवश होलिका दहन के समय किसी ब्राह्मण ने कोई विरोध नहीं किया। ब्राह्मणों के साथ दलितों ने भी बीण जलाया और वे भद्दे-भद्दे होली का 'कबीर' गाते हुए गाँव की सीमा के पार परसुपुर की सीमा में पहुँच गये। हैरत की बात यह थी कि परसूपुर वाले हमारे गाँव की तनातनी के चलते स्वयं लाठियाँ लेकर सीमा पर पहले से ही मौजूद थे। उन्होंने अपनी सीमा में बीण फेंकने का विरोध शुरू कर दिया। दूसरे की सीमा में बीण फेंकना अपशकुन समझा जाता था। बड़ी मुश्किल से दोनों गाँव के बीच लड़ाई होते-होते बची। उस होली में रात भर हमारे घर 'गादी' चलती रही। दोनों चाचाओं के बड़ी संख्या में शिवनारायण पंथी चेले इकट्ठा हुए थे। रात भर गाना-बजाना चलता रहा। इस दौरान 'जेदी चाचा' की बहुत याद आती।

मीरा कांत

1958 में श्रीनगर में जन्म। दिल्ली विश्वविद्यालय से हिन्दी साहित्य में एम.ए. और जामिया मिल्लिया इस्लामिया से पीएच.डी.।

अब तक 'हाइफन' (कहानी संग्रह), 'ततः किम्' (उपन्यास), 'अन्तर्राष्ट्रीय महिला दशक और हिन्दी पत्रकारिता' (शोधपरक ग्रन्थ), 'नाम था उसका आसमानी' (बाल साहित्य) तथा 'ईहामृग' (नाटक) प्रकाशित। 'स्मृतियों के सान्निध्य में' (संस्मरणात्मक पुस्तक) और प्रकाशन विभाग, भारत सरकार से प्रकाशित 'मीराः मुक्ति की साधिका' का सम्पादन।

'श्रूयते न तु दृश्यते-सुना हुआ अनदेखा' (नाटक) 'समकालीन भारतीय साहित्य' में प्रकाशित।

फिल्म लेखन के लिए स्वास्थ्य व परिवार कल्याण मन्त्रालय भारत सरकार द्वारा पुरस्कृत (1992)। 'ईहामृग' के लिए सेठ गोविन्द दास सम्मान तथा नेपथ्यराग' के लिए साहित्य कला परिषद् द्वारा मोहन राकेश सम्मान (2003) से विभूषित।

नेपथ्य राग (नाटक का अंश)

1. वराह मिहिर : (खना को ठहरकर ध्यान से देखते हैं। क्षण भर के लिए विचार करते हैं। फिर अनिमेष देखते हुए) ओ...जीवन से तुम्हारी अपेक्षा क्या है?

खना : (प्रसन्न हो स्वप्नलोक में खो-सी जाती है) जीवन से अपेक्षा! मेरी अपेक्षा! (प्रफुल्लित स्वर में) मैं...मैं...जीवन को अवनि से अम्बर तक आत्मसात करना चाहती हूँ। अपने इन स्थूल चक्षुओं को ज्ञान-चक्षु बनाना चाहती हूँ जिससे स्थूल आकृतियों के पार देख सकूँ। देश और काल की कारा से मुक्त दृष्टि चाहती हूँ।

सुबन्धु भट्ट : (स्वर में परेशानी) खना...तनिक...

खना: (सुबन्धु भट्ट की बात न सुन अपने लोक में बहती चली जाती है) पूर्व से पश्चिम और उत्तर से दक्षिण तक फैले गगन मण्डल में कभी चमकते, कभी ठिठकते, कभी विमुख होते ग्रह, नक्षत्रों व तारों का सत्त्व ग्रहण करना चाहती हूँ। उनसे बातें करना चाहती हूँ। आह! जीवन से अपेक्षा! (सारे मंच पर घूमते हुए) सूर्य से आत्मप्रकाश चाहती हूँ। चन्द्रमा से मन का संसार चाहती हूँ, मन की उधेड़बुन को समझना चाहती हूँ। मंगल से उत्साह और ऊर्जा चाहती हूँ। बुध से अभिव्यक्ति चाहती हूँ। बृहस्पति

से विवेक चाहती हूँ। शुक्र से कलात्मक रचाव का सुख चाहती हूँ और शनि से...शनि से उचित...अनुचित की पहचान की सूक्ष्म दृष्टि! और हमारे जो दो तिरस्कृत, उपेक्षित छायाग्रह हैं—राहु और केतु, उनकी कृपा चाहती हूँ।

(आचार्य वराह के पास आती है।)

मुझे ज्योतिष की ज्योति का आशीर्वाद दीजिए गुरुवर...जिससे सृष्टि को समझ सकूँ...ग्रह-नक्षत्रों को साक्षात् देख पाऊँ...उनकी गति जानने-समझने में मेरी गति हो। ऐसा ज्ञान चाहिए जो भय से मुक्ति दे।

(मेधा आनन्दित हो आश्चर्य के साथ खना की ओर बढ़ने लगती है। तभी माँ उसे बाँह से खींच वापस ले आती है और खामोशी से देखने का संकेत करती है।)

वराह मिहिर : पुत्री, तुम्हारे ललाट की रेखाओं को जितना पढ़ पाया हूँ...वे कहती हैं कि तुम्हारी वाणी कहावतों की तरह मौखिक कविता बन जाएगी। जनमानस में फैलकर अमर हो जाएगी। जब तक पृथ्वी पर सूर्य रहेगा तुम पर गुरु की अक्षय अनुकम्पा रहेगी।

खना : (हाथ जोड़कर) आप तो आकाश के गुरु की बात कर रहे हैं...बृहस्पति की...मैं तो पृथ्वी के गुरु की अनुकम्पा चाहती हूँ। आचार्य आपकी अनुकम्पा...

वराह मिहिर : (कुछ प्रसन्न कुछ हतप्रभ मुद्रा में मानो स्वयं से कह रहे हों)।

2. वराह मिहिर : (गम्भीर स्वर में) जानता हूँ...समय ही कुछ ऐसा है। विश्राम कीजिए...कहिए, आपकी क्या सेवा कर सकता हूँ?

निर्धन पुरुष : सेवा की आवश्यकता नहीं। यह छद्म बना ही रहने दीजिए। वैसे भी मैं कल सान्ध्यकाल से आपके गाँव में आतिथ्य स्वीकार करता घूम ही रहा हूँ। छद्म वेश में कुछ अंगरक्षक भी हैं। निश्चिन्त रहें।

वराह मिहिर : मेरे लिए आज्ञा?

(खना का हाथ में फलों का थाल लिए प्रवेश। वह आचार्य वराह को किसी अपरिचित से बात करता देख ठिठक जाती है। वहीं खड़ी हो सुनती है।)

निर्धन पुरुष : गौड़ प्रदेश को न जाने कितने दिनों से वर्षा ने ग्रस्त कर रखा है। स्थिति नियन्त्रण से बाहर है। आप तो जानते ही हैं कि उस क्षेत्र को साम्राज्य में मिलाने के लिए उज्जयिनी को कितनी हानि उठानी पड़ी है। अब वहाँ की प्रजा इस साम्राज्य पर विश्वास करने लगी है। उसे क्या यह वर्षा ध्वस्त कर देगी? क्या यह विश्वास समाप्त हो जाएगा आचार्य?

(आचार्य वराह गहरे विचारों में डूब जाते हैं।)

खना : (कुछ आगे बढ़ती है। विचारों में खोयी-स्त्री परन्तु मुखर स्वर में) हेमन्त ऋतु में निरन्तर वर्षा। अर्थात् चातुर्मास के अतिरिक्त निरन्तर वर्षा...अर्थात् अन्य किसी ऋतु में निरन्तर सात दिन से अधिक वर्षा...अर्थात्...घोर अपशकुन...विनाश...राजा की मृत्यु...रक्तपात...राजा की मृत्यु...निस्सन्देह राजा की मृत्यु।

(आचार्य वराह मिहिर और निर्धन पुरुष चौंककर उसे देखते हैं। वे दोनों सब सुन

चुके हैं। निर्धन पुरुष खड़ा हो जाता है खना को घूर-घूरकर देखता है। खना अपने विचारों में खोयी-सी है। वह उसे बिना देखे फलों का थाल आचार्य वराह के पास रखती है।)

खना : (संयत स्वर में आचार्य वराह को सम्बोधित करते हुए) पिताजी कृपया ग्रहण करें।)

3. महादेवी : (भीगे स्वर में) इसी संसार में आप भी तो हैं महाराज...यह सोचकर मन खिल उठता है कि मालवगणनायक सम्राट इतनी उदार दृष्टि रखते हैं। (आँखों में हर्ष की मुस्कान) और वह उदारमना सम्राट मेरे स्वामी हैं।

विक्रमादित्य : (गद्‌गद् भाव से) महादेवी।

(पास आ महादेवी का हाथ अपने हाथों में लेते हैं। दोनों एक-दूसरे को अनुरागासिक्त दृष्टि से देखते हैं।)

महादेवी : खना से मुझे नहीं मिलवाएँगे?

विक्रमादित्य : (हाथ छोड़कर) आपकी इस इच्छा का मुझे आभास था।

महादेवी : मैं भी तो उस ज्योतिष्मती से जान लूँ कि मेरे भाग्य में क्या लिखा है। (विनोद के साथ) महाराज का मेरे प्रति यह भाव कितने दिन बना रहेगा।

विक्रमादित्य : (छेड़ते हुए) तो आज खना से यही वार्तालाप होगा?

महादेवी : (चौंककर) आज! (कुछ आहत होकर) अर्थात्?

विक्रमादित्य : हाँ खना आती ही होगी।

(महादेवी कुछ अलग हट जाती हैं।)

प्रातःकाल राजकर्मी उसे सम्मान के साथ लिवा लाने के लिए गये थे। (खिड़की से बाहर देखते हुए) दोपहर हो आयी है...आते ही होंगे।

महादेवी : (आहत स्वर में) आपने चर्चा नहीं की।

विक्रमादित्य : मैं उसे अकस्मात् आपके समक्ष प्रस्तुत कर आपको चकित कर देना चाहता था।

(प्रतिहारी का प्रवेश।)

प्रतिहारी : भट्टनायक की जय हो। कापित्थक से राजकर्मी लौट आये हैं।

अतिथि प्रतीक्षारत हैं। आज्ञा महाराज।

विक्रमादित्य : हमारी अतिथि खना देवी को सम्मानपूर्वक भीतर लाया जाये।

प्रतिहारी : जो आज्ञा महाराज।

(प्रतिहारी जाता है और खना के साथ लौटता है।)

विक्रमादित्य : (खना को देखकर) आचार्य वराह मिहिर की विदुषी पुत्रवधू खना देवी का चन्द्रगुप्त विक्रमादित्य के राजभवन में स्वागत है।

खना : (विनय के साथ हाथ जोड़कर) परमभट्टारक मालवगणनायक को शत-शत प्रणाम।

4. महादेवी : (एक दीर्घ श्वास छोड़ते हुए गम्भीर स्वर में) हाँ यह सत्य है। महाराज

भर्तृहरि अपनी महारानी पिंगला को प्राणों से अधिक चाहते थे। महाराज को एक निर्धन ब्राह्मण ने अमरत्व प्राप्त करने के लिए एक फल दिया। जो भी उस फल को खाता उसे अमरता का वरदान प्राप्त होता।

(महादेवी चुप हो जाती हैं।)

खना : क्या हुआ महादेवी?

महादेवी : (स्वर में हल्की उदासी) महाराज भर्तृहरि ने वह फल स्वयं न खाकर अपनी महारानी पिंगला को दिया। (स्वर को सँभालकर) महारानी पिंगला ने जब फल की विशेषता को जाना तो उन्होंने वह फल स्वयं न खाकर अपने प्रेम-पात्र सेनापति को दे दिया। सेनापति ने वह फल अपनी प्रेमिका, उज्जयिनी की ही एक गणिका को दे दिया। परन्तु भाग्य में कुछ और ही लिखा था। वह गणिका महाराजा भर्तृहरि पर आसक्त थी। अतः वह फल उसने महाराज को लाकर दिया।

खना : (सिहर-सी जाती है) आह! महाराज भर्तृहरि को कैसा-प्रतीत हुआ होगा।

महादेवी : बस वही क्षण था जब उन्हें लगा कि जीवन निस्सार है। जीवन भर वे जिस पर सर्वस्व निछावर करते रहे वह महारानी पिंगला उनसे नहीं किसी और से प्रेम करती थीं।

खना : और उन्होंने सन्यास ले लिया।

महादेवी : हाँ, सम्भवतः उन्हें अपना आप निरर्थक लगा हो...यह संसार अर्थहीन लगा हो।

खना : *(स्वर में बेचैनी)* पर महादेवी...

महादेवी : कहो...

खना : महाराज भर्तृहरि ने तो संन्यास ले लिया क्योंकि उनकी महारानी एकनिष्ठ नहीं थीं परन्तु कभी कोई स्त्री यदि ऐसा अनुभव करे कि उसका पति उससे नहीं किसी और से प्रेम करता है तो...

(महादेवी गम्भीर दृष्टि खना पर डालती हैं।)

तो कहा जाता है पत्नी असहिष्णु है...इसमें धैर्य नहीं। क्या...

महादेवी : रुक क्यों गयीं?

खना : क्या समाज उस स्त्री को इस आधार पर सन्यास लेने की अनुमति देगा? क्या यही समाज उसे गृहस्थ की देहरी पार करने देगा?

(महादेवी उसके समीप आती हैं। कन्धे पर हाथ रखती हैं। कुछ विचार करती हैं। कुछ क्षण मंच पर सन्नाटा। फिर महादेवी आगे बढ़ जाती हैं।)

महादेवी : (स्वगत) तुम एक स्त्री की बात कर रही हो! उनकी संख्या तो न जाने कितनी है। राष्ट्र की महादेवी हूँ तो क्या, सम्भवतः मैं भी...

(प्रकट) इतने गहरे प्रश्न मत छेड़ो। ऐसे तो जीवन दूभर हो जाएगा। जब पृथ्वी के प्रश्न समझ से बाहर हों तो उन्हें आकाश के ग्रहों पर छोड़ देना पड़ता है।

खना : महादेवी।

महादेवी : (सँभलकर) परिहास कर रही थी सखी...;हाथ बढ़ाकर) मेरे कक्ष में चलो. ..आज तुमसे अपने ग्रहों की कथा सुनी जाये।

(खना मुस्कराकर अपना हाथ उनके हाथ में दे देती है। दोनों भीतर की ओर प्रस्थान करती हैं।)

5. सुबन्ध भट्‌ट : क्यों, अब तो तुम्हारी भविष्यवाणी से स्वयं सम्राट भी प्रभावित हैं।

खना : (उदास स्वर में) क्या भविष्यवाणी और क्या ज्योतिष।

(सुबन्धु भट्‌ट उसे ठहरकर देखते हैं।)

बन्धु काका हमने क्या सोचा था परन्तु...

सुबन्धु भट्‌ट : (जिज्ञासापूर्वक) क्या सोचा था?

खना : यही कि ज्योतिर्विद के परिवार में जा रही हूँ...लगा था निरन्तर नवग्रहों के सानिध्य में रहूँगी...नक्षत्रों से बातें करूँगी...पृथ्वी और आकाश का अन्तराल नापूँगी परन्तु...

सुबन्धु भट्‌ट : (उठकर पास आते हैं) क्या हुआ तुम सुखी तो हो?

खना : (खड़ी हो जाती है) पृथुयशस की पत्नी और आचार्य वराह मिहिर की पुत्रवधू के रूप में तो हूँ परन्तु खना...

सुबन्धु भट्‌ट : (चिन्तित स्वर में) खना! क्या हुआ खना को?

खना : (उदास स्वर में) पता नहीं काका...कभी-कभी ऐसा प्रतीत होता है कि खना कहीं खोती जा रही है।

सुबन्धु भट्‌ट : पृथुयशस यहाँ नहीं है इसलिए?

खना (झेंपकर) नहीं वह बात नहीं।

सुबन्धु भट्‌ट : तो?

खना (विचारशील मुद्रा में) व्यक्ति वही होने पर भी जैसे कोण बदल गया है...जैसे उदय होते-होते सूर्य डूबने लगा हो।

सुबन्धु भट्‌ट : तात्पर्य?

खना : अब तो गुरुदेव घर में ही हैं परन्तु मैं उस प्रकार से...नहीं नहीं...मेरा तात्पर्य वह नहीं...वे मुझे कभी निरुत्साहित नहीं करते पर न जाने क्या हो गया है...मैं स्वयं ही उनसे अधिक ज्ञानचर्चा नहीं कर पाती हूँ। (अचानक पलटकर) क्या खना खो जाएगी?

सुबन्धु भट्‌ट : (हृदय के उद्‌गार-सा स्वर) नहीं...खना खोने के लिए नहीं है।

(खना की ओर देखकर) तुम्हारा स्वाध्याय?

खना : हाँ, अधिक तो स्वाध्याय पर ही निर्भर हूँ।

सुबन्धु भट्‌ट : (गम्भीर स्वर में) हूँ...हर व्यवस्था की अपनी एक मर्यादा तो होती ही है।

6. सुबन्धु भट्‌ट : वहाँ क्या कहना था। सब कुछ उन पर छोड़कर चला आया पर हाँ, आज तुमसे कहता हूँ कि यह सब इतना सहज नहीं है।

खना : मैं स्त्री हूँ इसलिए?

(सुबन्धु भट्‌ट खना की ओर अर्थपूर्ण दृष्टि से देखते हैं परन्तु उत्तर नहीं देते।)

आपने मुझे जीवन में सदैव आशावादी बने रहने की शिक्षा दी है...आज आपकी आँखों में यह मौन निराशा क्यों? (कुछ क्षण ठहरकर) क्या हमने कभी सोचा था कि आचार्य वराह मिहिर मुझे शिष्या के रूप में स्वीकार करेंगे? या मैं उनके कुल की वधू बनूँगी?

सुबन्ध भट्टट : (उदास स्वर में) वह भिन्न प्रसंग है।

खना : बन्धु काका, बचपन से आपसे एक कथा सुनती आयी हूँ...अरून्धती की कथा। क्या उस अरून्धती को आकाश में सप्तर्षि मण्डल के पास दिव्य स्थान प्राप्त नहीं हुआ? स्त्री हुई तो क्या।

सुबन्धु भट्टट : (निःश्वास छोड़कर) हाँ, हुआ...परन्तु अपने पतिव्रता धर्म की विशेषता के कारण...अपने वैदुष्य के कारण नहीं...वैदुष्य के कारण नहीं।

(सँभलकर) आशाएँ बनी रहें...परन्तु...यह इतना सहज नहीं।

7. विक्रमादित्य : (कुछ उत्तेजित स्वर में तत्परता से) जब आचार्य वराह मिहिर पहली बार राजदूत बनकर रोम प्रदेश गये थे तो क्या उनसे पहले इस भूमि से इस रूप में कोई वहाँ गया था?

(घटखर्पर की ओर देखते हुए) क्यों रत्नवर घटखर्पर! आपके नेतृत्व में जो आविष्कार हो रहे हैं क्या वे भी पहले हो चुके हैं?

(एक साँस-सी छोड़कर) और जब महाकवि कालिदास ने 'कुमार सम्भवम्' की रचना की तो उससे पहले उसकी रचना क्या उन्होंने की थी? (कुछ रुककर) मेरा तात्पर्य था कि पूर्वोदाहरण का न होना बाधा क्यों हो?

वररुचि : (बात को सँभालने का प्रयास करते हुए) इसमें क्या सन्देह है महाराज।

विक्रमादित्य : (गम्भीर स्वर में) इस विषय में मैं आचार्य वराह से चर्चा कर चुका हूँ। परन्तु यह निर्णय सबकी अनुमति से करना चाहता हूँ।

(सभी नवरत्न कुछ क्षण मौन धारण किये बैठे रहते हैं। विक्रमादित्य उन्हें ध्यानपूर्वक देखते हैं।)

धन्वन्तरि : (ताड़ने के अन्दाज में वराह मिहिर से) तो आचार्य वराह को कोई आपत्ति नहीं!

वराह मिहिर : (अचकचाकर) व्यक्तिगत रूप से मुझे इसमें कोई आपत्ति नहीं है परन्तु जैसा महाराज ने कहा इतना बड़ा निर्णय तो सबकी सम्मति से ही होगा।

घटखर्पर : (वराह मिहिर पर हल्का व्यंग्य-सा करते हुए) हाँ-हाँ, व्यक्तिगत रूप से आपको क्यों आपत्ति होगी...स्त्री विषयक आपके उदार विचार तो सभी जानते हैं...आप ही ने तो लिखा है—ब्राह्मण पैर से पवित्र है, गौएँ पृष्ठ से, छाग और घोड़े मुख से परन्तु स्त्रियाँ तो सब अंगों से पवित्र हैं।

वररुचि : (व्यंग्य को समझकर अपना पासा फेंकते हुए) स्त्री रत्न की सृष्टि तो स्वयं ब्रह्मा ने की है। स्त्रियाँ रत्न की शोभा बढ़ाती हैं। किसी स्त्री के राजसभा में आने से सम्भवतः हम रत्नों की कान्ति भी बढ़ जाये!

विक्रमादित्य : (हल्के रोष से) क्या इसे परोक्ष असहमति समझा जाये?

क्षपणक : (बात को सँभालते हुए) नहीं-नहीं...स्त्री तो जननी है...जीवन का आधार है...साक्षात् सरस्वती है...उसकी निन्दा कोई कैसे कर सकता है!

विक्रमादित्य : (खिन्न स्वर में) ऐसा ऐतिहासिक निर्णय सम्भवतः सभी नवरत्नों को उपस्थिति में हो पाता तो उत्तम रहता। (उदास होकर) निकट भविष्य में वह कहाँ सम्भव है! रत्नवर कालिदास कश्मीर में हैं। अन्य तीन रत्न भी नगर से बाहर हैं।

वररुचि : (सम्राट को बहलाने का प्रयास करते) महाराज, आप चिन्ता न करें। स्थान परिवर्तन से मूल विचारों में तो कोई अन्तर नहीं आता। आज महाकवि कालिदास यहाँ सभा में हमारे बीच होते तो क्या विरोध करते।

(घटखर्पर की ओर बात सँभालने के अनुरोध की दृष्टि डालते हैं) क्यों रत्नवर घटखर्पर! कविता तो आपको अधिक प्रस्तुत होगी। 'अभिज्ञान शाकुन्तलम्' में स्त्रियों की शिक्षा पर तो कवि शिरोमणि ने बल दिया है।

घटखर्पर : (चिढ़कर) पर स्त्री सभासद का उदाहरण उनके सम्पूर्ण साहित्य में भी नहीं।

वररुचि : (अपनी मुस्कान को दबाते हुए) स्त्री के उस रूप को किसी नयी रचना के लिए सुरक्षित रख छोड़ा होगा।

घटखर्पर : (उसी चिढ़ वाले स्वर में) क्यों नहीं। यह बात और है कि कवि कुलगुरु कालिदास के स्त्री पात्र दासों की कोटि से आगे नहीं बढ़ पाये...मेरा तात्पर्य था कि वे अन्य पुरुष पात्रों की भाँति संस्कृत नहीं अपितु दासों की भाँति प्राकृत बोलते हैं।

(विक्रमादित्य उन्हें चुप होने का संकेत करते हैं।)

विक्रमादित्य : (स्वर में रोष) पर्याप्त विमर्श हुआ। आचार्य वराह आप कुछ और कहना चाहेंगे?

वराह मिहिर : (स्वर में घबराहट) मैं निवेदन कर चुका हूँ मान्यवर...मैं निवेदन कर चुका हूँ।

विक्रमादित्य : अर्थात्?

वराह मिहिर : (तत्परता से) इस सन्दर्भ में उपस्थित रत्नों के मत में ही मेरा मत है।

विक्रमादित्य : उपस्थित रत्नों का दृष्टिकोण में कुछ-कुछ समझ रहा हूँ। किन्तु आप सबकी प्रतिक्रिया मुझे इतनी उत्साहजनक प्रतीत नहीं हो रही। स्पष्ट विरोध न होने पर भी आपकी प्रतिक्रिया में सहमति की गन्ध नहीं है।

घटखर्पर : (चटुकारिता से) आपको ऐसा आभास क्यों हुआ महाराज?

विक्रमादित्य : (दुख के साथ) मैंने सोचा था कि आज के सन्दर्भ में वह उपदेश अब अर्थहीन और अप्रासंगिक हुआ कि जहाँ राजा अपनी सभा करे वहाँ बौनों, कुबड़ों हिजड़ों और स्त्रियों को नहीं होना चाहिए। आकाश मण्डल के नवग्रहों की भाँति मैं राष्ट्र के तेज को नवरत्नों के रूप में छाँटकर इस सभा में लाया था। ज्ञान-विज्ञान, साहित्य और कला के मर्मज्ञ गुणीजनों की उदार दृष्टि यदि इस बिन्दु पर आकर कुण्ठित हो रही

है तो सर्वसाधारण इस आधी जनसंख्या के बारे में क्या सोच पाएगा! (अत्यधिक दुखी स्वर में) हा...मालवगणनायक विक्रमादित्य आज निराश हुआ!

8. वराह मिहिर : (भीतर का अन्तर्द्वन्द्व शब्दों के सहारे फूट-सा पड़ता है) मालगणनायक विक्रमादित्य के रत्न वराह मिहिर का सूर्य अस्त होने से पहले ही कैसा मलिन हो गया! कितना क्लान्त...कितना थकित! इतने दिनों बाद राजसभा जाने मात्र से इतनी थकान हो गयी? नहीं, इन व्यर्थ के प्रश्नों से मैं उस यक्ष प्रश्न को पीछे नहीं धकेल सकता।

(दुःख के साथ) स्त्री जातको की हृदय से भूरि-भूरि प्रशंसा लिखने वाला मैं... 'बृहत्-जातक' ग्रन्थ का प्रणेता आचार्य वराह मिहिर आज जीवन में स्त्री के प्रश्न को लेकर बहुत साधारण हो गया। मैंने सर्वसम्मति की ओट में अपने व्यक्तिगत मत पर अवगुण्ठन डालने की चेष्टा की...उसे छिपाया।

(दुःखी होकर आधे-अधूरे से कहीं हैं।)

खना...मेरी स्वयंवरा शिष्या, जिसकी ज्ञान उत्कंठा को मैंने शास्त्र का वरदान दिया। पुत्रवधू के रूप में अंगीकार किया। आज उसी के हित में मैं कोई दृढ़ मत व्यक्त क्यों नहीं कर सका! क्या था वह...अस्थिर भाव अथवा छद्म...अनिश्चय अथवा ईर्ष्या?

(खड़े हो जाते हैं। स्वर में तेजी आती है।)

सभासद के रूप में उसका चयन मेरे कुल की...मिहिर कुल की कीर्ति पताका को दूर-दूर के प्रदेशों तक ले जाता। ओह!

(फिर उदास हो जाते हैं।)

अन्य रत्नों का अन्तिम निर्णय सुनकर भी मैं उसी प्रकार तटस्थ और मूक क्यों बना रहा।

(स्वर गम्भीर होता है) क्या है यह तटस्थता? क्या होती है तटस्थता? निरपेक्ष कोई नहीं होता। हम मन ही मन अवश्य कहीं बँधे होते हैं। कौन-सी है वह डोर जो हमें बाँधती हैं? संस्कार? मूल्य? रूढ़ियाँ? जिन्हें हम परम्परा कहते हैं? हम बुद्धि से सिद्धान्तों की रचना करते हैं किन्तु हृदय से हम केवल संस्कारों से बँधे रहते हैं।

(स्वर में करुणा उभरती है) सूर्य आत्मा है चन्द्रमा मन...सूर्य सिद्धान्त प्रतिपादित करते समय यह नहीं समझ पाया था कि केवल सूर्य के प्रकाश पर जीनेवाला चन्द्रमा.. .मन...कभी सूर्य पर इतना भारी पड़ सकता है। मन आत्मा से बली! आत्मा से? (स्वर में आत्मग्लानि) खना के समक्ष किस रूप में जाऊँगा?

आत्मा का प्रकाश सूर्य बनकर या अस्थिर चित्त चन्द्रमा बनकर! गुरु बनकर अथवा दूसरों की कीर्ति से भयभीत, शंकित सभासद बनकर!

(कुछ क्षण आत्मग्लानि में और गहरे डूब जाते हैं।) देश को विदेश से जोड़नेवाला उदारमना यह मिहिर कुल के आदित्यदास का देदीप्यमान कुलसूर्य आचार्य वराह मिहिर आज अपनी ही दृष्टि में भोर का बुझा हुआ दीपक बनकर रह गया।

(तभी खना के हाथ में प्रज्वलित दीपक लिए प्रवेश। उसके दीपक के प्रकाश से कक्ष में रोशनी हो जाती है।)

खना : (अचम्भित होकर) आप कब आये पिताश्री? आने की सूचना ही नहीं मिली। इस भाँति अँधियारे में क्यों बैठे हैं? किसी दासी से कह दिया होता।

क्षणभर ठहरकर देखती है कि आचार्य वराह उत्तर क्यों नहीं दे रहे।)

तुलसी पर दिया बालने जा रही थी...अब पहले यहीं...

वराह मिहिर : (स्वगत) दिया रख भी दोगी तो क्या...प्रकाश तो तुम्ही पर पड़ रहा है। मैं अब छाया भर हूँ।

9. वराह मिहिर : विक्रमादित्य के नवरत्नों को सभा में जिह्वाविहीन स्त्री-सभासद चाहिए।

खना : अर्थात्?

वराह मिहिर : (स्वर में ग्लानि और खना की ओर देखे बिना) उनका कहना है कि यदि स्त्री सभासद बने तो पहले उसकी जीभ काट ली जाये।

(दुःखी मन से प्रस्थान। बिजली के कड़कने व बादलों के गरजने की भयावह ध्वनियाँ। कुछ क्षण के लिए खना सन्न रह जाती है। आकाश की ओर देखती है।)

खना : (करुणामयी मुस्कान के साथ स्वगत) स्त्री सभासद...पिताश्री आप तो व्यर्थ ही चिन्तित हैं। श्रावण क्या यह तो आषाढ़ में भी पहले के मेघ हैं। बरसेंगे नहीं। आषाढ़ अभी नहीं आया...नहीं आया...आषाढ़ आने में कई संवत्सर बीत जाएँगे...कई युग...यह नेपथ्य है...इसे मंच तक पहुँचने में समय लगेगा...कल्पान्त...कई युग....

(दीपक उठाती है। आकाश की ओर दीपक बढ़ाकर देखती है। मानो आकाश देख रही हो।)

श्रावण क्या अभी तो आषाढ़ भी नहीं है...पूर्वाषाढ़ है...यह नेपथ्य है...नेपथ्य।

(खना मंच पर एक ओर मूर्तिवत् खड़ी रहती है।)

10. मेघा : (अपने विचारों में डूबी-सी स्वगत) तो खना ने कहा...यह नेपथ्य है...मंच तक पहुँचने में युग बीत जाएँगे।

(प्रकट रूप से) हजारों साल पहले भी किसी को औरत होने की कीमत चुकानी पड़ी थी। (पलटकर) पर माँ वह युग क्या कभी आयेगा...जब आषाढ़ और श्रावण के मेघ बरसेंगे...जब नेपथ्य...नेपथ्य नहीं रहेगा!

माँ : (अपने पाँव दबाते हुए) यह तुम बताओ। तुम नौकरी करती हो...लेडी ऑफिसर हो...

(दादी खिड़की से आसमान के बादल देख रही है।)

मेघा : लेडी ऑफिसर...यही तो प्रॉब्लम है...(खो-सी जाती है) परन्तु बर्दाश्त कहाँ कर पाते हैं, मुझे वे लोग...मेरे ज्यादातर फैसलों का विरोध करते हैं...कमियाँ ढूँढ़ते हैं मुझमें...दे फील चैलेंज्ड!

माँ : यह विरासत में मिला है क्या करें वे...मैं जब पहली बार मजिस्ट्रेट बनकर गयी थी तो मेरा चपरासी...मेरे सब-ऑरडिनेट मुझे 'सर' कहकर बुलाते थे। उनके लिए मैं मैडम नहीं सर थी। (अभिनय-सा करते हुए) सर!

मेघाः (मुस्कराते हुए) अरे उन बेचारों ने कहाँ सोचा होगा कि औरत की मातहती करनी होगी। अफसर को सर कहते थे तो कह दिया सर।

मेघा : (माँ से) अच्छा, ये तो बताओ कि कहानी का अन्त क्या हुआ?

दादी : (चौंककर) कहानी...कौन-सी कहानी?

मेघा : दादी, तुम नहीं समझोगी।

दादी : (हैरानी से) नहीं समझोगी।

दादी : (हैरानी से) नहीं समझूँगी! क्यों?

मेघा : यह एक अलग कहानी है...(माँ से) जल्दी बताओ न ममा!

माँ : (सँभलकर बैठते हुए गम्भीर आवाज में) सवाल यह नहीं है कि अन्त क्या हुआ क्योंकि असली अन्त तो किसी को भी नहीं मालूम। बात यह है कि खना सभासद नहीं बन पायी।

(खड़ी हो जाती है।)

जानती हो मेघा कुछ लोगों का मानना है कि उसकी जबान काट दी गयी थी। और कुछ का मानना है कि उसने अपने परिवार और ससुर को अपमान से बचाने के लिए अपनी जबान खुद काट ली थी।

मेधा : (दुःख के साथ) ओ पुअर खना।

दादी : (हैरानी से) अरे क्या खना की बात कर रहे हो?

(माँ और मेघा दादी को अचम्भित हो देखते हैं।)

वो वराह वाली खना? अरे वो वराह मिहिर...

माँ : (अनमने स्वर में) वराह?

(अचानक समझ जाती है कि दादी वराह मिहिर की ओर ही संकेत कर रही हैं।)

हाँ...वराह वाली खना।

दादी : (स्वर में उत्साह) अरे वो अपनी जबान खुद क्यों काटती भला।

मेरी दादी तो कुछ और ही कहती थी।

मेघा : (आश्चर्य से) आपकी दादी। क्या?

दादी : यही कि खना की जबान तो खुद बराह ने ही काटी थी।

मेघा : क्या वराह मिहिर ने?

माँ : माई गॉड, तो एक वर्जन ये भी है।

(दोनों चौंककर दादी को देखती हैं। उनके मुँह अचम्भे से खुले के खुले रह जाते हैं।)

महादेवी वर्मा

जन्म : 26 मार्च, 1907

निधन : 11 सितम्बर, 1987

महादेवी वर्मा की गणना छायावाद के महान कवि में प्रसाद, पंत और निराला के साथ होती है। महादेवी जी का महत्त्व इसलिए भी है कि उन्होंने आधुनिक हिन्दी कविता में नारी की अंतर्वेदना को समाजी स्वर में अभिव्यक्ति दी और उदात्तता से जोड़ा। कविता के साथ-साथ महादेवी वर्मा का गद्य भी बीसवीं सदी के हिन्दी साहित्य में अपनी अलग पहचान रखता है। नारी की स्वतन्त्र इयता और मानवेत्तर जीव जंतुओं के प्रति वत्सल भावों की स्मरणीय अभिव्यक्ति उनके गद्य में हुई है।

प्रमुख कृतियाँ : (कविता संग्रह) दीपशिखा, नीरजा, रश्मि, सांध्य गीत, यामा, (रेखाचित्र व संस्मरण) अतीत के चलचित्र, स्मृति की रेखाएँ, मेरा परिवार आदि।

स्त्री के अर्थ स्वातंत्र्य का प्रश्न

अर्थ सदा से शक्ति का अन्ध-अनुगामी रहा है। जो अधिक सबल था उसने सुख के साधनों का प्रथम अधिकारी अपने-आपको माना और अपनी इच्छा और सुविधा के अनुसार ही धन का विभाजन करना कर्त्तव्य समझा यह सत्य है कि समाज की स्थिति के उपरान्त उसके विकास के लिए, प्रत्येक व्यक्ति को, चाहे वह सबल रहा चाहे निर्बल, मेधावी था चाहे मंदबुद्धि, सुख के नहीं तो जीवन-निर्वाह के साधन देना आवश्यक-सा हो गया; परन्तु यह आवश्यकता भी शक्ति की पक्षपातिनी ही रही। सबल ने दुर्बलों को उसी मात्रा में निर्वाह की सुविधाएँ देना स्वीकार किया, जिस मात्रा में वे उसके लिए उपयोगी सिद्ध हो सकीं। इस प्रकार समाज की व्यवस्था में भी यह साम्य न आ सका जो सबके व्यक्तित्व को किसी एक तुला पर तोलता।

सारी राजनीतिक, सामाजिक तथा अन्य व्यवस्थाओं की रूप-रेखा शक्ति द्वारा ही निर्धारित होती रही और सबल की सुविधानुसार ही परिवर्तित और संशोधित होती गयी, इसी से दुर्बल को वही स्वीकार करना पड़ा जो सुगमतापूर्वक मिल गया। यही स्वाभाविक भी था।

आदिम युग से सभ्यता के विकास तक स्त्री सुख के साधनों में गिनी जाती रही। उसके लिए परस्पर संघर्ष हुए, प्रतिद्वंदिता चली, महाभारत रचे गये और उसे

चाहे इच्छा से हो और चाहे अनिच्छा से उसी पुरुष का अनुगमन करना पड़ता रहा जो विजयी प्रमाणित हो सका। पुरुष ने उसके अधिकार अपने सुख की तुला पर तोले, उसकी विशेषता पर नहीं। अतः समाज की सब व्यवस्थाओं में उसके और पुरुष के अधिकारों में एक विचित्र विषमता मिलती है। जहाँ तक सामाजिक प्राणी का प्रश्न है, स्त्री, पुरुष के समान ही सामाजिक सुविधाओं की अधिकारिणी है, परन्तु केवल अधिकार की दुहाई देकर ही तो वह सबल निर्बल का चिन्तन संघर्ष और उससे उत्पन्न विषमता नहीं मिटा सकती।

एक ओर सामाजिक व्यवस्थाओं ने स्त्री को अधिकार देने में पुरुष की सुविधा का विशेष ध्यान रखा है, दूसरी ओर उसकी आर्थिक स्थिति भी परावलम्बन से रहित नहीं रही। भारतीय स्त्री के सम्बन्ध में पुरुष का भर्त्ता नाम जितना यथार्थ है उतना सम्भवतः और कोई नाम नहीं। स्त्री, पुत्री, पत्नी, माता आदि सभी रूपों में आर्थिक दृष्टि से कितनी परमुखापेक्षिणी रहती है, यह कौन नहीं जानता। इस आर्थिक विषमता के पक्ष और विपक्ष दोनों ही में बहुत कुछ कहा जा सकता है और कहा जाता रहा है।

आर्थिक दृष्टि से स्त्री की जो स्थिति प्राचीन समाज में थी, उसमें अब तक परिवर्तन नहीं हो सका, यह विचित्र सत्य है।

वेद-कालीन समाज में पुरुष ने नवीन देश में फैलने के लिए संतान की आवश्यकता के कारण और अनाचार को रोकने के लिए विवाह को बहुत महत्त्व दिया और संतान की जन्मदात्री होने के कारण स्त्री भी अपूर्व गरिमामयी हो उठी। उसे यज्ञ-जैसे धर्म-कार्यों में पति का साथ देने के लिए सहधर्मिणीत्व और गृह की व्यवस्था के लिए गृहणीत्व का श्लाध्य पद भी प्राप्त हुआ, परन्तु धार्मिक और सामाजिक दृष्टि से उन्नत होने पर भी आर्थिक दृष्टि से वह नितान्त परतन्त्र ही रही।

गृह और संतान के लिए द्रव्य-उपार्जन पुरुष का कर्त्तव्य था, अतः धन स्वभावतः उसी के अधिकार में रहा। गृहणी गृहपति की आय के अनुसार व्यय कर गृह का प्रबन्ध और संतान-पालन आदि कार्य करने की अधिकारिणी मात्र थी।

प्राचीन समाज में पुरुष से भिन्न स्त्री की स्थिति स्पृहणीय मानी ही नहीं गयी, इसके पर्याप्त उदाहरण उस समय की सामाजिक व्यवस्था में मिल सकेंगे। प्रत्येक कुमारी का वयस्क होने पर गृहस्थ धर्म में दीक्षित होकर पति के गृह चली जाती थी और फिर पुत्रों के समर्थ होने पर वानप्रस्थ आश्रम में पति की अनुगामिनी बनती थी। पुत्र पिता की समस्त सम्पत्ति का अधिकारी होता था, परन्तु कन्या को विवाह के अवसर पर प्राप्त होने वाले यौतुक के अतिरिक्त और कुछ देने की आवश्यकता ही नहीं समझी गयी। जिन कुमारिकाओं ने गृह-धर्म स्वीकार नहीं किया उन्हें तपस्विनी के समान अध्ययन में जीवन व्यतीत करने की स्वतन्त्रता थी, परन्तु उस स्थिति में गृहस्थ के समान ऐश्वर्यभोग उनका ध्येय नहीं रहता था।

स्त्री को इस प्रकार पिता की सम्पत्ति से वंचित करने में क्या उद्‌देश्य रहा, यह कहना कठिन है। यह भी सम्भव है कि स्त्री के निकट वैवाहिक जीवन को अनिवार्य

रखने के लिए ऐसी व्यवस्था की गयी हो और यह भी हो सकता है कि पुरुष ने उसे संघर्षमय जीवन में इस विधान की ओर ध्यान देने का अवकाश ही न पाया हो। कन्या को पिता की सम्पत्ति में स्थान देने पर एक कठिनाई और भी उत्पन्न हो सकती थी। कभी युवतियाँ स्वयंवरा होती थीं और कभी विवाह के लिए बलात् छीनी भी जा सकती थीं। ऐसी दशा में पैतृक सम्पत्ति में उनके उत्तराधिकारी होने पर अन्य परिवारों के व्यक्तियों का प्रवेश भी वंश-परम्परा को अव्यवस्थित कर सकता था। चाहे जिस कारण से हो, परन्तु उस विधान से पिता के गृह में कन्या की स्थिति को बहुत गिरा दिया, इसमें सन्देह नहीं। विधवा भी पुनर्विवाह के लिए स्वतन्त्र थी, अतएव उनके जीवन-निर्वाह के लिए विशेष प्रबन्ध की ओर किसी ने ध्यान नहीं दिया।

प्राचीन समाज का ध्यान अपनी वृद्धि की ओर अधिक होने के कारण उसने स्त्री के मातृत्व का विशेष आदर किया, यह सत्य है; परन्तु सामाजिक व्यक्ति के रूप में उसके विशेष अधिकारों का मूल्य आँकना सम्भव न हो सका। उसके निकट स्त्री, पुरुष की संगिनी होने के कारण ही उपयोगी थी, उससे भिन्न उसका अस्तित्व चिन्ता करने योग्य ही नहीं रहता था। अपनी सम्पूर्ण सुविधाओं और समस्त सुखों के लिए स्त्री का पुरुष पर निर्भर रहना ही अधिक स्वाभाविक था, अतः समाज ने किसी ऐसी स्थिति की कल्पना ही नहीं की, जिसमें स्त्री पुरुष से सहायता बिना माँगे हुए ही जीवन-पथ पर आगे बढ़ सके। पिता, पति, पुत्र तथा अन्य सम्बन्धियों के रूप में पुरुष स्त्री का सदा ही भरण-पोषण कर सकता था, इसलिए उसकी आर्थिक स्थिति पर विचार करने की किसी ने आवश्यकता ही न समझी। स्त्री के प्रति समाज की यह धारणा इतनी पुरानी हो गयी है कि अब उसकी अस्वाभाविकता और अनौचित्य को हम एक प्रकार से भूल ही गये हैं; अन्यथा ऐसी स्थिति बहुत काल तक न ठहर सकती।

आरम्भ में प्रायः सभी देशों के समाज में स्त्री को कुछ स्पृहणीय स्थान नहीं दिया परन्तु सभ्यता के विकास के साथ-साथ स्त्री की स्थिति में भी परिवर्तन होता गया। वास्तव में स्त्री की स्थिति समाज का विकास नापने का मापदंड कही जा सकती है। नितान्त बर्बर समाज में स्त्री पर पुरुष वैसा ही अधिकार रखता है, जैसा वह अपनी अन्य स्थावर सम्पत्ति पर रखने को स्वतन्त्र है।

उसके विपरीत पूर्ण विकसित समाज में स्त्री-पुरुष की सहयोगिनी तथा समाज की आवश्यक अंग मानी जाकर माता तथा पत्नी के महिमामय आसन पर आसीन रहती है।

भारतीय स्त्री की स्थिति में आदिम-युग की स्त्री की परवशता और पूर्ण विकसित समाज के नारीत्व की गरिमा का विचित्र सम्मिश्रण है। उसके प्रति समाज की श्रद्धा की मात्र पर विचार कर कोई उसे पूर्ण संस्कृत समाज का अंग ही समझ सकता है, परन्तु उसके जीवन का व्यवहारिक रूप एक दूसरी ही करुण गाथा सुनाता है। सम्भवतः उस धर्मप्राण युग ने स्त्री को धार्मिक तथा सामाजिक दृष्टि से उन्नत स्थान देकर ही अपने कर्त्तव्य की इति समझ ली; उसकी व्यावहारिक कठिनाइयों की ओर उसका ध्यान ही नहीं जा सकता। मातृत्व की गरिमा से गुरु और पत्नीत्व

के सौभाग्य से ऐश्वर्यशालिनी होकर भी भारतीय नारी अपने व्यावहारिक जीवन में सबसे अधिक क्षुद्र और रंक कैसे रह सकी, यही आश्चर्य है। समाज ने उसे पुरुष की सहायता पर इतना निर्भर कर दिया कि उसके सारे त्याग, सारा स्नेह और सम्पूर्ण-समर्पण बन्दी के विवश कार्य के समान जान पड़ने लगे।

अर्थ सामाजिक प्राणी के जीवन में कितना महत्त्व रखता है, यह कहने की आवश्यकता नहीं। उसकी उच्छृंखलता बहुलता में जितने दोष हैं वे अस्वीकार नहीं किये जा सकते, परन्तु इसके नितान्त अभाव में जो अभिशाप हैं। वे भी उपेक्षणीय नहीं। विवश आर्थिक पराधीनता अज्ञात रूप में व्यक्ति के मानसिक तथा अन्य विकास पर ऐसा प्रभाव डालती रहती है, जो सूक्ष्म होने पर भी व्यापक तथा परिणामतः आत्मविश्वास के लिए विष के समान है। दीर्घकाल का दासत्व जैसे जीवन की स्फूर्तिमती स्वच्छंदता नष्ट करके उसे बोझिल बना देता है, निरन्तर आर्थिक परवशता भी जीवन में उसी प्रकार, प्रेरणा-शून्यता उत्पन्न कर देती है। किसी भी सामाजिक प्राणी के लिए ऐसी स्थिति अभिशाप है जिसमें वह स्वावलम्बन का भाव भूलने लगे, क्योंकि इसके अभाव में वह अपने सामाजिक व्यक्तित्व की रक्षा नहीं कर सकता।

समाज में पूर्ण स्वतन्त्र तो कोई हो ही नहीं सकता; क्योंकि सापेक्षता ही सामाजिक सम्बन्ध का मूल है। प्रत्येक व्यक्ति उसी मात्रा में दूसरे पर निर्भर है, जिस मात्रा में दूसरा उसकी अपेक्षा रखता है। पुरुष-स्त्री भी इसी अर्थ में अपने विकास के लिए एक-दूसरे के सहयोग की अपेक्षा रखते हैं, इसमें सन्देह नहीं। कठिनाई तब उत्पन्न होती है जब यह सापेक्ष भाव एक की ओर अधिक घट या बढ़ जाता है। स्त्री और पुरुष यदि अपने सुखों के लिए एक-दूसरे पर समान रूप से निर्भर रहते तो उनके सम्बन्ध में विषमता आने की सम्भावना ही न रहती, परन्तु वास्तविकता यह है कि भारतीय स्त्री की सापेक्षता सीमातीत हो गयी। पुरुष अपने व्यावहारिक जीवन के लिए स्त्री पर उतना निर्भर नहीं है जितना स्त्री को होना पड़ता है। स्त्री उसके सुखों के अनेक साधनों में एक ऐसा साधन है जिसके नष्ट हो जाने पर कोई हानि नहीं होती। एक प्रकार से पुरुष ने कभी उसके अभाव का अनुभव करना ही नहीं सीखा, इसी से स्त्री के विषय में विचार करने की आवश्यकता भी कम पड़ी। स्त्री की स्थिति इससे विपरीत है। उसे प्रत्येक पग पर, प्रत्येक साँस के साथ पुरुष से सहायता की भिक्षा माँगते हुए चलना पड़ता है।

जीवन में विकास के लिए दूसरों से सहायता लेना बुरा नहीं; परन्तु किसी को सहायता दे सकने की क्षमता न रखना अभिशाप है। सहयात्री वे कहे जाते हैं, जो साथ चलते हैं; कोई अपने बोझ को सहयात्री कह कर अपना उपहास नहीं कर सकता। भारतीय पुरुष ने स्त्री को या तो सुख के साधन के रूप में पाया या भार के रूप में, फलतः वह उसे सहयोगी का आदर न दे सका। उन दोनों का आदान-प्रदान सामाजिक प्राणियों के स्वेच्छा से स्वीकृत सहयोग की गरिमा न पा सका, क्योंकि एक ओर नितान्त परवश और दूसरी ओर स्वच्छन्द आत्मनिर्भरता थी। उनके कार्यक्षेत्र की भिन्नता तो आवश्यक ही नहीं, अनिवार्य है, परन्तु इससे उनकी सापेक्षता में विषमता आने की सम्भावना नहीं

रहती। यह विषमता तो स्थिति-वैषम्य से ही जन्म और विकास पाती है।

भारतीय समाज में जिस अनुपात से स्त्री जाग्रत हो सकी, उसी के अनुसार अपनी सनातन सामाजिक स्थिति के प्रति उसमें असन्तोष भी उत्पन्न होता जा रहा है। उस असन्तोष की मात्रा जानने के लिए हमारे पास अभी कोई मापदंड है ही नहीं, अतः यह कहना कठिन है कि उसकी जागृति ने उसकी चिर-अवनत दृष्टि को जिस क्षितिज की ओर फेर दिया है, वह उजले प्रभात का सन्देश दे रहा है या शक्ति संचित करती हुई आँधी का। ऐसे असन्तोष प्रायः बहुत कुछ मिटा-मिटा कर स्वयं बनते हैं और थोड़ा-सा बना कर स्वयं ही मिट जाते हैं। भविष्य को उज्जवलतम रूप देने के लिए समाज को; कभी-कभी सहस्त्रों वर्षों की अवधि में धीरे-धीरे एक-एक रेखा अंकित कर बनाए हुए अतीत के चित्र पर काली तूली फेरना पड़ जाता है। कारण, प्रत्येक निर्माण विध्वंस के आधार पर स्थिर है और प्रत्येक नाश निर्माण के अंक में पलता है।

असंख्य युगों से असंख्य संस्कार और असंख्य भावनाओं ने भारतीय स्त्री की नारी-मूर्ति में जिस देवत्व की प्राण-प्रतिष्ठा की थी, उसका कोई अंश बिना खोये हुए वह इस यन्त्रयुग की मानवी बन सकेगी, ऐसी सम्भावना कम है। अवश्य ही हमारे समाज को, यह सोचना अच्छा नहीं लगता कि उसकी निर्विकार भाव से पूजा और उपेक्षा स्वीकार कर लेने वाली चिर मौन प्रतिमा के स्थान में ऐसी सजीव नारी-मूर्ति रख दी जावे, जो पल-पल में उसके मनोभावों के साथ रुष्ट और तुष्ट होती रहती हो। वास्तव में तो भारतीय स्त्री अब तक वरदान देने वाली देवी रही है, फिर अचानक आज उसका कुछ माँग बैठना क्यों न हमें आश्चर्य में डाल दे। झाँझ और घड़ियाल के स्वरों में धूप-दीप के मध्य अपने पूजागृह में अन्धबधिर के समान बैठा हुआ देवता यदि एकाएक उठकर हमारी पूजा-स्तुति का निरादर कर हमारे सारे गृह पर अधिकार जमाने को प्रस्तुत हो जावे तो हम वास्तव में संकट में पड़ सकते हैं। हमारी पूजा-अचर्ना की सफलता के लिए यह परम आवश्यक है कि हमारा देवता हमारी वस्तुओं पर हमारा ही अधिकार रहने दे और वही स्वीकार करे जो हम देना चाहते हैं। इसके विपरीत होने पर तो हमारी स्थिति भी विपरीत हो जाएगी। भारतीय स्त्री के सम्बन्ध में। उसको बहुत आदर-मान मिला, उसके बहुत गुणानुवाद उसकी ख्याति दूर-दूर देशों तक पहुँचाई गयी, यह ठीक है, परन्तु मन्दिर के देवता के समान ही सब उसकी मौन जड़ता में ही अपना कल्याण समझते रहे। उसके अत्यधिक श्रद्धालु पुजारी भी उसकी निर्जीवता को ही देवत्व का प्रधान अंश मानते रहे और आज भी मान रहे हैं।

इस युगांतरदीर्घ जीवन-शून्य जीवन में स्त्री ने क्या पाया, यह कहना बहुत प्रिय न जान पड़ेगा, परन्तु इतना तो 'सत्यं ब्रूयात् प्रियं ब्रूयात्' के अनुसार भी कहा जा सकता है कि इस व्यवहार से उसके मन में जीवन को जानने की उत्सुकता जाग्रत हो गयी। पिछले कुछ वर्षों में जीवन की परिस्थितियों में इतना अधिक परिवर्तन हो गया है कि उस कोलाहल में स्त्री को कुछ सजग होना ही पड़ा। इसमें सन्देह है कि इससे भिन्न स्थिति में वह इतनी शीघ्रता से सतर्क हो सकती है या नहीं। इस वातावरण को बिना

समझे हुए स्त्री की माँगों के सम्बन्ध में कोई धारणा बना लेना यदि अनुचित नहीं तो बहुत उचित भी नहीं कहा जा सकता।

वर्तमान युग में भी जिनकी परिस्थितयाँ श्वास लेने की स्वच्छंतदता तक नहीं जिन्हें जड़ता के अभिशाप को ही वरदान समझना पड़ता है, उनके सुख-दुःख की सीमा से बाहर झाँक ही नहीं सकते, फिर उनके सुख-दुखों को वास्तविक आँक सकना हमारे लिए कैसे सम्भव हो सकता। परन्तु जिन स्त्रियों के निराश असन्तोष में हमें अपने समाज का असहिष्णुता से भरा अन्याय प्रत्यक्ष हो जाता है, उनके भाव को समझने में भी हम भूल कर सकते हैं। ऐसी स्थिति में हमारी विश्वास योग्य धारणा भी इतनी विश्वास योग्य नहीं है कि हम उसे बिना तर्क की कसौटी पर कसे स्वीकार कर सकें।

हम प्रायः अपनी सनातन धारणा का जितना अधिक मूल्य समझते हैं, उतना दूसरे व्यक्ति के अभाव और दुःख का नहीं। यही कारण है कि जब तक व्यक्तिगत असन्तोष सीमातीत होकर हमारे संस्कार-जनित विश्वासों को आमूल नष्ट नहीं कर देता, तब तक हम उसके अस्तित्व की उपेक्षा ही करते रहते हैं। स्त्री की स्थिति भी युगों से ऐसी ही चली आ रही है उसके चारों ओर संस्कारों का ऐसा क्रूर पहरा रहा है कि उसके अन्तरतम जीवन की भावनाओं का परिचय पाना ही कठिन हो जाता है। वह किस सीमा तक मानवी है और उस स्थिति में उसके क्या अधिकार रह सकते हैं, यह भी वह तब सोचती है जब उसका हृदय बहुत अधिक आहत हो चुकता है। फिर उसके व्यक्तिगत अधिकारों और उनकी रक्षा के साधनों के विषय में कुछ कहना तो व्यर्थ ही है। समाज ने उसकी निश्चेष्टता को भी उसके सहयोग और सन्तोष का सूचक माना और अपने पक्षपात और संकीर्णता को भी अपने विकास और उसके जीवन के लिए अनुकूल और श्रेयस्कर समझने की भूल की।

स्त्री के जीवन की अनेक विवशताओं में प्रधान और कदाचित उसे सबसे अधिक जड़ बनाने वाली अर्थ से सम्बन्ध रखती है और रखती रहेगी, क्योंकि वह सामाजिक प्राणी की अनिवार्य आवश्यकता है। अर्थ का प्रश्न केवल उसी के जीवन से सम्बन्ध रखता है, यह धारणा भ्रान्ति-मूलक है। जहाँ तक सामाजिक प्राणी का सम्बन्ध है, स्त्री उतनी ही अधिक अधिकार-सम्पन्न है, जितना पुरुष; चाहे वह अपने अधिकारों का उपयोग करे या न करे। समाज न उनके उपयोग का मूल्य घटा सकता है और न बढ़ा सकता है; केवल वह बन्धनों से उसकी शक्ति और बुद्धि को बाँधकर उसे जड़ बना सकता है, परन्तु उन बन्धनों में कुछ ऐसे भी हो सकते हैं, जो केवल उसके लिए ही नहीं, वरन् सबके लिए घातक सिद्ध होंगे।

अर्थ का विषम विभाजन भी एक ऐसा ही बन्धन है, जो स्त्री-पुरुषों दोनों को समान रूप से प्रभावित करता है। यह सत्य है कि यह प्रश्न आज का नहीं है, वरन् हमारे समाज के समान ही पुराना हो चुका है, परन्तु यह न भूलना चाहिए कि आधुनिक युग की परिस्थितियाँ प्राचीन से अधिक कठिन हैं। जैसे-जैसे हम आगे बढ़ते जाते हमारा जीवन अधिक जटिल होता जाता है और हमें और अधिक उलझनभरी स्थितियों और

समस्याओं का सामना करना पड़ता है, इसी से अतीत के साधन कर हम अपने गन्तव्य पथ पर बहुत आगे नहीं जा सकते। आदिम युग की नारी के लिए जो साधारण कष्ट की स्थिति होगी वह आधुनिक नारी का जीवन-यापन कठिन कर सकती है। वर्तमान युग में अन्य व्यक्तियों के सामने जो जीवन-निर्वाह कठिनाइयाँ हैं, उनसे स्त्री भी स्वतन्त्र नहीं, क्योंकि वह भी समाज का आवश्यक अंग है और उसके जीवन के विकास से ही समुचित सामाजिक विकास सम्भव हो सकता है।

सुदूर अतीत काल में विशेष परिस्थितियों से प्रभावित होकर निरन्तर संघर्ष के कारण समाज स्त्री को जो न दे सका उसी को आदर्श बनाकर उसके प्रत्येक अधिकार को तौलना न आधुनिक समाज के लिए कल्याणकर हो सका है, न ही सकने की भावना है। उचित तो यही था कि नवीन परिस्थितियों में नवीन कठिनाइयों को रखते हुए वह किया जाता, जो पहले से अधिक उपयुक्त सिद्ध होता। प्राचीन हमारे भविष्य की त्रुटियों को दूर करने में समर्थ नहीं हो सकता, उसका कार्य तो उनकी ओर संकेत मात्र कर देना है। यदि हम उस संकेत को आदेश के रूप में ग्रहण करें और उसी से अपनी सब समस्याओं को सुलझाना चाहें तो यह इच्छा हमारे ही विकास की बाधक रहेगी।

कोई नियम, कोई आदर्श सब काल और सब परिस्थितयों के लिए नहीं बनाया जाता सब में समय के अनुसार परिवर्तन सम्भव ही नहीं, अनिवार्य हो जाते हैं। प्राचीन आधार शिला को बिना हटाए हुए हम उस पर वर्तमान का निर्माण करके अपने जीवन के मार्ग को करते रह सकते हैं, अन्यथा कोई प्रगति सम्भव ही नहीं रहती। समाज ने स्त्री के सम्बन्ध में अर्थ का ऐसा विषम विभाजन किया है कि साधारण श्रमजीवी वर्ग से लेकर सम्पन्न वर्ग की स्त्रियों तक की स्थिति दयनीय ही कही जाने योग्य है। वह केवल उत्तराधिकार से ही वंचित नहीं है, वरन् अर्थ के सम्बन्ध में सभी क्षेत्रों में एक प्रकार की विवशता के बन्धन में बँधी हुई है। कहीं पुरुष ने न्याय का सहारा लेकर और कहीं अपने स्वामित्व की शक्ति से लाभ उठाकर उसे इतना अधिक परावलम्बी बना दिया है कि वह उसकी सहायता के बिना संसार-पथ पर एक पग भी आगे नहीं बढ़ सकती।

सम्पन्न और मध्यम वर्ग की स्त्रियों की विवशता, उनके पतिहीन जीवन की दुर्वहता समाज के निकट चिरपरिचित हो चुकी है। वे शून्य के समान पुरुष की इकाई के साथ सब कुछ है, परन्तु उससे रहित कुछ नहीं। उनके जीवन के कितने अभिशाप इसी बन्धन से उत्पन्न हुए हैं, इसे कौन नहीं जानता! परन्तु इस मूल त्रुटि को दूर करने के प्रयत्न इतने कम किये गये हैं कि उनका विचार कर आश्चर्य होता है।

जिन स्त्रियों की पाप-गाथाओं से समाज का जीवन काला है, जिनकी लज्जाहीनता से जीवन लज्जित है, उनमें भी अधिकांश की दुर्दशा का कारण अर्थ की विषमता ही मिलेगी। जीवन के आवश्यक सुविधाओं का अभाव मनुष्य को अधिक दिनों तक मनुष्य नहीं बना रहने देता, इसे प्रमाणित करने के लिए उदाहरणों की कमी नहीं। वह स्थिति कैसी होगी, जिसमें जीवन की स्थिति के लिए मनुष्य को जीवन की गरिमा खोनी पड़ती है, इसकी कल्पना करना भी कठिन है। स्त्री ने जब कभी इतना बलिदान किया है,

नितान्त परवश होकर ही और यह परवशता प्रायः अर्थ से सम्बन्ध रखती रही है। जब तक स्त्री के सामने ऐसी समस्या नहीं आती, जिसमें उसे बिना कोई विशेष मार्ग स्वीकार किए जीवन असम्भव दिखाई देने लगता है, तब तक वह अपनी मनुष्यता को जीवन की सबसे बहुमूल्य वस्तु के समान ही सुरक्षित रखती है। यही कारण है कि वह क्रूर-से-क्रूर, पतित-से-पतित पुरुष की मलिन छाया में भी अपने यौवन का गौरव पालती रहती है। चाहे जीर्ण-शीर्ण ठूँठ पर आश्रित लता होकर जीवित रहना उसे स्वीकृत हो, परन्तु पृथ्वी पर निराधार होकर बढ़ना उसके लिए सुखकर नहीं समाज ने उसके जीवन की ऐसी व्यवस्था की है, जिसके कारण पुरुष के अभाव मैं उसके जीवन की साधारण सुविधाएँ भी नष्ट हो जाती हैं। उस दशा में हताश होकर वह जो पथ स्वीकार कर लेती है, वह प्रायः उसके लिए ही नहीं, समाज के लिए भी घातक सिद्ध होता है।

आधुनिक परिस्थितियों में स्त्री की जीवनधारा ने जिस दिशा को अपना लक्ष्य बनाया है उनमें पूर्ण आर्थिक स्वतन्त्रता ही सबसे अधिक गहरे रंगों में चित्रित है। स्त्री ने इतने युगों के अनुभव से जान लिया है कि उसे सामाजिक प्रामाणिक प्राणी बने रहने के लिए केवल दान की ही आवश्यकता नहीं है, आदान की भी है, जिसके बिना उसका जीवन जीवन नहीं कहा जा सकता। वह आत्म-निवेदित वीतराग तपस्विनी ही नहीं अनुरागमयी पत्नी और त्यागमयी माता के रूप में मानवी भी है और रहेगी। ऐसी स्थिति में उसे वे सभी सुविधाएँ, वे सभी मधुर-कटु भावनाएँ चाहिए जो जीवन को पूर्णता प्रदान कर सकती हैं।

पुरुष ने उसे गृह में प्रतिष्ठित कर वनवासिनी की जड़ता सिखाने का जो प्रयत्न किया है, उसकी साधना के लिए वन ही उपयुक्त होगा।

आज की बदली हुई परिस्थितियों में स्त्री केवल उन्हीं आदर्शों से सन्तोष न कर लेगी, जिनके सारे रंग उसके आँसुओं से धुल चुके हैं, जिनकी सारी शीतलता उसके सन्ताप से उष्ण हो चुकी है। समाज यदि स्वेच्छा से उसके अर्थ-सम्बन्धी वैषम्य की ओर ध्यान न दे, उसमें परिवर्तन या संशोधन की आवश्यकता न समझे तो स्त्री का विद्रोह दिशाहीन आँधी-जैसा वेग पकड़ता जाएगा और तब एक निरन्तर ध्वंस के अतिरिक्त समाज उससे कुछ और न पा सकेगा। ऐसी स्थिति न स्त्री के लिए सुखकर है, न समाज के लिए सृजनात्मक।

डॉ. धर्मवीर

जन्म : 9 दिसम्बर 1950

व्यवसाय : 1980 बैच के केरल कैडर के आई.ए.एस. अधिकारी

रचनाएँ : 'बालक श्यौराज : महाशिला खंडों का संग्राम' 2014, दूसरों की जूतियाँ (2007) तीन द्विज हिन्दू स्त्रीलिंगों का चिन्तन (2007), चमार की बेटी रूपा (2007), दलित सिविल कानून (2007), जूठन का लेखक कौन है? (2006), थेरीगाथा की स्त्रियाँ और डॉ. अम्बेडकर (2005), कामसूत्र की संतानें (2005), प्रेमचन्द : सामन्त का मुंशी (2005), कबीरः सूत न कपास (2003), कबीर के कुछ और आलोचक (2002), कबीरः डॉ. हजारी प्रसाद द्विवेदी का प्रक्षिप्त चिन्तन (2000), कबीर और रामानन्दः किवंदन्तियाँ (2000), कबीरः बाज भी, कपोत भी, पपीहा भी (2000), कबीर के आलोचक (1997), सन्त रैदास का निर्वाण सम्प्रदाय (पुरस्कृत) (1990), अशोक बनाम वाजपेयीः अशोक वाजपेयी (2004), डॉ. अम्बेडकर के प्रशासनिक विचार (2004), सीमन्तनी उपदेश (संपादित) (2004), हिन्दी की आत्मा (1989)।

दलित चिन्तन का विकास : अभिशप्त चिन्तन से इतिहास चिन्तन की ओर

शुरू में कह दिया जाए कि पिछले कुछ ज्ञात हजार वर्षों से दलित चिन्तन एक अभिशप्त चिन्तन रहा है। साथ ही, यह बात भी शुरू में ही कह दी जानी चाहिए कि अगले दलित चिन्तन को स्वतन्त्र, मुक्त और इतिहास चिन्तन की ओर जाना है। यह बात पहली बार बताना इस पर्चे का मुख्य उद्देश्य है। यह केवल शुरूआत और रूपरेखा है—आगे इस विषय को ले कर कोई दलित चिन्तक ज्यादा काम कर सकता है। और कोई सन्देह न रह जाये, इसलिए व्याख्या में दलित चिन्तन को अभिशप्त इस रूप में कहा जा रहा है कि यह ब्राह्मण के जिक्र से भरा हुआ है। इस पर यह बन्धन है कि यह ब्राह्मण के विरोध के सिवा कुछ अन्य नहीं सोच पा रहा है। वास्तव में, दलित चिन्तन उस समय मुक्त, स्वतन्त्र और वास्तविक होगा जिस समय उसके जिक्र में से ब्राह्मण का सन्दर्भ निकल जाएगा। वह दिन उस की सच्ची स्वतन्त्रता का दिन होगा।

दुर्भाग्य से, दलित चिन्तन में कभी निरन्तरता नहीं रही है। एक विचार में से दूसरा विचार नहीं निकल सका है। पहला विचार ही एक जगह रुका पड़ा है। ऐसा शिक्षा के

अभाव के कारण भी रहा है। इसे जानबूझ कर अक्षर ज्ञान से वंचित रखा गया था। लेकिन यह ज्ञान की अपनी मौखिक परम्परा चला सकता था। ब्राह्मणों ने अपने वेद हजारों साल तक कंठस्थ ही किये थे। उन्होंने उन के लिपिबद्ध करने पर खुद पाबन्दी लगा रखी थी। उन्हें डर था कि लिपिबद्ध करने पर शूद्रों और अन्त्यजों से उन की चोरी सम्भव हो जाएगी। इसलिए इस दृष्टि से ब्राह्मणों को भी निरक्षर और अनपढ़ कहा जा सकता था। फायदा यह है कि विचार की निरन्तरता से समय बर्बाद होने से बच जाता है। यदि हर नया गणितज्ञ पायथागोरस की प्रमेय को ही खोजता रहेगा तो इस से विज्ञान का विकास नहीं हो सकता। दलित चिन्तन में यही हुआ है कि वह आगे नहीं बढ़ सका है। उसने एक जगह खड़े हो कर ही अधिकांश वक्त गुजारा है। यह स्थिति टूटनी चाहिए।

एक जगह खड़े होने के भी कुछ फायदे हो सकते थे लेकिन वे भी दलित के हिस्से में नहीं आये हैं। वे फायदे तब होते जब इस का कोई अपना अलग धर्म होता। संसार की कई कौमें अपने अलग धर्म ले कर मजबूती से खड़ी हैं। उन की संख्या छोटी हो सकती है लेकिन उन की अलग पहचान में कोई कमी नहीं है। उन कौमों ने यदि दुःख उठाये हैं तो अपने लिए उठाये हैं जो उन के लिए एक गौरव की चीज है। लेकिन दलितों को यह भी मयस्सर नहीं हो सका। ये बेमतलब और धर्मान्तरणों के कारण दूसरों के लिए भी पिटे हैं। लेकिन सच्चाई यह है कि किसी कौम के पास धर्म भी एक लम्बी वैचारिक यात्रा के बाद आता है। दलित ने वह वैचारिक यात्रा कभी पूरी नहीं की। मुश्किल से वह समय अब आया है।

दलित चिन्तन की एक महत्त्वपूर्ण समस्या यह है कि गैर-दलित लोग इस चिन्तन का प्रतिनिधित्व करने का दावा पेश कर जाते हैं। दलित चिन्तन को उस की पूर्णता तक पहुँचने के मार्ग में इस से ज्यादा बड़ी रुकावट दूसरी नहीं हो सकती। यह इतना बड़ा धोखा है कि कई बार दलित चिन्तक इस का प्रभावी उत्तर नहीं दे पाते हैं। ऐसी स्थिति में सब कुछ गड्ड-मड्ड हो जाता है और बात साफ उभर कर नहीं आती। इस का मूल कारण द्विजों का उदारवाद है जो सच में कभी उदार नहीं हो सकता। आखिर, लन्दन की गोल मेज सभा में गाँधी जी की यह कहने की हिम्मत कैसे पड़ गयी कि मैं उन (डॉ. अम्बेडकर) का अस्पृश्यों का प्रतिनिधि होने का दावा स्वीकार नहीं करता। उनका प्रतिनिधि मैं हूँ।" यहाँ देखा जा सकता है कि देश के भाग्य का निपटारा होने के समय गाँधी जी दलितों को अपनी आपबीती खुद नहीं कहने दे रहे हैं। यह बिलकुल वैसी ही बात है कि गाँव में कोई बनिया किसी चमार को घुड़कते हुए यह कह कर बोलने नहीं दे रहा है—"तू चुप रह, तुझे पता ना, तुझे बोलना नहीं आता।" कैसे विस्मय की बात है कि समस्या चमार की है और चमार को पीटने वाला उस की तरफ से बोलने का अपना हक जता रहा है। तभी डॉ. अम्बेडकर ने गाँधी जी के इस दावे के बारे में कहा था—"इस दावे के बारे में मैं केवल यह कहना चाहता हूँ कि गैर-जिम्मेदार लोग ऐसे झूठे दावे किया ही करते हैं जब कि सच यह होता है कि उन दावों से सम्बन्धित

लोग उन्हें सदा ही नकारते हैं।"

यहाँ तक ठीक है लेकिन एक भूल खुद दलित चिन्तक से भी हो जाती है। तब क्या किया जाए कि खुद दलित चिन्तक, इस न तो उस, गैर-दलित चिन्तक की शरण में चला जाता है? वह स्वयं डा. अम्बेडकर के साथ घटित हुआ है। लगता ऐसा है कि डॉ. अम्बेडकर अपने समय के गाँधी के रूप में जनमे नये बुद्ध से तो जुझारू हो कर लड़े थे लेकिन ढाई हजार वर्ष पहले बुद्ध के रूप में जनमे पुराने गाँधी के शिष्य बन गये थे। वास्तव में, आज दलितों को अपने उन ऐतिहासिक डॉ. अम्बेडकर की खोज करनी है जो बुद्ध के समय में बुद्ध से ऐसे ही लड़े थे जैसे आज के गाँधी के सामने वे लड़े थे। ऐसे किसी डा. अम्बेडकर ने उस समय जरूर जन्म लिया होगा। दलित चिन्तन की दृष्टि से कोई युग इतना खाली नहीं जा सकता जितना बुद्ध का युग खाली दिखाया जाता है।

दलित की एक मुख्य समस्या आस्तिकता और नास्तिकता की भी है। पता चलता है कि यह समस्या भी उस पर थोंपी हुई समस्या है। उस की बहस के सही शब्द 'ईश्वर' और 'अनीश्वर' के हैं। इस लड़ाई में लगता ऐसा है कि ब्राह्मणवाद ने आज के दलित को भीत से मिला कर अनीश्वरवाद में ढकेल दिया है। दलित चिन्तक अभिशप्त हो कर रह गया है कि उस का खेमा नास्तिकों का होगा। डा. अम्बेडकर के बौद्ध चिन्तन ने इस दिशा में एक विशेष मोड़ दे दिया है। दलित लोगों में ज्यादातर लोग ईश्वरवादी और आस्तिक हैं लेकिन उन के चिन्तक और लेखक अनीश्वरवादी और नास्तिक होते जा रहे हैं। लेकिन इस विषय पर गहराई से विचार करने की जरूरत है कि ऐसा क्यों है। क्यों दलित चिन्तक और दलित लेखक नास्तिक बनते जा रहे हैं क्या यह उनके चिन्तन का स्वाभाविक विकास है या वे केवल प्रतिक्रिया स्वरूप ऐसा कर रहे हैं? यदि यह उन का स्वाभाविक चिन्तन होता तो इस में कुछ कहने की आवश्यकता नहीं थी। लेकिन सच में ऐसा नहीं है। उन्हें खुद अपने मन को टटोलना चाहिए कि क्या अपने चिन्तन में वे प्रतिक्रिया से बचे हुए हैं। फिर, प्रतिक्रिया भी एक अच्छी चीज हो सकती है लेकिन उस के लिए यह देखा जाना चाहिए कि वह किस क्षेत्र में है। ईश्वर और आस्तिकता का किसी प्रतिक्रिया से कोई मतलब नहीं होना चाहिए। यह कोई तर्क नहीं हुआ कि चूँकि ब्राह्मण ईश्वर में विश्वास रखता है तो इसीलिए दलित ईश्वर में विश्वास नहीं करेगा। यह वैसा ही तर्क हुआ कि चूँकि ब्राह्मण रोटी खाता है इसीलिए दलित रोटी नहीं खाएगा। होना यह चाहिए था कि ब्राह्मण के ईश्वर के जवाब में दलित चिन्तक अपना ईश्वर अलग ऐसे खोजता। उसका ईश्वर ब्राह्मण के ईश्वर से ज्यादा ताकतवर होना चाहिए था। तब वह अपने ईश्वर को ब्राह्मण के ईश्वर से भिड़ा सकता था। उस का काम था कि ब्राह्मण के ईश्वर के विरोध में खड़ा होता लेकिन उससे भूल यह हुई है कि इस चक्कर में वह खुद अपने ईश्वर के विरोध में खड़ा हो गया है। एक तरह से वह खुद अपने सामने दीवार बन गया है। सृष्टि और ब्राह्मण से उस का सम्बन्ध, बिना ब्राह्मण को बीच में लाए, सीधा होना चाहिए। गंगा ब्राह्मण की नहीं है, यमुना का कूल कृष्ण का खरीदा हुआ नहीं है, हिमालय हर भारतवासी का हैं और समुद्र सब के

पैर पखार रहा है। इसीलिए, जबकि दलित का ब्राह्मण के प्रति गुस्सा सच्चा है, लेकिन इस गुस्से में उसे गंगा को अपना पेशाब कहने की कोई आवश्यकता नहीं है। हिमालय का धवल सौन्दर्य उसके नयनों का सुख बनता है तो उसे बिना झिझक ऐसा कह देना चाहिए। सूर्य और चाँद दलित कविता की उतनी ही सम्पत्ति है जितनी संसार में किसी अन्य कौम के कवि की। पेड़ और पौधे, पशु और पक्षी, नदी और झरने, फूल और पत्ती, गन्ध और हवा, रंग और रूप, बरसात और धूप—ये सब धरती के जीवन का महान सुख हैं। किसी की प्रतिक्रिया में इस सुख से वंचित नहीं रह जाना चाहिए। आकाश और तारे, समुद्र और किनारे, पहाड़ और झीलें—सृष्टि के इन सब विषयों पर दलित चिन्तक का समान हक है। किसी ऐरे-गैरे ब्राह्मण की वजह से वह अपने इस हक को खुद न छोड़ता रहे। धर्म और ईश्वर की दृष्टि से वह खुद निहत्था न हो जाये। दूसरों के पास ये हथियार के रूप में मौजूद हैं, दलित के पास भी इस रणभूमि में ये हथियार होने चाहिए। धर्म के सामने धर्म लड़े और ईश्वर के सामने ईश्वर लड़े—इन गैब की चीजों के सामने वह खुद क्यों आता है?

पहले इशारा किया जा चुका है कि दलित चिन्तन को सबसे पहला और भारी धक्का ढाई हजार साल पहले बुद्ध के चिन्तन के रूप में लगा था। उस धक्के और धोखे से दलित चिन्तन आज तक उभर नहीं सका है। उलटे, डॉ. अम्बेडकर के रूप में वह इस धोखे में फँसता ही जा रहा है। इस दलदल से निकलने का उस के पास अभी कोई पक्का और मुकम्मिल उपाय नहीं है। असल फर्क वही है कि राजकुमार बुद्ध संघर्षशील दलित का प्रतिनिधित्व नहीं कर सकते थे। वास्तव में, बुद्ध ने केवल अपनी लड़ाई लड़ी थी और वह भी ठीक तरह से नहीं लड़ी थी। उन का दलित की समस्या से कुछ लेना-देना नहीं था। बुद्ध की समस्या एक साधन सम्पन्न व्यक्ति की समस्या थी। ऐसी समस्या का समाधान दलित के लिए किसी मतलब का नहीं हो सकता। नुकसान यह है कि आज के दलित ने बुद्ध के बहकावे में आ कर अपने स्वतन्त्र चिन्तन की खोज करनी छोड़ रखी है। वैसे, भारत के मध्य काल के इतिहास में दलितों में से कबीर एक बहुत मजबूत चिन्तक हो चुके हैं। रैदास भी उसी जोड़ के हैं—उन दोनों को मिला कर एक नाम दिया जा सकता है। उनमें से एक जूते बनाने वाला चमार है और दूसरा कपड़े बुनने वाला चमार-जुलाहा है। लेकिन उनके धार्मिक आन्दोलनों को कई नुकसान हुए हैं। रैदास का अधिकांश साहित्य उपलब्ध नहीं है और कबीर का बीजक चोरी तक हुआ है। वह चोरी ब्राह्मणों ने की थी। जो बीजक उपलब्ध है, उस पूरे को कबीर का नहीं कहा जा सकता। उधर, कबीर से पहले जाते हैं तो एकलव्य और शम्बूक संघर्षरत मिलते हैं और कबीर के बाद आते हैं तो फुले और अम्बेडकर संघर्षशील मिलते हैं—लेकिन यहाँ से वहाँ तक बात एक ही फैली हुई है। हाँ, धार्मिक दृष्टि से कबीर और अम्बेडकर में एक अन्तर है कि कबीर बुद्ध के बहकावे में नहीं आये थे। लेकिन दलित चिन्तन बाबा साहेब डा. अम्बेडकर के योगदान को नकार कर आगे नहीं बढ़ सकता। उनके बौद्ध होने में दलित को कोई शर्म महसूस करने की मजबूरी नहीं है। उलटे, वह कह सकता

है कि दलित समाज बौद्ध धर्म का ऋणी नहीं है बल्कि बौद्ध धर्म दलित समाज का ऋणी है क्योंकि दलितों ने बीसवीं शताब्दी का अपना सब से महान चिन्तक उसे दिया है। दलित ने बौद्ध धर्म से कुछ लिया नहीं है बल्कि उसे केवल दिया है।

उधर, जाति के बारे में इस देश में कई गलतफहमियाँ चल रही हैं। ये गलतफहमियाँ बुद्ध के समय से ही चल रही हैं। असल में, ये समस्याएँ बुद्ध के द्वारा छोड़ी गयी समस्याएँ हैं। उन्होंने इन समस्याओं का कोई समाधान नहीं दिया जबकि यह उन की जिम्मेदारी थी। वे इन समस्याओं से टकराने से बच कर चले गये। उन्होंने धर्म और दर्शन के क्षेत्रों में सुकरात और ईसा वाला कठिन रास्ता न अपना कर राजकुमारों के सुभीते वाला रास्ता पकड़ा। बुद्ध सुकरात और ईसा की तरह के दुख नहीं उठा सकते थे। यह उन के स्वभाव में नहीं था। वे पेट को भूखा मार कर देख सकते थे लेकिन खुद उनका पेट सुजाता की खीर से पहले छका हुआ था। वे सच में सुकरात की तरह गरीब नहीं थे लेकिन गरीबी उन्होंने ओढ़ कर देखनी चाही थी जो विहारों के धनधान्य में बदल गयी थी। यह बिलकुल वैसा ही नाटक और छद्‌म था जैसा इस शताब्दी में उद्योगपति बिरला के आश्रम में गाँधी जी ने अपने कोट-पैन्ट उतार कर घुटनों तक की धोती पहन कर किया था। बुद्ध ईसा की तरह कुमारी मरियम से पैदा नहीं थे जिन्होंने परमात्मा को अपने पिता के रूप में खोजा था।

खैर, बात यह है कि पिछले तीन हजार सालों से इस देश में शोर मच रहा है कि जाति मिटाई जाएगी। सच यह है कि यह आज तक नहीं मिटी है। उलटे, जातिविहीन समाज की स्थापना का सपना द्विजों के उदारवाद के हाथ में एक हिपोक्रेसी का काम कर रहा है। दलित को इस सपने और इस वाग्ज़ाल से बचना है। भारत में जाति ऐसी चीज से जुड़ चुकी है जो अमिट है जाति में अपने माँ-बाप का नाम सम्मिलित रहता है जिसे कभी नहीं भूला जा सकता। अपने माँ-बाप का नाम लेने में कोई बुराई नहीं है—बुराई इस बात में है कि एक व्यक्ति को अपने माँ-बाप का नाम बताने में गर्व महसूस होता है। तथा दूसरे व्यक्ति को अपने माँ-बाप का नाम बताने में हीनता का बोध होता है। बुराई इस बात में है कि एक व्यक्ति को अपने माँ-बाप का नाम बताने से अवांछित लाभ प्राप्त होते हैं तथा दूसरे व्यक्ति को अपने माँ-बाप का नाम बताने से अकारण नुकसान होते हैं। लेकिन अब डा. अम्बेडकर के बाद दलित चिन्तन का क्या भविष्य है? भविष्य इस रूप में उज्ज्वल है कि दलित चिन्तन को बौद्ध धर्म से जितनी जल्दी हो सके, हट जाना चाहिए। दलित के लिए बौद्ध चिन्तन एक पराया चिन्तन है। यह तब तक पराया नहीं लगेगा जब तक दलित का अपना चिन्तन एक इतिहास के रूप में नहीं लिखा जाएगा। अपने स्वतन्त्र चिन्तन की राह पर आते ही दलित को बौद्ध चिन्तन एकदम पराया और निरर्थक लगने लगेगा। इसी बात को देर तक सोचना है लेकिन इस में कहीं भी बाबा साहेब को नहीं बिसारना है। बाबा साहेब ने अपने चिन्तन में कोई ऐसा ओछा काम नहीं किया है जिससे दलितों को शर्म महसूस हो। यही चिन्तन के इतिहास के ज्ञान का फायदा होना है। दूसरी तरफ, यह अन्यथा भी उचित है कि दलित अपनी

समस्या से खुद दलित के रूप में जूझता क्यों नहीं है। वह विभिन्न धर्मान्तरणों के द्वारा अपनी विशिष्ट पहचान खोता हुआ छुपता क्यों है? उसे चुनौती मिलने पर चुनौती के सामने आना चाहिए। सिंह पुरुष ऐसा ही किया करता है दलित व्यक्ति चिन्तन के क्षेत्र में विवशता और अपाहिजगिरी क्यों दिखाता है? प्रकृति की ओर से दिया गया उस के पास कौन सा वरदान नहीं है? आँख, कान, नाक में से कौन-सी इन्द्री उसके पास नहीं है? वह कब लंगड़ा और लूला पैदा हुआ है? परमात्मा ने अपनी कौन-सी नेमत उस पर नहीं बरसाई है? उसे अपने जन्म से शिकायत क्यों है? वह धरती पर अपने जन्म लेने को त्यौहार की तरह क्यों नहीं मनाता है? वह अपनी मुस्कान को ब्राह्मण के होने या न होने से क्यों जोड़ता है? उसका सब कुछ दूसरों पर क्यों निर्भर है? इस सब के लिए वह खुद कहाँ गायब है? उसने कैसे मान लिया है कि वह खुश तभी होगा जब दूसरे उसे खुश रहने देंगे? वह दूसरों से अपनी खुशी छीनता क्यों नहीं है?

दलित चिन्तन की एक अन्य गम्भीर समस्या यह है कि उसे किस नाम से पुकारा जाये। इसके बारे में आज तक कुछ निश्चत रूप से तय नहीं हुआ है। इसे कोई भी नाम दिया जाये यह उसी से परेशान हो जाता है। यह अपने चमार के नाम से घबराया हुआ है और न ही यह खुद को भंगी कहलवाने देता है। दलित को एक नाम गाँधी जी ने 'हरिजन' का दिया था। गाँधी जी को ऐसा कोई हक नहीं था लेकिन दलित की समस्या यह है कि उसे कोई शब्द पसन्द नहीं है। हिन्दुस्तान के दलित ने शब्द 'हरिजन' को अपने लिए अपशब्द और अपमानजनक माना और कानून की भाषा में इस के प्रयोग पर पाबन्दी लगवा दी है। यह ठीक हुआ लेकिन उसने विकल्प में अपना कोई शब्द नहीं दिया है। खुद आज प्रयोग हो रहे इस 'दलित' शब्द से उसे भारी आपत्ति है। पुरानी शब्दावली के 'शूद्र', 'अस्पृश्य', 'अन्त्यज', 'श्वपच', 'सूकर' और 'चाण्डाल' जैसे शब्दों से वह खुद को जोड़ना नहीं चाहता। संविधान के बिलकुल नये शब्द 'एस-सी' और 'अनुसूचित जाति' के प्रयोग से भी वह डरा हुआ है।

मुसीबत इस बात की है कि दलित दूसरों के दिए हुए हर शब्द से असहमति जरूर दर्ज करता है, यह उस का हक भी है, लेकिन उस ने खुद के लिए अभी तक कोई नाम चुन कर नहीं दिया है। 'प्रोटेस्टेन्ट हिन्दू', 'आदि हिन्दू'–ये कोई नाम नहीं हैं–ये हिन्दू हैं। इन के अतिरिक्त, बौद्ध, सिक्ख, मुसलमान और ईसाई–ये उसके अपने नाम नहीं हैं। इन नामों से वह दूसरों में केवल छुपना और रहना चाहता है। लेकिन इस देश में धर्मान्तरण उस की समस्या का कोई समाधान नहीं है क्योंकि उतना धर्मान्तरण ब्राह्मण भी कर जाता है। धर्मान्तरण के मामले में ब्राह्मण दलित से कहता है–'तू डाल-डाल, मैं पात-पात।' तब समाधान क्या है? समाधान इस बात के जानने में है कि उस की समस्या नाम के बजाय हीनता की है। उसे कोई भी नाम दिया जाए, वह उसी से चिढ़ जाता है। इस का भाषा विज्ञान में शब्द-व्युत्पति-शास्त्र से कोई सम्बन्ध नहीं है। शब्द-व्युत्पति-शास्त्र लाचार है क्योंकि यहाँ हर शब्द पिटता है–'बुद्ध' का मतलब 'बुद्धू' हो जाता है। यह समस्या बहुत पुरानी है। कौटिल्य के अर्थशास्त्र से पता चलता है कि

उस समय भी लोग अपनी जाति को छिपाने की कोशिश करते थे। ग्रन्थकार लिखता है—"जो लोग अपना देश, जाति, गोत्र नाम और अपने अध्यवसाय का ठीक-ठीक पता न देते हों, नीच कर्म करने वाले, नीच जाति में उत्पन्न वे शंकित लोग हैं।" लेकिन दलित किसी का चोर और जार नहीं है। इसने किसी की बेटी और बहू नहीं भगाई है। लेकिन आश्चर्य की बात है कि आज भी सरकारी सेवाओं में आरक्षित कोटे से आये हुए कई कर्मचारी और अधिकारी लोग दफ्तरों में अपनी जाति को छुपाते हैं। समस्या यहाँ तक गम्भीर बनी हुई है कि कई दलित लेखक तक अपने साहित्य में और सभा-समाजों में अपनी जाति को छुपाते हैं। किसी भी साहित्यिक लेखन का सब से पहला उद्देश्य यह होना चाहिए कि लेखक अपने पाठकों की हीनता-ग्रन्थि को समाप्त करके उन्हें शक्ति और स्वतन्त्रता की ओर ले जाये। लेकिन यहाँ अभी स्वयं लेखक ही हीनता-ग्रन्थि से ग्रसित हैं। इसलिए वास्तविक समाधान के लिए, हर हालत में, दलित के मन से हीनता की ग्रन्थि समाप्त होनी है। वह दलित व्यक्ति अपने प्रतिद्वन्द्वी से क्या लड़ेगा जो मात्र 'चमार' और 'भंगी' के शब्दों से डर गया है? दूसरे, वह आदमी समाज में किसी मतलब का नहीं जो अपने बाप का और अपनी माँ का नाम गर्व से नहीं ले सकता। संसार को कोई बच्चा अपने माँ-बाप का नाम लेना नहीं छोड़ता है।

समाधान यह है कि दलित चिन्तक खराब से खराब, कमजोर से कमजोर और घृणित से घृणित शब्द अपने लिए पकड़ लें और उसी का अर्थ बदल दें। शब्दों के अर्थ स्थायी नहीं हैं और बिना किये कुछ मिलता नहीं है। ज्यादातर दलित व्यक्ति की शिकायत ऐसी होती है कि इसके लिए कोई दूसरा आदमी काम करके देगा। शिकायत करने के बहाने वह खुद गैर-जिम्मेदार और गायब हो जाता है पता होना चाहिए कि शब्दों के अर्थ समय के अनुसार बदलते रहते हैं। इस परिवर्तन के बाद भी ब्राह्मण को जिस शब्द से स्वप्न में भी डर लगता है वह 'चाण्डाल' है। पानी पानी है पर क्या सौ डिग्री सेंटीग्रेड के उबले हुए पानी में भी कोई नहाना चाहेगा? लोहा लोहा है पर क्या कोई तपते लोहे को हाथ से छूना चाहेगा? चमार चमार है पर जब वह ब्राह्मण को कुश्ती के मैदान में ढहा लेगा तो वह कैसा चमार होगा? वह ऐसा ही चमार बन जाये कि ब्राह्मण हाथ जोड़ कर उस का सम्मान करने लगे—फिर शब्दों में क्या रह जाएगा? असली समस्या पहचान की है। दलित चाहता रहा है कि विभिन्न धर्मांतरणों के द्वारा उसकी पहचान मिट जाये लेकिन चिन्तन के स्तर पर यही बात उस के सब से ज्यादा नुकसान में है। उल्टे, उसे अपनी पृथक और विशिष्ट पहचान खुद खोजनी चाहिए। मनुष्य जी रहा है और उसकी पहचान मिट रही है—यह पशु का जीवन है। यह जानवर के गले में माला है। प्राप्ति और योगदान यह है कि मरने के बाद भी मनुष्य की पहचान बनी रहे। कहा जा सकता है कि दलित के साथ ऐसा कोई अपराध नहीं जुड़ा है और न ही वह किसी ऐसी अच्छी बात से महरूम है कि कोई उसे हीन बनाये रखे या वह खुद को ऐसा सोचता रहे। प्रकृति और भगवान ने उसे अपने सारे साजो-सामान से नवाजा है। बच्चा कितना प्यारा पैदा होता है। उसे भगवान की दी हुई सारी इन्द्रियाँ और शक्तियाँ

प्राप्त होती है। वह जन्म लेते ही हाथ-पैर हिलाता है और बचपन में बढ़ता हुआ जबान से मधुर-मधुर तुतलाता है। वह अपने घुटनों के बल रेंगता है और फिर खड़ा होता है। वह हँसता है और किलकारियाँ देता है। उसका शरीर आश्चर्यों का ढेर है।

कोई कारण नहीं है कि दलित इस संसार में खुद को हताश महसूस करे। जीवन के उबाल में वह थका-थका न रहे। किस के पास गरीबी नहीं थीं, कौन-सी सभ्यता चर्मयुग से गुजर कर नहीं आयी? किस सभ्यता के लोग पाषाण युग में नहीं जिए हैं? कौन युद्ध भूमि में बिना बिछौने के पत्थरों पर नहीं सोया है? किस कौम ने सूखा पड़ने पर भगवान से अन्धविश्वासियों की तरह दोनों हाथ आकाश की ओर उठा कर वर्षा की भीख नहीं माँगी है? कौन योद्धा संकट काल में जंगलों की झाड़ियों में गीदड़ों की तरह लुका-लुका नहीं फिरा है? किसने घास की रोटियाँ नहीं पकाई और किस ने कुत्ते का मीट नहीं खाया? किन की माताओं के साथ बलात्कार नहीं हुए हैं? किन के मन-मन भर जनेऊ और चोटियों नहीं काटी गयी हैं? सही बात यह है कि जजिया कर लगाये गये हैं, मुगलों को बेटियाँ दी गयी हैं और छाती पर एंग्लो-इण्डियन पैदा हुए हैं। जब ऐसी कौमें अपने आप को गर्व से हिन्दू और ब्राह्मण कह सकती हैं तो दलित को खुद को चमार और चण्डाल गौरव से क्यों नहीं कहना चाहिए? उत्थान-पतन चलते रहते हैं, कौमों में अमीरी-गरीबी बँटती रहती है, लेकिन इन कारणों से कोई कौम अपनी पहचान नहीं मिटाया करती। दलित को खुश होना चाहिए कि इतिहास ने उसे एक पहचान दी है—भले ही आज यह दुख की है। पर कल को सुख में बदल जाएगी। समस्या अस्पृश्यता और अपमान की है तो उसे मेहनत कर के मिटाया जा सकता है। सभी कौमें ऐसा करती है, दुनिया की कोई कौम दुखों की इस प्रक्रिया से नहीं बची है, अन्यथा अंग्रेजों के गुलाम होकर भारत के ब्राह्मण और ठाकुर क्या संसार के सामने कहीं अपना मुँह दिखाने लायक माने जा सकते हैं? गुलामी में उनके साथ क्या नहीं हुआ था लेकिन सन् 1950 में वे फिर स्वतन्त्र भारत का संविधान लिखने बैठ जाते हैं।

बहुत अच्छा प्रश्न है कि इतना कहने से क्या दलित का काम चल जाएगा कि उसे ब्राह्मण ने मारा है। जीवन के संघर्ष में किसने किसको नहीं मारा? कोई एक कौम दूसरी कौम को मौका मिलने पर मारने से कब छोड़ती है? इसलिए असली सवाल यह है कि किसी कौम के पास दूसरी कौम का जवाब क्या है। आखिर, दलित किसे बता रहा है कि उसे ब्राह्मण ने मारा है? ब्राह्मण को बताने से काई फायदा नहीं है क्योंकि उसकी लड़ाई अन्धविश्वास और मूर्खता की नहीं चल रही है जो गाँधी जी बहकाना चाहते हैं। ब्राह्मण के सिवा किसी गैर-दलित को बताने से भी कोई फायदा नही है क्योंकि वह दलित का कोई मसीहा बना कर नहीं भेजा गया है। यदि दलित को यह बात किसी को बतानी है तो खुद अपने आप को बतानी है कि उसे ब्राह्मण मार रहा है। केवल तभी वह जिम्मेदारी और सही समाधान की ओर बढ़ सकता है।

दलित अपने संघर्ष की जिम्मेदारी लेने से क्यों बचता है? जो लड़ाई उस पर थोपी गयी है, उबाल खाकर, वह उसे लड़ता क्यों नहीं है? वह बौद्ध धर्म के, सिक्ख धर्म के,

इस्लाम के और ईसाइयत के घरों में लुकता-छिपता क्यों फिर रहा है? क्या उसे यकीन है कि वहाँ-वहाँ वह ब्राह्मण द्वारा ढूँढ़ नहीं लिया जाएगा? सच यही है कि किसी भी धर्मांतरण के द्वारा वह लड़ नहीं रहा है बल्कि छिप रहा है। लेकिन वह कहीं भी छिपे, ब्राह्मण द्वारा वहीं खोज लिया जाता है और वहीं दलित बनाया जाता है। यहाँ 'दलित बौद्ध', 'दलित सिक्ख', 'दलित मुसलमान' और 'दलित ईसाई' के शब्द वास्तव में मौजूद और प्रचलन में हैं। आखिर, तब दलित क्या करेगा जब ब्राह्मण भी उससे पहले बौद्ध, सिक्ख, मुसलमान या ईसाई बन जाता है? सही बात यह है कि दलित और ब्राह्मण की यह ऐतिहासिक लड़ाई हर धर्म में लड़ी जा रही है। इसलिए दलित का काम है कि यदि ब्राह्मण ने उसे चुनौती दी है तो वह उसे हिम्मत से स्वीकार करे। यह युद्ध है—इस दृष्टि से इस लड़ाई में कुछ भी अलौकिक नहीं है। यह सांसारिक और सम्मान की लड़ाई है।

यह बात सही है कि ब्राह्मण की यह गन्दी आदत है कि वह दुनिया में सबसे लड़ाई मोल लेता फिरता है। यदि रोटी-पानी और धन-दौलत का कोई मुद्‌दा शेष नहीं है तो वह लड़ाई के लिए न्यौता देता हुआ इतना भर कह देगा कि वह सब से श्रेष्ठ है।' इसमें यह बात भी सही है कि इससे उसे आज तक कोई लाभ नहीं हुआ है। वह बार-बार विदेशियों द्वारा गुलाम बनाया गया है पर उसकी रट है कि वह यह कहना नहीं छोड़ेगा कि वह सबसे श्रेष्ठ है। लेकिन यह हर पहलवान का वाजिब हक है कि वह दंगल में आ कर अपना लंगर घुमा दे। यह परम्परा अखाड़े के नियमों का एक हिस्सा है। यह दलित का काम है कि ब्राह्मण के द्वारा दंगल में लंगर घुमाते ही वह उससे कुश्ती का हाथ मिलाए और बाज की तरह जा भिड़े। यह कुश्ती के बाद ही तय होता है कि भिड़तू में कौन सर्वश्रेष्ठ पहलवान है। दलित की दिक्कत यह है कि वह बिना कुश्ती लड़े ही गाँव में शिकायत करता फिर रहा है कि ब्राह्मण ने दंगल में लंगर घुमा कर अशोभनीय कार्य किया है। उलटे, उसे यह सोचना चाहिए कि ब्राह्मण की मिली चुनौती से उसे अपने दो हाथ दिखाने का अवसर मिलेगा। दलित इस चुनौती को रंगमंच से लेकर अखाड़े की सहजता में लेना सीखे। वह बौद्ध धर्म में या अन्य किसी धर्म में कितना भी बचता फिरे लेकिन एक दिन उसे यह लड़ाई अपनी रीढ़ पर सीधे खड़े होकर अन्तिम रूप से खुद लड़नी है। असल में, इस द्वन्द्व में उसने अपने हिस्से का आधा काम छोड़ रखा है। एक बार वह अपनी रीढ़ तो सीधी करे—एक अँगड़ाई तो ले। गुणात्मक परिवर्तन की सम्भावनाएँ इतनी अधिक हैं कि यहाँ चिड़िया बाज बनी है। इस संसार में आश्चर्य है कि यहाँ अन्धों को सब कुछ दीखा है, लंगड़ों पे पहाड़ लाँधे हैं, बहरों ने सुना है और गूँगों ने दोबारा बोलना शुरू किया है। परमात्मा से सही प्रार्थना करे तो दुनिया में एक केवल दलित ही उस की अपार दया से वन्चित क्यों रह जाएगा?

साहित्य के क्षेत्र की बड़ी बहस यह है कि दलित लेखक अपनी कला के बारे में क्या सोचते हैं। दलित लेखक का यह पूरा-पूरा हक है कि वह साहित्यिक भाषा और साहित्यिक मूल्यों पर अपने स्पष्ट और अलग विचार रखे। लेकिन उस तरफ कम ध्यान दे कर वह भाषा और मूल्यों को नकारने की क्षमता और स्थिति में नहीं है। दलित साहित्य

का कलापक्ष अलग हो सकता है लेकिन दलित साहित्यकार साहित्य में कलापक्ष के ही विरुद्ध खड़ा नहीं हो सकता। ऐसे विचार से दलित साहित्य को बचने की आवश्यकता है। यह बिलकुल धर्म और ईश्वर की तरह की बात है। धर्म, ईश्वर और कला पशु के पास नहीं हैं—क्या दलित चिन्तक ऐसे पशु जीवन को पसन्द करना चाहेगा? इसलिए कहा जा रहा है कि कोई दलित साहित्यकार अपने साहित्यिक कर्म में अभ्यास और साधना को भूलने की भूल नहीं कर सकता। इस दृष्टि से सोचने पर कभी-कभी लगता है कि शायद हिन्दी का दलित साहित्यकार अपनी रचना लिखते समय द्विज समीक्षक से डरा हुआ है। विरोधाभास यह है कि यह उसी से मान्यता चाहता है जिस के भाषागत और साहित्यिक मूल्यों के खिलाफ उस ने दलित साहित्य का बिगुल बजा रखा है।

यह बात दलित साहित्य के लिए शुभ रहेगी कि दलित साहित्यकार का अपनी भाषा पर पूर्ण अधिकार है। दलित साहित्य के लिए यह स्थिति भी गर्व की होगी कि उसे अपनी भाषा के व्याकरण का ज्ञान है। वह द्विज रसों, द्विज छंदों और दलित अलंकारों की खोज कर के उनका प्रयोग करना चाहिए। उसे नये भाषाई और साहित्यिक मूल्य खड़े करने हैं और उन नये मूल्यों में बँधना भी अवश्य है। वह बेकाबू या अनपढ़ होने में ज्यादा देर तक रसमग्न होकर आनन्द नहीं ले सकता। जहाँ उसे कमजोरी में अपने दलित पाठकों के सामने विनीत होना चाहिए वहाँ वह द्विज समीक्षकों का हौवा खड़ा करके बड़बोला नहीं बन सकता। कोई काम नहीं आता है तो सीख लेना चाहिए क्योंकि उसके पास बुढ़ापे तक का पर्याप्त समय है। वह अपने काम न सीखने की कमजोरी को बहाना नहीं बना सकता। उस पर किसी की जबर्दस्ती नहीं है—तब उस काम को कोई दूसरा व्यक्ति अच्छी तरह से कर लेगा। कहने का मतलब यह है कि उस से साहित्यिक गलतियाँ हो सकती हैं लेकिन गलतियाँ करते रहना उसका अधिकार नहीं है। कम से कम ऐसी स्थिति में उसे बड़बोलापन छोड़ कर विनीत अवश्य होना पड़ेगा। जिम्मेदारी की वजह से उसे मूड़ी होने की भी जरूरत नहीं है।

दलित साहित्य की यह मान्यता होनी चाहिए कि भावपक्ष जितना गहरा होगा, अपनी अभिव्यक्ति में वह कलापक्ष में उतना अधिक सँवरेगा। कलापक्ष भावपक्ष को नष्ट करने के लिए नहीं बल्कि उस की प्रभावी और सशक्त अभिव्यक्ति और प्रस्तुति के लिए है। अच्छे कपड़े अच्छे मनुष्य का हमेशा शृंगार हैं। बढ़ई मात्र मेज बना रहा है लेकिन अच्छी बात तब होगी जब वह अच्छी मेज बनाये। मेज मजबूत भी हो और सुन्दर भी हो—एक साथ इन दोनों माँगों में कोई बुराई नहीं है। कोई लेखक अपने प्रिय पाठकों पर अपनी वैसी पुस्तक थोंपना नहीं चाहेगा जो साहित्यिकता से रहित हो। किसी भी साहित्य में साहित्यिकता का होना अनिवार्य है। यह बात दलित साहित्यकार के पक्ष की है कि वह अभ्यास और साधना में बहुत बढ़ा-चढ़ा है। उसे लिख कर भागना नहीं है बल्कि यहीं जमना है। उसे मात्र पुस्तक लिखने की फर्ज अदाई नहीं निभानी है बल्कि विश्व स्तर का बेहतरीन और सर्वश्रेष्ठ साहित्य लिखने की जिम्मेदारी पूरी करनी है। यदि ऐसा नहीं है तो द्विज निन्दक की बात एक तरफ, क्योंकि उससे उसे कुछ

लेना-देना नहीं है, खुद उस का अपना दलित पाठक उसे माफ करने वाला नहीं है। इसलिए इस साहित्यिक कर्म में कोई भूल करने का या लापरवाही बरतने का तनिक भी जोखिम खतरे से खाली नहीं है।

एक तरफ, दलित रोने भी कुछ ज्यादा रोते हैं और दूसरी तरफ, मतलब के रोने इन्हें रोने नहीं आये। इन्होंने आधुनिक काल में संसार को कोई ऐसा रुदन काव्य नहीं दिया जिसे सुन कर कसाई भी रो उठे। इसकी पूरी-पूरी गुंजाइश है, बल्कि इसकी जगह खाली है कि साहित्य में दलित की तरफ से ऐसा महान कार्य हो। लेकिन लिखित रूप में अभी तक न ही दलित की हूक और न ही दलित की कराह संसार के सामने आयी है। आत्मकथा के रूप में जो सामने आएगा वह घरों का फजीता ज्यादा होगा। इस क्षेत्र में भी यह अच्छा रहेगा कि यदि फजीता होना ही है तो दो-चार जिम्मेदार किताबें लिख कर एक बार यह फजीता पूरा कर लिया जाये। लेकिन तब उसमें चिन्तन होना चाहिए, दिशा होनी चाहिए, सन्देश और प्रेरणा होनी चाहिए। अभी दलित लेखकों द्वारा आत्मकथाएँ लिखने की साहित्यिक सीमाएँ हैं। पहली सीमा यही है कि अभी लेखकों के जीवन लम्बे होने हैं और उन्हें जीवन की समग्रता देखनी है। वे केवल अपने बाल्यकाल को आत्मकथा का विषय बना रहे हैं। दूसरी सीमा यह है कि अभी दलित लेखक को जीवन और समाज पर हावी होना है। उन्हें समाज से बड़ी छेड़छाड़ करनी है। उन्हें सामाजिक और धार्मिक आन्दोलनों में सक्रिय होना है। अन्य क्षेत्रों को छोड़ दिया जाये तो साहित्य के क्षेत्र में भी उन्हें अभी बहुत दूर जाना है। लेकिन सबसे अच्छी बात यह है कि वे रुक नहीं रहे हैं, उन्होंने बड़े रास्ते पर चलना शुरू कर दिया है, बचपन की ही बात सही ना हो, लेकिन इससे दलित साहित्य की श्रीवृद्धि हो रही है। उनके इस साहित्य का प्रभात की फेरी के समान स्वागत होना चाहिए।

अब पहली बार समय आया है कि दलित चिन्तन का इतिहास लिखा जाये। ऐसी कोशिश पहले कभी नहीं हुई है। इस कोशिश से दलित समाज एक सही राह पर पहुँच सकेगा। इस इतिहास से पता चल सकेगा कि न तो दलित को अपने पुराने चिन्तकों को कोसने की जरूरत है और न नये चिन्तन को आगे बढ़ने से रोकने की जरूरत है। असल में, बिना इतिहास के ज्ञान के दलित चिन्तक कई खेमों और भूगोलों में बँटा परेशान खड़ा है कि वह क्या करे। यदि केवल आज के उत्तर भारत की बात ली जाये तो या तो वह रैदास और कबीर की जोड़ी को सब कुछ मानता है या डॉ. अम्बेडकर को सब कुछ मानता है। वह उन सब का एक क्रमिक मूल्यांकन नहीं कर पा रहा है। डॉ. अम्बेड़कर के मानने में उसे रैदास और कबीर की अवहेलना करनी पड़ रही है और रैदास या कबीर को मानने में उसे डॉ. अम्बेडकर के योगदान को भुलाना पड़ रहा है। यूँ, उसे कोई रास्ता नहीं मिल रहा है। लेकिन इतिहास को क्रमिक रूप में लिखने से उसे दलित चिन्तन के विकास का पता चल सकेगा।

बताया जा सकता है कि अब तक दलित चिन्तन कई वैचारिक स्थितियों से होकर गुजर चुका है। हर स्थिति में उसने अपना साहित्य लिखने की कोशिश की है। उसका

साहित्य वैसा ही बना है जिस स्थिति या प्रभाव में वह रहा है। दलित चिन्तन की वे स्थितियाँ इस प्रकार क्रमबद्ध की जा सकती हैं:

1. दलित और द्विज के बीच एक भारी भेद है जो अस्पृश्यता के रूप में प्रकट होता है यह अस्पृश्यता की खाई एक सी नहीं है बल्कि समयानुसार और संकटानुसार इस की तीव्रता घटती और बढ़ती रहती है लेकिन बीज नाश की तरह कभी खत्म नहीं होती।

2. दलित अस्पृश्यता के खिलाफ संघर्ष करता है। वह हर युग में द्विजों को चुनौती देता हुआ खड़ा हो जाता है।

3. इस रणनीति में द्विज बड़ी चतुराई से खुद को कट्टरपंथ और उदारवाद के दो रूपों में विभाजित कर लेता है जिस में फिर चुनौती का सामना करने के लिए कट्टरपंथ कभी सामने नहीं आता। इस काम के लिए वह अपने जुड़वा भाई उदारवाद को भेजता है।

4. उदारवाद को दलित से बात करने में सहजता रहती है। पूरा द्विज समाज कथनी और करनी के दो हिस्सों में बँट जाता है। उदारवाद की कथनी और कट्टरपंथ की करनी एक साथ मिल कर चलती है। ये साँप की दो जीभें हैं जो पीछे से एक जुड़ी हैं।

5. कट्टरपंथ अपने पेट में से उदारवाद के स्वामी दयानन्द, स्वामी विवेकानन्द और गाँधी जी जैसे आदमी पैदा करता है। ये पैदा लोग दलित चिन्तन को बहकाने का काम करते हैं। इनका काम दलित को बेमतलब कायल करके चुप करने के सिवा दूसरा नहीं है।

6. आर्य समाज, प्रार्थना समाज, ब्राह्म समाज, राम कृष्ण मिशन, पाण्डिचेरी आश्रम, साबरमती आश्रम और पवणार आश्रम जैसी संस्थाएँ हिन्दू धर्म के एक खास संकट काल के दौर की कुकरमुत्ते वाली उपज होती हैं द्विज समाज के सिर पर से आपत्ति टल जाने पर ये संस्थाएँ और ये व्यक्ति इतिहास के गर्भ में पुनः विलीन हो जाते हैं। इनकी भूमिका पूरी हो जाती है। फिर ये अगले काफी समय तक जन्म नहीं लेते हैं जब तक कि द्विज समाज पर कोई नया संकट न खड़ा हो।

7. दलित चिन्तन को उदारवाद से सबसे बड़ा खतरा तब पैदा होता है जब गाँधी जी जैसे लोग दलितों का प्रतिनिधित्व करने का दुस्साहसी दावा पेश कर जाते हैं। यह दलितों का नेतृत्व छीनने की बात है इससे बड़ी वैचारिक डकैती दूसरी नहीं हो सकती।

8. पहली बाधा-दौड़ में व्यक्तिगत रूप से अच्छा होकर कोई द्विज व्यक्ति दलित चिन्तक पर व्यक्तिगत उपकार कर सकता है। तब दलित चिन्तक उसकी व्यक्तिगत अच्छाइयों के बोझ के तले दबा पड़ा रह सकता है। लेकिन इसका व्यवस्था में परिवर्तन से कोई सरोकार नहीं है।

10. दूसरी बाधा-दौड़ में दलित चिन्तक को उदारवादियों के मंच सुलभ हो सकते हैं। उसे आर्य समाज द्वारा 'महाशय' और गाँधीवाद द्वारा 'हरिजन' बनाया जा सकता है।

11. तीसरी बाधा-दौड़ में उदारवाद जन्मना वर्ण और कर्मणा वर्ण के धोखे खड़े करता है। असल में, वह डॉ. अम्बेडकर द्वारा खोजी गयी रिडल खड़ी करने लगता है।

वह शब्दजाल रचता है। दलित लेखक इस शब्दजाल के चक्कर में आ जाते हैं।

12. चौथी बाधा-दौड़ में उदारवाद जाति को मिटाने का सपना दिखाया करता है। दलित लेखक इस गहरी खन्दक में गिर सकता है। यह लुभावनी भाषा है। अब दलित चिन्तक कसम खा ले कि आगे भूल कर भी उस के मुँह से जाति को मिटाने की बात नहीं निकलेगी। वह केवल अपनी जाति को शक्तिशाली बनाये।

13. पाँचवीं बाधा-दौड़ में द्विज चालाक बनकर वेदान्त के अद्वैत की बात सामने ला सकता है। दलित चिन्तक इस भुलावे में एक दम आ सकता है। लेकिन यह छलावा है और जहर की गोली है। इसमें पारमार्थिक सत्ता और व्यावहारिक सत्ता के बीच अनिर्वचनीयता का हलाहल भरा पड़ा है।

14. छठीं बाधा-दौड़ में वह यह बहस फेंक सकता है कि शूद्र को वेद पढ़ने का अधिकार है। लेकिन दलित चिन्तक को इस बहस में कभी नहीं पड़ना चाहिए। उसे मान कर चलना चाहिए कि वेद उसके माँ-बाप और उसके पूर्वजों ने नहीं लिखे हैं, इसलिए उसे वे ग्रन्थ प्रिय नहीं हैं। यदि कोई ब्राह्मण उसे जबरन वेद पढ़ाने आये तो उसे उस से कह देना चाहिए—"संस्कृत मेरी मातृभाषा नहीं है और वेद मेरे धर्मग्रन्थ नहीं हैं।"

15. सातवीं बाधा-दौड़ में आधुनिक विज्ञान और अन्तरिक्ष की खोज का दुरुपयोग हो सकता है। द्विजों द्वारा अध्यात्म, विज्ञान और पर्यावरण की ऐसी भावभीनी और लुभावनी बातें की जा सकती हैं कि मानो धरती पर दलित के दुःख जैसी कोई समस्या नहीं है या उसका कोई महत्त्व नहीं है।

16. आठवी बाधा-दौड़ में आज द्विजों के हाथ में आया हुआ मार्क्सवाद का झुंझुना है। इस समय मार्क्सवाद द्विजों के उदारवाद का पूरा-पूरा कर रहा है। दिखाने के लिए वह वेद को गाली दे सकता है। कई लेखक इस जगह ठहरे हुए हो सकते हैं।

17. नौवीं बाधा-दौड़ में द्विज दलित से बात करने के लिए उसके घर आ सकता है। वह उस के घर का पानी पी सकता है। लेकिन इस पूरी लम्बी बाधा-दौड़ से, एक बार में ही पार होने का, सबसे सरल रास्ता है कि दलित चिन्तक द्विजों से किसी संवाद और बहस में न पड़े। वह द्विज से संवादहीन बन कर रहा है क्योंकि संस्कृत उसकी मातृभाषा या पितृभाषा नहीं रही है। आगे भी उसे इस जाल से यह संवादहीनता ही बचाएगी—जो मर्ज है वही दया बनेगा।

18. दसवीं बाधा-दौड़ दलित खुद खोजता है इस बाधा-दौड़ में दलित के लिए इस्लाम, ईसाइयत, सिक्ख और बौद्ध धर्म में धर्मांतरण के रास्ते पड़ते हैं। इन धर्मांतरणों से वह इन सुरंगों में पहुँच कर गायब हो जाता है।

19. इस समय का दलित चिन्तन यहीं रुका खड़ा है कि उसे धर्मांतरणों से भी आगे जाना है यह तभी सम्भव है जब उसे अपने पुरखों के चिन्तन का ज्ञान हो। तभी उसकी आगे की कार्यवाही रेखाकित हो सकती है।

20. इतिहास के ज्ञान का लाभ यह है कि अब दलित उन रास्तों पर पुनः नहीं चलेगा जो रास्ते उसके पूर्वज तय कर चुके हैं। वह वहाँ से आगे अपने काम को शुरू

करेगा जहाँ से उसके पूर्वजों ने उस काम को छोड़ा है। उदाहरण के रूप में, अब किसी अगले दलित चिन्तक को डा. अम्बेडकर वाले महाड़ सत्याग्रह और कालाराम मन्दिर प्रवेश के लिए आन्दोलन चलाने की जरूरत नहीं है। उसे मान कर चलना चाहिए कि इन मामलों में बाबा साहेब जी अनुभव कर चुके हैं वह सही, पर्याप्त और पूरा है। वास्तव में, यदि डा. अम्बेडकर को पता होता कि ऐसे अनुभव रैदास और कबीर पहले कर चुके हैं तो पुनः वही बात न दोहराने से उनका समय बच जाता। तब वे अपनी पैंसठ साल की उम्र में दसवीं बाधा-दौड़ के बौद्ध धर्म के लुभावने धर्मांतरण से भी पार हो चुके होते।

21. अब भावी दलित चिन्तक को हिन्दू धर्म के ग्रन्थ पढ़ने और उनकी आलोचना करने की कोई जरूरत नहीं है। वह मान ले कि उस कार्य को बाबा साहेब डा. अम्बेडकर बहुत अच्छी तरह से कर चुके हैं और वह पर्याप्त है। तभी उसके विचार में से विचार निकलेगा अन्यथा सदा की तरह एक पायथागोरस की प्रमेय निकालते रहने से उसका अमूल्य समय नष्ट होता रहेगा।

22. अगले दलित चिन्तक को गुरु रैदास, सन्त कबीर, स्वामी अछूतानन्द, गुरु बख्शी दास, सन्त चोखा मेला, ज्योतिबा फुले, श्री नारायण गुरु, अयंकाली, नन्दयाल, पेरियार स्वामी और बाबा साहेब अम्बेडकर आदि अपने सभी महापुरुषों के चिन्तन को सम्मान की दृष्टि से देखना है और इतिहास में उनका क्रम और योगदान निर्धारित करना है। मूल्यांकन यही किया जाना है कि इन दलित महापुरुषों को द्विजों ने अपनी खड़ी की हुई लम्बी बाधा-दौड़ में कितनी दूर तक और कितनी देर तक उलझाया है और ये चक्रव्यूह का कौन-सा द्वार तक तोड़ पाये थे।

23. जब भावी दलित चिन्तन की बात की जा रही है तो इस पहलू को नहीं भुलाया जा सकता कि व्यक्तियों की अभिरुचियाँ भिन्न-भिन्न हो सकती हैं। दलित व्यक्ति मूलतः एक मनुष्य पैदा होता है, इसलिए उस हद तक उसके लिए मानववाद को स्थान देना पड़ेगा। इसका अर्थ यह है कि एक बँधे-बँधाएँ समाज दर्शन में इतना लचीलापन होना चाहिए कि उसके व्यक्ति को मानसिक और वैचारिक स्वतन्त्रता का अहसास होता रहे। दलित व्यक्ति दलित समाज का सम्मानित सदस्य है और उसकी अगली मानवीय सम्भावनाओं पर रोक नहीं लगायी जा सकती लेकिन व्यक्ति के लिए भी यह लाजिम होगा कि वह अपने समाज का नुकसान करने के लिए अपनी स्वतन्त्रता का दुरुपयोग नहीं करेगा। समाज के थोड़े बन्धनों से व्यक्ति सजता है तथा थोड़ी-सी स्वतन्त्रता से व्यक्ति अपने समाज को हृदय से भर देता है। किसी की व्यक्तिगत मित्रता में समाज आड़े न आये और व्यक्तिगत मित्रता के कारण कोई व्यक्ति अपने समाज को गिरवी न रख दे—ये दो बातें एक साथ चलनी चाहिए।

पाठ आधारित प्रश्न के लिए आलोचनात्मक टिप्पणी/विशेषताएँ

डा. धर्मवीर दलित साहित्य के प्रखर एवं महत्त्वपूर्ण चिन्तन हैं। डॉ. यशवन्त वीरोदय

उनके विषय में लिखते हैं "दलितों को खोए हुए सामाजिक-सांस्कृतिक आधार की शिनाख्त करते हुए इस युग के सबसे बड़े समाज दार्शनिक डॉ. धर्मवीर ने हमें इतिहास के उस मोड़ पर लाकर खड़ा कर दिया है जहाँ से बौद्धिक विमर्श की दिशा बदल गयी है। उनके चिन्तन के मूल में है—घर, परिवार, राष्ट्र की रक्षा और मजबूती और उससे जुड़ा है उनका आजीवक धर्म चिन्तन और पारिवारिक स्वतन्त्रता।"

इस निबन्ध में लेखक उस संकट की ओर भी संकेत करते हैं जहाँ दलित नेतृत्त्व गैर दलितों के हाथ में होने से हुआ। गैर दलित चिन्तक सदैव दलितों का प्रतिनिधि बनने का दावा पेश करते हैं। इससे दलित चिन्तन का मौलिक चिन्तन और विकास सम्भव नहीं। वह कभी पूर्णता तक नहीं पहुँचता। यहाँ वह गाँधी के उन सभी दावों को गलत ठहराते हैं जिसमें वह दलित समाज का नेता अम्बेडकर को न मानकर नेतृत्व का दावा स्वयं पेश कर रहे हैं। वह डॉ. अम्बेडकर के चिन्तन को भी केन्द्र में रखते हुए उसकी सीमाएँ बताते हैं कि भले ही वह गाँधी के रूप में जन्मे बुद्ध (जैसाकि उनकी छवि प्रस्तुत की गयी) जुझारू होकर लड़ते हैं लेकिन हजारों वर्षों पूर्व के बुद्ध के शिष्य बन जाते हैं। वह उस चिन्तन को महत्त्व और शोध करने की माँग उठाते हैं कि जैसे अम्बेडकर गाँधी से जुझारू हुए उसी तरह उस समय का भी कोई अम्बेडकर अवश्य होगा जो बुद्ध से भी लड़ा होगा।

दलितों में बँटे दो खेमों आस्तिक और नास्तिकों की समस्या पर गम्भीरता से यहाँ विचार किया गया है। लेखक दलितों पर इन विचारों को भी थोपा हुआ बताता है। वह उन दलित विद्वानों लेखकों और चिन्तकों को कटघरे में खड़ा करते हैं जो ईश्वर को नहीं मानता, नास्तिक है और वह उन पर प्रश्न चिह्न लगाते हैं जो आस्तिक है और वह उन पर प्रश्न चिह्न लगाते हैं जो आस्तिक होकर केवल ब्राह्मणों के ईश्वर में विश्वास करते हैं। धर्मवीर यहाँ भी मौलिकता की माँग कर रहे हैं उनके अनुसार ईश्वर केवल इसीलिए त्यागने या स्वीकारने योग्य नहीं हो जाता कि वह ब्राह्मणों का है बल्कि आवश्यकता है कि दलित स्वयं अपने ईश्वर की खोज करें। क्योंकि चिन्तन और विकास परम्परा में जैसे ब्राह्मणों के पास उनका ईश्वर हथियार के रूप में मौजूद है उसी तरह दलित को भी निशस्त्र न होकर अपने ईश्वर की खोज करके प्रखर हथियार का निर्माण करना चाहिए। इसी प्रकार धरती, आकाश, पेड़, पौधे, नदी, पहाड़, सूर्य, चन्द्रमा सारी प्रकृति के सुखों और सभी विषयों का केवल इसीलिए विरोध ठीक नहीं क्योंकि इससे वह ब्राह्मणों के प्रति अपना क्रोध प्रकट कर सकेंगे बल्कि आवश्यकता है इन प्राकृतिक सुखों और विषयों पर दलितों द्वारा अपने हक और अधिकारों की माँग करने की।

दलित चिन्तन में विवेक और प्रगतिशीलता के महत्त्व पर यहाँ बल दिया गया है। डॉ. धर्मवीर अपनी पुस्तक की भूमिका में लिखते हैं—

"हिन्दुओं में एक बड़ी तादाद के लोग बिना धर्म के रह रहे हैं। दलित उन्हीं में से हैं। हिन्दुओं ने उन के लिए धर्मशास्त्रों और मन्दिरों के रास्ते रोके हैं और खुद दलितों ने अपने शास्त्र और मन्दिर खड़े नहीं किये। यह धर्महीनता की स्थिति है और इसे

अच्छी स्थिति नहीं कहा जा सकता। इसीलिए हिन्दू धर्म की कोई परिभाषा तय नहीं हुई ताकि दलितों को इस में शामिल किया गया है। यदि दलितों और पिछड़ों को हिन्दू धर्म की गिनती में न लिया जाए तो हिन्दू धर्म की एक पक्की परिभाषा बन सकती है। हिन्दू धर्म के अपरिभाषित रहने का मुख्य कारण यह है कि उस के काफी संख्या में लोग अहिन्दू हैं।

बाबा साहेब डॉ. अम्बेडकर दलित चिन्तन में जरूर पड़ते हैं और गहराई से पड़ते हैं। उन्होंने दलितों के लिए बहुत सोचा और किया है। लेकिन उन्होंने बौद्ध धर्म को ग्रहण करके मूल दलित चिन्तन को बीच में छोड़ा है। कहा तो यह भी जाना चाहिए कि उन्होंने बोद्ध धर्म और बौद्ध दर्शन को दलित जातियों के अनुकूल व्याख्यायित करने का प्रयत्न किया जो सफल नहीं हो सका। लेकिन मंगूराम और स्वामी अछूतानन्द ने बिना किसी विचलन के सोचा है। वे सीधे रैदास और कबीर पर गये हैं, जिन के पवित्र चरणों में हमारे शीश झुकते हैं।

सारी समस्या हीनता की ग्रन्थि की है। दलित जातियों में गिनाये गये लोग केवल शब्दों से मरे पड़े हैं। ये स्वतन्त्र कैसे होंगे?—इन्होंने दूसरों के कहने से खुद को हीन समझ रखा है! विचारों की अपनी ताकत होती है जिस का दलित जातियों ने इस्तेमाल नहीं किया। मनुष्य में हीनता क्यों? किसी को भी अपने माँ-बाप का नाम बताने में हिचक क्यों?

डा. धर्मवीर बुद्ध को संघर्षशील दलित का प्रतिनिधि नहीं मानते। इसके पीछे उनका मजबूत तर्क है कि बुद्ध न तो दलित थे और ना ही दलितों की समस्याओं से कभी जूझे थे। यह बिलकुल अनुभूति और सहानुभूति में होने वाला अन्तर है। क्षत्रिय राजा थे। उन्होंने गरीबी नहीं देखी थी बल्कि सब त्यागने के बाद गरीबी को ओढ़ा था जैसे गाँधी जी उद्योगपति बिरला के आश्रम में धोती पहन कर महात्मा बनने का दावा करते हैं। लेखक ने इसे छदम माना हैं वह वास्तविक दलित चिन्तिकों की परम्परा में दलित समाज के कर्मशील और संघर्षशील नायकों को ही शामिल करते हैं इसमे वह एकलव्य, शंबूक, रैदास, कबीर और ज्योतिबा फुले तथा अम्बेडकर की परम्परा को स्वीकार करते हैं। वह मानते हैं कि बुद्ध दलितों की समस्याओं से नहीं टकराते बल्कि उससे बचकर निकल जाते हैं। डॉ. अम्बेडकर के दलित चिन्तन को महत्त्व देते हुए उसकी सीमा केवल बौद्ध चिन्तन में मिल जाने को मानते हैं। उनका मानना है कि दलित को अपनी पहचान नहीं छुपानी चाहिए बल्कि ईश्वर ने जैसे उसे सम्पूर्ण बनाया है उसी तरह उसे अपनी पहचान और उससे जुड़े अधिकारों पर अपना मजबूत दावा प्रकट करना चाहिए। यहाँ दलित चिन्तन के इतिहास और वर्तमान की महत्त्वपूर्ण परम्परा को उजागर किया गया है।

पुस्तक के फ्लैप पृष्ठ से "डॉ. धर्मवीर अपनी निर्भीक तार्किकता और स्पष्टवादी चिन्तन के कारण अक्सर विवाद पैदा करते रहे। दलितों के प्रश्न को उन्होंने बार-बार और कई कोणों से परखने की कोशिश की। उनकी मौजूदा पुस्तक इसी क्रम में एक नयी पहलकदमी है। उनका मानना है कि 'पिछले कुछ ज्ञान हजार वर्षों से दलित चिन्तन

एक अभिशप्त चिन्तन रहा है...दलित चिन्तन को अभिशप्त इस रूप में कहा जा रहा है कि यह ब्राह्मण के जिक्र से भरा हुआ है।' डॉ. धर्मवीर की स्थापना है कि 'दलित चिन्तन उस समय मुक्त, स्वतन्त्र और वास्तविक होगा जिस समय उसके जिक्र में से ब्राह्मण का सन्दर्भ निकल जाएगा। वह दिन उसकी सच्ची स्वतन्त्रता का दिन होगा।''

डा. धर्मवीर यहाँ दलित साहित्य और उसके कलापक्ष सम्बन्धी महत्त्वपूर्ण चिन्तन को प्रस्तुत कर रहे हैं। उनका मानना है कि दलितों को धर्म, ईश्वर और कला विहीन पशु के समान नहीं होना है। मनुष्य बने रहने के लिए उसे धर्म, ईश्वर और कला के साधना और अभ्यास को नहीं भूलना। डॉ. धर्मवीर यहाँ दलित साहित्य को परम्परागत ब्राह्मणीय भाषा, छन्दों, अलंकारों, व्याकरण को त्यागकर अपने लिए नये रूप से गढ़ना होगा। वह यहाँ दलित साहित्य के नये सौन्दर्य शास्त्र की रूपरेखा प्रस्तुत कर रहे हैं क्योंकि दलित साहित्य कला के पुराने प्रतिमानों की तोड़कर नये मूल्यों की स्थापना करेगा। दलित साहित्य में आत्मकथा विधा की विशेषता के महत्त्व को रेखांकित करते हुए दलित साहित्य के सौन्दर्य शास्त्रीय परम्पराओं को वह महत्त्व देते हैं। वह कला और साहित्य में ऐसी अभिव्यक्ति को महत्त्व देते हैं जहाँ दलितों का भावपक्ष प्रामाणिक रूप से प्रकट हो। डॉ. धर्मवीर यहाँ दलित चिन्तन के इतिहास लेखन की आवश्यकता को महत्त्व प्रदान कर रहे हैं क्योंकि इसके अभाव में दलित समाज और उसकी वैचारिकता कई वर्गों में बँटी हैं। उनके योगदान, चिन्तन और वैचारिकता को समझने के लिए दलित चिन्तन की अभिशप्तता कैसे बाहर निकले, इतिहास को चिन्तन की स्वस्थ परम्परा से जुड़ना होगा इसके लिए उसे जिन परिस्थितियों और मुख्य बिन्दुओं को केन्द्र में रखकर अपनी वैचारिकता का विकास करना है उसकी महत्त्वपूर्ण परम्परा वह मुख्य बिन्दुओं के रूप में प्रस्तुत करते हैं। डॉ. धर्मवीर ने दलितों के प्रश्नों को बार-बार और कई कोणों से परखने की कोशिश की है।

कौशल्या बैसंत्री

कौशल्या बैसंत्री का जन्म 8 सितम्बर, 1926 को महाराष्ट्र में खलासी लाईन बस्ती के दलित समाज के अत्यन्त निर्धन परिवार में हुआ। इनके माता-पिता दिहाड़ी मजदूर थे। कई भाई-बहनों के साथ बचपन अभावों में बीता लेकिन शिक्षा के महत्त्व को ध्यान में रखते हुए माँ ने इनकी शिक्षा के लिए विशेष प्रयत्न किए। जातीय दंशों और आर्थिक विपन्नता के बावजूद उच्च शिक्षा ग्रहण की। दस-बारह वर्ष की उम्र में उन्होंने पहली बार डा. अम्बेडकर का भाषण नागपुर के कस्तूरचन्द पार्क में सुना। जुलाई 1942 के अधिवेशन में बाबा साहब से उनकी मुलाकात भी हुई। डा. अम्बेडकर के विचारों से प्रभावित होकर उन्होंने सामाजिक परिवर्तन के आन्दोलनों में बढ़चढ़ कर भाग लिया। वह कुछ वर्ष दिल्ली में भी रहीं। यहाँ उन्होंने 'महिला जागृति परिषद' नामक संस्था का गठन किया। दलित समाज और महिलाओं की स्थिति में सुधार के लिए वे सदैव प्रयत्नशील रहीं। आत्मकथा में सूक्ष्मता से दलित समाज के संघर्ष और समाज में दलित स्त्री के जातीय एवं पितृसत्तात्मक, दोहरे शोषण और उत्पीड़न को दर्ज किया गया है। 24 जून 2011 को इनका देहावसान हो गया।

दोहरा अभिशाप (आत्मकथांश)

मेरे माँ, बाबा (पिता) नागपुर की एम्प्रेस मिल में काम करते थे। माँ धागा बनाने वाले विभाग में काम करती थीं और पिताजी मशीनों में तेल डालने का काम करते थे। आज रविवार होने की वजह से उनकी मिल से छुट्टी थी। परन्तु घर के कामों से न तो माँ को फुरसत थी और न बाबा को। माँ ने चिकनी मिट्टी से हम पाँचों बहनों के बाल धो दिये। चिकनी मिट्टी गाँव की औरतें बेचने आती थीं। ये औरतें जंगली खूर, बेर, मिश्रित साग भी लाती थी। हम इन चीजों को चावल की खुद्दी देकर खरीदते थे। वह औरतें भी पैसे के बदले खुद्दी लेना ही पसन्द करती थीं।

माँ हमेशा बाल धोते वक्त बड़बड़ाती रहती थीं—"देवा, मैंने ऐसा कौन-सा पाप किया था कि मेरे नसीब में लड़कियाँ ही लिखी हैं?" माँ ने लगातार पाँच बेटियों को जन्म दिया। सबसे बड़ी बहन के बाद एक बेटा हुआ भी था परन्तु वह डेढ़ वर्ष का होते-होते मर गया। उसके बाद दो बेटियाँ हुई, वे भी दस-ग्यारह महीने की होते ही मर गयी। उसके बाद माँ को लगातार चार बेटियाँ हुईं। अब हम पाँच बहनें रह गयीं।

बाद में दो बेटे और एक लड़की को जन्म दिया। उनमें से एक लड़का और एक लड़की की मृत्यु हो गयी।

बहुत सवेरे ही माँ ने लकड़ियाँ जलाकर चूल्हे पर नहाने के लिए पानी चढ़ाया और एक के बाद एक हम सबके बाल धोने लगीं। छोटी बेटी के बाल घने और लम्बे थे जो मुश्किल से सुलझ रहे थे। माँ खीजते-खीजते बाल सुलझा रही थीं और साथ में जुँओं को भी निकालकर मार रही थीं। पूरे तीन घंटे लगे थे वह सब करने में। काम खत्म करने के बाद माँ ने सबको रात की बनी हुई दाल के साथ एक-एक रोटी खाने को दी। रोटी का नाश्ता सिर्फ रविवार को ही मिलता था, क्योंकि उस दिन बहुत सारा काम करने को होता था और खाना देर से बनता था।

उस दिन हफ्ते भर के लिए चावल बीनने का काम किया जाता था। माँ ने ढेर सारे चावल फटककर उसकी खुद्दी अलग कर दी और हम सब बहनों को चावल बीनने के लिए बैठा दिया। किसी ने थाली, किसी ने परात, किसी ने पतीले के ढक्कन में चावल बीनना शुरू किया। माँ ने तब तक घर की छत से झाड़ू से जाले साफ किये। पूरे घर और आँगन को खूब झाड़ू लगाकर साफ किया। तब तक पूरे चावल बिनकर साफ हो गये थे।

शनिवार को हमारा स्कूल सवेरे साढ़े सात बजे शुरू होता था और साढ़े दस बजे छुट्टी हो जाती थी। उस दिन हम घर आकर खाना खाने के बाद, सब बहनें मिलकर घर की आधी दीवार सफेद मिट्टी से और नीचे की जमीन को गोबर से लीपते थे। सफेद मिट्टी भी गाँव के लोग बैलगाड़ी पर लादकर बेचने आते थे। माँ एक महीने भर के लिए यह मिट्टी खरीदकर रख लेती थीं। इस सफेद मिट्टी को हम एक दिन पहले ही भिगोकर रख देते थे ताकि अच्छा घोल बने। इस घोल से एक बहन दीवार लीपती थी, घोल में कपड़ा भिगोकर और दूसरी बहन गोबर से नीचे की जमीन लीपती थी। माँ ने हमें लीपना सिखाया था। स्कूल के कपड़े और कुछ पहनने वाले कपड़े भी हम उस दिन धोकर रख देते थे। सूखने के बाद तकिये के नीचे तह करके रख देते थे ताकि इस्तरी किये लगें। यह काम शनिवार को करने से रविवार का आधा काम निपट जाता था।

माँ घर की बिछाने-ओढ़ने वाली गोदड़ियाँ कुएँ पर ले गयीं। मैं छोटी बाल्टी को रस्सी बाँधकर कुएँ में डालकर पानी खींचती और माँ, बड़ी बहन मिलकर उस पानी से कपड़े धोतीं। सबसे छोटी बहन दौड़-दौड़कर उन कपड़ों को घर ले जाती थी और घर में जो बहनें थीं वह घर के बाहर बाँस पर बँधी रस्सी पर, कुछ खाट बिछाकर उस पर कपड़े सूखने को डालती थीं। सबका काम बँटा था। घर की यह सुविधानुसार व्यवस्था थी।

बाबा ने तब तक चूल्हे के लिए लकड़ियाँ कुलहाड़ी से काटकर एक ओर रख दी थीं। गाँव के लोग जंगल से बड़े-बड़े पेड़ों की लकड़ियाँ काटकर बैलगाड़ी पर बस्ती में बेचने लाते थे। वे थोड़ी-थोड़ी लकड़ियाँ नहीं बेचते थे, पूरी बैलगाड़ी का मोल-भाव करना पड़ता था। बाबा इन लकड़ियों को खरीदकर घर की दीवार से सटा देते और छुट्टी के दिन या मिल से आने के बाद थोड़ी-थोड़ी चीरकर रख देते थे। आज बाबा ने जो लकड़ियाँ काटी, उनको हमने घर के अन्दर बने छोटे-से मचान में रखना शुरू

किया। माँ एक खाली खोखे पर खड़ी होकर मचान पर रख रही थीं। वह इन्हें लाइन से व्यवस्थित रखती जाती थीं और हम सब बहनें उनको लकड़ियाँ लाकर दे रही थी। बरसात भर के लिए पिताजी ढेर सारी लकड़ियाँ खरीदकर और काटकर मचान पर रख देते थे ताकि पानी में न भीगें और खाना बनाने में कष्ट न हो।

माँ और बाबा बहुत थक गये थे। हम सबने स्नान कर लिया था। अब माँ और बाबा ने गरम-गरम पानी से स्नान किया ताकि उनकी थकावट दूर हो जाये। बड़ी बहन ने भात और रोटियाँ पकाईं। पिताजी ने सवेरे ही मांस खरीदकर रखा था। ज्यादातर हम लोग गाय का ही मांस खाते थे। बस्ती के लोग भी ज्यादातर गाय का ही मांस खाते थे। वह मांस सस्ता होता था। हमारी बस्ती से थोड़ी ही दूर पर कसाईखाना था। गुड्डीगोदाम नामक जगह पर यह कसाईखाना था। मुस्लिम कसाई यह मांस बेचते थे। कसाईखाने की जालीदार खिड़कियाँ और दरवाजे थे। डॉक्टर आकर गायों की जाँच करके काटने की अनुमति देता था। अंग्रेज, ऐंग्लो इंडियन, ईसाइयों के नौकर यहाँ आकर मांस खरीदते थे। गड्डीगोदाम में छोटी-सी एक मार्केट थी। काम भर की जरूरत की चीजें वहाँ मिल जाती थीं। वहाँ हिन्दू खटिक बकरियों का मांस बेचते थे। हमारी बस्ती के लोग मांस खरीदकर किसी कपड़े में बाँधकर लाते थे। कपड़े में से सारे रास्ते भर खून टपकता रहता था। देखने में बहुत भद्दा लगता था। माँ को यह देखकर बहुत बुरा लगता था। वह जिसको भी कपड़े में मांस बाँधकर लाते देखतीं, उसे टोक देती थीं। उन्हें समझाती थीं कि किसी डिब्बे या बर्तन में मांस लाया करो, ढककर। लोग यह देखकर कहेंगे कि हम गन्दे लोग हैं। बस्ती के लोगों को माँ की बात अच्छी लगी और उन्होंने इस बात पर अमल किया, तब माँ को बहुत खुशी हुई।

छोटी बहन ने मसाला पीसने के पत्थर पर खूब बारीक मसाला पीसा। हम मांस में ज्यादा मिर्च डालकर पकाते थे। माँ ने मसाला भूनकर मांस को चूल्हे पर चढ़ाया और मांस पकाने तक बाबा और माँ और कुछ छोटे-मोटे काम में लग गये। दोनों को खाली बैठना अच्छा नहीं लगता था। बाबा कभी खाट ढीली हो गयी हो, उसे कसते, यहाँ-वहाँ कील ठोंकते। माँ भी फटे-पुराने कपड़े सीने बैठ जातीं, कभी गोदड़ी सीने लगतीं। दोनों बहुत परिश्रमी थे।

आज छुट्टी का दिन था, इसलिए भात, रोटियाँ और मांस बना था। रोज सिर्फ भात और मिर्च-मसाले वाली दाल बनती थी। कभी-कभार बेसन की कढ़ी, या आलू-बैंगन की रसेवाली सब्जी, कभी रसेवाली बड़ियों की सब्जी ही बनती थी, क्योंकि भात के साथ रसा तो चाहिए ही।

हम लोग गरमी के दिनों में मूंग और उड़द की बड़ियां साल भर के लिए बनाकर रख देते थे। बस्ती की औरतें-लड़कियाँ एक-दूसरे को बड़ियाँ डालने, दाल पीसने में मदद करती थीं। चावल के आटे को पानी में थोड़ा गाढ़ा पकाकर उसके पापड़ कपड़े पर डालकर सुखाते थे। यह पापड़ त्यौहार या मेहमान आने पर तलकर खाते थे। लकड़ी के फट्टे पर सेंवइयाँ भी हाथ से बनाकर रख देते। इन्हें कभी-कभी आम के रस में डालकर खाते। पहले सेंवइयों

को पानी में उबालकर उसका पानी निकाल लेते, फिर रस वाले आम का रस निकालकर या इमली को पानी में भिगोकर उसका रस निकालकर चीनी या गुड़ डालते और सेंवइयों में मिलाकर खाते। जब कभी मेहमान आते तो उन्हें भी सेंवइयाँ खिलाते। सेंवइयाँ और चावल के पापड़ गर्मियों में साल भर के लिए बनाकर रख लेते। बस्ती की औरतें और लड़कियाँ इस काम में एक-दूसरे की मदद करने आती थीं।

बरसात शुरू होने के पहले बहुत जोर की आँधी आती थी। पड़ोस की कमनी आत्या (बुआ) सुबह के अँधेरे में हमें इमलियाँ बीनने के लिए बुलाने आती थीं। मैं और मेरी छोटी बहन उनके साथ ईसाइयों के पुराने श्मशान (कब्रिस्तान) जाते थे। कब्रिस्तान अंग्रेजों के जमाने का था। और अब उसका उपयोग नहीं हो रहा था। उसके पास के रास्ते पर चहल-पहल भी कम रहती थी। हमको कब्रिस्तान में जाने से डर लगता था। वहाँ टूटे-फूटे मजार थे। कमनी आत्या बाई हमें हिम्मत देती थीं। वह यहाँ हमें इसलिए लाती थीं कि यहाँ डर के मारे कोई नहीं आता था, इसलिए खूब इमलियाँ मिल जाती थीं। यहाँ इमली के बड़े-बड़े पेड़ थे और इमलियाँ भी बड़ी-बड़ी और मोटी थीं। हम थैले भरकर इमलियाँ लाते। इमली के ऊपर का छिलका उतारकर बीज और रेशे निकालकर इमली को धूप में सुखाते थे। माँ इन इमलियों में नमक-मिलाकर उसके बड़े-बड़े लड्डू बनाकर किसी डिब्बे में भरकर रख देती थीं। और जरूरत पड़ने पर हम इसे उपयोग में लाते थे। हम बेर भी तेलँगखेड़ी के जंगल से बीनकर लाते थे। कमनी आत्या को कहाँ-कहाँ से क्या लाना है; इसका पता था। वे ही हमें ले जाती थीं। हम बेर को खूब सुखाते। बाद में माँ इन बेरों को ओखली में कूटतीं और बीज निकालकर बेर का पाउडर बनातीं। फिर उसमें नमक मिलाकर उनकी बड़े की तरह टिकियाँ बनाकर धूप में सुखाती थीं। गर्मी के दिनों में माँ इन बड़ों को पानी में घोलकर, उसमें चीनी मिलाकर हमें कभी-कभी पिलाती थीं। माँ कहती थीं कि इसको पीने से लू नहीं लगती। इमली के बीजों को हम आग में भूनकर खाते थे सुपारी की तरह। माँ कभी महुए के साथ इमली के बीजों को पकाकर हमें खिलाती थीं।

शनिवार के दिन कमनी आत्या के साथ कोई बहन बड़े बँगलों के कम्पाउंड के बाहर या मैदानों में साग तोड़ने जाती थी। चरोटा, चौलाई, पातूर, खापखुटी वगैरा नाम का साग तोड़कर लाते थे सब्जी बनाने को। इस मिश्रित साग की सब्जी बड़ी स्वादिष्ट बनती थी।

प्रकरण 2: माँ ने और हम सबने घर का सारा काम खत्म कर लिया था। पढ़ाई का काम हमने शनिवार को ही पूरा कर लिया था, क्योंकि रविवार को बहुत सारे घर के काम करने पड़ते थे।

माँ ने हम सबको बालों में तेल लगाने को बुलाया और एक-एक बहन को सामने बिठाकर और तेल लगाकर कंघी करने लगीं। कंघी करते वक्त माँ की आँखों से आँसू बहने लगे थे। माँ के आँसू देखकर हमारी भी आँखें भर आयी। बड़ी बहन माँ के आँसू पोंछ रही थी। हम सब माँ के पीछे पड़ गयीं कि वह क्यों रो रही है। थोड़ी शान्त होकर माँ ने कहा कि उनको अपनी माँ की याद आ गयी। माँ अक्सर अपनी माँ की याद करके रोती थी। हम सबने माँ से बहुत आग्रह किया कि वह अपनी माँ के बारे में

बताएँ। सिर्फ बड़ी बहन ने ही आजी को देखा था। मैं दस महीने की थी तभी आजी का देहान्त हो गया था।

माँ बताने लगी कि आजी बहुत खूबसूरत थीं। आजी का रंग एकदम गोरा था और नैन-नक्श तीखे थे। आँखें भूरी थी और काले घने बाल। आजी छह भाइयों की इकलौती बहन थी और सबसे छोटी। आजी वाकई बहुत सुन्दर होंगी। जब मैं बड़ी हो गयी तब आजी के किसी भाई के नाती की शादी में माँ हम सबको ले गयी थी। मैंने आजी के जीवित दो भाइयों को और उनके परिवार के लोगों को देखा। वे लोग भी काफी खूबसूरत थे। तब हमें आजी के सुन्दर होने की कल्पना आयी। आजी के भाई गोंदिया के पास के एक गाँव के रहने वाले थे। यह गाँव महाराष्ट्र में है। उस गाँव के भी काफी लोग गोरे और सुन्दर थे। पता नहीं क्या कारण? अब उस गाँव का नाम मुझे याद नहीं रहा है।

आजी के माँ और बाप जब वह छोटी थीं तभी गुजर गये थे। सबसे बड़ी भाभी और भाई ने अपने बच्चों के साथ ही आजी को पाला था। तब गाँव में अस्पृश्य समाज में न लड़की, न लड़का पढ़ने जाते थे, न गाँव में स्कूल था। कुछ ही गाँवों में स्कूल थे। परन्तु अस्पृश्य समाज में उस वक्त इतनी जागृति नहीं आयी थी। अपने भरण-पोषण के लिए ही इनका सारा समय गुजर जाता था। आजी के भाइयों की सबको मिलाकर सिर्फ पाँच-छह एकड़ जमीन थी और पूरे परिवार का गुजारा इस जमीन की पैदावार से नहीं होता था इसलिए वे दूसरों के खेतों में भी काम करते थे। बस दो वक्त के खाने भर को अनाज ही वे जुटा पाते थे। घर की सभी औरतें और मर्द खेत में काम करते थे। आजी घर में अपने भाइयों के बच्चों के साथ खेलती थीं और घर के छोटे-मोटे काम करती थीं, जब वह छह-सात वर्ष की थीं। कभी-कभी खेतों में भी बड़ों के साथ जाकर जमीन से खर-पतवार वगैरह निकालती थीं। अस्पृश्यता का पालन बहुत कट्टरता से होता था इसलिए सवर्णों के घरों में इनको काम नहीं मिलता था। सिर्फ लकड़ियाँ काटना या कुछ भारी सामान ढोने का काम ही इन्हें मिलता। अक्सर बड़े कष्ट के काम ही इनके हिस्से में आते थे।

आजी छोटी थीं इसलिए ससुराल में नहीं रहीं। कभी कोई बड़ी पूजा या शादी वगैरह हो, ससुराल में, तभी उन्हें ले जाया जाता था और कार्यक्रम खत्म होते ही वह वापस मायके आ जाती थीं। तेरह-चौदह वर्ष की अवस्था में गौना होने के बाद वह हमेशा के लिए ससुराल जाने वाली थीं। उस वक्त ऐसा ही रिवाज था।

एक दिन आजी के भाई खेतों में जाने की तैयारी कर ही रहे थे कि उसी वक्त अचानक आजी के ससुराल वालों ने किसी आदमी को भेजकर खबर दी कि आजी के पति की मृत्यु हो गयी। आजी के पति खेत के काम से फारिग होकर दोपहर का खाना खाने के बाद एक आम के पेड़ के नीचे सुस्ताने को लेटे और उनकी थोड़ी देर में आँख लग गयी। ठीक उसी वक्त एक जहरीले साँप ने उन्हें डस लिया। गाँव में कोई डॉक्टर नहीं था। झाड़-फूँक करने

वाले ओझा को बुलाया गया परन्तु कुछ फायदा नहीं हुआ और वे चल बसे। आजी के मायके और ससुराल में भी रोना-पीटना शुरू हो गया था। भाई-भाभी को रोता देखकर वह भी रो रही थीं और टुकुर-टुकुर सबकी ओर देख रही थीं।

भाइयों के साथ वह ससुराल आयी। यहाँ पर भी सब रो रहे थे। आजी को गले लगाया और जोर-जोर से रोने लगीं। आजी सहमी-सहमी सबको देखकर रो रही थीं। आजी के पति के शव के पास गाँव के लोगों की भीड़ जमा हो गयी थी। सब लोग आजी को देखकर दुखी हो रहे थे। आजी सिर नीचा करके खड़ी थीं। थोड़ी देर बाद आजी को और उनके पति के शव को हल्दी लगायी गयी। आजी के माथे पर और शव के माथे पर कुंकुम का बड़ा-सा टीका लगाया गया। आजी को नथ पहनाई गयी। पाँव में जोड़वे (बिछुए), गले में मंगलसूत्र था ही। ये सब सुहागिनों के सौभाग्य के चिन्ह थे। इसका मतलब यह था कि आखिरी मौका है इन्हें पहनने का। बाद में वह नहीं पहन सकेंगी क्योंकि आजी अब विधवा कहलाएँगी परन्तु पाट हो जाने पर पहन सकती थीं। आजी को पति के शव के साथ स्नान कराया गया। एक नयी साड़ी पहनाई गयी। पाँच बार पति के शव की प्रदक्षिणा करवाई गयी। आजी बेचारी जैसा बुजुर्ग कहते थे, वैसा कर रही थीं।

पति की अर्थी जाने के बाद घर की बड़ी-बूढ़ी औरतें आजी को गाँव के पोखर पर ले गयीं। वहाँ उन्होंने स्नान किया। आजी ने भी स्नान किया। आजी के हाथ की चूड़ियाँ तोड़ दी गयीं। गले का मंगलसूत्र और जोड़वे (पाँव के बिछुए) भी पानी में बहा दिये। मतलब सारे सौभाग्य-चिन्ह मिटा दिये गये। तेरहवीं खत्म होने पर आजी अपने भाइयों के साथ मायके में आ गयीं।

मायके आने पर भाभियों ने उनके बाल धो दिये, स्नान कराया और नयी साड़ी पहनाई। तब शादी के बाद छोटी लड़कियाँ भी साड़ी पहनती थीं। तब छोटी साड़ियाँ मिलती थी जिनको तिरगुनी कहते थे। इस नयी साड़ी पहनाने को 'दुखौड़ा फेड़ना' कहते हैं। यह सब करते वक्त बड़ी भाभी बहुत रो रही थीं। वह उन्हें अपने बच्चों जैसा प्यार करती थीं। इस भाई ने इन्हें पाला-पोसा था बचपन से। आजी को देखकर सब दुखी हो रहे थे। उन्हें देखकर उनके मन की क्या हालत हो रही होगी, वे ही जानें। अब उनका रोजमर्रा का काम शुरू हो गया था। आजी भी खेतों में जाने लगी थीं। अपने भतीजी-भीतीजों के साथ खेलते-खलते यह आठ वर्ष की बालिका तेरह वर्ष की हो गयी। वह जवान हो गयी थी और खूबसूरत भी लगने लगी थी। अब भाइयों की नींद हराम होने लगी थी। इतनी सुन्दर बहन पर किसी की बुरी नजर न पड़े, या कभी बहन का पाँव न फिसल जाये, इसके लिए उन्हें चिन्ता होने लगी थी। आजी ने कभी ऐसी-वैसी हरकत की हो, ऐसा न कोई उदाहरण था न उनका स्वभाव। वे सदैव अदब से ही रहीं।

अस्पृश्य समाज में अगर कोई विधवा दुबारा शादी करना चाहे तो उसके लिए कोई रोक-टोक तो थी ही नहीं। तलाकशुदा औरत को भी दूसरा घर करने में समाज को कोई

आपत्ति नहीं थी परन्तु इस दूसरी शादी की विधि अलग थी और इसे विवाह न कहकर 'पाट' कहते थे। इस विधि में विधवा को सारे सौभाग्यवती के चिन्ह मंगलसूत्र, बिछुए, बिन्दी वगैरह लगाकर सिंदूरी रंग की साड़ी पहनाकर रात के अँधेरे में उसका पति अपने घर लाता था। इस कार्यक्रम में बाजा-गाजा या मंडप वगैरह नहीं रहता था। हाँ दोनों ओर के रिश्तेदार, मित्र-मंडली का खाना पीना होता था। तलाकशुदा का भी 'पाट' होता था जैसा कि विधवा का, परन्तु तलाकशुदा को रात में नहीं लाते थे। विधवा का मुँह सधवा न देखे, इसलिए रात में उसे लाते होंगे। विधवा घर के किसी शुभ काम में जैसे शादी, पूजा वगैरह में भाग नहीं ले सकती थी। 'पाट' होने पर भी उसके गले में चाँदी की या जिसके पास पैसा हो वह सोने की सवत की आकृति का पेंडेंट पहनाया जाता था ताकि वह दूसरी औरत है, ऐसा सब जानें। विधुर पुरुष तो धूमधाम के साथ अपनी शादी कर सकता था पूरी विधि के साथ, और किसी कुमारी के साथ, परन्तु विधवा या तलाकशुदा औरत किसी कुँआरे आदमी के साथ शादी नहीं कर सकती थी। अगर किसी कुँआरे आदमी से मुहब्बत हो जाए और उसके साथ भाग जाये तो बात दूसरी है। विधवा होने पर कभी-कभी देवर के साथ 'पाट' हो जाता था परन्तु देवर कुँआरा हो तो पहले उसकी शादी आक के पेड़ के साथ कर दी जाती थी, तब भाभी के साथ। अब यह सब रिवाज खत्म हो गये हैं।

आजी के भाइयों ने आजी के लिए वर की तलाश करना शुरू किया था। गाँव मांडवी, जिला भंडारा के मोडकूजी कोटांगळे को पसन्द किया था। मोडकूजी शादीशुदा थे और उनके एक लड़का और एक लड़की थी। पत्नी जीवित थी और उनके साथ ही रह रही थी। मोडकूजी को लोग मोडकू साहूकार कहते थे। वे कोई बहुत बड़े जमींदार नहीं थे परन्तु उस गाँव में और आस-पास के दस-बारह गाँवों के अछूतों से उनकी आर्थिक स्थिति काफी अच्छी थी और खास करके महार जाति में वे पैसे वाले समझे जाते थे। उनके पास दस एकड़ जमीन थी और वे कुछ आदमी-औरतों से अपने घर में बीड़िया बनवाकर व्यापारी को बंडल बेचते थे। महुआ की शराब बनाकर भी बेचते थे। इसलिए उनके पास पैसा था। अच्छा खाता-पीता घर देखकर आजी का पाट मोडकू साहूकार के साथ कर दिया गया। वैसे एक-दो औरतों से शादी करना उस वक्त कोई बुरा नहीं मानता था। यह आम बात थी। पैसे वाला तो इसे अपनी शान समझता था। मोडकूजी लोगों को सूद पर पैसा भी देते थे इसलिए और भी अकड़ते थे। दूसरी शादी पर पत्नी के विरोध का कोई महत्त्व नहीं था। उनको मारपीट करके चुप कर दिया जाता था।

मोडकूजी का रंग एकदम काला था। वे बड़ी-बड़ी मूँछें रखते थे। उनका चेहरा रौबदार था। अपनी बैलगाड़ी पर कारोबार के सिलसिले में जाते वक्त सिर पर लाल रंग की पगड़ी, काले रंग का कोट और सफेद धोती पहनकर रोब से बातें करते लोगों के साथ। उनकी पहली पत्नी भी देखने में अच्छी थीं। वह गले में सोने की लाख पर जड़ी मटरमाला, कान में सोने के कर्णफूल (तरपा), पाँव में चाँदी के तोड़े, कान के ऊपर वाले भाग में सोने की बालियाँ पहने रहतीं। हाथ में चाँदी के मोटे-मोटे कड़े पहनतीं। कभी त्यौहार या शादी विवाह के अवसर पर नाक में बड़ी-सी नथ पहनती थीं। माथे पर कुकुम का बड़ा-सा, रुपये के बराबर टीका लगाती

थीं। आजी को भी आजोबा (मोडकूजी) ने यह जेवर दिए थे परन्तु आजी सिर्फ कान में दो-दो बालियाँ और हाथ में चाँदी के कड़े और धागे में कालेमणि पिरोया मंगलसूत्र ही पहनती थीं। पहली पत्नी यह दिखाना चाहती थीं कि वह पैसे वाले की पत्नी हैं पहली पत्नी आजी पर रोब झाड़ने की कोशिश भी करती थीं। सोचती थी कि वह किसी राजा की पटरानी हैं आजी सारा दिन काम में जुटी रहतीं। किसी के पास बैठकर ज्यादा बातें करने की उनकी आदत नहीं थी। पहली पत्नी सारे दिन बीड़ी बनाने वाले लोगों के पास बैठकर गप्पें मारती रहती थीं।

आजी घर में चक्की पर आटा पीसती, झाड़ू लगाती, कुएँ से पानी भरती, धान कूटतीं, घर लीपती थीं। आजोबा बड़े गुस्सैल स्वभाव के थे और झगड़ालू भी। वे बिना कारण आजी पर अपनी श्रेष्ठता दिखाने के लिए डाँटते रहते और अपना रोब झाड़ते थे। परन्तु आजी सब सहती थीं। कुछ भी नहीं कहतीं, न जवाब देतीं। चुपचाप रहती थीं।

आजी को पहले लड़का हुआ। उसका नाम श्रावण रखा गया। बाद में दो लड़कियाँ पैदा हुईं। बड़ी लड़की का नाम सरस्वती और छोटी का नाम भागेरथी रखा था। भागेरथी ही मेरी माँ थीं। आजी घर-गृहस्थी के कामों में अपने को व्यस्त रखती थीं। जब श्रावण नौ वर्ष का हुआ तब वह आजी के काम में हाथ बँटाता था। दोनों लड़कियाँ—एक छह वर्ष की, दूसरी चार वर्ष की थी। वे भी छोटे-मोटे काम में मदद करती थीं।

आजोबा (मोडकूजी) को कभी-कभी न जाने क्या हो जाता था, पता नहीं। वह छोटी-छोटी बातों को लेकर आजी को डाँटते, हाथ भी उठाते थे। कभी-कभार। आजी ऐसे जीवन से तंग आ गयी थीं। परन्तु क्या करतीं? कहाँ जातीं? एक दिन आजी की सहनशक्ति ने भी जवाब दे दिया। हुआ यह कि आजी चक्की पर ज्वारी का आटा पीस रही थीं। उनका लड़का श्रावण पीसने में मदद कर रहा था। आजोबा को क्या हुआ, पता नहीं। वे तमतमाते हुए आये और श्रावण का हाथ चलती चक्की में डालने लगे। आजी बहुत जोर से चीखीं। घर के लोग और बीड़ी बनाने वाले लोग दौड़कर आये और आजोबा को बाहर ले गये। आजोबा रोज़ दारू पीते और अपना गुस्सा आजी पर उतारते थे। सम्भवतः वे आजी के सौन्दर्य के आगे अपने को हीन समझते थे। सनकी थे।

आजी बच्चों को अपनी गोद में लेकर रात भर रोती रहीं। बच्चे भी रो-रोकर सो गये। आजी ने पक्का निश्चय कर लिया कि वह अब इस घर में नहीं रहेंगी। भाइयों के पास भी नहीं जाएँगी। खुद अपने पाँव पर खड़ी रहकर अपने बच्चों को पालेंगी। उनको बड़ा करेंगी। वह काफी रात तक सोचती रहीं। अब उन्होंने पक्का इरादा कर लिया कि वह नागपुर जाएँगी। बड़ा शहर है। कुछ-न-कुछ काम मिल ही जाएगा। नागपुर में आजी के रिश्ते का एक भतीजा रहता था और वह आजी से सहानुभूति रखता था। फिलहाल उसी के पास जाने का आजी ने निश्चय किया था।

आजी ने एकदम सवेरे ही श्रावण को जगाया और कुछ कपड़े वगैरह की पोटली बाँधने को कहा। सरस्वती और भागेरथी को धीरे से जगाया। सबको एकदम चुप रहने का इशारा किया। आजी ने सबको कपड़े पहनाये। आजी और बच्चे अँधेरे में ही नागपुर जाने के लिए चल पड़े। आजी के भाई, आजी के ससूराल से हाट बाजार में मिलने

वाले लोगों के हाथ कभी-कभी कुछ पैसे आजी के बच्चों को मिठाई वगैरह खाने को भेजते थे। आजी वह पैसे जमा करके रखती थीं। अब वे ही पैसे उनको नागपुर जाने के लिए काम आ रहे थे।

गाँव से नागपुर जाने का बस अड्डा काफी दूर था, लगभग तीन-चार कोस दूर। आजी खेतों में से पगडंडी के रास्ते से सब को ले जा रही थीं। अब थोड़ा दिन निकल आया था। रास्ते में एक छोटा-सा पोखर आया। उसके पानी में बच्चों का मुँह धोया और वे आगे चल पड़े। बच्चों को भूख लग आई थी परन्तु खाने के लिए उनके पास कुछ नहीं था। आजी ने सबको एक पेड़ के नीचे बैठाया और पास के खेत में जाकर कुछ ज्वार के भुट्टे, कुछ खीरे तोड़कर लाई। सरस्वती को बुखार था और वह जमीन पर लेट गयी थी। आजी ने कच्चे भुट्टे और खीरे बच्चों को दिये और वे खाने के बाद सब फिर चल पड़े। सरस्वती से चला नहीं जा रहा था। इसलिए कभी श्रावण, कभी आजी उसे अपने कन्धों पर उठाती थीं। थोड़ी देर के बाद सरस्वती को कै होनी लगी, बुखार भी बहुत तेज हो जाने से उसकी हालत बहुत खराब हो गयी और उसने थोड़ी देर में दम तोड़ दिया। आजी और बच्चे रोने लगे। आजी ने अपने दिल पर पत्थर रखा, मन को काबू किया। पास ही में एक गड्ढा-सा दिख पड़ा। हाथ से मिट्टी निकालकर उसे गहरा किया। श्रावण भी मदद कर रहा था। दोनों रोये जा रहे थे। आजी और श्रावण ने पकड़कर सरस्वती को गड्ढे में दफना दिया। आजी के मन पर क्या बीती होगी? माँ यह बताते वक्त बहुत रो रही थीं।

आजी अपने दुख को अपने ही मन में समेटकर नागपुर जाने के लिए कदम बढ़ा रही थीं। उन्होंने अब पक्का निर्णय कर लिया था कि वे वापस आजोबा के घर नहीं जाएँगी। किसी तरह वे सब नागपुर जाने वाली बस के पास पहुँच गये। आजी ने बच्चों को चने-मुरमुरे खिलाये और चाय पिलायी। आजी ने कुछ नहीं खाया था। सरस्वती की याद उन्हें सता रही थी और वह रो रही थीं। वह अपने नसीब को कोस रही थीं।

आजी दोनों बच्चों को लेकर नागपुर पहुँच गयीं और पूछते-पूछते किसी तरह भतीजे का घर ढूँढ़ निकाला। भतीजा मोडकूजी (आजोबा) के स्वभाव से परिचित था और उसे आजी से सहानुभूति थी। उसने आजी को अपने घर में रखा। दो-तीन दिन बाद आजी और श्रावण को एक बड़ी इमारत बन रही थी, वहाँ ईंटें और सीमेंट ढोने का काम मिल गया। आजी बड़ी किफायत से रहती थीं। उन्होंने कुछ पैसे जमा किये थे और थोड़े पैसे कर्ज के तौर पर भतीजे से लेकर उसके घर से थोड़ी दूरी पर खाली जमीन पर मिट्टी और घास-फूस से गुजारे लायक एक छोटी-सी झोंपड़ी बना ली।

आजी ने थोड़े ही दिनों के अन्दर भतीजे से लिए हुए पैसे पूरे चुका दिये। आजी बहुत स्वाभिमानी थी। अपने मायके वालों को भी कहला भेजा कि वह अपनी लड़ाई खुद लड़ेगी और वे उनके लिए परेशान न हों।

आजोबा (मोडकूजी) ने सोचा कि आजी अपने भाइयों के घर गयी होगी। थोड़े दिनों के बाद अपने-आप वापस आ जाएँगी। अपनी गलती छिपाने के लिए कहते फिरते

थे कि ऐसी कितनी औरतों को मैं अपने घर रख सकता हूँ। परन्तु आजी वापस नहीं आयीं। अपने पाँवों पर खड़ी रहकर अपने बच्चों को पाल रही थीं। आजी ने कभी अपने हाथ किसी के आगे नहीं फैलाये। वह जी-तोड़ मेहनत कर रही थीं। श्रावण भी आजी को मदद कर रहा था। जब वह सोलह वर्ष का हुआ तो आजी ने उसकी शादी कर दी। श्रावण को अपने पिता से बहुत नफरत थी। वह भी पिता के पास कभी नहीं गया। अठारह वर्ष का होते-होने उसकी टाइफाइड से मृत्यु हो गयी और उसकी पत्नी ने दूसरी शादी (पाट) कर ली थी। आजी के जीवन में दुख ही दुख भरा था। अब सिर्फ भागेरथी (मेरी माँ) ही बची थी। अब भागेरथी तेरह वर्ष की हो गयी थी। बच्चों की मृत्यु से आजी टूट-सी गयी थीं। फिर भी भागेरथी के लिए उन्हें जीना ही था। अब माँ और आजी दोनों साथ रहने लगी थीं।

आजी नागपुर में रह रही है, इसका आजोबा को पता लग गया था। थोड़े दिन वे अकड़कर रहे कि आजी अपने आप उनके घर लौट आएँगी, परन्तु आजी नहीं गयीं। आजोबा ने कुछ रिश्तेदारों को आजी को मनाकर लाने को भेजा परन्तु वह अपने निर्णय पर डटी रहीं।

परिशिष्ट

परीक्षा के लिए संभावित प्रश्नों की सूची

(1) विमर्शों की सैद्धान्तिकी :

1. दलित विमर्श की अवधारणा समझाते हुए फुले और अम्बेडकर की वैचारिकी के अंतर्गत इसके आंदोलन पर प्रकाश डालिए।
2. स्त्री-विमर्श की अवधारणा एवं मुक्ति आंदोलन की विवेचना करें।
3. स्त्री-विमर्श की पाश्चात्य एवं भारतीय परिप्रेक्ष्य में अवधारणा को स्पष्ट कीजिए।
4. टिप्पणी कीजिए—रैडिकल, मार्क्सवादी, उदारवादी नारीवाद, यौनिकता, लिंगभेद, पितृसत्ता, समलैंगिकता
5. आदिवासी विमर्श की अवधारणा एवं आंदोलन की विवेचना करें।
6. "आदिवासी विमर्श जल, जंगल, जमीन और पहचान का सवाल है" स्पष्ट कीजिए।

(2) विमर्शमूलक कथा साहित्य :

7. 'व्यक्तित्व की भूख' कहानी का प्रतिपाद्य स्पष्ट कीजिए।
8. 'व्यक्तित्व की भूख' कहानी में अपने व्यक्तित्व की संपूर्णता की तलाश में नायिका इला का चरित्र-चित्रण कीजिए।
9. 'व्यक्तित्व की भूख' कहानी के कथा शिल्प एवं भाषा शैली पर प्रकाश डालिए।
10. 'स्वप्न भंग' कहानी में विभाजन से उपजी किन समस्याओं को दर्शाया गया है विवेचन कीजिए।
11. " 'स्वप्न भंग' कहानी में विभाजन से उपजे संत्रास को व्यंग्यात्मक लहजे में प्रस्तुत किया गया है।" कथा के शिल्प एवं भाषा शैली के माध्यम से विवेचना कीजिए।
12. 'स्वप्न भंग' कहानी में 'गफूर' का चरित्र-चित्रण कीजिए।
13. 'हत्या' कहानी में भारतीय पारंपरिक समाज में स्त्री की किन समस्याओं को दर्शाया गया है।
14. "भारतीय नारी के जीवन के अनेक पक्षों को 'हत्या' कहानी में दर्शाया गया है।" कहानी के प्रतिपाद्य एवं भाषा-शैली के माध्यम स्पष्ट कीजिए।
15. 'खुदा की वापसी' कहानी में स्त्री-विमर्श से जुड़े किन मुद्दों को उठाया गया है?
16. 'खुदा की वापसी' कहानी की वर्तमान समय में प्रासंगिकता सिद्ध करते हुए इसकी समसामयिकता पर प्रकाश डालिए।
17. 'खुदा की वापसी' कहानी में फरजाना का चरित्र-चित्रण कीजिए।

(3) विमर्शमूलक कविता

18. स्वामी अछूतानंद का हिंदी दलित साहित्य में योगदान स्पष्ट करें।
19. 'दलित कहां तक पड़े रहेंगे' कविता का प्रतिपाद्य स्पष्ट करें।
20. 'दलित कहां तक पड़े रहेंगे' कविता के शिल्प एवं भाव पक्ष पर प्रकाश डालिए।
21. नगीना सिंह की कविता 'कितनी व्यथा' भारतीय समाज में दलितों की किस व्यथा की ओर ध्यान खींचती हैं?
22. 'कितनी व्यथा' कविता के शिल्प-पक्ष पर चर्चा करें।
23. कालीचरण स्नेही 'दलित विमर्श' कविता में व्यक्त विमर्श का विश्लेषण कीजिए।
24. 'दलित विमर्श' कविता के भाव एवं शिल्प पक्ष पर प्रकाश डालिए।
25. दलित साहित्य में लोकगीतों की परंपरा एवं उसके महत्त्व को स्पष्ट कीजिए।
26. "'सोनवा का पिंजरा' कविता आत्मपरक शैली में होने के बावजूद पूरे समाज का प्रतिनिधित्व एवं यथार्थ चित्रण करती है।" स्पष्ट करें।
27. 'सोनवा का पिंजरा' कविता का काव्य-विशेष स्पष्ट करें।
28. कीर्ति चौधरी की कविता 'सीमा रेखा' स्त्री-अस्मिता से जुड़े किन मुद्‌दों को उठाती है?
29. 'सीमा रेखा' कविता की वर्तमान दौर में प्रासंगिकता स्पष्ट कीजिए।
30. 'सीमा रेखा' कविता के भाव एवं शिल्प पक्ष पर विस्तार से चर्चा कीजिए।
31. " 'सात भाईयों के बीच चंपा' स्त्री विषय से जुड़ी महत्त्वपूर्ण कविता है।" स्पष्ट कीजिए।
32. 'सात भाईयों के बीच चंपा' कविता के सौंदर्य पक्ष पर प्रकाश डालिए।
33. सविता सिंह की कविता 'मैं किसकी औरत हूं' में स्त्री-अस्मिता एवं मुक्ति के किन बिंदुओं को उठाया गया है?
34. 'मैं किसकी औरत हूं' कविता के भाव एवं शिल्प पक्ष की विवेचना कीजिए।
35. "शुभा शर्मा की कविता 'औरत के हाथ में न्याय' स्त्री विमर्श से जुड़ी महत्त्वपूर्ण कविता है", स्पष्ट करें।

(4) विमर्शमूलक अन्य गद्य विधाएं

36. "प्रभा खेतान की आत्मकथा 'अन्या से अनन्या तक' स्त्री-विमर्श का महत्त्वपूर्ण साहित्य है", स्पष्ट कीजिए।
37. 'मुर्दहिया' आत्मकथा की विशेषताएं स्पष्ट करते हुए उसके महत्त्व पर प्रकाश डालिए।
38. 'नेपथ्य राग' नाटक के तत्वों पर चर्चा करते हुए उसके शिल्प पक्ष की विवेचना कीजिए।
39. " 'नेपथ्य राग' नाटक की कथावस्तु ऐतिहासिक होते हुए भी वर्तमान समय में प्रासंगिक है।" स्पष्ट कीजिए।
40. 'दलित चिंतन का विकास : अभिशप्त चिंतन से इतिहास चिंतन की ओर' लेख में दलित विमर्श से जुड़े किन महत्त्वपूर्ण बिंदुओं को स्पष्ट किया गया है?

41. 'दोहरा अभिशाप' आत्मकथा में स्त्री के किस दोहरे शोषण की ओर ध्यान आकर्षित किया गया है?
42. 'दोहरा अभिशाप' हिंदी दलित साहित्य में पहली स्त्री आत्मकथा है, स्पष्ट कीजिए।
43. महादेवी वर्मा कृत 'स्त्री के अर्थ स्वातंत्र्य का प्रश्न' निबंध में स्त्री मुक्ति से जुड़े किन आयामों को उद्घाटित किया गया है?
44. 'स्त्री के अर्थ स्वातंत्र्य का प्रश्न' निबंध में महादेवी वर्मा स्त्री के आर्थिक सशक्तीकरण पर इतना बल क्यों देती हैं?

अस्मिताविमर्श, आत्मकथाएँ

देश के विभिन्न विश्वविद्यालयों के स्नातक, परास्नातक, एम.फिल. पीएच.डी. और विभिन्न मौखिक परीक्षाओं में दलित साहित्य की निम्नलिखित पुस्तकों के बारे में अधिकांश रूप से प्रश्न पूछे जाते हैं। ये कृतियाँ अधिकांश विश्वविद्यालयों के पाठ्यक्रम में भी हैं तथा संदर्भ के तौर पर भी इनका उपयोग होता है। इसी जानकारी के लिए बतौर नमूना प्रश्नपत्रों से आंशिक उदाहरण रख दिए हैं।

1. जूठन–ओमप्रकाश वाल्मीकि–राजकमल प्रकाशन, दरियागंज, नयी दिल्ली
2. मेरा बचपन मेरे कन्धों पर–श्यौराज सिंह बेचैन–वाणी प्रकाशन, दरियागंज, नयी दिल्ली-2
3. मुर्दहिया–डॉ. तुलसीराम–राजकमल प्रकाशन, नयी दिल्ली
4. मेरी पत्नी और भेड़िया–डा. धर्मवीर, वाणी प्रकाशन, दिल्ली
5. दोहरा अभिशाप–कौशल्या बैसंत्री–परमेश्वरी प्रकाशन
6. तिरस्कृत–सूरजपाल चौहान–अनुभव प्रकाशन, गाजियाबाद
7. अपने-अपने पिंजरे–मोहनदास नैमिशराय–वाणी प्रकाशन, दिल्ली
8. शिकंजे का दर्द–सुशीला टाकभौरे–वाणी प्रकाशन, दिल्ली

काव्य, आलोचना

1. सदियों का संताप–ओमप्रकाश वाल्मीकि–देहरादून
2. आरक्षण अपना-अपना–कालीचरण 'स्नेही'–नवभारत प्रकाशन, शाहदरा
3. नयी फसल कुछ अन्य कविताएँ–श्यौराज सिंह 'बेचैन', वाणी प्रकाशन, दिल्ली
4. भोर भी अँधेरा भी–डॉ. श्यौराज सिंह 'बेचैन'–वाणी प्रकाशन, दरियागंज, नयी दिल्ली-2
5. हीरामन–डॉ. धर्मवीर–समता प्रकाशन, शाहदरा।
6. क्रौंच हूँ मैं–डॉ. श्यौराज सिंह 'बेचैन'–सहयोग प्रकाशन 41, सहयोग अपार्टमेंट्स, मयूर विहार, फेज-1, दिल्ली-91
7. पिता भी तो होते हैं माँ–रजतरानी 'मीनू'–वाणी प्रकाशन, दिल्ली
8. एवरेस्ट–दलित काव्य–कालीचरण स्नेही–स्वराज प्रकाशन, दिल्ली
9. बिना भूमिका के (काव्य)–रजनी अनुरागी–स्वराज प्रकाशन, दिल्ली
10. हवा सी बेचैन युवतियाँ–रजनी तिलक, स्वराज प्रकाशन, दिल्ली

11. दलित कविता का संघर्ष—कंवल भारती—स्वराज प्रकाशन, दिल्ली-2
12. दलित साहित्य के प्रतिमान—डॉ. एन. सिंह, वाणी प्रकाशन, दरियागंज, नयी दिल्ली-2
13. दलित शिखरों के साक्षात्कार—डॉ. यशवन्त वीरोदय, नवभारत प्रकाशन, -10/663, उत्तरांचल कालोनी, लोनी, गाजियाबाद-201102
14. दलित दुनिया—सं. प्रो. कालीचरण 'स्नेही'—नवभारत प्रकाशन, गाजियाबाद
15. हिन्दी दलित कविता—डॉ. रजत रानी 'मीनू'—नवभारत प्रकाशन, गाजियाबाद
16. हिन्दी दलित कथा साहित्य अवधारणा और विधाएँ—रजत रानी 'मीनू'—अनामिका पब्लिशर्स एंड डिस्ट्रीब्यूटर, 21ए, अंसारी रोड, दरियागंज, नयी दिल्ली-2
16. दलित चेतना की कविताएँ—सं. रामचन्द्र, प्रवीण कुमार—स्वराज प्रकाशन, दरियागंज, नयी दिल्ली-2
17. दलित चेतना और स्त्री विमर्श—डा. विजय कुमार, संदेश, डॉ. नामदेव क्लासिकल पब्लिशिंग कम्पनी, नयी दिल्ली-15
18. स्त्रीवादी स्वर—विमल थोरात, अनामिका प्रकाशन, दिल्ली

अस्मिताविमर्श की पत्रकारिता—संदर्भ हेतु

1. हिन्दी दलित पत्रकारिता पर पत्रकार अम्बेडकर का प्रभाव—डा. श्यौराज सिंह बेचैन—समता प्रकाशन विश्वास नगर, शाहदरा, दिल्ली-32
2. दिल्ली की दलित पत्रकारिता—डॉ. रूपचन्द गौतम
3. हिन्दी पत्रकारिता में दलित उवाच—डॉ. श्यौराज सिंह बेचैन—अनामिका प्रकाशन, दरियागांज, दिल्ली-2
4. मीडियाः उत्तर आधुनिक अस्पृश्यता के दौर में—डॉ. श्यौराज सिंह बेचैन—साहित्य संस्थान, लोनी रोड, गाजियाबाद

पत्रिकाएँ, कहानी संग्रह

1. दलित वार्षिकी—सं. डॉ. जयप्रकाश कर्दम, साहित्य प्रकाशन
2. दलित अस्मिता—सं. डॉ. विमल थोरात
3. बहुरि नहीं आवना—सं. डॉ. दिनेश राम, दिल्ली
4. हिमायती (पाक्षिक)—डॉ. सोहनपाल सुमनाक्षर, मॉडलटाउन, दिल्ली-2
5. दलित दस्तक—सं. अशोकदास—दिल्ली
6. अम्बेडकर इन इंडिया—सं. दयानाथ निगम—लखनऊ
7. सम्यक भारत—सं. कामता प्रसाद मौर्या—दिल्ली
8. अम्बेडकर कल्चर—सं. कालीचरण स्नेही
9. हंस, दलित विशेषांक, अगस्त, 2004
10. भरोसे की बहन—डॉ. श्यौराज सिंह बेचैन, वाणी प्रकाशन, दिल्ली
11. हाथ तो ही आते हैं—डॉ. श्यौराज सिंह बेचैन—वाणी प्रकाशन, दरियागंज, नयी दिल्ली
12. हम कौन हैं—रजत रानी मीनू—वाणी प्रकाशन, 21-ए, दरियागंज, नयी दिल्ली-2
13. खरोंच—जय प्रकाश कर्दम—स्वराज प्रकाशन, दिल्ली

14. सलाम–ओमप्रकाश वाल्मीकि, राधाकृष्ण प्रकाशन, जी-17, जनकपुरी, दिल्ली-51

आलोचना

1. कबीर के आलोचक–डॉ. धर्मवीर–वाणी प्रकाशन, दिल्ली
2. दलित चिन्तन का विकास, अभिशप्त चिन्तन से इतिहास चिन्तन की ओर–डॉ. धर्मवीर वाणी प्रकाशन
3. बालक श्यौराज : महाशिलाखण्डों का संग्राम–डॉ. धर्मवीर–वाणी प्रकाशन, दरियागंज, नयी दिल्ली-2
4. हिन्दी दलित आत्मकथाओं में बचपन–डॉ. राजेन्द्र बड़गूजर–गौतम बुक सेंटर, शाहदरा, दिल्ली-93
5. दलित बचपन वेदना का विस्फोट–डॉ. नितीन गायकवाड़–स्वराज प्रकाशन, दरियागंज, दिल्ली-2
6. उपन्यास साहित्य में दलित समस्या और समाधान–श्यौराज सिंह बेचैन–अनामिका प्रकाशन, दरियागंज, नयी दिल्ली

एम.ए. (तृतीय सेमेस्टर) परीक्षा 2013 में इकाई (झ) हिन्दी दलित साहित्य के अंतर्गत लखनऊ विश्वविद्यालय में पूछे गये प्रश्न–

निर्देश : कुल पाँच प्रश्न हल करने हैं। प्रथम प्रश्न अनिवार्य है। शेष प्रत्येक इकाई में से एक प्रश्न का उत्तर दीजिए।

1. निम्नलिखित के लघु उत्तर दीजिए:

(क) दलित साहित्य की विशेषताएँ रेखांकित कीजिए।

(ख) 'समय के शिलालेख' कहानी में निहित सन्देश को स्पष्ट कीजिए।

(ग) 'मुक्ति पर्व' उपन्यास का शिल्प-विधान विश्लेषित कीजिए।

(घ) 'मुर्दहिया' के परिप्रेक्ष्य में आत्मकथा के स्वरूप और प्रेरक तत्त्व निर्दिष्ट कीजिए।

(ङ) 'तब तुम्हारी निष्ठा क्या होती?' शीर्षक कविता की मूल संवेदना स्पष्ट कीजिए।

इकाई-तीन, चार

'दलित साहित्य' के उद्‌भव और विकास पर प्रकाश डालिए। 20

'मेरा बचपन मेरे कन्धों पर' आत्मकथा के आधार पर डॉ. श्यौराज सिंह 'बेचैन' के व्यक्तित्व का मूल्यांकन कीजिए। 20

"दलित-साहित्य अब विश्व-साहित्य का हिस्सा होने जा रहा है।" इस कथन की समीक्षा कीजिए।

'उधर के लोग' उपन्यास का प्रतिपाद्य उद्‌घाटित कीजिए। 20

(तृतीय सेमेस्टर) 2013 व्याख्या प्रश्न छोड़कर

(झ) हिन्दी दलित-साहित्य

निर्देश : कुल पाँच प्रश्न हल करने हैं। प्रथम प्रश्न अनिवार्य है। शेष प्रत्येक इकाई में से

एक प्रश्न का उत्तर दीजिए।

1. निम्नलिखित प्रश्नों के उत्तर संक्षेप में दीजिए : 4×5=20

(क) 'घुसपैठिए' कहानी का निहितार्थ स्पष्ट कीजिए।

(ख) 'मुर्दहिया' की भाषिक संरचना पर अपना मत व्यक्त कीजिए।

(ग) 'मुक्तिपर्व' उपन्यास का उद्देश्य स्पष्ट कीजिए।

(घ) 'वे नहीं जानते' कविता का भावार्थ लिखिए।

(ङ) 'मेरा बचपन मेरे कन्धों पर' आत्मकथा के चार प्रेरक बिन्दुओं का उल्लेख कीजिए।

इकाई-तीन, चार

डॉ. तुलसीराम-कृत आत्मकथा 'मुर्दहिया' के आधार पर पूर्वी उत्तर प्रदेश के भारतीय समाज की मनोदशा का चित्रण कीजिए। 20

डॉ. श्यौराज सिंह 'बेचैन' कृत आत्मकथा 'मेरा बचपन मेरे कन्धों पर' में चित्रित बालक 'श्यौराज' के जीवन संघर्ष पर प्रकाश डालिए। 20

पाठ्यक्रम में निर्धारित हिन्दी दलित काव्य के आधार पर दलित कवियों के काव्य का मूल्यांकन करते हुए उसकी सामाजिक उपादेयता पर प्रकाश डालिए। 20

'छप्पर' उपन्यास की कथावस्तु का विवेचन करते हुए हिन्दी दलित उपन्यासों का सामाजिक महत्त्व स्पष्ट कीजिए। 20

नमूना हेतु

एम.ए. (हिन्दी) तृतीय सेमेस्टर (सत्र 2009-10 तथा पश्चात्)

द्वितीय प्रश्नपत्र–विशिष्ट अध्ययन

अथवा (झ) हिन्दी दलित साहित्य पूर्णांक : 100

निर्धारित पाठ्यक्रम–

1. जगदीश गुप्त–शम्बूक (खण्डकाव्य)

2. संपादक–कालीचरण स्नेही–'दलित विमर्श' और हिन्दी दलित काव्य' से **निम्नलिखित रचनाकारों की चयनित कविताएँ।**

निम्नलिखित रचनाकारों की चयनित कविताएँ

(क) (कविताएँ)

कँवल भारती–तब तुम्हारी निष्ठा क्या होती

श्यौराज सिंह 'बेचैन'–क्रौंच हूँ मैं

ओमप्रकाश वाल्मीकि–शायद आप जानते हो, खामोश आहटें, युद्ध बस्स! बहुत हो चुका, वे नहीं जानते।

मलखान सिंह–मैं आदमी हूँ, आखिरी जंग

डॉ. जयप्रकाश कर्दम–किले, दास्तां

डॉ. एन. सिंह–लकीरें रेत पर, सतह से उठते हुए

डॉ. सूरजपाल चौहान–यह दलितों की बस्ती है, पीड़ा

महेशप्रसाद श्रमिक–पूना पैक्ट, संविधान (भीमचरितगाथा काव्य से)

(ख) संपादक : कालीचरण स्नेही–''दलित दुनिया से चयनित कहानीकारों की कहानियाँ''–

ओमप्रकाश वाल्मीकि–सलाम

सूरजपाल चौहान–परिवर्तन की बात

डॉ. दयानन्द बटोही–सुरंग

बी.एल. नायर–चतुरी चमार की घाट

प्रेमशंकर–बित्ते भर जमीन

कुसुम मेघवाल–समय के शिलालेख

डॉ. श्यौराज सिंह बेचैन–कहानी हंसा की

डॉ. जयप्रकाश कर्दम–नो बार

ओमप्रकाश वाल्मीकि–जूठन (आत्मकथा)

❑❑